최종해법

북핵에서 통일까지

최종해법
북핵에서 통일까지

김중근 지음

小花

차례

들어가면서 꼭 통일을 해야 하나요?

　2017년 9월 3일 북한이 6차 핵실험을 감행함으로써 한국의 선택지는 오히려 단순해졌다. 첫째 북한의 핵 인질이 되어 김정은에게 끌려가든지, 둘째 심리전·정보전 또는 참수작전(decapitation strike)을 전개하여 김정은 정권의 붕괴를 유도하든지, 셋째 북한 핵무장에 대응하여 '공포의 핵 균형'을 시도하든지 세 가지이다. 김정은은 이제 단 한 발로 서울을 초토화할 핵무기를 손에 쥐고 있다. 남한을 겨냥한 단거리 미사일은 탄두 대기권 재진입 기술이 필요 없기 때문에 김정은은 마음만 먹으면 언제든 자신이 원하는 남한의 어느 지역에라도 핵미사일을 날릴 수 있다. 이것이 오늘 남북한 관계의 냉엄한 모습이다. 그러나 북한은 실패한 국가이다. 그 정권이 몇 년 후 아니 몇 달 후에 붕괴한다 하여도 전혀 이상할 것이 없지만, 그때에는 엄청난 혼란이 올 것이다. 이 글은 현 한반도의 안보 상황과 북한 정권 붕괴 시 예상되는 혼란을 조명한 후, 그 혼란을 통일로 연결하기 위해서 우리는 어떠한 준비를 하여야 하는지에 초점을 맞추고자 한다. 케도(Korea Energy Development Organization, KEDO) 대표로서 2001년 8월부터 2년간 경수로 건설 단지인 함경남도 금호지구에 상주하면서 북한 사회를 보고, 그들과 접촉하고 교섭하였던 개인적 경험으로 나는 현 북한 정권과는 대화를 통한 평화공존, 또는 평화통일이 사실상 불가능한 것이 아닐까 하는 생각을 갖게 되었다. 김씨 왕조가 지난 70여 년 동안 인민에게 저지른 죄악을 일일이 나열하고 싶지는 않다. 그러나 가장 큰 죄악은 인민의 정신세계를 망가뜨린 것이다. 나의 눈에 비친 북한 사회의 모습은 조지 오웰(George Orwell)이 「동물농장」에서 그린 만인이 만인을 감시하고, 감시당하는 그러한 사회였다. 북한 사회를 움직이는 원동력은 공포이다. 북한 사람들의 말과 행동의 밑바닥에는 처벌을 받지 않겠다는 처절한 생존 본능이 깔려 있다. 그러한 환경 속에서는 진실이란 참으로 사치스러운 지적 유희에 불과한 것이며, 약속을 어긴다는 것이 결코 부끄러운 일이 아니다. 북한은 생존을 위해서는 거짓말이 얼마든지 정당화되고 합리화될 수 있는 사회이다. 북한에 머무는 2년 동안 나를 가장 슬프게 한 것은 굶주림과 노역에 지친 북한 주민의 피폐한 외모가 아니라 살아남겠다는 일념으로 거짓과 배신을 다반사로 하면서도 죄책감을 느끼지 못하는 그들의 파괴된 정신세계였다. 나를 지배한 감정은 한마디로 인간의 존엄성을 파괴한 김씨 정권에 대한 '분노'였다.

영하 10여 도를 오르내리는 2002년 12월 초 어느 날 대동강변 백사장에 수천 명의 어린이가 모여 집체훈련 같은 것을 하고 있었다. 추위에 떠는 그들이 안쓰러웠다. 이듬해 6월, 나는 그 집체훈련이 아리랑축전의 매스게임을 위한 연습이라는 것을 알게 되었다. 평양의 5·1운동장에서 개최된 아리랑축전은 '반미'와 '항일'의 메시지로 시작되었다. 일본 헌병들의 총검에 스러져 가는 우리의 선열들. 이때 우리 민족을 구하기 위해 일본 제국주의에 맞서 분연히 궐기하는 김일성 장군. 미군의 폭격으로 초토화된 우리의 강토. 이때 미 제국주의를 타도하기 위해 용감히 산화해 가는 인민군대. 전 세계 어느 나라에서도 볼 수 없는 잘 조직된 환상적 매스게임은 1시간 40분 동안 지속되었다. 축전은 족히 만여 명은 되어 보이는 10세 전후 어린이들이 서커스 묘기를 보이며 보내는 평화의 메시지로 막을 내렸다. 관중은 그들의 묘기에 찬사를 보냈지만, 이미 기계의 부속품이 되어 버린 저 어린것들이 이끌어 갈 이 나라의 장래가 나를 아프게 하였고, 저들을 꼭두각시 인형으로 만든 정권에 나는 분노하였다. 폐막을 알리는 음악이 울려 퍼지면서 10만 관중은 기립 박수를 쳤다. 가슴속에서 꿈틀거리는 분노로 나는 일어설 수도 박수를 칠 수도 없었다. 본부석 상단에 자리 잡은 인민군 장성들의 시선이 기립을 거부하고 앉아 있는 나의 등에 화살처럼 꽂히는 것 같았다. 휴가를 마치고 2주 후면 북한으로 다시 귀임하여야 했지만 나는 불안에 떨면서도 기립박수를 거부하였다.

케도 작업차량에 난입하여 남쪽으로 보내 달라고 막무가내로 버티던 40대 남자. 북 감시자들에게 들킬까 봐 나는 케도 운전자 한 명만을 대동하고 차량을 해변의 솔밭 안으로 몰았다. 탈북하겠다고 작심한 그는 함흥에서 3박 4일 동안 산길로 숨어 걸어서 케도 건설현장까지 왔다고 한다. 남루한 옷에 고약한 냄새를 풍기는 그는 차량의 지지용 쇠막대를 꽉 잡고 남쪽으로 보내 주겠다는 약속을 하기 전까지는 차에서 나가지 않겠다고 버텼다. 케도와 북한 당국이 맺은 협약에 의하면 나는 그를 북한 당국에 인도하여야 한다. 반면에 국제법상으로는 '망명자는 본인 의사에 반하여 탈출국으로 돌려보내지 않는다

(non-refoulement)'는 원칙이 있다. 북한 경비병들의 감시를 피해 그를 케도 장비 운반선에 태워 남쪽으로 보내는 것도 불가능하다. 그를 억지로 차에서 끌어내어 솔밭에 내팽개쳐 버리는 것이 나의 최선의, 최후의 선택일 수밖에 없었다. 차에서 나가지 않겠다고 쇠막대를 꽉 부둥켜안고 있는 그를 차량 밖으로 끌어내기 위해 나는 온 힘을 다하여 그를 내던졌다. 그는 힘없이 날아가 풀밭에 주저앉았다. 그는 전혀 힘을 쓰지 못했다. 나는 솔밭에 너부러져 있는 그에게 주려고 20달러짜리 지폐 한 장을 만지작거리다가 그 돈이 물증이 되는 사태를 생각하여 이내 포기하였다. 그리고 차는 솔밭을 빠져나갔다. 동해에서 불어오는 바람에 해송이 윙윙거리며 울었다. 나는 그 사건을 뉴욕에 있는 케도 본부에 보고하지 않았다. 어느 누구도 무엇인가를 할 수 있는 상황이 아니었으며, 보고는 불필요한 행정의 레드테이프만을 불러일으킬 것이 자명했기 때문이다. 그날 밤 만감이 교차하여 나는 잠을 이루지 못했다.

역사, 언어, 문화, 종교, 혈연 등을 공유하면서 거의 1300년 동안 단일국가와 민족으로 존속하였던 우리가 반세기 조금 남짓한 시간 속에서 어떻게 이처럼 두터운 분단의 벽에 가로막혀 살아가고 있을까? 북한 정권이 자체 내의 모순으로 붕괴할 가능성을 보이고 있기는 하지만 과연 가까운 장래에 그러한 일이 일어날 것인지, 또 현재의 김정은 정권이 붕괴된다 하더라도 과연 그것만으로 통일이 가능할 것인지, 각양각색의 목소리를 내고 있는 남한 국민이 통일을 위한 국민적 공감대를 형성할 수 있을 것인지, 남한 국민의 입장에서 볼 때 과연 현 시점에서 통일은 반가운 손님인지 아니면 불청객일 것인지, 통일은 남한 국민이 원하든 원치 않든 어느 날 갑자기 불청객으로 찾아올 수 있는 것이 아닌지, 통일 과정에서의 한반도 나아가 동북아의 안보 지형은 어떠할 것인지, 한반도 주변의 강대국들은 한반도 통일에 어떤 입장을 취할 것인지, 통일 후의 한국은 어떠한 모습을 갖추어야 할 것인지, 이를 위해 한국 정부와 국민은 사전에 어떠한 준비를 하여야 할 것인지.

이러한 의문점에 대한 해답을 찾기 위해서는 무엇보다도 현재 상당 부분 베일 속에 가려져 있는 북한 정권과 북한 사회의 실제 모습을 밝히는 작업이 선행되어야 할 것이다. 북한은 김일성이 정권을 잡은 직후부터 경쟁 상대가 될 수 있는 모든 정파를 숙청하고 스탈린식 공산주의(강력한 중앙집권, 중공업 중심의 계획경제, 지도자에 대한 개인숭배)를 통치 모델로 채택하였다. 남한 사회 일각에서 이승만 정권의 정통성을 폄훼하고 김일성 정권의 도덕적 우월성을 주장할 때 주요 무기로 활용하는 친일파 청산도 김일성이 모든 경쟁 세력을 제거하는 정권확립 과정의 일환으로 해석할 수 있다. 김정일에 이르러서는 주체사상이라는 이름하에 수령유일체제를 더욱 공고히 하였으며, 군부를 정권 수호의 근간으로 삼은 선군정치를 통해 군사독재를 보다 강화하였다. 독재정권을 대물림받은 김정은은 연소한 나이가 자신의 취약점이 아니라고 강변이나 하듯, 고모부 장성택을 비롯한 원로 고위층을 처형 또는 숙청하고 자신의 이복형을 암살하는 등 공포정치로 권력을 공고히 하고 있다.[1] 또한 김정은은 네 번에 걸친 핵실험과 90여 발의 탄도미사일(ballistic missile) 발사 시험을 통해 핵무장에 박차를 가하고 있다.

북한 정권은 왜 개혁, 개방을 통해 경제를 부흥시켜 남한과 대적할 만한 힘을 기르지 않는 것일까? 동구권 붕괴 직후 김일성이 모기장

이론을[2) 내세워 북한을 더욱 폐쇄 사회로 몰고 간 것은 김씨 왕조의 붕괴를 우려하였기 때문이다. 북한 정권이, 아니 김일성과 김정일이 걱정하였고 김정은이 목숨을 걸고 지켜 내고자 하는 것은 김씨 왕조의 군림과 생존뿐이다. 그들에게 인민의 복지, 후생, 생명은 관심 밖의 일이다. 북한에는 2인자가 없다. 북한 정권의 최고위층도 하루하루를 감시당하며 생존을 위해 '최고 존엄'에 복종하여 왔다. '최고 존엄'들은 내부로부터의 반역 가능성을 공포정치로 막아 왔으나, 그에 못지않게 그들이 두려워하는 것은 외부의 적, 즉 한미동맹이다. 그들이 보유하고 있는 재래식 무기는 상당수가 1980년대 무기 수준에 머물러 있기 때문에 한미동맹군에 대적할 수 있는 유일한 방법은 비대칭무기 보유라는 결론을 내렸다. 경제개발을 위해 핵 개발을 포기하였던 카다피의 비참한 최후는 김정은의 핵무장 결심을 더욱 굳혔을 것이다. 한반도 안보 문제에 있어서 미국, 중국, 한국의 기본 입장은 현상유지(status quo)이다. 이 세 나라는 북한 정권이 도발해 오지 않는 한, 군사적으로 그들을 선제공격할 의사가 없다. 그럼에도 김씨 왕조는 한미동맹의 군사적 공격을 두려워하여 비대칭무기 개발에 온 힘을 기울여 왔다. 그들은 이미 최고 수준의 생화학 무기와 전자기펄스탄(Electromagnetic Pulse Bomb, EMP)을 보유하고 있으며, 사실상 핵무기 보유국의 문턱에 와 있다. 현재 한반도의 안보상황은 문재인 대통령의 말대로 '6·25 이후 최고의 위기'라 할 수 있다. 그러나 우리 정부의 안보관련 새로운 조치들은 그러한 위기에 대처하는데 효과적일지를 의심케 한다. 첫째, 군 병력을 현재 61만 8,000명에서 2022년까지 50만 명으로 축소한다. 둘째, 전시작전통제권을 미군에서 한국군으로 서둘러 전환한다. 셋째, 국가정보원의 대공수사권을 경찰에 이관한다. 무엇보다도 한미 양국 정부 간의 신뢰에 의문이 제기되면서 한미동맹에 균열이 가고 있다. 섬뜩한 것은 상기 네 가지 사항이 모두 북한이 환영할 만한 내용이라는 점이다. 김정일은 핵무기를 개발하면서 이를 적으로부터 경제적 지원을 받는 협상카드로 활용하기도 했지만, 김정은은 아예 공개적으로 핵무기와 미사일 실험을 계속하여 협상의 여지마저 막아 왔다. 그러나 2017년 하반기 이후의 미국의 군사적 위협과 강력한 대북제재는 북한 정권의 숨통을 조이고 있어 김정은은 살길을 찾기 위해 평창올림픽을 계기로 대화 제스처를 보냈고, 그 결과 4월 말 남북 정상회담과 5월 중 미·북 정상회담 개최가 가능해졌다. 그러나 북한 정권의 과거 행적, 아니 그보다 그 정권의 자가당착적인 모순을 고려할 때 합의에 의한 영구적 한반도 비핵화는 가능하지 않을 것으로 보인다. 그렇다면 어떻게 한반도가 핵무기의 공포에서 벗어날 수 있을까? 결론은 자명하다. 김씨 왕조가 무너지면 핵무기 공포에서 벗어날 수 있을 뿐만 아니라 민족의 숙원인 통일을 위한 전기를 마련할 수 있다. 이렇게 단순하고도 자명한 사실을 대한민국은 물론이고, 북한의 비핵화와 한반도 통일에 가장 큰 이해 당사자인 미국과 중국도 애써 외면하였다. 이들 모두 현상유지를 원하고 있었기에 변화가 두려웠던 것이다.

그러나 최근 들어 미국의 입장이 바뀌고 있다. 20여 년에 걸친 북한과의 비핵화 협상에서 미국은 협상으로서는 북한의 비핵화를 유도할 수 없다는 결론에 도달하였다. 또한 미국은 북한의 핵무장이 미국 본토를 위협할 가능성이 있다고 우려하게 되었다. 그렇다면 미국의 안전을 보장하는 방법은 북한체제를 변화시키는 것이다. 북한체제 변화의 현실적·최종적 방안은 미국의 동맹국인 남한이 주도하는 통일이다. 트럼프 대통령은 2017년 11월 9일 대한민국 국회에서의 연설에서 이러한 미국의 입장을 명시적으로 표현하였다. 그는 "**우리는 함께 자유로운 하나의 한국, 안전한 한반도, 가족의 재회를 꿈꾼다** (Together, we dream of a Korea that is free, a peninsula that is safe, and families that are reunited once again)"로 국회 연설을 마무리 지었다. '자유로운 하나의 한국, 가족의 재회'는 자유로운 대한민국이 주도하는 통일을 의미한다. '안전한 한반도'는 한반도의 비핵화를 의미한다. 이제 통일을 위해 남은 것은 남한과 중국이 현상유지라는 기존의 입장에서 벗어나 과감히 현상 변화를 추구하는 것이다.

　냉전 종식 이후 세계는 북한 정권의 변화 또는 붕괴를 예상하면서 한반도 통일에 대한 다양한 견해를 쏟아 내었는데, 크게 보면 합의에 의한 통일과 북한 정권의 붕괴에 따라 선택의 여지없이 통일 과정에 말려드는 통일이다. 전쟁에 의한 무력통일도 한 방법이 되겠지만 이는 남북한 양측 모두가 의도하지 않는다 하더라도 어쩔 수 없이 말려드는 상황에 따른 결과일 것이기 때문에 이 책의 논의에서 제외하고자 한다. 노태우 대통령 이래 역대 한국 대통령들은 북한 정권과의 협상을 통한 평화통일을 통일정책의 기조로 내세웠지만, 지난 30여 년 동안의 북한의 행태는 이 정책의 실현 가능성에 의문을 제기하였다. 또한 다수의 학자들도 북한 정권의 변화를 기대하고 그 변화된 북한과의 합의에 의한 통일을 주장하였다. 이러한 통일은 이상적인 것이기는 하나 아예 가망이 없는 희망사항일 뿐이다. 합의에 의한 통일이 가능하려면 우선 통일을 이루려는 대한민국 국민의 강한 열망이 있어야 하고, 이를 추진하는 명확한 정치 세력이 형성되어야 하며, 강한 정치지도자가 있어야 한다. 즉 어떠한 모습의 통일한국을 이룰 것인가 하는 비전과 철학이 뒷받침되는 국민적 합의가 이루어져야 하며, 이러한 비전과 철학을 바탕으로 통일전략을 짜고 이를 실행에 옮길 수 있는 정치체제와 비스마르크와 같은 강력한 정치지도자가 있어야 한다. 그러나 한국의 여러 가지 상황에 비추어 볼 때 현 단계에서는 물론이고 예측 가능한 미래에도 이러한 여건이 조성될 것으로 보이지 않는다. 반면에 북한은 현 상황에 비추어 볼 때 장기적으로 생존하기 어렵다. 북한은 개혁·개방을 추진하면 수령유일체제를 유지하는 것이 불가능하고, 수령유일체제로는 장기적인 생존이 불가능하다는 자체 모순에 빠져 있기 때문이다. 따라서 현 북한 정권의 붕괴라는 급변 사태에 떠밀려서 통일 과정에 접어드는 시나리오가 보다 현실에 가깝다. 이 글에서는 현 북한 정권의 붕괴를 가정하여 통일 시나리오를 마련하는 데 초점을 맞추고자 한다.

통일에 이르는 길을 가로막고 있는 가장 큰 장애는 남한 국민, 즉 우리 자신에게 있다. 민주국가에서는 중요한 문제를 둘러싸고 사회 내부적으로 갈등을 겪기 마련이다. 한국의 경우는 다른 나라들이 경험하는 진보적 가치와 보수적 가치와 더불어 북한과 관련된 문제를 둘러싼 특수한 변수들이 사회를 균열과 갈등으로 몰아가는 주요 원인이 되고 있다. 북한이라는 존재의 해석, 남북한 관계, 통일 및 대북 정책을 둘러싼 갈등과 균열은 지속적이며 대중 동원의 특성을 보여준다.[3] 남북 분단 이후 1970대까지 남한 국민의 대부분은 통일을 우리 민족의 숙명처럼 받아들였다. 당시에는 어린이부터 노인에 이르기까지 "우리의 소원은 통일, 꿈에도 소원은 통일, 이 목숨 바쳐서 통일, 통일이여 오라"라는 노랫말을 자연스럽게, 또 당연한 것으로 받아들였다. 못 먹고 헐벗은 국민들에게 통일은 고난에서 벗어날 수 있는 돌파구로 여겨졌다. 그러나 1990년대에 들어서면서 사정은 많이 달라졌다. 경제발전에 따라 풍요해지기 시작한 남한 사회는 잃을 것이 많아지기 시작한 것이다. 통일 과정에서 필연적으로 야기되는 혼란에 대한 우려와 독일 통일 과정에서 목도한 천문학적 통일비용으로 인해 다수의 우리 젊은이는 통일에 회의적인 시각을 갖게 되었다. 즉 현 시점에서 통일에 대한 남한 사회의 화두는 "통일을 추구할 것인가? 아니면 통일 과정, 나아가 통일 이후에 야기될 수 있는 혼란을 고려한다면 최선은 아니지만 현상유지에 머무를 것인가?"라는 문제이다. 그러나 북한 정권의 붕괴, 나아가 통일에 이르는 과정은 남한 국민의 의사와 상관없이 전개될 것이다. 우리가 원하든 원치 않든 간에 머지않아 한국 민족은 통일이냐 분단의 영속화냐 하는 기로에 서게 될 것이다. 통일의 길은 혼란과 고난의 길이기에 우리 국민은 애써 그 길을 외면하려 하고 있다.

또한 남한의 현 정치 상황은 통일을 위한 분위기가 조성되어 있지 않을 뿐만 아니라, 오히려 그 길에서 역행하고 있다.[4] 남한 사회에서 북한 문제를 둘러싸고 갈등이 야기된 근본 이유는 북한을 바라보는 시각의 차이 때문이다. 20여 년 전 북한 인민이 대기근으로 허덕일 때 우리는 '도와주면 그들이 감읍하리라'는 희망으로 '햇볕정책'에 기대를 걸었다. "햇볕정책은 '나그네의 옷을 벗긴 것은 바람이 아니라 따뜻한 햇볕이다'라는 이솝우화에서 이름을 따왔을 것이다. 그러나 중국인이라면 이를 바로 긍정하지 않을 것이다. 「동곽선생」이라는 전래동화가 초등학교 교과서에 실려 있기 때문이다. 한 농부가 추위에 꽁꽁 언 독사를 가엾이 여겨 가슴에 품어 주었다가 결국 물려 죽는다는 얘기이다. 독사인지 모르고 품었다면 무식한 사람이고, 알고도 품었다면 상대의 본질을 파악하지 못하는 어리석은 사람이라는 교훈을 준다. 어린아이의 어리석음은 동정을 받을 수 있지만, 나라의 운명을 책임진 사람은 어린아이와 같아서는 안 된다. 먼저 독이 뚝뚝 떨어지는 독사의 이빨부터 뽑아야 한다. 따뜻하게 품는 것은 그다음의 일이다."[5] 이제 정치권에서 햇볕정책을 재활용하고자 한다면 실패로 끝날 것이다. 일반 국민 특히 20~30대의 북한에 대한 인식이 변하였기 때문이다. 그들에게 북한은 '우리 민족끼리'의 대상이 아니라 '이웃이지만 먼 나라'이고, 김정은은 단지 할아버지와 아버지를 잘 만난 그들 또래의 금수저 망나니 독재자로 보일 뿐이다. 평창 동계올림픽 북한 참가와 남북 단일팀 구성에 대한 싸늘한 국민 여론 특히 20 · 30세대의 북한에 대한 부정적 시각은 향후 한국 정부의 대북정책 추진 방향을 제시해 주고 있다. 기득권 세력의 과거 지향적 양태를 비판하여 정권을 잡은 현 기득권 세력은 과거에 집착하였던 과거 기득권 세력의 잘못을 반복해서는 안 된다. 한 세대 전에 태어나 그 효용성의 실체가 드러난 햇볕정책에 집착하여서는 안 된다. 이미 구세대가 되고 있는 현 기득권 세력은 앞으로 한국 사회를 짊어지고 나갈 젊은이들의 목소리에 귀를 기울여야 한다. "20 · 30세대는 태생적으로 자유, 개방, 자율, 경쟁에 친숙하다. 그런데 현 정부는 세계 최고의 자유 · 개방국가인 미국 · 일본과는 삐걱거리며, 세계 최악의 인권 탄압 국가인 북한과 세계 최대 사상 · 인터넷 통제국가인 중국에 굴종적 저자세로 매달리고 있다. 이들이 바라는 일자리는 관급 공무원이나 정부의 고용자금을 지원받는 곳만이 아니다. 각국 인재들과 겨루며 고액 연봉을 받는 도전적 일자리가 많아지기를 원한다."[6]

최고 권력은 나눌 수 없다. 최고 권력을 쟁취하기 위해 부모, 형제,

자식을 살육한 것이 인류의 역사이다. 또한 역사적으로 분단국가가 협상으로 통일된 예도 없다. 19세기 이탈리아(1861)와 독일(1871)의 통일은 무력통일이었고, 1990년 독일의 재통일은 강자인 서독이 약자인 동독을 흡수한 통일이었다. 1975년 베트남의 통일은 북베트남이 프랑스, 미국, 남베트남을 전쟁에서 물리친 무력통일이었다. 예멘의 경우, 남북 예멘의 지도자 간에 통일에 합의하고 1990년 5월 통일을 선포하였으나, 1994년 이래 아직까지 내전에 시달리고 있어 진정한 통일이 이루어지지 않은 상태이다.

분단국이 협상을 통하여 통일을 이루겠다는 꿈은 역사적으로 또한 현대의 다른 나라 예를 보더라도 미망에 지나지 않는다. 햇볕정책을 지지하는 남한의 좌파 정치인들은 북한의 개혁이 곧 한반도의 평화통일을 향해 나아가는 길이라고 주장하였고, 아직도 그 믿음을 버리지 않고 있다. 그러나 북한의 개혁이 성공한다면 그 결과는 한반도 분단의 장기화로 이어질 것이다. 개혁에 따라 새로이 나타난 북한 엘리트들은 자신들이 갖고 있는 힘을 통일 후 남한의 엘리트와 나눌 이유가 전혀 없기 때문이다. 또한 남한과의 경제적 격차가 줄어들면 남한의 풍요가 그 매력을 상당 부분 잃게 되어 북한 주민들도 통일에 대한 관심이 줄어들 것이다. 나아가 시간이 흐르면서 남북 간의 감정적·문화적 유대는 더욱 약해질 것이다. 가능성은 희박하지만 북한이 개혁에 성공하고 남한과 장기적으로 공존하게 된다면, 통일의 꿈은 물 건너가게 될 것이다.

햇볕정책에 반대하는 보수 성향의 사람들은 북한 정권과의 협상 자체에 회의적인 생각을 가지고 있다. 그들에게서 대화와 협상의 전제가 되는 신뢰성을 찾을 수 없기 때문이다. 실제로 북한 정권은 지난 수십 년간 남한 정부와 300여 개에 달하는 크고 작은 합의를 이루었지만, 시행 단계에서 이를 지킨 것은 단 한 건도 없다.[7] 그렇다고 해서 대화와 협상 자체를 포기하여서는 안 된다. 그 이유는 첫째, 대화와 협상은 북한과 같은 폐쇄 사회와 소통의 창구를 만들고 유지할 수 있는 길을 열어 놓기 때문이다. 소통은 상호 간에 불필요한 오해가 발생되어 파국으로 치달을 수 있는 우(愚)를 방지할 수 있다. 둘째, 대화와 협상은 위기의 증폭을 관리하는 데 도움이 되기 때문이다.

우리는 북한을 볼 때 인민과 정권을 분리하여 생각하여야 한다. 북한 인민은 우리가 감싸 안고 도와주어야 하는 우리의 형제자매이지만, 이들을 탄압하고, 착취하는 북한 정권은 민족의 이름으로 척결하여야 하는 이단 정치집단일 뿐이다. 북한 정권과 그 인민을 묶어서 생각해 온 것이 우리의 착각이었다. 시저(Gaius Julius Caesar)는 "인간은 자신이 보고 싶어 하는 것만 보려 하고, 보기 싫은 것으로부터는 눈을 돌려 버리려는 속성이 있다"라고 하였다. 지난 20여 년 동안 일부 남한 사람은 북한 사회의 모습과 그 정권의 의도를 자신이 보고 싶은 이미지대로 형상화하였다. 그들은 진실이 밝혀지는 것을 두려워했다. 그들은 자신들이 형상화한 틀 속에서 북한 사회가 묘사되고 해석되기를 원했다. 또 그들은 자신이 만들어 놓은 도그마에 집착하여, 진실이 밝혀지면 그것을 부정하느라고 애썼다. '우리 민족끼리'라는[8] 기치를 내건 자주파와 북한 정권에 보다 우호적인 주체사상파가 20여 년 전부터 우리 사회의 표면 위로 등장하기 시작하였으며, 이 세력들의 발호에 의구심을 가진 보수 세력은 남북한 문제에서뿐 아니라 안보 문제 전반에 걸쳐 그들과 심각하게 대립하였다. 서구의 진보 · 보수 개념과는 거리가 있지만,[9] 편의상 진보와 보수라는 이름으로 불리는 이 두 세력은 지난 20여 년간 한 치의 양보도 없이 대치를 이루면서 한국 사회의 발전을 가로막고 있다. 통일을 이루려면, 나아가 통일 과정에서의 혼란과 통일 이후의 후유증을 최소화하려면, 이 두 세력 간의 입장 차이를 좁히는 것이 급선무이다. 이를 위해서는 북한 문제와 대북정책에 관해서는 정파성과 업적주의의 유혹을 배제하여야 하는데, 우리 정치권은 지난 수십 년 동안 북한 문제를 정권의 필요에 따라 다루어 왔다. 북한 문제의 해결 나아가 통일은 한 정권의 짧은 임기 내에 마무리 지을 수 있는 사안이 아니다. 또한 한반도 주변의 국제환경이 변화할 것이기 때문에 통일 문제는 중·장기적인 관점에서 일관성 있게 추진해 나가야 한다.[10] 안보는 국민의 생명과 복지와 직결되는 문제이기 때문에 아주 조그만 안보 위협 가능성에도 사전에 대처하는 것이 안보를 책임진 사람들의 책무이다. 자력안보 주장은 한국 국민의 숙원이기는 하지만 이것이 정서적·감정적 주장에 그쳐서는 안 되며, 현실적 여건과 조화시키는 것이 중요하다.

한반도의 분단이 한국 국민의 의지와는 상관없이 열강에 의해 이루어졌듯이, 북한 정권의 붕괴 나아가 통일 과정도 우리 의사와는 상관없이 전개될 가능성이 있는 현실을 감안할 때, 한국 정부와 국민은 한반도의 통일에 대한 주변 열강의 입장을 알고 이에 대처해 나가야 한다. 북한의 핵무기 개발이 마무리 단계에 있는 현 상황에서 미국은 북한을 자국에 대한 직접적인 위협으로 받아들이면서 트럼프 대통령은 북한 문제 해결을 위해 군사옵션까지 준비하라고 지시하였으나,[11] 북한은 이에 아랑곳하지 않고 대륙간탄도미사일(Intercontinental Ballistic Missile, ICBM) 시험 발사를 하고 핵무기 개발의 마지막 단계로 보이는 6차 핵실험을 감행하였다. 이에 매티슨 미 국방장관은 트럼프 대통령 주재 긴급 국가안보회의(National Security Council, NSC) 직후 "우리는 북한의 완전한 절멸(total annihilation)을 원하지는 않지만 그렇게 할 많은 군사적 옵션을 보유하고 있다"라고 언급하는 등 북한에 대한 미국의 대응은 더욱 강경해지고 있다. 한국 사회에는 미국이 우리 정부에 알리지 않고 대북 군사 공격을 할 수 있다는 우려가 있다. "우리 국방장관은 그런 일이 있을 수 없다고 했지만, 미국이 우리 정부를 못 믿겠다고 판단하면 우리에게 알려 주지 않고 할 수도 있을 것이다. 미국 쪽 사람들은 김정은과 대화하여 김정은을 살려 주려는 사람들과는 김정은 제거를 함께 논의할 수 없다고 말한다."[12] 한반도에서 전쟁이 발발하면 한미연합사령관이 주한미군을 통제하지만, 미국은 주한미군 사령관의 통제권 밖에 있는 미군 병력으로 북한을 기습공격할 수 있다. 이 경우, 이론적으로는 한미연합사의 동의, 즉 한국 정부의 동의가 필요 없는 상황이 된다. 이러한 상황에서 문재인 대통령은 "(미국의) 북한 선제타격으로 전쟁이 나는 방식을 결단코 용납할 수 없다. 우리의 동의 없이 한반도 군사행동은 있을 수 없다"라고 말했다. 어투는 단호하지만 내용은 공허하다. 우리가 용납 안 하면 어쩔 것이며, 미국이 군사행동을 하면 어찌하겠다는 말인가? 2018년 5월로 예정된 미·북 정상회담은 김정은에게 주어진 마지막 기회이다. 미국과 북한은 1994년 제네바합의(Geneva Agreed Framework), 2005년 9·19 공동성명을 통해 평화체제와 수교 논의에 합의하였지만 김정일은 핵에 집착하여 그 기회를 걷어찼다. 이번 미·북 정상회담에서도 미국과 북한은 9·19 합의에서와 같이 비핵화에 합의할 가능성이 있다. 김정은으로서는 더 이상의 탈출구가 없기 때문이고, 트럼프로서는 11월 중간선거를 앞두고 가시적 외교적 성과가 필요하기 때문이다. 그러나 이 합의는 문제의 해결이 아니라 또 다른 문제를 야기하는 시발점이 될 것이다. 미국은 미·북 정상회담 수락 직후 비핵화가 '완전하고, 검증 가능하며, 돌이킬 수 없는 핵 폐기(Complete, Verifiable, Irreversible Dismantlement, CVID)'임을 명확히 했는데, 비핵화는 '동결-봉인-사찰-불능화-폐기'라는 과정을 거쳐야 한다. 각 단계에서 북한 정권은 '총론에 합의하고, 각론에서는 모호함을 추구'하는 그들의 협상수법을 발휘하면서 시간을 벌려 할 것이다. 우여곡절 끝에 미흡한 대로 일단 각론에 합의한다 하더라도 그때부터 '이행'이라는 본격적인 줄다리기가 기다리고 있다. 이 과정에서 미국이 북한의 '벼랑 끝에서 줄 타는' 협상수법은 핵무장 완성을 위한 시간 벌기에 지나지 않는다고 판단하면 군사 공격을 감행할 것이다. 그 공격은 북한 수뇌부와 핵무기 및 미사일 기지를 중점 목표로 하는 제한적 타격이 될 것이며 전광석화처럼 신속히 이루어질 것이다. 시기는 미국의 중간선거(2018. 11) 이전이 될 가능성이 크다. 미국의 선제공격은 북한 정권의 붕괴를 초래할 수 있으며, 북한이 남한에 군사적 반격을 하는 경우 한국 정부도 불가피하게 계엄령을 선포하는 등 대한민국의 정국도 소용돌이치게 될 것이다. 이러한 사태를 막고자 한다면 어떻게 하여야 하나? 미국은 군사 공격을 해서라도 북한 핵무장을 막겠다는 입장이 확고하다. 김정은도 핵무장 포기 의사가 전혀 없다. 핵무장 포기는 체제 붕괴로 이어질 가능성이 있기 때문이다. 그러면 어찌 되나? 결국 힘 센 자가 이기는 것이 현실이다. 미국 본토를 핵무기로 위협하여 미국이 한반도에서 손을 떼게 하고, 남한을 핵무기로 위협하여 적화통일을 이루겠다는 김씨 3대 세습 정권의 계산은 오판이다. 김씨

3대는 미국이 동맹국 한국의 안보를 지키기 위해서가 아니라 자국의 안보를 위협하는 깡패 정권의 핵무장을 결코 용납하지 않을 것이라는 점을 간과한 것이다. 지난 수년 간 미국의 북한에 대한 제재와 압박은 거세져 왔으나 현 시점에서 그 압박이 종전과 다른 점은 시한을, 그것도 아주 짧은 시한을 두고 있다는 점이다. 그 시한은 북한의 핵무장이 완성될 것으로 보이는 2018년까지이다. 그때까지 북한이 핵무장 포기를 전제로 협상장에 나오지 않는다면 미국은 북한을 군사 공격할 것이다. 이제 시간이 없다. 우리 정부가 전쟁을 피하고자 한다면 미국과의 공조하에 보다 강력한 대북제재로 북한을 완전히 궁지에 몰아넣어 북한이 백기를 들고 협상장에 나오게 하는 것뿐이다. 김정은이 핵무장을 포기하는 것은 '핵이 자신을 살리는 것이 아니라 오히려 죽이게 되었다'고 판단할 때에만 가능하다. 이 시점에서 마저 북한과의 대화에 집착하는 것은 미국의 군사 공격을 불러일으켜 오히려 전쟁으로 가는 길을 열어 놓는 것이다.

한반도 문제를 보는 중국의 입장은 변했다. 중국은 더 이상 남북한 등거리 외교를 펼치던 나라가 아니며, 북한 핵무기 개발을 막아 보겠다고 6자회담을 주최했던 나라가 아니다. 시진핑 주석은 한중 정상 회담(2017. 7. 6)에서 문재인 대통령에게 '중국과 북한은 혈맹'이라고 강조했다. 중국은 지난 20여 년간 중·조(中朝)동맹은 사실상 유명무실한 조약이라는 자세를 보여 왔는데, 시 주석의 입장 선회 발언은 한국과 미국의 밀착 가능성에 대한 사전 경고였다. 중국은 지난 수십 년간 북핵 문제와 관련하여 북한도 문제지만 미국도 문제라는 양비론(兩非論)을 되풀이하며, 대놓고 '미국이 해결하라. 우리는 할 일을 다했다'라는 태도를 보이고 있다. 북한 핵무기가 문제가 아니라 미국의 영향력 확대가 더 큰 문제라고 보는 중국의 본심이 드러나는 대목이다.[13] 2017년 12월 문 대통령의 중국 국빈 방문은 대한민국 외교의 참사였다. 중국의 의도적인 의전적 하대와 우리 수행기자단에 대한 중국 경호의 폭행 사건에 항의 한마디 못한 것도 문제지만, 중국의 '개집 접근방식(doghouse approach)'[14] 외교에 맞장구 쳐 스스로를 '작은 나라'라고 칭한 것은 중국이 추구하고 있는 '신조공질서'에 순응한 것이 아니면 어떻게 설명할 것인가?

북한 정권이 붕괴된다면 중국은 난민 유입 방지 등을 이유로 압록강 이남으로 인민해방군을 파견할 가능성이 매우 크며, 한미동맹도 질서 유지 등을 이유로 휴전선 이북으로 군대를 파견하게 될 것이다. 이때 중국군과 한미동맹군이 충돌한다면, 한반도의 안위가 파국으로 치닫게 될 것이다. 이러한 최악의 사태를 방지하기 위해서는 미국과 중국이 사전에 북한 정권 붕괴 이후의 한반도 모습에 어느 정도 이해를 공유하는 것이 긴요하다. 우리로서는 미·중 협상 과정에서 우리의 입장을 상당 부분 반영시킬 수 있는 방법을 모색하여야 한다. 한반도가 남한 주도로 통일되는 것을 중국이 묵인하게 할 수 있는 방안은 중국이 거절하기 어려운 미끼를 던져 주면서 미국과 중국이 대타협을 시도하는 것이다. 가장 현실적인 방안은 한미동맹의 성격과 주한미군의 규모, 주둔 위치 나아가 주둔 여부에 대해 미국·중국·한국 3자간에 협의하고 조정하는 것이다. 한국이 이 협상 테이블에 끼어드는 것에 중국과 미국 모두 원하지 않을 것이다. 그러나 협상 대상이 한미동맹이고, 주한미군의 주둔 위치도 한반도이기 때문에 한국으로서는 반드시 이 교섭에 참여할 수 있도록 전 외교력을 동원하여야 한다. 일본은 북한의 핵무기 보유가 자국에 직접적 위협이 된다는 인식하에 미·일동맹에 의존하면서 미국과 보조를 맞추어 대북 강경 자세를 취하고 있다. 러시아는 그 경제력을 감안할 때 한계가 있겠으나, 중국의 입장에 동조하면서 한반도에서의 영향력을 확보하고자 할 것이다.

마지막으로 통일 후의 한반도의 모습을 그리기 위해서는 21세기에 한국 민족이 나아가야 할 방향을 생각해 보고, 그 목표에 합당한 통일 과정을 상정해 보아야 할 것이다. 우리가 자유민주주의와 시장경제에 기초한 통일한국을 상정하고 있다면, 한반도 북반부를 조속히 안정적으로 시장경제에 진입시킬 수 있도록 지금부터라도 차근차근 필요한 준비를 하여야 할 것이다. 나아가 대륙 세력과 해양 세력의 중간에 끼어 있는 숙명에서 벗어날 수 없는 한국은 어떠한 외교·안보·경제정책에 기초한 통일한국을 이룰 것인가 하는 문제를 심각하게 고민하여야 할 것이다. 북한 정권의 붕괴가, 나아가 통일이 어느 날 갑자기 예고 없이 찾아온 밤손님처럼 한국 사회의 문을 두드린다면, 그러한 사전 준비를 시작하기에는 이미 때가 늦었을지도 모르겠다.

우리는 현재의 사회 상황이 어떠한지를 제대로 인식하지 못하고 있다. 현재는 미래를 향하여 쉼 없이 흘러가면서 변화하고 있지만, 인간은 자신의 과거 경험에 기초하여 오늘의 모습을 해석하기 때문이다. 지도자는 현재의 모습을 비교적 정확히 파악하면서 그 의미를 해석할 수 있는 사람이면 좋겠다. 지도자는 가능하면 미래의 모습에 대한 비전을 가질 능력이 있는 사람이면 좋겠다. 그 비전이 반드시 현실과 맞아떨어지지 않아도 상관없다. 그가 마음속에 그리고 있는 생각이 현실화되지 않는다고 해서 그것이 의미를 덜하는 것은 아니다. 역사는 항상 정의로운 방향으로 흘러가지만은 않기 때문이다. 틀릴 수 있는 비전이 현실보다 더 정의로울 수 있고, 인류와 국민의 안녕과 복지를 위해 더 바람직한 선택일 수 있기 때문이다. 북한의 미래와 통일에 대한 나의 예측과 대책 방안은 대부분의 예측이 그러하듯이 현실과 거리가 먼 것일 수 있다. 그러나 나의 작은 노력이 통일에 이르는 길목에서 벽돌 한 장으로 쓰일 수 있으면 하는 바람으로 이 글을 쓴다.

주

1) 2017년 7월 9일 한국에서 방영된 디스커버리 채널의 북한특집 프로그램에 의하면, 2011년 12월 김정일 운구차를 에워쌌던 북한 고위층 8명 전원이 숙청되었다 한다.

2) 김일성은 동구권 붕괴 직후 자본주의라는 불순물(모기)이 북한 사회에 침투하는 것을 막기 위해서는 모기장을 쳐야 한다면서 당시 러시아와 동구권에서 추진하던 개혁, 개방과는 반대로 북한을 더욱 폐쇄 사회로 몰고 갔다.

3) 마인섭·차문석·윤철기, 2012, 『북한 문제와 남남갈등』, 성균관대학교 출판부, 10~11쪽.

4) 미국 국제전략연구소(Center for Strategic & International Studies, CSIS) 산하 솔리움 마키나(Solium Machina : 분단과 통일 문제를 연구하는 태스크 포스)의 팀장 루크 컨디터(Luke Conditor)는 자국의 이익을 생각하고 국가 발전을 도모하고자 했던 통일 이전의 독일 좌파와는 달리 대한민국의 좌파는 나라의 정체성을 흔들어대고 있다고 주장하였다(http://forum.chosun.com 2017. 7. 7. 검색).

5) 이한수, 「독사를 품으면 물려 죽을 뿐」, 『조선일보』 2017. 7. 19.자.

6) 송의달, 「20년 집권하려면 '반2030 노선'부터 버려라」, 『조선일보』 2018. 2. 5.자.

7) 『문화일보』 2017. 5. 26.자, 이상우 교수 인터뷰 기사.

8) '우리 민족끼리'는 북한의 대남선전 인터넷방송의 이름이기도 하다.

9) 한국 사회에서 진보라고 불리는 집단 중 일부는 반인권적이고 반민주주의적인 북한체제를 오히려 정당화하는 경향을 가지고 있다(마인섭·차문석·윤철기, 2012, 앞의 책, 12쪽).

10) 마인섭·차문석·윤철기, 2012, 앞의 책, 16쪽.

11) "허버트 맥매스터 국가안보회의(NSC) 보좌관은 '트럼프 대통령이 누구도 원하지 않는 대북군사옵션을 포함해 다양한 선택지를 준비하라고 지시했다'고 밝혔다"(『조선일보』 2017. 6. 30.자, A3면).

12) 김희상, 「완전무결한 북핵 해법은 통일뿐… 한미 끝까지 같이 가야」, 『세계일보』 2017. 10. 17.자.

13) 김희상, 앞의 기사.

14) 2017. 12. 15.자, 영국 『이코노미스트(The Economist)』는 '개집 접근방식'의 요령에 대해 "중국은 상대방 행동이 마음에 안 들면 바꿀 때까지 괴롭힌다. 그래도 안 바뀌면 상대를 개집에 가두어 벌을 준다. 그래도 여전히 변하기를 거부하면 적절한 처벌기간을 둔 후 상대를 개집에서 꺼내고, 아무 일 없었다는 듯이 굴면서 상대가 고마워하기를 바란다"고 설명했다.

제1장

북한 정권의
어제와 오늘

"

북한의 대기근 당시 민간 국제구호단체인 월드비전(World Vision)의 부회장으로
북한에 대한 인도적 지원에 깊이 관여하였던 나시오스(Andrew S. Natios)는
1997년 5월 월드비전 동료와 함께 북한을 방문하였다. 오랫동안 세계 도처의
기근 현장을 찾아다녔던 그로서는 첫눈에 북한이 심각한 대기근을 겪고 있다고
확신했다. 이유는 평양 시가를 벗어나서 8시간 동안 차를 타고 다니면서 새
한 마리를 볼 수 없었으며, 가축도 염소 몇 마리, 돼지 한 마리, 밭을 가는 황소
아홉 마리만을 보았고 그 흔한 개, 닭, 오리, 거위, 양을 단 한 마리도 볼 수
없었기 때문이라 한다. 대기근이 발생하면 제일 먼저 나타나는 현상은 그 지역
에서 새가 사라진다고 한다. 새는 날개가 있으니까 먹이가 있는 곳을 찾아 날
아갈 수 있기 때문인가 보다. 다음으로 가축이 급격히 줄어든다 한다. 먹을 것
이 없어 가축도 곧 굶어 죽게 되기 때문에 기근이 시작되고 어느 정도 시간이
경과하면 굶주린 주민들이 곧 가축을 잡아먹는다는 것이다.

"

김일성은 누구이며 어떻게 권력을 잡았나?

　소련군 소좌(1945. 8. 승진) 김성주는 하바롭스크(Khabarovsk)를 출발, 1945년 9월 19일 원산항에 도착하였다. 10월 14일 평양에서는 전설의 항일투사 김일성 장군 환영대회가 열렸다. 백발을 휘날리는 김일성 장군의 모습을 보기 위해 운집한 청중은 서른세 살의 젊은 청년의 등단에 경악하였다. 대중에게 이름이 알려지지 않은 김성주는 김일성 장군의 카리스마가 필요하였던 것이다. 실제 김일성 장군은 일본육군사관학교를 졸업하고 1919년 백두산 일대에서 항일운동을 했으나 어느 순간 사라졌다고 한다. 김성주는 타이타닉호가 침몰한 날인 1912년 4월 15일 평양에서 태어났다. 그의 부모는 독실한 기독교인이었다. 어머니 강반석(반석 · 베드로)은 장로의 딸이었으며, 아버지 김형직은 선교사가 설립한 기독교계 학교에 다녔다. 김형직은 3 · 1운동이 일어나던 해인 1919년 만주로 이주하여 그곳에서 한약방을 개업하였다. 2011년 9월 비밀 해제된 1949년 9월에 작성된 미국 중앙정보국(Central Intelligence Agency, CIA) 자료에 의하면, 김성주는 중학교 재학 중인 열네 살 때 친구 돈을 훔치다 발각되어 그 친구를 살해하고 도망자 신세가 되었다. 그는 소련에 갈 돈을 마련하려고 하얼빈에서 최씨 성을 가진 남성을 살해하고 동만주를 떠돌다가 중국 공산당 지도자 리리싼(李立三)을 만나 공산당원이 되었다. 리리싼은 1931년 10월 김성주 이름을 '김일성'으로 바꾸게 하고, 김성주는 김일성이라는 이름으로 백두산에서 게릴라 활동을 하였다.[1] 김일성이 만주로 도주하기 이전 8년 동안의 학교생활이 그가 받은 정규교육의 전부였다. 김일성의 만주 조선인 항일 게릴라 부대가 일본군에 쫓기면서, 1940년 말 부대와 함께 소·만 국경을 넘어 하바롭스크 인근의 소련군 훈련캠프에 합류하였다. 김일성은 그곳에서 항일 게릴라 출신 김정숙과 결혼하여 사내아이를 둘 낳았는데 첫째가 1942년 2월 16일생 김정일이고, 둘째 슈라(Shura)는 1948년 여름 평양의 김일성 수상관저 연못에서 사고로 익사하였다.[2]

2000년대 초 비밀등급이 해제된 소련의 문서에 의하면, 소련은 해방 직후에는 북한의 미래에 대해 뚜렷한 계획을 갖고 있지 않았으나, 냉전이 시작되면서 한반도 북반부에 자신들이 통제 가능한 공산 정권을 세우고자 하였다. 그러나 문제는 당시 북한에는 공산주의자가 거의 없었다는 점이다. 1920년대 초에 시작한 조선 공산주의운동은 일제의 탄압으로 대부분 중국과 소련에서 이루어졌으며, 국내에서 활동하던 소수의 공산주의자도 서울에 거주하였기 때문에 해방 직후 북한지역에는 공산주의자가 전무한 상태였다. 따라서 평양에 주재한 소련군 사령부는 1945년 말부터 각지에 산재해 있는 공산주의 운동가들을 북한으로 불러 모으기 시작하였다.[3] 미국의 통치를 피해 월북한 ① 박헌영의 남로당, ② 김두봉·무정(마오쩌둥의 대장정에 동참) 등 중국 공산당 배경의 연안파, ③ 조선인 출신 소련 관료와 기술자

(소련 군정의 비밀공작조로 활동), ④ 만주 항일 게릴라 출신으로 소련 군에 소속되었던 김일성과 그 일파가 공산주의 세력이었다. 또한 민족주의 보수주의자로 대중적인 인기가 높았던 기독교인 ⑤ 조만식이 이끄는 조선민주당과 ⑥ 농촌에 뿌리를 둔 천도교 계열의 청우당도 무시하지 못할 정치 세력이었다. 그중 소련 극동군 '국제88여단'의 김일성 일파 60여 명은 가장 소수파였다. 그들은 만주에서 항일 게릴라 활동을 하던 만주파인데, 대부분이 무학일 정도로 교육 수준이 낮은 전사들이었다. 소수파 김일성이 좌파 세력의 거두 박헌영을 물리치고 정권을 잡기까지는 소련 군정의 뒷받침, 특히 소련 점령군 민정장관 로마넨코 장군의 도움이 절대적이었다. 로마넨코는 1940년 소련 극동군 제1군의 정치부장으로서 김일성이 소속된 국제88여단의 정치교육을 관장했으며, 그 경력으로 인해 1945년 북한의 소련 점령군 민정장관이 되어 김일성을 중심으로 북한의 정치공작을 전개했다.[4]

갓 태어난 북한 정권은 1945~1948년 소련의 철저한 관리·감독에 따라 움직였다. 북한은 소련 고문관의 지도로 신생 공산 정권의 표준적 개혁들을 빠르게 수행했다. 1946년 봄에 실시된 급진적인 토지개혁을 통해 농민들에게 토지를 무상분배했는데(가구당 평균 1.3정보), 이 조치는 절반에 가까운 북한 주민에게 혜택을 줌으로써 북한 정권을 공고화하는 데 크게 기여하였다. 토지를 몰수당한 대부분의 지주와 사업가, 기독교 운동가는 공산 정권의 탄압을 피해 월남하였다. 1945~1951년 월남한 북한 주민의 숫자는 대략 150만 명으로 추산되는데, 이는 당시 북한 인구의 15%에 해당한다.[5] 이렇듯 정권에 대항할 가능성이 있는 주민들이 월남함에 따라 북한은 한층 동질적 성격을 띠게 되었다.[6] 또한 이 무렵 주요 산업의 국유화를 실시하였는데, 이로써 북한의 주요 공장·은행 등 주요 기간산업의 90% 이상이 국가의 통제하에 들어갔다. 1947년 2월 북조선 인민위원회가 설립되면서 북한은 스탈린식 공산주의를 통치 모델로 채택하였는데 1950년대 말 '주체' 이념이 등장할 때까지 스탈린식 공산주의는 북한 통치 이데올로기의 절대적인 도그마가 되었다. 스탈린주의는 ① 정치적으로는 강력한 중앙집권, ② 경제적으로는 중공업 중심의 계획경제, ③ 이념적으로는 지도자에 대한 개인숭배가 그 핵심을 이룬다. 1948년 북한 헌법은 1936년 스탈린 헌법을 모델로 한 것이어서 북한은 소련과 마찬가지로 정부보다는 공산당이 지배하는 국가가 되었다. 1948년 9월 9일 조선인민공화국 정부가 정식으로 출범하였으며, 김일성이 정부의 수상직과 당의 최고위직을 겸직하였다. 또한 김일성은 인민군을 민족보위성에 소속시키고 민족보위상에는 최용건, 부상에는 김일, 총사령관에는 강건 등 모두 자신의 게릴라 동료를 배치함으로써 군부를 완전히 장악하였다.[7]

김일성은 소련의 후광을 업고 정권을 잡기는 하였으나, 정치적 기반이 취약하였으므로 공산혁명이라는 이름 아래 기존의 질서를 파괴해 나가면서 자신의 입지를 강화하였다. 김일성은 친일파 청산작업이라는 이름 아래 지주·유산계급은 물론 일제치하에서 공무원을 한 사람이라면 면서기까지 숙청하였다. 교사와 일본 사람을 상대로 사업을 하던 사람 중 상당수도 친일파의 굴레에서 벗어날 수 없었다. 공산혁명이 무산계급의 독재를 목표로 하고 있으니 북한에서는 사회주의 노선을 추구하던 사람들을 제외하고는 유산계급에 속했던 당시의 지식층은 대체로 친일파라는 이름 아래 거의 거세되었다. 정권 쟁취를 위해 한국의 간디라 불리던 조만식 선생 등 독립운동가들을 처형하였던 김일성 정권과 행정력 공백을 메우기 위해 일제에 부역한 인물들을 활용하였던 이승만 정권 중 어느 쪽이 도덕적으로 더 지탄을 받아야 할까? 김일성의 공산혁명과 친일파 숙청 과정에서 벌어진 인권유린으로 해방 이후 한국전쟁까지 백 수십만 명의 북한 사람들이 월남하였는데, 이들은 교육수준이 상대적으로 높아 남한에서 어렵지 않게 정착하였고, 북한에서는 지식층 공동화(空洞化) 현상이 일어나 그 공백을 메우기 위해 김일성 정권은 한국전쟁 중 남한의 각계각층 지식인들을 북으로 납치해 갔다.

북한에 주둔하던 소련군은 1948년 말 철수하였으며, 남한 주둔 미군도 1949년 6월 철수하였다. 공개된 소련의 문서에 의하면, 김일성은 1949년에 4회 그리고 1950년 1월에 스탈린에게 직접 또는 외교채널을 통해서 남한 침략에 대한 승인과 지원을 요청했으며, 스탈린은 1949년에는 최소한 2회에 걸쳐 동 요청을 거절했으나 1950년 초에는 '변화된 국제정세에 따라' 남침을 승인하였다 한다. 변화된 국제정세가 무엇인지는 밝혀지지 않았으나, 1949년부터 1950년 초까지 일어난 ① 마오쩌둥의 중국 본토 통일, ② 소련의 원자탄 개발 성공, ③ 남한으로부터의 미군 철수, ④ 애치슨(Dean Goodenham Acheson) 미국 국무장관의 '한국을 미국의 태평양 방어선에서 제외한다'는 발언 등 일련의 사건이 복합적으로 작용한 것으로 보인다.[8] 한국전쟁은 29만 4,000명의 북한군, 22만 5,000명의 한국군, 18만 4,000명의 중국군, 5만 7,000명의 유엔군(이 중 미군이 5만 4,000명) 등 75만여 명의 군 전상자(실종자 포함)와 200만여 명 이상의 민간인 부상·사망·실종자를 내었고, 1,000만여 명의 이산가족을 발생시켰다.[9] 한국전쟁은

1300년간 단일국가를 유지하여 오던 한민족의 내부에 씻을 수 없는 상처와 균열을 남겼으며, 국제적으로도 동서 간의 냉전을 격화시키는 계기가 되었다.[10]

그러나 한국전쟁은 김일성 개인의 권력을 크게 강화시켰다. 전쟁 이전의 그의 위치는 여러 명의 공산 지도자 가운데 소련의 지원을 등에 업은 덕분에 조금 특별한 지위를 누리는 정도에 지나지 않았다. 그러나 전후 김일성은 의심의 여지없는 북한의 최고 지도자로 부상하였다.[11] 종전 이후 김일성이 착수한 첫 번째 작업은 전쟁 도발의 책임을 정적에게 덮어씌우면서 정적을 숙청하고 권력을 공고히 하는 것이었다. 휴전협정에 서명하고 사흘 후 김일성은 이승엽 등 남로당 계열의 노동당 고위 간부 12명을 전쟁 중 적과 내통하였다는 혐의로 처형하였고, 2년 후 남로당 지도자 박헌영을 처형하였다. 김일성은 1950년대 중반부터 소련과 중국 사이에 갈등이 심화되자 양쪽 모두의 비위를 건드리지 않으려고 매우 조심스러운 외교 행보를 하였다. 김일성은 1961년 7월 모스크바를 방문하여 '우호, 협력 및 상호 원조 조약(Treaty of Friendship, Cooperation and Mutual Assistance)'을 체결하였으며, 그 직후 북경을 방문하여 소련과의 조약과 거의 유사한 내용의 조약을 중국과 체결하였다. 또한 김일성은 남한에 대해 군사도발, 내부 분열공작, 비방, 회유의 다양한 전법을 구사하며 적화통일의 야욕을 불태웠다. 5·16군사혁명 직후 김일성은 박정희의 좌익 활동 전력에 희망을 품고 박정희에게 밀사를 파견하여 비밀 접촉을 시도하였으나, 박정희는 그 밀사를 즉각 처형하였다 한다. 또한 김일성은 1968년 1월, 31명의 특공대를 남한에 파견하여 박정희 암살을 시도하였으나 미수에 그치는 등 남북한 관계의 대결 양상은 심화되어 갔다.[12] 북한은 1950년대 후반부터 1960년대 후반까지 10년 동안 국내적으로는 김일성의 유일체제를 공고히 하면서 경제적 발전을 이루었고, 외교적으로도 소련과 중국 사이에서 균형을 이루면서 정권의 안정을 꾀하였다.

김정일은 서서히 권력을 쟁취했다

　　김정일은 김일성의 게릴라부대가 피신해 있던 하바롭스크 인근의 소련군 군사훈련소에서 태어났다. 그러나 북한 정권은 1982년 『노동신문』을 통하여 김정일이 혁명의 상징인 백두산에서 출생하였다고 공식발표하였는데, 이는 수령 후계자로서 김정일의 생래적 정통성을 확보하기 위한 조작이다. 김정일은 1945년 11월 25일 생모 김정숙과 함께 웅기(선봉으로 개명)를 통해 평양에 들어올 때까지 소련 극동군 '국제88특수여단'의 병영이라는 거친 환경에서 유모 이재덕의 손에서 자랐다. 또한 김정일은 1948년 김일성 수상관저의 연못에서 함께 놀던 동생 슈라가 물에 빠져 죽고, 생모 김정숙이 1949년 9월 넷째 아이를 낳다가 사망함에 따라 유년기에 큰 정신적 충격을 받았다. 김일성은 1952년 김성애와 재혼하여 1953년과 1954년에 경진과 평일을 얻었다. 김성애는 김정일을 왕자처럼 극진히 돌보아 주었으나, 김정일은 아버지의 재혼에 매우 분개하였고, 김성애를 극도로 증오하였다 한다. 1994년 김일성 사망 후 김성애는 북한에서 망각 속으로 사라져 갔고, 생모 김정숙은 혁명의 영웅으로 추존되었다.[13] 이러한 환경에서 김정일은 여동생 경희를 극진히 돌보았고, 김경희의 남편 장성택도 각별히 배려하였다. 장성택은 단속적인 경고성 처벌을 받기도 하였으나 김정일이 죽기 전까지 정권의 실세로 행세하였다.

김정일은 1990년대 후반까지 베일에 둘러싸여 있어 그의 성격과 생활방식에 대한 억측이 많았으나, 2000년 6월 남북 정상회담을 계기로 외부세계에 모습을 드러낸 이후 그의 언행을 통하여 성격과 사고방식을 짐작할 수 있게 되었다. 무엇보다도 김정일을 오랫동안 가까이 지켜본 황장엽의 망명(1997. 2)은 김정일의 성격과 행태를 파악할 수 있는 결정적 계기가 되었다. **김정일은 크고 위대한 것을 좋아 하였다.** 그는 자신의 통치 스타일을 스스로 '**광폭정치**(廣幅政治)'라고 칭할 정도로 통이 큰 사람으로 보이기를 원했다.

2002년 9월 고이즈미 총리에게 일본인 납치 사실을 자인한 후 북한 정권은 이를 내부적으로 장군님의 '통 큰 성격'의 표현으로 선전하였지만, 그러한 고백은 이후 일본과의 관계 개선에 걸림돌로 작용하였다. 이러한 그의 성격은 그가 어마어마하게 큰 건축물을 건설하고 대규모 이벤트를 벌이는 데에서 잘 나타나고 있다. 주체사상 탑, 금수산 대궁전, 개선문, 5 · 1운동장, 자금 부족으로 수십 년 동안 완공치 못하고 있는 마천루 유경호텔 등 평양에 있는 대규모 건축물들은 이러한 김정일의 성격을 보여 주는 구체적 증거이다. 대기근의 와중에서 김정일은 김일성의 시신을 보존하기 위한 금수산 대궁전 개축공사에 9억 달러를 탕진했다.[14] 이 예산의 절반만 식량 구입에 사용했더라도 200여만 명은 굶어 죽지 않았을 것이다. '크고 위대한' 것에 대한 그의 집착은 유년기에 동생과 어머니를 잃고 그 보상심리로 권력 추구에 집착하던, 키 작은(160cm) 소년이 가졌던 열등의식의 산물이었는지 모르겠다.

김정일은 1966년 2월 당 선전선동부 지도원이 되면서 본격적인 정치 활동을 시작하였다. 1967년 5월 개최된 당 중앙위원회 전체회의에서 유일사상이 북한의 통치 이데올로기로 채택되었다. 김정일은 김일성으로부터 유일사상을 발전시킨 공로를 인정받았고, 이때부터 후계자로의 권력의 추는 김영주로부터 김정일로 기울어졌다. 그 후 김정일은 당 조직지도부 부부장과 당 선전선동부 부부장을 거쳐, 1972년 1월 당 선전선동부 부장이 되었는데, 그는 이 무렵에 주체사상을 유일사상화하는 데 총력을 기울였다.[15] 황장엽은 1974년부터 사실상 '김일성·김정일의 공동정권'이 되었고, 1985년경에 이르러서는 김정일의 영향력이 더 커져서 사실상 '김정일·김일성 공동정권'으로 변모했으며, 1991년 김정일이 인민군 최고사령관이 되면서부터는 사실상 권력이양이 끝났다고 보아야 한다고 말했다. "1992년 김정일의 50세 생일에 즈음하여 김일성은 동서고금 어디에서도 찾아볼 수 없는 내용으로 부왕이 왕세자를 칭송하는 송시를 썼다. 이것이야말로 권력이 모든 것을 규정하는 정치 논리의 냉혹성을 보여 주는 산 실례이다. 김일성은 자기 아들에게 정권을 넘겨줌으로써 돌이킬 수 없는 과오를 범하였으며, 자기 아들의 권력 앞에 아부함으로써 자기 자신의 모든 것을 잃어버리는 마지막 과오까지 범하였다."[16]

돌이켜 보면 북한의 세습적 권력 승계는 김일성이 김정일에게 일방적으로 물려준 것이 아니라, 초기 단계에서는 김정일이 수령유일체제를 강화해 나가면서 김일성의 환심을 사는 데에서 출발하였으나, 그다음부터는 김일성의 후광하에 김정일이 꾸준히 무자비하게 권력투쟁을 전개하여 획득한 산물이다. 김정일은 독재정권의 요체인 이데

올로기의 관리권과 해석권을 독점하면서 당을 장악해 나갔고, 그다음
으로는 정보기관을 장악하여 공포정치를 극대화하였고, 마지막으로
무력의 원천인 군을 장악하여 권력 승계를 마무리 지은 것이다.

하늘에서 갑자기 떨어진 여의주

2011년 12월 17일 김정일이 사망하자, 그의 가장 어린 아들 김정은은 갑자기 '최고 존엄'이라는 여의주를 입에 물었다. 그러나 그것은 용의 승천을 위한 무소불위의 구슬이라기보다는 독을 품은 꽈리일 가능성이 크다. 전 세계는 어린 후계자 김정은이 권력을 승계하게 된 북한 정권의 미래에 대해 기대와 우려라는 상반된 추측을 하였다. 김정일의 여자관계는 매우 복잡한 것으로 알려졌으나, 공식적·비공식적으로 노출된 여자는 네 명이다. 첫 번째 여자는 장남 정남을 낳은 성혜림(김정일보다 5세 연상)이다. 김정일은 첫눈에 성혜림에게 반해 유부녀인 그녀를 강제 이혼시키고 1969년부터 그녀와 동거에 들어갔다. 김일성은 성혜림을 마땅치 않게 여겨 중앙당 타자수였던 김영숙(1947년생)과 결혼시켰으나, 김영숙은 정식 결혼식을 올렸다는 것 이외에는 부인으로서 큰 의미를 가지지 못하였다고 한다. 김정일은 김영숙과의 사이에 딸 설송과 춘송을 두었다. 김정은의 어머니는 김정일의 세 번째 여자인 고영희(1952년생)이다. 고영희는 1962년 입북한 북송 재일교포이며, 그녀의 부친 고경택은 제주 출생으로 1929년

오사카로 이주하였다 한다. 고영희는 1974년부터 김정일과 동거하여 2004년 암으로 파리에서 사망하기 전까지 김정일과 가장 오래 산 여자이다. 김정일은 고영희와의 사이에 정철(1981년생), 정은(1984년생) 형제와 딸 여정(1987년생)을 두었다. 김정일은 2006년부터 그의 비서였던 김옥(1964년생)과 동거하였는데 둘 사이에는 자식이 없는 것으로 알려졌다.

김정일의 요리사였던 후지모토 겐지와 고영희의 동생 고영숙에 의하면, 김정은이 김정일의 뒤를 이어 권력을 세습할 것이라는 조짐은 어릴 적부터 나타났다고 한다. 김정은은 8세 생일잔치 때 장군 제복을 선물로 받았고, 군 장성들이 그때부터 김정은에게 경례하는 등 진짜로 경의를 표했다고 한다. 고영숙은 "주변사람들이 그를 권력자처럼 대하는 상황에서 그가 보통 사람으로 성장하기는 불가능했다"라고 언급하였다.[17] 후지모토 겐지에 의하면, 정은은 어렸을 때부터 장군복을 자주 입었는데 이는 그를 미래의 '대장'으로 키우고자 하는 김정일의 의지를 짐작케 하는 것이다. 김정일은 정철에 대해서는 "그 애는 안 돼. 여자아이 같아"라고 얘기하며 자주 부정적인 평가를 내렸다 한다. 정철은 교통사고 후유증으로 여성호르몬 과다증이 있었다 한다.[18] 김정은은 1996년 여름부터 2001년 1월까지 4년 반 동안 스위스 베른의 한 공립학교에 다녔다. 학교 측에 의하면 김정은은 "다른 학생들과 잘 어울렸으며 부지런하고 야심에 차 있었다"라고 한다.

김정은은 2001년 귀국 후 1년 6개월 동안 전사(남한의 훈련병)와 초급병사로 근무하였는데 제대 후 바로 중장으로 진급하였으며, 강건군관학교에서 3년 과정을 6개월 만에 마치고, 김일성종합대학 정치경제학부에서 석사교육을 두 달 정도 받았다.[19] 그는 2006년 12월까지 군 간부 양성기관인 김일성군사종합대학에서 군사학을 전공했다. 김정일이 김일성종합대학에서 정치경제학을 전공한 것과는 달리 김정은은 일찍이 군사학을 전공함으로써 정치와 군의 본질과 속성, 최고 지도자로서의 군 장악력, 그리고 전문적인 군사기술을 터득하였다.

김정일은 정은의 자질을 인정하고 그를 후계자로 지목하였지만, 정은은 혁명가이며 투쟁으로 권력을 잡고 유지한 할아버지, 공산권 붕괴라는 국제정치의 격변과 대기근이라는 내부적 혼란을 헤쳐 나온 아버지와는 달리 아직은 특권과 방종의 고치 속에서 성장한 권력자 3세로 볼 수밖에 없다.

샛별장군의 등장

김정일은 2008년 8월14일 뇌졸중으로 쓰러졌다가 회복한 직후부터 다가오는 죽음을 예감한 듯 후계자를 공식화하는 작업에 착수했다. 우선 김정일은 2009년 초부터 당원과 관료들에게 조선 땅에 천재적인 지도자가 나타났다는 말을 퍼뜨렸다. 이때부터 '청년대장', '샛별장군' 같은 이름이 주민을 대상으로 하는 사상 주입 시간에 자주 언급되었다.[20] 선전가들은 이 새로운 정치 천재가 김정일과 어떻게 연관되었는지에 대해 노골적으로 밝히지는 않았으나, 김정일은 뇌졸중에서 회복한 직후부터 현지 지도에 김정은을 수행시킴으로써 샛별장군이 김정은임을 암시하였다. 김정은이 후계자로서의 지위를 가장 먼저 구축한 곳은 국가안전보위부(비밀경찰)이다. 김정일은 2009년 3월 말 국가안전보위부를 방문하여 "김정은 동지를 보위부장으로 받들어, 과거 나에게 그랬듯이 목숨으로 김정은 동지를 보위하라"라고 지시하였다. 김정일이 1975년경부터 후계자로 내정되어 근 20년 동안 후계자 수업을 받으면서 당 중앙위원회를 기반으로 후계체제를 구축하여 군대와 정무원까지 권력을 확대해 나간 데 반해, 김정은은 김정일의 불안정한 건강 상태 때문에 시간이 없어 당·군대·공안기관을 동시에 장악하기 시작하였다.[21] 김정일은 김정은으로의 권력이양을 신속하게 진행하였는데, 2009년 9월 헌법을 개정하고 2010년 당 규약 개정을 통해 총비서와 후대 수령의 권한을 강화시켰다. 이것은 '혁명의 연속성'을 보장하는 것으로 후대 수령의 절대적 역할과 그에 걸맞은 힘을 법제화·명문화하면서,[22] 후계체제에 정통성을 부여한 것이다.

김정은체제의 권력 재편은 김정일 사망 후 약 4개월 동안에 신속하게 이루어졌다. 김정일 장례식 직후인 2011년 12월 30일 김정은은 '조선인민군 최고사령관' 직에 취임하였다. 당 중앙군사위원회 부위원장으로서 당과 군을 정치적으로 장악한 김정은이 최고사령관에 취임함으로써 실질적 무력을 지휘·통솔하게 된 것이다. 김정은은 2012년 4월 제4차 당 대표자회의와 최고인민회의를 통해 당 제1비서, 국방위원회 제1위원장, 정치국 상무위원, 당 중앙군사위원회 위원장, 공화국 원수로 추대되면서 당, 국가기구, 군 전반에 걸쳐 최고의 자리에 올랐다. 이로써 그는 법과 제도적 측면에서도 권력 승계를 마무리 지었다.[23]

김정은의 공포정치

김정은의 세습 과정에서 특기할 만한 점은 외부에서의 추측과는 달리 세습이 매우 순조롭게 진행되었던 점이다. 다른 독재체제의 경우,

이렇게 젊고 정치 경험이 부족한 독재자는 곧바로 권력 내부에서 도전에 부딪히게 마련인데, 평양에서는 아버지·할아버지뻘 되는 권력자들이 순한 양처럼 김정은에게 고개를 숙였다. 그들은 최상부에서의 충돌은 정치적 혼돈을 가져올 것이고, 그리하면 승자나 패자나 모두 멸망하게 된다는 것을 알고 있었다.[24] 이 최고위층은 상당수가 3대에 걸쳐 김씨 왕조에 충성한 자들이기 때문에 김씨 왕조가 저지른 악행에서 자유로울 수 없고, 또 김씨 왕조의 붕괴는 그들의 특권 상실을 의미하기 때문에 김씨 왕조에 대한 복종이라는 안전한 방법을 택한 것으로 보인다.

김정은은 정권을 잡은 직후부터 김정일과 달리 인민에게 친근한 지도자로서의 이미지를 심고자 하였다. 현지 시찰 시 주민들과 허물없는 스킨십을 보이고 부인 이설주를 공식행사에 대동할 뿐 아니라 대중 앞에서 육성연설하고 이를 언론에 공개토록 함으로써, 인민들이 가질 수 있는 새로운 지도자에 대한 생소함과 정권에 대한 거부감을 해소하려고 노력하였다. 반면 고위 권력층에 대한 그의 리더십은 마키아벨리적 현실 인식에 기반을 두고, 스탈린식 공포통치 방식을 보여 주었다. 그는 고위층 간부들에게 그의 할아버지와 아버지를 능가하는 공포에 기초한 강온 양면전술을 구사하였다. 그는 먼저 김정일이 후사를 부탁하였던 장성택, 김경희, 리영호 3인방 중 리영호 차수(총참모장·당 정치국 상무위원·당 중앙군사위원회 부위원장)를 신병을 이유로 철직('면직'의 북한 용어)하였다. 이 숙청은 김정은이 군에 대한 당의 통제를 강화하고 군이 관장하고 있던 외화벌이 사업을 내각으로 이전하는 과정에서 리영호가 군부의 이익을 대변하여 발생한 당·군 간 권력투쟁의 결과로 해석된다.[25] 또한 리영호의 숙청에 앞장서면서 군부의 최고 실세로 등장하였던 최룡해(김일성의 빨치산 동지인 전 인민무력부장 최현의 아들, 총정치국장)를 건강상의 이유라 하고 곧 교체하였다. 이외에도 군부의 실세들은 다양한 이유로 현직에서 교체되었다.[26] 그러나 최룡해는 2017년 당 중앙위원회 부위원장 겸 당 조직지도부장으로 되돌아와 11월에는 자신을 밀어냈던 황병서 군 총정치국장과 김원홍 총정치국 제1부국장의 처벌을 주도하였다. 당 조직지도부장은 중앙당, 군, 내각 등 모든 조직을 지도하는 사상 통제와 인사권을 가진, 김일성의 동생 김영주(재임 1960~1973)와 김정일(재임 1973~2011)이 맡았던 실세 중 실세만이 차지할 수 있는 자리이다. 김정은이 군부 실세였던 최룡해를 철직하였다가 당의 실세로 복귀시키면서 군 실세 1위, 2위인 황병서와 김원홍을 제거한 것은 김정일 시대에 선군정치로 지나치게 비대해진 군을 견제하고 북한을 당 우위의 사회주의국가를 지향하겠다는 메시지로 보인다.[27]

김정은 공포정치의 대표적인 사례는 고모부 장성택의 처형과 배다른 형 김정남의 독살이다. 장성택(1946년생)은 청진 출신으로 김일성종합대학 재학 중 김경희를 만나 연애 끝에 1972년 결혼하였다. 김일성은 장성택을 마땅치 않게 생각하여 김경희와 갈라놓으려고 하였으나, 김경희의 끈질긴 구애로 김정일이 장성택을 직접 만나 그의 중재로 결혼하게 되었으며, 그때부터 장성택은 김정일의 최측근이 되었다. 그 후 장성택은 두 차례에 걸쳐(1980, 2004) 숙청되어 근신하기도 하였으나, 김정일 생전 내내 그의 최측근으로 정권의 실세로 있었고, 김정일은 뇌졸중을 겪은 후 2009년 장성택에게 김정은이 후계자로서의 지위를 다져 나가는 것을 도와주라고 부탁한 것으로 보인다. 김정은이 아버지의 최측근이며 고모부인 장성택을 고사포로 무자비하게 처형(2013. 12)하고 배다른 형제인 김정남을 쿠알라룸푸르 공항에서 독살(2017. 2)한 것을 정치적으로 해석하면, 자신의 권좌에 도전할 가능성이 있는 인물을 사전에 제거하였다는 측면에서 그의 담대하고 행동가적인 기질을 보여 주는 예이다. 그로서는 장성택의 권한이 너무 비대해져 자신의 권위를 넘볼 수 있다고 판단하였고, 형 김정남도 잠재적 경쟁자로 여겼을 것이다. 장성택과 관련된 인사들에 대한 처형과 처벌이 대체로 2014년에 마무리되었고, 2015년부터 김정은은 지시에 무조건 복종하지 않는 간부들의 기강을 잡기 위해 공개처형이라는 극단적인 방식을 사용하였다. 2015년 산림녹화 사업에 불만을 토로한 임업성 간부, 과학기술의 전당 지붕 모양의 설계와 관련해 이의를 제기한 국가계획위원회 부위원장, 자신이 주재하는 회의에서 '꾸벅꾸벅 졸았다'는 이유와 지시 불이행을 엮어서 현영철 인민무력부장 등을 공개처형한 것이 그 예라 하겠다.[28] 2011년부터 2016년까지 김정은의 지시로 처형된 인원은 340명에 달한다고 한다.[29]

2011년 12월 김정일의 운구차를 호송하던 8명의 권력실세는 2017년 현재 전원이 처형 또는 숙청되어 권력에서 멀어져 간바, 이는 김정은의 유아독존적 성격을 단적으로 보여 주는 예라 하겠다. 김정은의 여동생 김여정은 2016년 5월 노동당 중앙위원으로 이름을 올린 후 2017년 10월 노동당의 주요 정책을 결정하는 정치국 후보위원으로 선출되었다. 북한 전문가들은 그 승진으로 김여정이 사실상 북한 권력서열 2인자가 되었고 김정은을 가까이 보좌하며 내치도 관할하게 될 것으로 보았다. 미국 언론들은 김여정의 부상에 대해 '김씨 왕조의 체제 다지기', '김정은 후계자론', '김정은 유고 시를 대비한 인사'라고 진단했다.[30] 김정은이 30세에 불과한 자신의 여동생을 권력의

전면에 내세운 것은 자신의 신변에 대한 불안감을 반영한 것으로 볼
수 있다.

　김정은은 공포정치를 통해 그의 권력을 공고히 할 수는 있겠지만,
위의 임업성 간부나 국가계획위원회 부위원장의 예에서 보듯 다른
의견을 제시하였다고 처형하는 식의 공포정치는 북한 사회의 경직성
을 더욱 심화시켜 북한의 발전에 악영향을 미칠 것은 자명하다. 다원
성, 창의력, 상상력을 원천 봉쇄하고 있는 북한 사회는 지식 사회를
추구하고 있는 21세기의 무한경쟁에서 결국 낙오될 수밖에 없다.

왜 민중봉기가 일어나지 않을까?

20세기 독재정권은 모두 망했는데 어떻게 북한 김씨 왕조는 3대를 이어 아직까지 건재할 수 있을까? 어째서 북한에서는 '아랍의 봄'을 기대할 수 없을까? 대답은 북한 정권의 정교한 감시망과 무자비한 처벌 시스템으로 인해 북한 주민과 군부가 마음속의 저항을 조직화하여 행동으로 옮길 수 없기 때문이다. 따라서 북한에서는 민중봉기나 쿠데타가 발생하는 것이 거의 불가능하다. 북한 정권의 인민에 대한 통제는 주민의 일상생활 감시와 처벌뿐만 아니라 배급제를 통해 의식주에 대한 공급 제한, 나아가 교육과 직업 선택에서의 규제 등 다양한 방법으로 이루어진다. 그중 가장 비인간적인 제도는 성분제라고 할 수 있다. 김씨 정권에 대한 충성도에 따라 분류되는 성분제는 본인뿐 아니라 가족과 자손까지 처벌과 불이익을 받는 20세기에 시작한 새로운 정치적 카스트제도라 할 수 있다. 자신에게만 처벌과 불이익이 있다면 목숨을 걸고 전제정권에 저항할 수도 있겠지만, 자신의 행동으로 자식과 손자들이 희생당하는 것을 감수할 수 있는 부모가 얼마나 될까?

정교한 감시망과 무자비한 처벌

북한에는 공개된 경찰로 '인민보안성(우리의 경찰청에 해당)'이 있고, 비밀경찰 조직으로 '국가안전보위성'이 있는데, 무장한 양 기관의 인원은 합해서 약 30만 명이다.[31] **국가안전보위성**은[32] 형사재판제도와는 별개로 운영되는 북한 최고의 정치사찰 전담기구로서, 일반 사법 절차를 따르지 않고 사상범에 대한 감시·구금·체포·처형 등을 임의로 결정하는 권한을 가진다. 1982년 이후부터 김정일, 김정은이 직접 국가안전보위성을 관장하고 있어 보위성은 수령유일체제 유지의 첨병 역할을 하고 있다. 현재 보위성은 민간인에 대한 사찰은 물론이고 군부대의 중대 단위에까지 보위성 요원을 배치하여 군인들에 대한 사찰 임무까지도 맡고 있다. **인민보안성**은 일반 경찰 업무와 교도 업무를 집행하는 외에 노동당의 독재 강화와 수령유일체제 유지를 위해 주민 감시도 주 임무로 한다. 동 기관은 평상시 주민들을 철저히 통제하며, 그들의 일상생활에 대한 모든 정보를 수집한다. 군대에는 김정은 직속으로 **보위사령부**가 조직되어 각 중대에 이르기까지 지도원이 배치되어 군인들의 동향에 대한 비밀 정보 사업을 진행한다. 보위사령부는 막강한 힘을 가지고 있어 필요에 따라서는 민간인도 마음대로 체포하고 처리하고 있다. 이 점에서는 국가안전보위성도 보위사령부의 감시하에 있다고 볼 수도 있다.[33]

또한 북한 정권은 정치적 통제와 경제적 동원을 목적으로 전 사회를 대상으로 인민반과 5호담당제를 조직하였다. **인민반**은 주민을 상호 감시하도록 하는 통제장치로서 전 주민을 동(리) 인민위원회 산하에 15~20세대로 묶어 놓은 일종의 기초단위 행정조직이다. 각 인민반에는 당의 감독원이 있는데 이들은 반원의 사상동향, 학습지도, 인력동원, 관혼상제를 주관하는 등 일상생활을 파악·지도하는 임무를 띠고 있다. 조선시대 주민 감시를 위해 만들었던 오호작통법과 유사한 **5호담당제**는 1958년 김일성의 교시에 따라 전 세대를 5호씩 나누어 열성당원 1명씩을 배치하면서 시작되었다. 이는 농촌지역에서 작업반 단위로 분조를 세분화하여 인민 생활과 학습 활동을 강화하기 위해 시행된 제도이지만, 그보다는 열성 당원인 5호 감독관이 타 가정의 사상을 감시하고 교육함으로써 가정 간의 인간관계를 파괴하고 상호 불신을 조장하는 부작용을 낳았다. 특히 각종 '총화'를[34] 통해 '이웃에 대한 비판과 자아비판'을 하게 함으로써 사회의 비인간화를 더욱 촉진했다.[35]

이렇게 겹겹이 둘러싸인 감시망을 통해 정치사상범으로 지목된 사람은 처형, 정치범수용소로의 이송, 평양에서의 추방, 강등 등의 처벌이 따른다. 정치범의 경우 재판 과정이 없이 국가안전보위성 등의 자의적인 판단에 의해 처형 또는 정치범수용소로 이송된다. 현재 약 10만 명의 정치범이 5개 정치범수용소에 분산 수용되어 있는 것으로 알려져 있다. 정치범수용소는 국가안전보위성 산하에 있으며, '완전통제구역'과 '혁명화 구역'으로 나뉘어 관리되고 있다. 완전통제구역은 종신수용소로서 여기에 한번 수용되면, 광산, 벌목 등의 처참한 강제노동에 시달리다가 결국 그곳에서 죽게 된다. 따라서 이들에게는 사상교육을 시키지 않고 작업에 필요한 교육만 시킨다. 혁명화구역에 수용된 정치범은 1~10년간의 일정 기간 경과 후 심사 결과에 따라 출소가 가능하나, 생활환경이 워낙 열악하여 상당수가 형기를 마치기 전에 죽어 나간다 한다. 북한은 정치사상범의 개념과 범위를 모호하게 규정하고 있어 수령이 숙청하겠다고 마음먹으면 언제나 자의적으로 처벌할 수 있다. 정치사상범에 대해서는 사법기관에서 심문하지 않고, 국가안전보위성에서 비공개·단심제로 형벌을 결정한다. 그리고 이들에게는 가족과 친척까지 처벌하는 연좌제가 적용된다.[36]

　미국의 한 민간 인권단체(U.S. Committee for Human Rights in North Korea)가 정치범수용소에서 풀려났거나 탈출한 탈북자들과 탈북한 전직 수용소 경비원들과의 인터뷰에서 나온 증언에 의하면 수용소 내 인권유린 실상은 처참하다. 그중 충격적인 예는 중국인의 피를 가졌다는 이유로 출산과 동시에 신생아를 조직적으로 살해하는 행위이다. 또한 수용소 내에서는 경비원으로부터 강간당하여 임신하게 된 여자들이 강간 사실을 은폐하고자 하는 경비원에 의해 비밀리에 살해되는 만행도 저질러지고 있다 한다.[37] 영국 BBC 방송은 2004년 2월 1일 〈악으로의 접근(Access to Evil)〉이라는 제목으로 북한 정치범수용소에서 자행되고 있는 생화학무기 생체실험 내용을 구체적 증거자료와 함께 보도했다. 22수용소의 소장을 지낸 한 탈북자는 일가족을 함께 실험하는 것이 관례였다고 하면서 다음과 같이 증언하였다. "나는 한 가족에 대한 실험 광경을 지켜본 적이 있다. 부모는 구토하며 죽어 가는 마지막 순간까지 아들과 딸을 살리기 위해 아이들의 입에 자신의 입을 대고 숨을 불어넣었다. 과학자들은 투명유리를 통해 가족들이 죽어 가는 전 과정을 지켜보았다. 나는 당시 피실험자들을 모두 나라의 적이라고 생각했기 때문에 죽어 가는 아이들에게도 일말의 동정심을 느끼지 못했다. 간수들은 처음 3년간은 고문을 즐긴다." 이와 관련 빌 람멜(Bill Rammel) 영국 외무차관(Junior Foreign Office Minister)은 2004년 2월 13일 영국 주재 북한대사 리용호를 불러,

BBC가 보도한 정치범 생체실험에 대해 문제를 제기하였다. 또한 그는 언론 인터뷰에서 기회 닿을 때마다 북한 당국과 국제사회에 북한의 인권 문제를 거론하고, 문제를 제기할 것이라는 입장을 밝혔다.[38]

20세기의 카스트, 성분제도

김일성은 봉건사회의 악습을 정치적으로 활용하여 새로운 카스트 제도를 고안하였다. 북한 정권은 전 주민의 가족 배경을 샅샅이 조사하여 그들을 정치적 성분에 따라 크게 핵심(loyal or core)계급, 동요(wavering or agitating)계급, 적대(hostile)계급이라는 세 부류로 분류하였다. 이 세 계급은 다시 51개의 하위그룹으로 세분된다. 이들의 신분은 개인의 업적과는 무관하게 자신의 조상이 김씨 왕조에 얼마나 충성하였는가 하는 정치적 신뢰도에 따라 결정되는데, 하위성분으로 떨어지기는 쉬워도 상위성분으로 신분 상승하는 것은 매우 어렵다.[39] **핵심계급**은 그들의 부계 조상이 김일성의 정권 창출에 기여한 자로서 전체 인구의 약 25%, **적대계급**은 조상이나 친척 중에 지주 · 기독교인 · 월남민 또는 탈북민이 있는 사람으로 전체의 약 20%, 일반 주민은 **동요계급**에 해당되며 전체의 약 55% 정도이다. 핵심계급에 속하지 않은 사람은 당원이 되기 어렵고 전문직에 종사할 수도 평양에 거주할 수도 없다. 최근 조사에 의하면 주민의 영양 상태에 따른 분포가 이 세 계급의 분포와 매우 유사한 것으로 나타났다 하는데, 식량 배급 등 경제적 혜택에도 성분에 따른 차등이 존재하는 것으로 보인다.[40] "대를 이어 충성하라"라는 김씨 정권의 구호가 보여 주듯 성분제도는 김씨 왕조에 충성하는 자들과 그들의 가족에게 세습적 특권을 주며, 불충하거나 불온한 자들에게는 그 가족과 후손에게까지 처벌과 불이익이 돌아가는 연좌제 성격을 띤 제도이다. 김일성이 1972년에 법제화한[41] 이 제도는 김씨 왕조에 불만을 가진 사람들이 가족과 후손의 안위 때문에 정권에 저항하지 못하게 하는 독재 정권 유지를 위해 고안된 간악한 술수이다. 황장엽의 누나와 형의 가족도 성분 때문에 고난을 겪었으며, 그가 탈북한 후 그의 주변에 있던 수천 명이 연좌제에 따라 처벌을 받았다 한다. "나에게는 어릴 때 나를 극진히 사랑하고 돌보아 준 누님이 있었는데, 남편은 6·25전쟁 때 트럭 운전사로 군대에 동원되었다가 인민군대가 후퇴할 때 월남하였다. 그래서 누님은 평양시로부터 약 40km 떨어진 곳에서 두 딸을 데리고 어렵게 살고 있었다. 나는 늘 누님을 도와주고 싶었지만 찾아가 보지 못하였다. 물건을 보낼 때에도 다른 사람을 통해 보냈다. 누님이 평양시에 들어오려면 통행증이 있어야 한다. 또 통행증을 받아 평양에 들어온다 하여도 당의 비서 집에는 직계가족(출가한 딸과 사위 등) 외에는 찾아올 수 없기 때문에 누님은 우리 집에 올 수 없었다. 또 평양 시내에는 나의 형(광복 전 사망)의 자녀들과 형수가 살고 있었으나, 역시 한 번도 그들의 집을 찾아가지 못하였다. 들려오는 말에 의하면, 나와 김덕홍의 가족들은 물론 심지어 친척인 줄도 잘 모르는 사람까지 촌수를 캐내어 평양에서 추방하였다 한다. 또 우리를 따르고 가깝게 지내던 간부들과 학자들 수천 명이 정치범수용소에 감금되거나 철직되어 지방으로 추방되었다 한다."[42] 최근 들어 경제적 사유화가 암묵적으로 허용되고 사회통제가 약화됨에 따라 성분제도에도 어느 정도 변화가 진행되고 있다. 적대계급에 속한 사람도 장마당 등을 통해 자금을 축적한 경우 뇌물 등의 방법으로 신분상의 제약(학교, 의료시설, 주거 등)에서 어느 정도 벗어날 수 있게 되었다 한다.[43] 그렇다 해도 경제적 지위가 성분 간의 이동을 가능케 하는 것은 아니다. 암묵적인 사유경제 허용은 경제적 위기 상황에 대처하기 위한 임시방편일 뿐 북한 사회에 뿌리 깊게 파고든 성분제도는 흔들리지 않고 건재하다.[44]

평양인민공화국

남한 사람 중 북한을 방문하였던 사람의 99.9% 이상은 평양, 개성공단, 금강산 관광구역, 경수로 건설단지 등 북한 당국이 허용한 제한된 장소만을 볼 수 있었다. 평양에 다녀온 사람들도 안내원이 보여준 평양시의 일부 구역만을 보았고 개성공단, 금강산 관광구역, 경수로 건설단지에서는 철조망 안에 갇혀 먼발치에서 북한을 바라볼 수 있었을 뿐이다. 평양은 대내적으로는 북한 지배층만을 위한 특별구역이며, 대외적으로는 포템킨 빌리지(Potemkin Village)이다. 18세기 러시아 예카테리나 여제의 연인이자 크리미아반도를 통치하던 포템킨 공작은 예카테리나 여제의 크리미아 방문 계획을 접하고 여제가 그의 영지를 관통하는 드네프르강을 바지선을 타고 순항하는 일정에 착안하여 강 주변에 전시용 가짜마을을 만들어 마치 그의 영지가 부유하고 발전된 곳인 양 위장했다. 그 후 포템킨 빌리지라는 용어는 정치학에서 초라하거나 바람직하지 못한 상태를 은폐하기 위하여 꾸며 낸 겉치레(전시행정)라는 뜻으로 사용하게 되었다. 평양시를 벗어나면 곧 다른 세상이 나온다. 그곳이 북한의 진짜 얼굴이다.

나는 함경남도 북청의 깊숙한 산골에 가볼 기회가 있었다.[45] 해방 직후 남한에서 물지게를 지고 물을 팔아 가며 자식 학교 공부를 시키던 바로 그 '북청 물장수' 시(詩) 주인공의 고향이다. 마을 어귀에는 고색창연한 기와집이 몇 채 남아 있었다. '저 집이 선비였던 그 북청 물장수의 옛집이 아니었을까' 하는 동화 같은 생각에 빠져든 것은 잠시뿐이었다. 차에서 내려 도보로 남대천 상류를 오르면서 삶에 찌든 얼굴과 마주치게 되었다. 북한의 그물 같은 감시, 통제망도 우리 일행과 그 산골 주민의 조우를 예상치는 못했나 보다. 삐쩍 마른 몸매에 핏기 없는 그의 얼굴은 이상한 사람들과의 예상치 못한 만남에 겁에 질려 있었다. 산비탈에 자리 잡은 그의 집은 그 옆의 돼지우리와 분간이 가지 않을 정도로 피폐했다. 신포에서 원산으로 가는 간선도로는 시멘트로 포장되었으나 패인 곳이 많아 차가 덜컹거리기 일쑤였다. 출발한 지 1시간 남짓하여 정면에 터널이 나타났다. 안내원 동무는 그 터널(용봉굴)이 자체 기술로 건설된 것이라는 자랑을 늘어놓았다. 차가 터널에 들어서자마자 나는 당황하였다. 터널 안은 완전한 칠흑이어서 우리는 자동차 헤드라이트에 의존하여 앞으로 나갈 수밖에 없었다. 2km 남짓한 터널에 전등시설이 전혀 없었던 것이다. 곧이어 희뿌연 연기와 함께 자동차 헤드라이트 불빛이 우리 차의 정면으로 다가오고 있었다. 나는 정면 충돌의 위험을 느꼈지만 아무 말도할 수 없었다. 터널을 벗어나면서 안도의 숨을 몰아쉬었지만 그 희뿌연 연기의 정체가 궁금했다. 자동차 매연이라고 보기에는 연기가 너무 맑았다. 안내원 동무의 자존심을 생각하여 그 연기가 무엇인지 물어보지 않았으나, 곧 그 정체를 알게 되었다. 앞에서 털털거리며 다가오는 트럭의 화물칸에 겨울철에 나무를 때는 난로 같은 것이 실려 있었다. 아까 그 연기는 목탄차가 뿜어내는 연기임을 알게 된 것이다. **21세기 지구상에 목탄으로 자동차를 움직이는 나라가 북한 말고 또 있을까? 그런 나라가 핵무기를 만들고 대륙간탄도미사일을 쏜다. 이러한 모순덩어리가 북한이다.** 곧이어 북한 제2의 도시 함흥에 도착하였다. 이성계가 말을 타고 활시위를 당겼다는 치마대(馳馬臺)와 능수버들 우거진 성천강은 간 곳 없었고, 상류의 민둥산에서 흘러내려 온 토사가 쌓인 성천강은 가뭄 탓인지 실개천이 되어 버렸다. 유연탄 매연에 찌든 함흥은 잿빛 도시였다. 도시 외곽에는 여기저기 공장이 산재하였는데 굴뚝에서는 연기 한 줄기 나오지 않았다. 일본 강점기 시절 조선 최대의 공장인 흥남질소비료공장이 그대로 남아 있었는데 그곳도 가동하는 기색이 없었다. 원자재가 조달되지 않아 공장 가동이 멈추었을 것이다.

북한은 평양의, 평양에 의한, 평양을 위해 존재하는 나라이다. 평양 거주민은 성분상 거의가 핵심계급에 속한 선택받은 사람들이다. 북한 인민들은 모두 우리의 주민등록증에 해당하는 공민증을 발급받는데 평양 거주자는 공민증 대신 평양시민증을 갖고 있다. 비평양 거주자가 평양에 들어오려면 황장엽의 누님처럼 통행증을 발급받아야 한다. 북한의 배급제는 사실상 붕괴되었지만 평양에서만은 아직도 배급제가 유지되고 있다. 당국은 2010년 300여만 명이던 평양시 인구를 수차례 지역 축소(구역 조정)와 인구 조정(추방)작업을 거쳐 2017년 현재 260만 명 수준으로 줄였고, 최근 이를 200만 명까지 줄여 갈 계획이라고 발표한바, 시민들 속에는 불안감과 의혹이 확산되고 있다. 이는 평양 시민에 대한 식량배급이 어려워지자 인구를 줄여서라도 평양

시민에게는 배급을 계속하기 위한 것이며, 이 밖에 긴장된 정세에서 혹시 있을지도 모를 불순 세력을 걸러내려는 의도도 있을 것이라는 추측이 있다.[46] 평양 시민은 1등 국민이며, 다른 지역 거주자는 2등 국민이기에 평양에서의 추방은 가혹한 처벌에 해당된다. 한 나라에서 두 개의 지역계층을 만들어 낸 김일성과 김정일의 의도를 알 수는 없지만, 그들은 차별화된 평양이 '최고 존엄'을 옹위하는 데 가장 효율적인 방법이라고 생각하였기 때문일 것으로 추측된다. 즉 김씨 왕조 3대는 최고 존엄이 유지되려면 측근의 충성심이 절대로 필요한데, 그 충성심은 감시와 통제라는 채찍과 함께 특혜라는 당근을 주어야 가능하다는 조폭 논리를 믿었을 것이다. 마찬가지로 지역적으로도 '최고 존엄'을 옹위하는 최후의 보루는 평양이기 때문에 성분이 양호한 자에 한하여 평양 거주를 허용하고 적어도 이들의 이반을 막기 위해 평양 시민에게만은 최소한의 생계를 보장해 주어야 한다고 생각하였을 것이다. 사정이 이렇다면 북한은 그 국호를 '조선민주주의인민공화국'에서 '평양민주주의인민공화국'으로 바꾸어야 한다.

한 민족, 두 사회의 괴리

　자유민주주의와 시장경제 사회에서 사는 사람들은 북한 사람들과 그 정권의 말과 행동의 진의를 잘못 이해하는 경우가 많다. 그 이유는 북한 외부세계의 구성원들은 자신들의 법률, 제도, 상식을 기준으로 하여 북한 사회를 판단하는 오류를 범하고 있기 때문이다. 우리가 무지와 몰이해 때문에 허상을 실체로 믿으면서 북한에 대해 그릇된 평가를 내린다면, 그 판단은 참으로 심각한 결과를 초래할 수도 있을 것이다.

침팬지와 보노보

　인간과 침팬지는 약 700만 년 전 공통의 조상에서 분리되어 유전자의 98.7%가 동일하다. 콩고강은 수백만 년 동안 강우량이 많아져 강폭이 수km에 달할 정도로 넓어졌다. 그 결과 강의 남과 북에 서식하던 침팬지는 대략 250만 년 전부터 교류가 끊긴 채로 북에는 침팬지, 남에는 보노보라는 이름의 유인원으로 각각 진화하였다. 콩고강 남쪽에는 과일이 풍부하여 보노보는 주로 채식을 하며 섹스를 화해와 소통의 수단으로 하는 평화적 비폭력주의자로 진화하였다. 보노보는 인간 이외에 유일하게 마주보며 성행위를 하는 동물이다. 콩고강 북쪽에 사는 침팬지는 채식을 하지만 육식에 대한 갈망이 강하여 곤충, 작은 동물, 심지어는 동족까지 잡아먹는다. 따라서 침팬지는 보노보보다 덩치가 크며 호전적이다. 침팬지는 인간 이외에 유일하게 동족끼리 전쟁을 하는 동물이다. 엉뚱한 상상을 해보았다. 우연히 콩고강 특정 지역의 수면이 낮아져 침팬지와 보노보가 강의 남북을 넘나들 수 있게 된다면? 결과는 "섹스(인간의 경우라면 '돈'으로 대체해도 무방하겠다)"로 분쟁을 해결하려 하는 보노보가 덩치가 크고 전쟁에 능숙한 침팬지에 의해 멸족될 것임이 자명해 보인다.

남북한은 단절된 지 70여 년에 불과하지만 서서히 그 동질성이 퇴색하고 있다. 북한에 관한 뉴스가 언론에 보도될 때, 남한 사람들은 반신반의하는 경우가 많다. 남한 사람들의 상식으로는 그들의 행태를 도저히 이해할 수 없기 때문이다. 필자의 경우도 2년 동안 술자리를 포함하여 일주일에 두세 번 정도 북한 관리들과 공식, 비공식으로 접촉하였는데도 그들의 언행을 이해하지 못하는 경우가 많았다. 그들이 분명히 한국말을 하고 한국인의 몸짓을 하고 있는데도 왜 그들의 의도를 알아채지 못하였을까? 북한 이외의 외부세계가 십진법으로 사물을 이해하고 의사소통을 한다면, 그들은 우리와는 다른 진법의 언어로 대화하기 때문이다. 진법의 차이는 그들이 지난 반세기 이상을 수령유일체제·스탈린식공산주의라는 언어를 쓰고 있으며, 우리는 자유민주주의·자본주의라는 언어를 쓰고 있기 때문이다. 따라서 그

체제를 직접 겪어 보거나 먼발치에서라도 바라보지 못하였다면 그 언행의 진의를 짐작하는 것이 사실 매우 어려울 것이다.

1990년대 남북 교류 당시 북한대표단이 비 내리는 서울 거리의 한복판에서 차를 세우고 신문 가판대에 진열된 김정일 사진이 비에 맞는다고 울부짖으며 신문을 가슴에 품고 난리를 친 일이 있었다. 당시 우리 국민은 텔레비전에 나오는 그들의 행동을 보며 황당해하였다. 북한 정권은 인민의 사고방식과 가치기준을 수령유일체제의 확립과 유지라는 목표에 맞추어 바꾸어 버렸다. 우리는 흔히 북한 사람들과 같은 핏줄이고 같은 언어, 역사, 문화, 전통을 공유하고 있다고 얘기한다. 그러나 이 말은 반드시 맞는 얘기가 아니다. 분명히 혈연적으로는 같은 민족임에 틀림없고, 언어도 일부 어휘의 의미에 차이가 있기는 하지만 의사소통에 전혀 지장이 없다. 그러나 혈연과 언어를 제외하면 남과 북의 우리 동포는 현재 너무나 많은 면에서 큰 차이를 보이고 있다. 남한 사람들의 현재 생활방식, 사고방식, 문화 등이 미국, 일본, 유럽, 동남아 사람들과 더 가까운지 또는 북한 사람들과 더 가까운지를 스스로 자문해 보자. 역사는 어떠한가? 사실 북한의 '조선역사'와 우리의 '한국사'에는 큰 차이가 있다. 북한의 역사 해석은 수령유일체제를 합리화하는 수단으로 악용되어 조선 역사는 엄청나게 왜곡되어 있다. 북한 정권의 시작은 모든 공산국가가 그러했듯이 과거의 부정으로부터 출발하였고, 특히 수령 우상화가 본격적으로 시작되는 1970년대부터는 역사의 날조가 본격화되었다. 1990년대 초반에 갑자기 평양에서 발굴되었다는 단군 유골과 단군릉 건립은 역사 왜곡의 전형이다. 건국 설화에 나오는 우리 민족의 시조 단군의 유골을 어떻게 확인하였는지에 대한 북한 당국의 설명은 어디에도 없다.

우리 민족을 '김일성 민족'이라고 부르고자 하는 그들의 정치적 의도는 단군을 조역으로 등장시켰다. 북한에서는 단군과 김일성은 같은 반열에 있고 그 사이에 나타난 위대한 조상들은 아무 의미가 없는 존재이다. 북한 인구의 두 배가 넘는 남쪽 동포들이 알지도 못하는 사이에 한민족은 '김일성 민족'으로 둔갑해 버렸다. 2001년 8월 중순 원산 인근의 마전이라는 해양 휴양지에서 뉴욕의 케도 대표단과 평양 대표단 간에 회의가 열렸고, 나는 건설현장의 케도 대표로서 그 회의에 참석하였다. 나와 한전 간부 한 명, 북측의 안내원을 실은 일제 사파리 차는 금호지구를 출발하여 덜컹거리는 비포장도로를 힘겹게 달렸다. 함흥 교외를 통과할 무렵 북측 안내원이 저기가 이성계가 왕에서 물러나 살던 집이라며 높은 담장의 고가를 가리켰다. 바로 함흥차사들의 선혈이 낭자했다는 바로 그 장소인 것이다. 안내원이 예정에 없는 일정을 허가해 줄 리 없지만, 나는 안내원의 반응을 보려고 그 집에 가보자고 요청했다. 그는 "만주 땅 다 잃어버린 나라의 임금 집에 가봐야 뭐합네까?"라는 표현으로 거절의 뜻을 나타냈다. 안내원에게 세종대왕의 4군 6진 개척으로 조선의 영토가 고려 때보다 오히려 넓어졌다고 설명해 보았으나, 그에게는 마이동풍이었다. 그리고 이어지는 그의 조선 역사 설명은 독재를 합리화하는 방향으로 날조된 허위에 가득 찬 것이었다. 케도 대표를 안내하는 북측 요원들은 대부분 김일성종합대학이나 김책공대를 나온 북한의 엘리트들인데, 그들의 입에서 나오는 조선 역사가 그러한 것이었다. 나중에 알게 되었지만, 북한은 이씨 조선에 대해 매우 부정적인 평가를 한다고 한다. 그 이유는 첫째, 이씨 조선은 중국과 종주국 관계였으므로 그들의 '주체' 주장과는 상치하기 때문이라 한다. 둘째, 이씨 조선이 수도를 개성에서 한양으로 천도함으로써 한반도의 정통성이 북반부에서 남반부로 넘어오게 된 사실도 북한 정권에게는 내키지 않았기 때문이라 한다.[47)

북한 사람들이 사는 모습을 보면 1960년대의 남쪽의 생활상이 떠오르며, 그사이에 남쪽 사회가 얼마나 많이 변화하였는지를 실감하게 된다. 그러나 북한 사람들의 생활상이 나를 회상에 젖게 한 이유는 그들이 우리의 문화와 전통을 잘 보존하고 있어서가 아니라, 그들 사회가 1960년대에서 발전이 정지되었기 때문이다. 평양 이외의 지역에서는 요즘 남쪽에서 찾아볼 수 없는 추억의 물건들과 만날 수 있다. 예를 들어 맷돌, 숯을 넣는 다리미, 조그마한 재래종 능금, 손수레, 우마차 같은 것들이다. 북한에 남아 있는 문화와 전통은 우리의 미풍양속과는 거리가 멀다. 우리의 전통 명절은 상당수 줄어들었고, 그 명절의 의미에도 유일사상이 덧칠되어 있다. 북한 사회에서의 남녀평등은 여성의 노동력을 동원하는 수단이다. 사회생활에서는 남존여비의 전통이 그대로 남아 있다. 북한의 운송수단은 아직도 손수레와 우마차가 대종을 이룬다. 나는 경수로 건설부지에서 케도의 정기선이 들어오는 항구(양화항)로 가는 언덕길을 운전하며 가다가 손수레를 끌고 가는 한 가족을 목격하였다. 모녀가 힘겹게 손수레를 밀고 당기면서 비포장도로의 언덕길을 올라가고 있었는데, 그 손수레 옆에 남편이며 아버지로 보이는 남자가 태연스럽게 뒷짐을 지고 걸어가고 있었다. 훗날 금호지구의 식당 여종업원에게 여자들이 손수레를 밀고 당기는데 남자가 어떻게 태연히 뒷짐 지고 걸어가냐고 물어보았다. 그 젊은 처녀의 입에서 "남자는 큰일을 해야지요"라는 답이 나왔다. 더 이상 할 말이 없었다. 북에서 '큰일'이란 대체로 정치적인 일, 사상적인 일을 말한다.

'왜 우리는 북한 사람들의 언행을 이해하기 어려운가?' 70여 년의 세월이, 그것도 최악의 독재체제가 북한 인민의 정신을 완전히 파괴해 놓았기 때문이다. 그들의 언어와 행동 뒤에는 공포심이 도사리고 있다. 처벌받지 않아야 한다는 절박감, 즉 생존의 본능은 모든 말과 행동을 합리화한다. 나는 북한에 머무는 2년 동안 그들의 입에서 감사하다는 말이 나오는 것을 한 번도 들어 본 적이 없다. 지난 수십 년 동안의 남한과 국제사회의 대북 원조에 대해 그들이 감사의 뜻을 표명한 적이 있는가? 단 한 번도 없다. 그들은 남한의 대북 원조를 남한과의 협상에서 획득한 전리품으로 생각하고 있다. 즉 적국과의 총성 없는 전쟁에서 이겼기 때문에 전리품을 챙기는 것은 그들의 당연한 권리라고 생각한다. 또한 도움을 준 상대방에 감사를 표명하는 것은 상대방에게 빚을 졌다는 것을 스스로 인정하는 것이기 때문에 그들은 도움을 받고도 고맙다는 말을 하지 않는다. 즉 그들은 상대방이 그 빚을 갚으라고 요구할 빌미를 주지 않으려고 감사의 말을 하지 않는 것이다. 교통 체증으로 혼잡한 비 내리는 서울 거리에서 차를 세우고 뛰어나와 비에 젖은 김정일 사진을 부둥켜안지 않으면 귀환 후 자아비판과 처벌이 기다리고 있기 때문이다. 생존의 본능 앞에서는 양심, 양식, 상식, 체면 등은 사치스러운 유희일 뿐이다. 북한 정권은 사회조직뿐 아니라 개인의 내면세계까지 완전히 통제하고 있다. 그들은 강제와 선동을 통해 개인을 위협하고 복종케 한다. 통치자는 특권적 존재로 인정되고, 비판을 초월하여 어떠한 책임도 지지 않는다. 최고 존엄은 체제의 정점에 위치한 '뇌수'이며, 개인은 수동적인 기계의 부품일 뿐이다. 이러한 상황에서는 통치자를 비판하고 저항할 사회조직은 애당초 존재하기 어렵다.[48] 우리의 상식으로서는 도저히 납득이 가지 않는 이러한 사회를 우리가 어떻게 쉽게 이해할 수 있을까? 그래서 우리는 진법이 다른 그들의 언어를 이해하지 못하는 것이다.

한 침대에서 다른 꿈을

경수로 건설현장에서 근무하는 케도 인원은 간혹 북측의 고위급 업무 유관자와 술자리를 할 기회가 있었다. 술자리가 파할 무렵이면 음식점 여종업원을 포함하여 남과 북의 동포가 통일을 주제로 하는 노래(물론 그들의 노래이다)를 함께 부르곤 하였다. 그 장엄한 통일의 노래가 울려 퍼질 때 나는 매번 전율하였다. 남과 북의 동포는 동일한 가사의 노래를 부르면서도 서로 다른 의미의 통일을 꿈꾸고 있었기 때문이다. 우리는 한 침대에서 서로 다른 꿈을 꾸고 있었다. 지난 20여 년간 북한의 일반 주민들에게 통일은 민족감정과는 별도의 새로운 의미로 다가오고 있다. 1990년대 중반 대기근 시 국제기구와 서방 국가의 식량 지원, 케도의 경수로 건설 사업과 개성공단 사업을 통한 남한과의 인적·물적 접촉, 중국으로부터 다시 귀환하는 탈북민들과 최근 들어 급격히 증가한 휴대전화를 통해 북한 사람들은 외부로 통하는 자그마한 창을 갖게 되었다. 이제는 북한의 일반 주민들도 남한이 경제적으로 그들보다 훨씬 풍요하다는 것을 알고 있다. 나아가 은밀히 반입되는 USB, DVD, CD를 통해 그들은 남한의 대중문화까지 접하고 있다. 나는 북한 사람들(북한 당국이 우리와의 접촉을 허용한 잘 훈련된 엘리트층이지만)과의 접촉에서 그들이 경제적 어려움의 돌파구를 통일에서 찾고자 한다는 인상을 받았다. 가난으로부터의 탈출수단으로서 그들이 기대하는 통일의 모습은 매우 단순하다. 그들은 무언의 표정을 통해 "남쪽 사람들은 열 개를 가지고 있고 우리는 한 개를 가지고 있으니 남한 사람들이 우리에게 네 개를 주면 그 격차가 6대 5로 줄어들지 않겠느냐"라는 것이다. 지극히 단순한 사회주의적인 발상이다. 또한 그들이 마음에 품고 있는 통일은 남한 주도의 통일은 절대 아니다. 그들이 주도하는 적화통일이다.

변화의 물결이 스며들고 있다

지난 10여 년간 북한 사회는 서서히 변화해 왔다. 그러나 북한체제의 본질인 수령유일체제가 그대로 존속하고 있기 때문에 그 변화에 긍정적 가치를 부여할 일은 아니다. 단지 전과 달라지고 있다는 것뿐이다. 1990년대 초 동구권 붕괴와 1995~1997년 북한 전역을 휩쓸었던 대기근이 변화의 시발이었다. 동구권 붕괴 이후 러시아와 중국은 사실상 원조를 중단하였고, 이에 더하여 3년간 극심한 가뭄과 홍수가 덮쳐 북한에서는 전대미문의 식량 부족에 허덕이면서 정권에 위기가 찾아왔다. 식량 공급에 차질이 생기면서 정권 유지의 기반이 되었던 국가배급제(Public Distribution System, PBS)가 사실상 붕괴되고, 200만 명 이상의 아사자가 발생하였다. 배급제의 붕괴는 주민을 장마당으로 내몰았는데 정권도 생존을 위해 장사하는 주민을 통제하는 것이 사실상 불가능했다.

또한 장마당에서의 상거래를 통제하여야 할 하위관리들이 뇌물을 받고 장마당 활동을 묵인하면서 관료 사회의 부패가 심화되었다. 고위관리들도 공적·사적으로 시장 활동에 직접 관여하면서 부를 축적한 결과 북한 사회에서 빈부의 격차가 나타나기 시작하였다. 중국, 러시아, 구 동구권 국가에서 시장경제를 채택한 이후 출현한 신흥 재벌과 부호의 대부분이 공산당 집권 시절의 고위 공직자, 군 고위간부 등 구체제의 수호자와 그들의 친인척인 것과 마찬가지로 북한에서도 최고위층과 그들의 가족은 합법적·비합법적인 방법을 동원하여 상당 수준의 부를 축적하고 있다.

한편 세계적 정보화 추세는 북한에도 영향을 주어 2017년 말 현재 거의 400만 명에 달하는 주민들이 휴대전화(북한에서는 '손전화'라고 부른다)를 소유하게 되었고, 10만 명에 달하는 탈북민은[49] 휴대전화·USB·DVD·CD 등을 통하여 외부의 정보를 북한 주민에게 전달하고 있다. 소련 출신으로 국민대학교 북한학 교수인 란코프(Andrei Lankov)에 의하면 지난 15년 동안 중국을 방문한 북한인이 50만 명을 상회하는 등 북한에서도 외부로 통하는 정보의 창이 열리게 되었다 한다. 대기근의 경험, 국가배급제의 사실상 붕괴, 사유재산의 발생과 빈부 격차의 심화, 사회 전반에 걸친 부패의 만연, 외부세계로부터의 정보 유입이라는 변화들은 북한 정권을 지탱하여 오던 사회통제체제의 약화를 가져왔지만, 이러한 변화가 북한 정권의 유지에 치명적 타격을 줄 수 있다는 증거는 없다. 다만 작은 변화들이 모여 큰 변화의 물결을 만들 수도 있기에 그 변화의 원인과 과정을 살펴보고자 한다. 아울러 이러한 변화로 인해 북한에서 민중봉기나 쿠데타가 일어날 가능성이 있는지에 대해서도 검토해 보고자 한다.

왜 200만 명이 굶어 죽었나

"1997년 5월 6일 9명이 처형되었어요. 그중 한 사람은 사람고기를 먹었고, 다른 사람은 전깃줄을 잘라 팔았고, 한 사람은 소를 잡아먹었고, 또 다른 사람은 종자용 옥수수를 먹었어요. 죄수들의 시체는 높이 매달려 있었고, 우리는 강제로 동원되어서 처형된 죄수들의 처참한 모습을 보아야만 하였지요." 어느 탈북자가 1990년대 중반 이후 수년 동안 조·중 국경에서 탈북자를 도왔던 '한국불교 나눔운동'의 범련 스님에게 털어놓은 얘기이다.[50]

1995년 9월 북한 정권은 대홍수로 인해 농작물 피해가 극심하다 하고, 국제사회에 식량 지원을 요청하였다. 오기와 자존심으로 일관하여 온 북한 정권이 자신의 취약점을 공개적으로 드러낸 것은 매우 이례적인 일이었다. 그러나 북한의 기만전술에 오랫동안 식상하여 있던 국제사회는 북한에 실제로 대기근이 온 것인지 또는 북한이 국제사회로부터 원조를 받아 내기 위해 식량 부족을 과장하고 있는 것인지에 의견이 분분했고, 그러한 의심은 약 2년 동안 계속되었다. 나는 1997~1998년 제네바 주재 한국대표부에서 인권과 인도적 지원 업무를 담당하였는데, 국제적십자연맹(International Federation of Red Cross, IFRC) 등 국제인도지원기관에서 북한 식량 지원 문제가 논의될 때마다 대부분의 회원국은 인도지원기관이 식량 지원 현장에 가서 직접 분배할 수 있다면 원조를 제공하겠으나, 그렇지 않다면 대규모 식량 지원은 어렵다는 의견을 제시했다. 즉 분배의 투명성 확보가 식량 지원의 전제조건이라는 입장이었다. 그러한 논란이 계속된 이유는 북한 정권이 원조를 요청하면서도 국제기구 직원의 현장 방문을 거부하였기 때문이다. 김정일은 1996년 12월 김일성대학교에서 당 간부를 대상으로 "인민군대는 식량을 적절하게 공급받지 못하고 있습니다. 적들은 우리가 일시적으로 어려움을 겪고 있는 것을 보면서 우리 사회주의가 곧 무너질 것이라고 헛소리를 합니다. 또 적들은 우리를 침략할 기회를 호시탐탐 엿보고 있습니다. 적들이 우리에게 군량미가 없다는 사실을 알게 되면, 미 제국주의자들이 즉각 우리를 공격해 올 것입니다"라고[51] 연설하였다. 김정일의 이 연설은 북한 당국이 국제사회에 원조를 요청하면서도 기근의 모습을 감추려고 애를 쓴 이유를 잘 나타내고 있다.

북한의 대기근 당시 민간 국제구호단체인 월드비전(World Vision)의 부회장으로 북한에 대한 인도적 지원에 깊이 관여하였던 나시오스(Andrew S. Natios)는[52] 북한의 기근을 실사하기 위해 북한을 방문하고자 몇 번이고 입국비자를 신청하였으나, 북한 당국은 아직 때가 아니라는 답만 할 뿐 비자 발급을 거부하였다고 한다. 그러다가 마침내 비자를 받고 그는 1997년 5월 월드비전 동료와 함께 북한을 방문하였다. 오랫동안 세계 도처의 기근 현장을 찾아다녔던 그로서는 첫눈에 북한이 심각한 대기근을 겪고 있다고 확신했다. 이유는 평양 시가를 벗어나서 8시간 동안 차를 타고 다니면서 새 한 마리를 볼 수 없었으며, 가축도 염소 몇 마리, 돼지 한 마리, 밭을 가는 황소 아홉 마리만을 보았고 그 흔한 개, 닭, 오리, 거위, 양을 단 한 마리도 볼 수 없었기 때문이라 한다. 대기근이 발생하면 제일 먼저 나타나는 현상은 그 지역에서 새가 사라진다고 한다. 새는 날개가 있으니까 먹이가 있는 곳을 찾아 날아갈 수 있기 때문인가 보다. 다음으로 가축이 급격히 줄어든다 한다. 먹을 것이 없어 가축도 곧 굶어 죽게 되기 때

문에 기근이 시작되고 어느 정도 시간이 경과하면 굶주린 주민들이 곧 가축을 잡아먹는다는 것이다.[53]

북한은 1995년과 1996년에 대홍수를, 1997년에는 대가뭄을 겪었다.[54] 이러한 자연재해가 식량 위기를 촉발한 것은 사실이나, 단순히 위기로 그칠 수 있었던 자연재해가 대참사로 번진 것은 재해 관리를 제대로 하지 못한 인간의 책임이라고 보는 것이 타당하며, 그러한 의미에서 북한의 대기근은 사람에 의해 저질러진 인재였다. 역사적으로 1932~1933년의 우크라이나 대기근을 제외하고는 공업국에서, 문맹률이 낮은 국가에서 대기근이 일어난 적이 없다는 점은 북한의 대기근이 인재에 의한 것임을 다시 한 번 상기시켜 준다. 우크라이나의 대기근은 집단농장에 반대하는 우크라이나 중산층 농민을 압살하기 위해 스탈린이 의도적으로 획책한 참사였다. 북한의 대기근에 대한 유엔의 평가보고서는 북한의 식량 생산량 감소는 자연재해로 인한 것이 15%, 전체주의의 비효율적 농업제도가 야기한 만성적 기능장애로 인한 것을 85%로 평가하였다.[55] 북한은 소련 및 동구 사회주의 경제권의 붕괴와 자본주의로의 이행 과정, 그리고 개혁 · 개방정책을 채택한 중국이 경제적으로 번영하고 있는 것을 지켜보면서도 주체사상을 내세우며 세계에서 가장 폐쇄적인 경제제도와 사회체제를 유지하고 있다. 1980년대 중반 북한에 납치되어 김정일과 여러 차례 접촉하였던 신상옥, 최은희 부부는 김정일은 이미 그 당시부터 사회주의 체제의 모순과 자본주의체제의 장점을 인식하고 있던 것으로 보인다고 했다. 그러나 김정일은 자신이 신상옥 부부에게 토로하였듯이 개방이 몰고 올 정권 붕괴 가능성을 두려워하여 그로부터 20여 년 동안 줄곧 개방을 거부하였다.

북한 정권이 기아의 모습을 감추려 하고 또 원조를 제공받을 여건 조성에 역행하는 행동을 한 결과, 북한에 대한 국제사회의 지원이 약 2년 정도 지연되었다. 대기근에 대처하는 가장 중요한 수칙은 시의적절하고 신속한 외부 지원이라는 점을 감안한다면, 당시 북한 정권의 비이성적 행동은 북한 인구의 10%에 가까운 인민을 아사시키고, 생존자의 경우도 아동 및 청소년층의 75% 정도를 발육부전 상태에 몰아넣었다. 식량 위기가 시작되면서 북한 당국은 농민에 대한 배급량을 대폭 축소하였다. 북한 당국으로서는 농민들은 곡물을 직접 생산하니까 도시민들보다야 사정이 낫지 않겠느냐고 생각하였을 터이지만, 결과적으로 이 조치는 기근을 악화시킨 주요 원인이 되었다.

북한에서는 1960년대와 1970년대에는 농민 1명에 대한 연간 곡물 배급량이 200kg이었는데, 1990년대 초에 와서 이것이 167Kg으로 줄었고, 1995년 가을 식량 위기가 본격화되면서 동 배급량을 107Kg까지 감축하였다. 농민들은 생존의 위협을 느끼기 시작하였다. 그들은 곡물이 다 익기도 전에 설익은 곡물을 추수하여 감추기 시작하였고, 집단농장에서 일하기보다는 집 앞마당에 있는 자신의 텃밭과 산속 깊이 몰래 개간해 놓은 화전에서의 농사에 시간과 에너지를 소모하고 집단농장 농사는 뒷전으로 미루었다. 일제 강점기에 지주들이 소작료를 터무니없이 높이 부과하여(소출의 약 75%), 농민들이 고향을 등지고 산속에서 화전을 일구던 현상이 북한에서 나타나기 시작한 것이다. 북한 당국은 집단농장에서의 노동력 부족을 보충하기 위해 또 농민들을 감시하기 위해 군인들을 농장에 파견하였다. 그러나 굶주린 병사들은 농민들로부터 식사를 제공받으면서 이들의 비행을 눈감아 주곤 하였다. 배급제가 붕괴되자 도시의 근로자들이나 사무원들은 식량을 농민시장에서 구할 수밖에 없었는데, 식량가격은 이미 평소의 수십 배로 뛰어오른 상태였다. 공급량이 절대 부족한 상황에서 자금력이 있는 당 간부들에 의한 매점매석이 식량가격 인상을 부채질한 주원인이었다. 일반 서민은 식량을 구하기 위해 처음에는 가재도구를 내어다 팔았으나, 그것도 바닥이 나면서 식량을 구하기 위한 인구의 대이동이 시작되었다. 그러면서 북한의 사회통제체제는 서서히 무너져 갔다. 북한은 원래 식량 배급제를 사회통제수단으로 이용하였는데, 평양을 제외한 전국에서 사실상 식량 배급제가 붕괴되자 인민에 대한 당국의 통제력이 상당 부분 상실되면서 북한 사회는 거의 마비 상태에 접어들었다.[56] 식량 사정이 악화되자 김정일은 특정 지역을 완전히 방기하여 버리는 정책을 선택했다. 나시오스는 1997년 7월 미 의회 청문회에서 북한은 기근이 본격화되기 이전인 1993년부터 북동지방 즉 함경북도, 양강도, 자강도에 대한 식량 배급을 중단한 것으로 보인다고 증언했다. 그는 그러한 상황을 묘사하는 데 트리아지(triage)라는 단어를 선택했다. 트리아지는 군사용어로서 전시 중 의료 인력이나 장비가 현저히 부족할 때 생존 가능성이 높은 부상자부터 치료하고, 생존 가능성이 낮은 부상자는 죽도록 방치해 두는 야전병원에서의 부상자 분류 순위를 말한다. 김정일이 왜 이러한 선택을 하였는지는 알 수 없으나, 기본적으로 식량 생산이 낮은 북동지방은 줄곧 중앙으로부터의 식량 지원에 의존하여야 했는데 타 지역에서도 식량 위기가 심각하였고 에너지 부족 사태로 철도 운행이 원활치 않아 북동지방으로 식량을 수송하기가 물리적으로 어려웠던 데에 이유가 있을 것이다. 또한 북동지방은 역사적으로 중앙통제로부터 비교적 독립적으로 행동하는 경향이 있었는데, 지금의 북한에서도 이러한 분위기가 지속되고 있는 것이 아닌가 짐작된다. 북한은 정권에 대한 충성도에 따라 인민에 대한 식량 배급에 차등을 두고 있는데, 김정일은 이 기준에 따라 중앙에 가장 충성도가 낮은 북동지방에 대해 아예 식량 배급을 중단한 것이 아닌가 하는 추측도 든다. 김일성은 1994년 사망하기 직전 북동지방의 사망자 수 보고에 충격을 받고 그 지역을 직접 방문, 사실을 확인하였다 한다. 평양에 돌아온 후 김일성은 그간 김정일의 허위 보고와 실정을 문제 삼았고, 이로 인해 김정일과 충돌하기까지 하였다고 한다. 대기근이 심화되자 북한은 1996년 말부터 평양을 제외하고는 북한 전역에 대해 식량 배급을 중단하는 제2의 트리아지 사태에 돌입했다. 또한 1998년 1월에는 평양에서마저도 식량 배급이 중단되었고, 이로써 북한 정권의 사회통제는 극도로 약화되었다. 그러나 해외로부터의 대규모 식량원조가 본격화되어 1998년 봄부터 사망자 수가 급격히 줄어들면서 북한은 1998년 6월부터 새로운 공민증을 발급하고, 주민의 지역 간 이동을 통제하는 등 다시 사회통제의 고삐를 강화해 나갔다.[57]

　3년간의 대기근은 북한에, 나아가 우리 민족에게 씻을 수 없는 상처를 안겨 주었다. 우선 엄청난 인명 피해이다. 사망자 수와 관련하여 50만 명에서 300만 명 이상이라는 다양한 추측이 난무하고 있지만 여러 정황으로 보아 200만 명 이상이 기아와 질병으로 사망한 것으로 추정된다. 이는 한국전쟁 시 북한 측 사상자 수를 훨씬 능가하는 숫자이다. 미국의 존스홉킨스대학은 중국에 머물고 있는 탈북민 440명과의 인터뷰를 기초로 사망자를 산출하였는데, 그 결과 245만 명이 사망하였을 것으로 추정하였다. '한국불교 나눔운동'은 탈북민 1,000여 명과 인터뷰한 결과를 기초로 사망자 수를 250만 명으로 산출하였다. 황장엽은 "조직지도부 책임간부의 말에 의하면, 1995년에 당원 5만 명을 포함하여 50만 명 이상이 아사하였고, 1996년에는 11월 현재 벌써 100만 명이 사망하였으며, 이대로 나간다면 1997년에는 200만 명이 아사할 수 있다고 하였다"라고 증언하였다. 또 중국 신화사통신이 북한의 농업위원회 간부가 제공한 자료를 인용하여 보도한 바에 따르면, 1997년 말까지 280만 명이 사망하였다 한다.[58]

나는 북한에 도착하여 얼마간은 시골길을 차로 달리다가 어린아이들을 보게 될 때마다 아주 기묘한, 때로는 섬뜩한 감정을 느끼곤 하였으나 왜 그런 감정이 드는지를 알 수 없었다. 몇 달이 지나고 나서야 그 이유를 스스로 발견하게 되었다. 거리의 어린아이들의 몸집과 그들의 행동, 눈매가 남한 어린이들과 너무 차이가 났기 때문이다. 나에게는 너댓 살 정도로 보이는 아이들의 눈매가 매섭고 동작이 빨랐기 때문이다. 그들은 실제로는 초등학교 학생들이었다. 남한 어린이들에 익숙한 나의 눈썰미로서는 그들의 연령을 짐작할 수 없었다. 나는 소위 애늙은이를 접했을 때의 기분이랄까 그런 기묘한 감정을 느꼈던 것 같다. 또 이런 일이 있었다. 케도는 경수로 완공 후 이를 운영·관리하게 될 북한 기술자를 선발하여, 2002년도 여름에 약 3개월간 경수로 단지 내에서 그들을 교육·훈련을 시킨 적이 있다. 이들에게 유니폼을 맞추어 주기 위해 신장과 체위를 측정한 결과, 훈련생 123명 중 신장이 170cm 이상이 되는 훈련생은 단 3명밖에 없었다. 이들 3명의 키도 175cm를 넘지 못하였다. 이 훈련생들이 20~30대임을 감안한다면, 북한의 기근은 1990년대에 들어 시작된 것이 아니고 적어도 1980년대 중반부터는 대부분의 북한 주민이 영양실조 아래에 있었다고 짐작된다. 또한 그들은 신체적으로 체격이 작고 허약할 뿐 아니라 각종 만성 질병에 시달리고 있었다. 북한 정권은 수령유일체제를 유지하기 위해 수십 년 동안 인민을 기아 속으로 몰아넣은 엄청난 죄를 저질렀다. 그 죄는 첫째로 북한 인민을 정신적인 노예로, 육체적인 불구자로 만든 것이고, 둘째로 우리 민족의 장래에 부정적 유산을 남겨 준 것이다. 유년층과 청소년층의 75%를 발육부전 상태로 몰아넣은 범죄행위를 우리는 어떻게 용서할 수 있을까?

김정은을 지탱하는 장마당 경제

김일성대학을 졸업하고 1998년 탈북하여 현재 『동아일보』 기자로 있는 주성하는 북한의 시장화 진전을 ① 1994년 김일성 사망 이전, ② 고난의 행군 시기부터 2002년 7·1경제관리조치 이전까지, ③ 2002년 하반기부터 2009년 화폐개혁 이전까지, ④ 화폐개혁 이후부터 최근까지라는 4단계로 나눌 수 있다고 설명했다.[59]

시장화 1단계
1994년 이전에는 사회주의경제가 주를 이루고 시장경제는 보조 역할을 했다. 1960~1970년대에는 작은 규모의 농민시장이 시장의 전부라 할 수 있고, 1980년대 초반부터 주부들이 수공업으로 제품을 만들어 직매점에 파는 것이 허용되었다. 1980년대 후반부터는 수산업을 하여 거부가 된 사람들이 생겨났는데 사실상 이들이 북한의 1세대 시장 세력이었다. 이들은 해산물을 일본과 중국에 팔아 막대한 부를 챙겼지만, 몇 년 뒤 대부분이 부패 명목으로 재산을 압수당하고 처형당하거나 감옥에 갔다.

시장화 2단계

1995년 이후인 '고난의 행군' 시기부터인데, 이때부터 본격적으로 시장화가 이루어지기 시작하였다. 이때 식량난으로 배급제가 붕괴되면서 장마당이 활성화되었는데 북한 당국도 생계수단으로의 장마당 활동을 저지하기에는 역부족이었다. 농민은 불법으로 공터나 산등성이를 개간하고, 도시민은 사적으로 상업을 시작함으로써 새로운 상황에 대처해 나갔다. 대부분의 도시민은 가재도구를 음식과 물물교환하다가 곧 장사와 가내수공업으로 전환했다. 도시에 커다란 시장이 생겨나기 시작했고, 시장은 곧 경제생활의 구심점이 되었다. 수백만 명의 주민, 특히 여성들은 장사와 가내수공업을 통해 살림을 꾸려 나가기 시작하였다. 현재 북한 상인의 4분의 3이 여성이다. 남성은 할 일이 없더라도 배속된 직장에 나가야 하기 때문이다. 이들은 원자재가 조달되지 않아 가동을 멈춘 공장에라도 출근하여야 했다. 결근함으로써 국가에 충성치 않는 모습을 보이게 되면 나쁜 성분이 주어지고 그 경우 자신은 물론이고 자식, 손자까지 수많은 공식적 제약을 받게 되기 때문이다. 1990년대 말부터 보다 성공적인 사업가들이 소매상에서 도매상으로 몸집을 불렸다. 많은 경우 이들은 과거에 차별받는 집단에 속해 있었으나,[60] 새로운 상황에서 가장 이익을 많이 보는 부류가 되었다.

시장화 3단계

북한 당국은 재정 부담과 물자 부족으로 인해 더 이상 배급제를 지탱할 수 없게 되자 어쩔 수 없이 현실을 추인하고, 경쟁체제를 도입하여 생산력을 증대할 목적으로 2002년 7월 1일 경제관리 개선조치를 전격적으로 시행하였다. 동 조치는 ① 생필품 가격과 외환 환율을 암시장 가격으로 현실화하고, ② 기업에 대한 정부 보조금 지급을 중지하는 한편 기업의 독립채산제를 인정하며, ③ 경제특구를 신설하는 내용이었는데, 결과는 참담한 실패였다. 실패의 원인은 매우 단순명료하다. 물자 공급이 부족한 상태에서 가격 조작을 통해 물가를 안정화시키고자 하였으니 필연적으로 인플레이션이 발생할 수밖에 없었고, 원자재가 공급되지 않아 공장 가동이 불가능한 상태에서 기업 독립채산제를 도입하였으니 기업이 도산할 수밖에 없었다. 동 조치 발표 당일 나는 경수로 남측 건설 인원을 대상으로 하는 영업장에서 중견관리, 의사, 식당 종업원, 이발사 등 다양한 북한주민들과 접촉하였는데, 당국이 임금을 종전보다 10~20배 올렸다고 발표하였으나 이들은 모두 불안한 기색을 감추지 못했다. 얼마 되지 않아 이들의 불안이 현실로 나타났다. 미화 환율은 1달러당 2.16원에서[61] 150원으로, 농산물 가격은 옥수수는 400배, 쌀은 550배로 인상되고, 전기요금 66배, 기타 생필품 가격이 20~40배 올랐을 뿐 아니라, 거의 무상이었던 주택 임차료가 100배가량 인상되었기 때문이다.[62] 이 조치는 결과적으로 '인민 정부는 적어도 인민의 의식주는 보장한다'라는 종래의 사회주의 경제원칙을 공식적으로 포기한 것에 지나지 않게 되었다. 동 조치 이후 물가가 천정부지로 치솟자 장마당 경제는 더욱 활성화되었고, 당국의 장마당에 대한 통제가 느슨해질 수밖에 없었다. 통제가 유명무실하게 된 가장 중요한 이유는 장마당 경제활동을 감시·적발하여야 할 하급관리들이 자신들의 생계유지를 위해 장사하는 이들로부터 뇌물을 받고 묵인한 데에 있었다. 장마당에서는 모든 생활필수품을 구할 수 있었다. 공산품의 상당량은 중국으로부터 밀수입한 물품들이고, 여자들이 집에서 만든 가내수공업 제품들도 상당수 있었다. 당국 몰래 산등성이에 개간한 '소토지'에서 생산한 농산물도 유통되었다. 주요 행정구역에서 멀리 떨어진 외곽지역에서는 소토지와 텃밭에서 생산한 농산물이 전체 수확량의 절반 이상이며, 국가 전체적으로는 20%에 이른다고 한다.[63] 이제는 장마당 경제가 활성화되어 1998~2008년 사이 비공식 경제활동에 의한 수입이 북한 가구 전체소득의 78%에 달하였다고 한다.[64]

2000년대 초부터 북한의 시장은 새로운 전기를 맞았다. 2002년 7월의 경제관리조치가 실패로 끝나자 북한 당국은 2003년 종합시장 설치를 제도적으로 승인하였다. 북한 당국의 시장에 대한 정책은 허용과 억제를 반복하여 왔는데, 불가항력적인 필요에 따라 당국이 시장을 양성화한 것이다. 이로써 북한의 시장은 공식시장(종합시장)과 비공식시장(장마당)이라는 이중구조로 변화 발전하게 되었다. 공식시장은 2003년 종합시장 개설 후 당국에 의해 공식 허가된 시장을 의미하며 자릿세와 장세(場稅)를 내고 장사하는 곳을 말한다. 1990년대 이후 북한 시장의 변화 과정을 살펴보면 2003년 공식시장 허용은 북한 당국이 시장을 활용하여 수탈구조를 공식적으로 디자인한 것이라 할 수 있다.

특히 김정은 집권 초기에는 고강도의 시장 억제정책을 시행했으나 실패로 끝나고 시장친화적인 정책을 취하면서 수탈구조가 강화되고 있다. 이제는 국가와 시장이 대립적인 관계가 아니라 공생적 관계가 되어 가고 있다. 그런 의미에서 '시장 세력'은 단순히 장터에서 상행위를 하는 일반 주민을 말하는 것이 아니라 시장에서 발생하는 이익을 공유하는 개인, 집단(기관·조직)을 총칭하게 된 것이다. 2003년 이후 종합시장이 꾸준히 증가하여 2017년 현재 그 수가 404개에 이르렀다고 한다. 종합시장의 증가는 배급제가 사실상 유명무실해진 상황에서 주민들의 기본적인 사적 경제활동을 추인한 것이라는 의미 이외에 세금 징수를 확대하여 국가재정을 늘리고자 하는 데에도 중요한 목적이 있다. 시장으로부터 가장 많은 이익을 향유하는 계층은 관료들과 자본가(돈주)들, 그리고 궁극적으로는 최고지도자(김정은)이다. **사실상 '시장 세력'은 다양한 층위의 관료와 돈주들, 그리고 이를 관리하는 국가의 정치행정이 결합된 네트워크라 할 수 있다. 따라서 시장의 발전은 상당 부분 경제적 이해와 함께 정치적 경쟁이 중요하게 작용한다고 볼 수 있다.**[65] 북한에서는 공식적으로는 사기업이 존재하지 않으나, 실제로는 사기업이 형성되고 있다. 법적으로는 지방관청의 유관부서가 시장을 관리한다. 큰 틀에서 보았을 때 북한의 시장관리체계는 중앙당이 상업성에 지시하며, 상업성은 도·시·군 인민위원회의 상업관리국에 지시하는 체제로 이루어졌다.[66] 그러나 사적 투자자가 관리들에게 뒷돈을 약속하고 비공식적 계약을 맺으며, 수입의 일부는 국가예산으로 귀속되는 구조가 관행화되고 있다. 시설을 구입하고 사람을 고용하는 것은 바로 이 투자자들이다. 2000년대 이후 몇몇 도매상은 상당한 부를 축적하였고, 때때로 음식점이나 창고업, 운수업 등 새로운 사업에 투자하였다. 2009년 한 연구에 의하면, 북한 음식점의 약 60%는 이러한 방식으로 운영되는 사실상의 개인 소유라고 한다.[67]

시장화 4단계

2009년 김정은이 들어서면서 북한 당국은 또다시 시장 세력에 대해 보다 강도 높은 압박을 가하기 시작하였다. 당국은 40대 미만 장사 금지 등 강경조치로 시장을 말살하려 하였으나, 시장은 모든 충격을 이겨 냈다. 시장에 대한 압박이 실패로 돌아가자 북한 당국은 마지막 카드로 2009년 11월 화폐의 명목가치를 100분의 1로 줄이는 화폐개혁을 실시하였다. 이 조치는 사적 시장거래에서 생겨난 부의 가치를 떨어뜨리고 그 차액을 정부가 가로채고자 하는 목적으로 단행되었는데 주민들의 반발이 예상보다 심해 정부는 환전 한도액을 10만 원(암시세로 30~40달러 정도)에서 현금과 예금을 합하여 총 45만 원으로 상향조정하였으나 주민들의 분노는 식지 않았다. 전통 엘리트들은 자신들의 현금 보유를 다른 화폐, 특히 중국 위안화로 이미 바꾸어 놓아 일반 주민만 피해를 보았기 때문이다. 화폐개혁의 결과 자국 화폐에 대한 신뢰 상실로 북한 일반 주민들도 위안화나 달러, 유로를 부의 축적 수단으로 삼게 되는 등 외화통용현상(dollarization)이 심화되어 국가의 경제통제는 한층 더 궤도에서 이탈하게 되었다.

사정이 이렇다 보니 정부의 공식 환율은 유명무실해졌다. 공식 환율의 원화가치는 1달러당 96원이지만 암시장에서는 2013년 기준 약 8,000원에 거래되었고, 북한 은행마저 암시장 환율에 가까운 환율로 외화를 환전해 주고 있다.[68] 최근 외부인들은 북한에서 재력가가 등장하고 있다는 사실에 대해 의아해하고 있다. 평양을 방문하는 외국인들은 국제적인 대북 경제제재에도 불구하고 식당, 백화점을 포함한 평양의 외관이 전보다 더 활기를 띠고 있는 모습에 놀라고 있다. 이러한 외관상의 변화는 김정은 사회주의 정권의 성공에서 기인한 것이 아니라 그들이 어쩔 수 없이 용인한 선별적 자본주의의 결과물이다.

시장화와 북한 사회의 변화

시장이 확산되면서 북한은 계획과 시장영역이 혼재되고, 합법과 불법의 경계가 모호해지는 사회가 되고 있다. 북한 시장의 주요 행위자들은 권력기관 혹은 관료들과 결탁한 사람들이거나 그들 자신이다. 북한 체제를 수호해야 할 북한 엘리트 중 상당수가 오히려 자본주의의 상징이라 할 수 있는 기업인, 자본가가 되어 가고 있는 것이다. 이들 중 일부는 공안기관 종사자들인데, 그들은 주민들의 시장 활동을 눈감아 주는 대가로 뇌물을 받고 그 돈을 종잣돈 삼아 부를 늘려 왔다. 시장행위자들은 이들과 결탁하여야만 이익을 낼 수 있다. 그 결과 북한 내에서는 조직적이고 관행적인 부패구조가 형성되고 있다. 이렇게 탄생된 부패정(Kleptocracy)은 제한적이지만 경제성장을 가져올 수 있다. 계획과 시장, 합법과 불법이 공존하는 구조 속에서 시장은 잉여를 생산하고, 체계적인 부패사슬은 이 잉여를 전달하는 통로가 되고, 국가는 이 잉여를 자양분으로 빨아들인다. 김정은 집권 전인 2011년 200여 곳이던 장마당이 2018년 현재 400곳을 상회하는 등 실제로 북한에서 시장화기 진전되면서 경제 상황이 점차 나아지고 있다는 증거들이 다수 발견되고 있다. 하지만 부패정을 기반으로 한 발전은 인민 간 부의 불평등을 심화시켜 체제에 대한 위협이 될 수 있다.[69] 이제 시장 세력은 당국도 어쩔 수 없을 정도로 커져 버렸다. 그러나 시장 세력이 커졌다 해서 당장 김정은 세력을 붕괴시킬 수 있다고 보기는 힘들다. 김정은에게는 여전히 군대라는 무력과 정교하고도 악랄한 공안체제가 남아 있기 때문이다. 김정은이 시장 세력을 어찌

할 수 없는 것처럼 시장 세력도 김정은을 어찌할 만한 힘이 아직은 없다. 하지만 북한의 시장 탄압이 강화될수록 시장 세력의 반감은 더욱 커지고 있다. 또한 이제 시장 세력은 당하기만 하는 힘없는 존재가 아니다. 당, 군, 보안기관 등 권력기관 구성원들도 자의든 타의든 시장에 한 발을 걸치고 있기 때문이다. 이는 김정은 정권의 시장 탄압이 결국 제 발등을 내려찍는 위험한 결과를 가져올 위험성을 내포하고 있다는 의미이다.[70)]

장마당 세대

김정은체제가 출범하면서 이른바 '장마당 세대'가 새롭게 떠오르고 있다. 장마당 세대는 1990년 이후 출생한 세대로서 유년기가 '고난의 행군' 시절과 겹쳐 극심한 발육장애를 겪은 젊은이들을 의미한다. 장마당 세대의 대두는 북한 체제에 커다란 정치적·사회적 변혁을 몰고 와 김정은 체제가 급격히 약화되는 시발점이 될 수도 있다. 장마당 세대의 가장 큰 특징은 급격한 인구 감소와 발육장애이다. 북한은 2000년대 초반부터 군 입대 인원의 축소를 막기 위해 대졸자의 군 입대를 의무화하고 여성의 군 입대를 장려하는 외에 입대 기준 신장을 145cm로 낮추었다. **장마당 세대의 성향은 영악한 '배금주의'**, **'이기주의'**, **'반항성'으로 특징**지을 수 있다. 이들은 국가로부터 아무것도 받은 것이 없고, 부모의 장마당 장사로 생계를 유지한 세대이기 때문에 그들이 이러한 성향의 인간으로 성장할 수밖에 없었던 것으로 보인다. 이들은 최근 급격히 확산된 한류의 가장 큰 전파자이기도 하다. 장마당 세대가 군의 주력으로 부상하면 군 자체가 반항적 조직으로 변질될 가능성이 있어 장차 김정은체제의 큰 부담이 될 것으로

보인다.[71]

외부로 뚫려 버린 창

　김씨 왕조는 반세기 이상 외부세계로 통하는 통로를 차단하여 왔으나, 1990년대 중반 이후부터 그 철통같던 장벽에 서서히 구멍이 뚫리기 시작하였다.

국경 봉쇄

　북한 당국도 대기근을 겪으면서 굶주린 인민들이 식량 조달을 위해 조·중 국경을 넘나드는 것을 통제할 수 없었다. 한번 뚫린 통로를 통해 탈북민들이 급증하기 시작하여 2017년 현재 탈북민은 10만 명 가까이 되는 것으로 추산된다. 그중 3만여 명이 남한에, 나머지는 대부분 중국에 머물고 있다.[72] 이들은 중국에 있는 브로커들을 통해 북한에 남아 있는 가족, 친지들과 연락을 취할 수 있으며 심지어 그들에게 송금을 하고 있다. 브로커들은 송금하는 돈의 20~30%를 수수료로 요구하지만, 이들은 놀라울 정도로 신용이 있고 송금 또한 신속하다. 이러한 송금액이 우리 돈으로 1년에 100억 원에 달하는 것으로 알려졌다. 북한의 경제규모를 감안한다면 이는 결코 적은 금액은 아니다.[73] 북한 당국은 탈북자 증가를 체제 유지에 대한 심각한 위협이라고 보고, 2011년 10월경부터 중국으로 탈북하는 주민들을 현장에서 사살하기 시작하였다. 그때까지는 휴전선의 경비병들에게 현장사살 권한을 주었지만 중국으로 탈출하는 탈북자에게는 총을 쏘지 않았다. 김정일 사망(2011. 12. 17) 이후에는 김정은으로부터 탈북자 3대를 멸족하라는 더욱 무시무시한 지시가 내려왔다. 또한 북한 당국은 조·중 국경경비대를 남북 군사분계선을 지키는 최정예부대와 같은 급으로 격상하고 4중·5중 경계망을 구축하고 있으며, 중국도 국경에 철조망을 설치하고 휴대전화 전파탐지기 등 각종 탈북 방지 장비를 북한에 제공하였다. 북한의 유례없는 조·중 국경 봉쇄는 김정은이 직접 지휘하는 것으로 알려졌다. 국경 봉쇄 강화로 인해 김정은 집권 이후 탈북자 수가 실제로 급감하였다.[74] 이 같은 움직임은 최근 북한 내부의 민심이 매우 악화된 것과 무관치 않다. 경제는 더욱 어려워지는데 김정은 등장 이후 세대 교체 명목으로 기존 간부들을 마구 숙청하여 주민들은 물론 간부들 사이에서도 반김정은 여론이 커지고 있다. 1990년대 중반 이후 대량 탈북은 경제난 때문이었지만 지금은 체제 반항적 성격을 띤 탈북도 많아지고 있는 것이다.[75]

중국은 탈북자 문제를 자국의 이익을 위한 정치적 자산이자 도구로 이용하고 있다. 중국은 한중 관계, 북·중 관계의 양상에 따라 탈북자에 대한 검거를 강화하거나 완화하는 방식으로 외교적 영향력을 행사하고 있다. 2012년 중국의 탈북자 강제송환으로 탈북자 문제가 국제사회의 관심을 끌게 되었고 이는 김정은이 탈북자를 처벌을 강화하는 계기가 되기도 하였다. 한편 김정은은 탈북자의 재입북을 유도하고 이를 대대적으로 선전함으로써 탈북자 문제를 정치적 자산으로 활용하기도 하였다.[76]

휴대전화
북한 내부에서는 국경 봉쇄와 정반대 현상이 일어나고 있다. 바로 휴대전화의 급격한 증가다. 북한에서 휴대전화는 1998년 홍콩 기업 랜슬롯 홀딩스가 소규모 통신망을 평양과 남포에 설립했고 2002년에는 태국 회사 록슬리 퍼시픽이 선넷을 세웠으나, 서비스가 고위간부들과 부유층에게만 제한되어 상업적으로 어려움을 겪었다. 이후 2008년 12월 이집트 기업 오라스콤 텔레콤이 북한과 합작투자 형식으로 이동통신망 사업자인 고려링크를 운영하기 시작하면서 휴대전화가 일반 주민들에게까지 급속도로 확산되었다. 주민 이동이 엄격히 제한되어 있는 북한에서 휴대전화 보급은 주민 간의 교류와 정보 유통을 활성화시켰다. 북한의 휴대전화 보급자 수는 2017년 1월 현재 377만 대를 상회하였다. 북한 인구 전체의 15%가 휴대전화를 보유하고 있는 셈이다.[77] 평양에 거주하는 국제변호사 마이클 헤이는 로이터통신과의 인터뷰에서 "평양 커피숍의 종업원들도 휴대전화를 사용하고 있다. 20~30대는 이제 휴대전화가 없는 삶을 상상하지 못한다"고 전했다.[78] 국경을 넘는 탈북자를 사살할 정도로 정보 유통을 통제하는 북한 당국이 휴대전화 사용을 허용, 아니 오히려 장려하는 이유가 무엇일까? 그 이유는 단 하나이다. 외화 확보 때문이다. 자금줄이 바짝 마른 북한 당국이 휴대전화를 허용함으로써 주민들로부터 거두어들이는 외화는 상당액에 이른다. 『동아일보』 2012년 2월 4일자 기사를 요약하면, "북한 당국이 가입자에게 약 300달러에 독점 판매하는 중국산 휴대전화는 원가가 80달러밖에 안 된다. 1개당 이윤이 220달러, 100만 대를 판매하면 2억 2,000만 달러가 떨어진다. 판매수익은 고스란히 북한 당국이 갖는다. 거기에 구입비와는 별도로 가입비 명목으로 140달러를 받는다. 100만 명이면 1억 4,000만 달러이다. 또 통신요금도 따로 받는다. 개성공단 8년 동안 남측에서 인건비로 1억

8,000만 달러를 받았는데 거기에서 일부는 근로자에 대한 인건비와 배급으로 지급하여야 하지만, 휴대전화 판매는 고스란히 김정은의 통치자금으로 들어간다. 북한 지배층에게 휴대전화 사업은 새로운 노다지 밭이다. 주민들에게 '충성의 외화벌이'를 강요하지 않고도 외화를 거둬들일 수 있기 때문이다. 돈을 뽑아내는 방식을 '무조건 바쳐. 안 바치면 다쳐'에서 '필요하면 사'로 전환해도 목적 달성이 가능하기 때문이다. 북한 당국이 인터넷을 금지하면서 휴대전화를 허용한 것은 인터넷의 파급력은 통제할 수 없지만 휴대전화는 도청이 가능하기 때문에 통제가 가능하다고 판단했기 때문인 것으로 보인다. 휴대전화는 북한 상인들에게 타지 가격 동향과 수요를 실시간으로 알 수 있게 해준다. 지배층의 주머니가 불룩해지는 것에 비례해 시장화의 흐름은 거세지고 되돌릴 수 없게 되는 것이다. 북한 위정자에게 휴대전화는 자멸의 유혹이 될 것이다. 지금 당장은 눈앞의 돈만 보이지만, 그 돈이 결국 야금야금 보이지 않게 북한 지배층을 무너뜨리는 촉매제로 작용할 수밖에 없기 때문이다." 또한 휴대전화는 북한 당국이 시장에 깔려 있는 외화를 흡수하는 수단으로 활용되고 있다. 2009년 화폐개혁의 실패로 북한 화폐에 대한 인민의 신뢰가 떨어져 인민들은 위안화와 달러 등 외화를 부의 축적수단으로 하고 있다. 당국은 외화 사용을 불법화하는 등 외화 사용 억제를 시도하였지만 실패하자, 방향을 바꾸어 시중의 외화를 흡수하고자 외화예금 같은 새로운 금융상품 출시, 외화카드 사용 장려, 환전 편의 도모 등을 추진하였지만 정부에 대한 불신과 사금융과 공금융 간 이자율의 차이 등으로 외화 환수정책은 효과를 보지 못했다. 그러자 북한 당국은 외화를 흡수하기 위한 외화 관련 시장을 창출하였다. 외화상점, 외화식당, 외화사용 대

형유통망 등의 시장도 있지만 휴대전화 시장이 시중의 외화를 흡수하는 가장 큰 창구이다. 휴대전화 단말기 판매와 가입비, 기본요금을 모두 외화로 책정하였기 때문이다.[79] 북한 당국도 휴대전화의 체제에 대한 위험성을 충분히 인식하여 값비싼 독일산 감청장비를 도입하고, 조·중 국경지역 등 휴대전화가 널리 확산된 지역에 중앙에서 검열조를 파견하는 등 감시활동을 강화하고 있다. 그러나 체제 수호의 일선에 서야 할 국가안전보위성(비밀경찰)과 인민보안성(경찰)의 요원들은 뇌물을 받고 위반사항을 눈감아 주는 것이 거의 관행이 되다시피 했다 한다. 통화 내용(죄질)에 따라 뇌물의 액수가 대략 정해져 있는 등 '뇌물비용'도 '시장가격'처럼 암묵적 규칙이 형성되어 있는 정도라 한다.[80]

라디오

휴대전화 이외에 북한 주민이 외부세계의 동향을 파악하는 데에 유용한 수단은 라디오다. 대북방송에는 한국 밖에 거주하는 한민족을 대상으로 하는 KBS의 '한민족 방송'과 '희망의 메아리'가 있고, 미국 정부가 지원하는 '미국의 소리(Voice of America)'와 '자유아시아 방송(Radio Free Asia)'이 있다. 2017년 9월부터 영국의 BBC 방송도 한국어 대북방송을 시작하였다. 그 밖에도 한국에 거주하는 탈북민들이 중심이 되어 운영하는 '열린북한방송', '자유조선방송', '자유북한방송', '북한개혁방송' 등이 있다. 또한 일본의 대북방송과 한국의 두 개의 기독교방송 등 현재 북한을 대상으로 한 방송이 두 자릿수에 이르러 북한 청취자는 자신이 관심 있는 방송을 선택하여 들을 수 있게 되었다. 라디오방송은 USB, DVD, CD를 통해 볼 수 있는 외국영화

만큼 인기 있는 것은 아니어서 청취자 수가 많지 않지만 그 파급효과는 크다. 라디오 콘텐츠가 대부분 북한 주민의 관심사를 주제로 다루고 있고 북한에 관한 세부 정보를 알려 주기 때문에 청취자 수가 적더라도 구전을 통한 증폭효과는 대단히 크다. 라디오는 북한 관련 정보의 실시간 정보원 역할을 하기 때문에 청취자는 남성, 엘리트, 신흥 상인계층이 많다. 상인들에게는 구호물자 유입 시기, 유엔제재 수준, 조·중 국경지대의 안보 수준의 변화, 환율 동향, 당국의 단속 강화 소식은 사업의 성패를 가르는 중요한 정보이다. 물론 외국 라디오 방송을 들을 수 있도록 개조한 라디오나 채널 조정이 자유로운 라디오를 갖고 있는 것은 불법이지만, 대부분의 북한 관리는 그러한 라디오를 갖고 있는 사람을 식권 정도로 본다. 뇌물을 받고 이들의 죄를 묵인해 줄 뿐 아니라 라디오를 압수하여 이를 되팔아 수익을 챙기고 있기 때문이다.[81]

또한 USB, DVD, CD를 통해 외부의 정보가 북한으로 흘러들어 가고 있다. 이 물품들은 외국에서 귀국하는 이가 직장 상사나 권력층 인사에게 '고이는'('뇌물을 주는' 것을 일컫는 북한 속어) 가장 인기 있는 선물이며, 북한에 한류 붐을 일으키는 매개체가 되었다. 최근에는 운반과 복제가 편리한 USB가 특히 인기가 많다. 1990년대 이전 같으면 이러한 물품의 반입은 상상할 수도 없는 일이었는데, 이것들이 조·중 국경을 통해 밀반입되든 뇌물을 주고 세관을 통관하든 간에 북한으로 들어갈 수 있다는 사실은 당국의 통제 시스템에 그만큼 구멍이 나고 있다는 사실을 뒷받침한다.

세계는 북한의 협상술에 놀아나고 있다?

우리 정부는 1970년대 초반부터 소위 남북대화라는 이름 아래 북한 정권과 다양한 협상을 하여, 비록 지켜진 약속은 거의 없으나 300여 건의 크고 작은 합의를 이루었다. 또한 북한이 핵무기를 개발하기 시작한 1990년대 초반부터 국제사회는 미국이 중심이 되어 북한과 다양한 협상에 임하였다. 협상 초기 국제사회는 북한의 벼랑 끝 전술에 말려 곤혹을 치렀으나, 이제는 북한의 협상수법이 상당 부분 노출되어 있다. 그러나 향후 북한 정권이 남북 대화 및 국제사회와의 협상을 재개한다면 북한은 또 한 번 다루기 힘든 협상 파트너가 될 것이므로 북한의 협상기법을 분석·검토하고자 한다.

북한의 협상전략이 외부에서 보기에는 불가측하고 비이성적인 것으로 보이지만, 나름대로 논리와 일관성, 심지어는 일종의 리듬을 가지고 있다. 그들은 협상 초기 단계에는 거의 융통성을 보이지 않고 자기의 입장을 완강하게 고집한다. 이는 상대방에 대하여 기선을 제압하려는 의도와 함께 평양에 대해 자신이 이렇게 열심히 일하고 있다는 것을 보여 주려는 목적을 가지고 있다. 때로는 그들이 협상에

임할 준비가 덜 되어 있거나, 협상의 분위기가 자신들에게 불리하게 전개된다고 느낄 때에도 그러한 태도를 보이면서 협상을 중단시킨다 (1단계). 초기의 완강한 입장 고수 후에 어느 시점에 이르러서 그들은 융통성을 보이기 시작한다. 타협할 준비가 되었다는 신호이다. 그 경우 상대방은 협상 타결에 기대를 걸게 되어 낙관적인 무드에 젖어 들게 된다(2단계). 상대방이 협상 타결이 임박하였다고 느끼는 순간 그들은 태도를 돌변하여 다시 상대방이 도저히 받아들일 수 없는 새로운 조건을 제시한다. 상대방으로부터 최후의 한 방울까지 쥐어짜 내려는 수법이다(3단계).[82] 대체로 북한의 협상수법은 위의 3단계를 거친다.

또한 그들은 두 번째 타협 단계 또는 협상이 다시 교착상태에 접어든 세 번째 단계에서 대체로 비공식 교섭을 요청한다. 막후에서 타협을 보자는 얘기이다. 실제로 협상은 소수 인원만이 참여하는 이 막후교섭에서 타결되고, 다음에 열리는 전체 대표가 참석하는 공식회의에서는 막후교섭의 결과를 추인하는 수준에서 협상을 마무리 짓게 된다. 민주주의국가 간의 외교교섭에서도 이러한 막후교섭방법이 종종 사용되지만, 북한은 협상에서 거의 막후교섭을 이용하고 있다. 그러나 북한과의 교섭에서는 가급적 막후교섭을 피하여야 한다. 그들과의 협상은 인내와 끈기의 싸움이다. 그렇기 때문에 당장 눈앞에 있는 결실에 연연하지 말고 장기적인 관점에서 대처하여야 한다. 그들의 벼랑 끝 전술(brinkmanship tactic)을 당하는 교섭자는 매우 고통스럽다. 교착상태에 빠진 세 번째 단계에서 그들은 마지막 순간까지 밀어붙인다. 회담 예정 시간을 넘기는 것은 다반사이고, 상대방의 항공편 출발 직전까지 밀어붙인다. 북한과 협상하는 대표는 빈손으로 귀국하게 되면 스스로 무능을 자인하게 되는 것이므로 마지막 비공식 교섭에서 그들이 던지는 미끼는 매력적인 유혹이다. 북한 측과 교섭하면서 나는 어린 시절의 땅따먹기 놀이를 연상하곤 하였다. 그들의 벼랑 끝 전술에 지쳐 마지막 한 발자국을 양보하면 협상은 타결된다. 그러나 거기에는 함정이 도사리고 있다. 한 발자국을 양보하면 그것은 이미 기정사실이 되어 버리고, 그다음 번 협상은 그 전례가 전제가 된 새로운 게임이 시작된다. 이렇게 몇 번을 반복하다 보면 중앙에 선을 긋고 시작한 땅따먹기 놀이에서 우리 측은 여러 발자국을 뒤로 밀려 이제 남은 땅이 별로 없게 된다. 따라서 북한과의 교섭에서는 당장 앞에 놓여 있는 결과에 연연하지 말고 장기적인 관점에서 원칙에 충실하여야 된다. 사술(詐術)을 쓰는 상대방에게 가장 강력한 무기는 정의와 원칙이다. 협상대표가 원칙에 입각한 교섭을 할 수 있으려면 본부의 지휘자가 원칙을 지키겠다는 마음가짐을 갖고 그러한 방향으로 훈령을 주어야 한다.

올브라이트 미국 전 국무장관은 자서전에서 그들의 비상식적 협상 태도를 "민주주의국가와의 교섭에 익숙하지 않아서인지, 그들은 수개월 동안 아무 일도 하지 않고 있다가 막판에 상대방에게 당장 대답을 내놓으라고 요구하는 습관이 있었다"라고 묘사하였다.[83] 그러나 이것은 너무 점잖은 해석이고, 그러한 북한의 수법은 바로 전형적인 벼랑 끝 전술이다. 북한의 벼랑 끝 전술은 김일성의 항일 게릴라전 경험에서 유래된 것으로 보인다. 약자가 강자와의 교섭에서 쓰는 전형적인 수법이다. 게릴라들은 어떠한 장애물이 앞에 가로놓여 있든 간에 대체로 살아남는다. 막강한 적과 대치하여 살아남는다는 것 자체가 그들에게는 승리를 의미한다. 이러한 생존의지에 기초한 김일성의 게릴라전 경험은 현재의 북한 협상수법 속에 깊이 뿌리내려져 있다.[84) 김일성은 그의 게릴라 경험을 치국에도 적용하였다. **벼랑 끝 전술** 이외에도 게릴라 전법의 특징으로 **연합전선**(united front)**을 구축하는 전술과 적을 분열시켜 살아남든가 또는 적을 분열시켜 적을 지배하는**(divide and survival or divide and rule) **전술**을 들 수 있다. '연합전선'은 약자가 강자에 대항할 때 제3자를 자기편으로 끌어들이는 전략이다. 김일성은 자서전 『세기와 함께』에서 공산주의자인 그가 장제스의 국민당 지역사령관과 연합전선을 이루는 교섭 과정을 자랑스럽게 묘사하고 있다. 그 지역사령관은 강자이므로 우선 그의 부하와의 사전 교섭을 통해 협상의 유리한 발판을 구축해 놓은 다음 사령관과의 직접 교섭을 추진하고 선물 공세, 인간적인 유대 구축 등을 통해 그에게 자신에 대한 신뢰감을 심어 주었다 한다. 마지막에는 아주 제한된 분야에서나마 그와 동등한 지위를 요구하여 이를 성사시켰다 한다.[85) 북한은 대남공작에서도 지난 수십 년간 연합전선에 기초한 작전을 구사하고 있다. **남한 사회에 친북 세력을 심어 놓고, 이들과 공조하는 민족통일전선이다.** 또한 '적진 분열과 생존(divide and survival) 전략'도 북한의 중요한 외교협상수법이다. 냉전 시 중소 분쟁의 틈바구니에서 김일성은 양국 사이에서 교묘히 줄타기를 하며 이들 중 어느 누구에 대해서도 직접적인 공격과 정면 대결을 피했다. 문화혁명 시 중국의 홍위병은 김일성의 개인숭배를 비판하였으나, 김일성은 이에 즉각적으로 대응하지 않았다. 그는 중국과의 교섭에서 중국이 완강한 입장을 취할 것으로 보이는 사안은 그것이 국익에 중요한 문제라 할지라도 대립하게 되는 상황을 피하고, 덜 중요한 문제를 찾아내어 자기의 입장을 관철함으로써 상징적인 승리를 쟁취하는 데 진력

했다. 작은 문제의 경우에는 상대방이 북한과의 힘겹고 지겨운 싸움을 계속하기보다는 양보할 가능성이 크기 때문이라는 사실에 착안한 것이다.[86] 북한이 미국과의 양자회담만을 고집하다 2003년 6자회담에 응한 것은 직접적으로는 미국과 중국의 압력이 작용한 것이지만, 김정일 나름대로는 이 '적진 분열과 생존' 전략을 고려하였을 것으로 보인다. **북한은 대남공작에서는 3대에 걸쳐 '적진 분열과 지배' 전략을 쓰고 있다. 그들은 간첩과 친북 세력을 통해 남한 사회를 분열시키고, 기회가 오면 남한을 냉큼 집어먹겠다는 전략을 수십 년간 일관되게 구사하고 있다.** 북한의 평창 동계올림픽 참가가 가까운 예다. 국제사회와 미국의 경제적·군사적 압박으로 한계에 도달한 김정은은 한미동맹을 이간질하고, 남남갈등을 유발하여 핵무장 완성까지 시간을 벌기위해 평화 공세를 펼치는 것이다. 선수단 규모의 수배에 달하는 예술단과 응원단을 파견코자 한 것은 그들의 목적이 올림픽 참가가 아니라 체제 선전과 남남갈등 유발에 있다는 것을 보여 주는 증거이다.

그들과 교섭을 하다 보면, 그들이 진정으로 애국심이 있는지를 의심하게 된다. 그들은 국익을 위해 당연히 받아들여야 할 제안에도 때에 따라서는 관심을 보이지 않거나 심지어는 거절을 한다. 그 이유는 단지 평양의 관심사항이 아니고, 자신에게 돌아오는 직접적인 혜택이 없기 때문이다. 그들이 협상에서 그렇게 집요함을 보이는 것은 애국심의 발로라기보다는 처벌을 받지 않겠다는 생각, 즉 처벌에 대한 공포가 동인(動因)인 것으로 보인다. 북한과의 교섭 시 또 한 가지 유의사항은 협상을 타결할 때 세부사항에까지 아주 구체적으로 문서로 합의해 놓아야 한다는 점이다. 그들은 협상 시 **총론에 합의하고서도**

각론에 들어가면, 또다시 온갖 트집을 잡아 합의를 어렵게 만든다. 본국 정부로부터 협상 타결에 압력을 받는 상대방 대표는 합의문서에 미흡한 점이 있는 것을 알면서도 그들과의 끈기 싸움에서 지고 그들의 억지에 굴복하여, 미흡한 상태로 합의문에 서명하는 경우가 왕왕 있다. 이것이 바로 문제의 시발이다. 그들은 합의사항을 이행하는 과정에서 또 엉뚱한 소리를 한다. 북한은 각론에 있는 내용을 자기에게 유리한 방향으로 자의적으로 해석하면서, 오히려 "이미 합의해 놓고 웬 딴소리냐?" 하고 상대방을 힐난한다. 각론에서 모호한 상태로 합의하였기 때문에 이러한 문제가 발생하는 것이다. 아니 북한은 바로 이행 과정에서 자의적 해석이 가능하도록 협상 과정에서 각론에 조그마한 꼬투리라도 남겨 놓으려고 애를 쓴다. 1994년 10월 미국과 북한이 맺은 제네바합의가 대표적인 사례라 할 수 있다. 특별사찰 규정 등 핵심사항을 미결로 남긴 채 합의에 도달했던 것이 제2의 핵 문제를 불러일으킨 단서가 되었을 수도 있다. 북한의 협상전략을 살펴보면서 북한이 외교를 잘한다는 느낌을 받을 수도 있다. 또한 실제로 많은 사람이 최강대국 미국을 상대로 저 정도로 버티는 나라가 지구상에서 북한밖에 없지 않느냐고 얘기를 한다. 그러나 북한의 협상전략은 단기간에는 효과를 볼 수 있을지 모르나, 장기적으로는 상대방으로부터 신뢰를 상실하게 되어 결국 엄청난 손실을 가져온다. 오늘날 북한이 국제사회에서 고립되어 정권의 존망을 우려하게 된 처지에 놓이게 된 것도 결국 국제사회로부터 신뢰를 상실하였기 때문이다. 이러한 현실은 김일성 일가 3대가 게릴라 전술을 구사하면서 정상적인 국가가 되기를 포기한 데에서 나온 결과이다. 북한은 이제 수십 명의 인원을 거느린 만주 항일 게릴라집단이 아니다. 그들은 잃어

버릴 것이 아무것도 없다(nothing to lose)라는 생각에서 사회 전체를 벼랑 끝으로 내몰고 있지만, 현실은 모든 것을 잃어버릴 수도 있는 (everything to lose) 상황이다.

흔히 외교는 내치의 연장이라 한다. 특히 북한과 관련된 문제는 한국뿐 아니라 미국, 일본에서도 정치적으로 민감한 사안들이다. 그 때문에 정치인들은 북한 문제를 국내 정치에 이용하고자 하는 유혹을 느끼기 마련이다. 북한 정권은 바로 이러한 점을 간파하고 있기 때문에 상대방 민주국가의 이러한 약점을 십분 활용하여 상대방 국가 내에서 의견이 분열되도록 적절한 시기를 골라 교란·선동작전을 펼친다. 영화 〈강철비〉에서 정우성이 분한 북한 정찰총국 군관 엄철우의 말대로 "분단국가 국민은 분단 자체보다도 그 분단을 정치적 이득을 위해 이용하는 자들에 의해 더 고통을 받는다." 한국의 정치인들은 북한 카드를 국내 정치에 이용하려는 유혹에서 벗어나야 한다. 또 현실적으로 북한 카드가 얼마나 국내 정치적으로 이용될 수 있는지도 의문이다. 적어도 한국, 미국, 일본 국민의 의식 수준은 정치인의 북한 카드 활용 의도를 상당 부분 짐작하고 있기 때문이다. 한국에서 2000년 4월 국회의원 총선거를 며칠 앞두고 남북 정상회담 개최 사실을 발표하였지만, 선거 결과에 거의 영향을 미치지 못한 것으로 분석된 사실이 이를 말해 주고 있다. 정치인들이 북한 문제를 정의와 원칙에 입각하여 풀어 나가고자 하는 확고한 의지를 가지고 있을 때만이 일선 교섭자는 북한과의 끈기와 인내의 싸움에서 이길 수 있다.

주

1) 「CIA의 '김일성의 정체' 기밀문서 공개… "김성주가 이름 바꿔… 학창시절엔 친구 살인"」, 『조선일보』 2017. 11. 9.자.

2) Oberdorffer, Don, 1997, *The Two Koreas*, Basic Books, pp.16~17.

3) 안드레이 란코프, 2013, 『리얼 노스 코리아 : 좌와 우의 눈이 아닌 현실의 눈으로 보다』, 김수빈 옮김, 개마고원(Lankov, Andrei, 2013, *The Real North Korea : Life and Politics in the Failed Stalinist Utopia*, OUP USA), 26쪽.

4) 신일철, 2002, 『북한 정치의 시네마폴리티카』, 이지북, 59~60쪽.

5) 광복 직후 38선을 기준으로 북한 인구는 880만 명, 남한 인구 1,600만 명으로 추산되었고 1949년 인구센서스에 의하면 남한 인구는 약 2,000만 명으로 나타났다(두산백과사전).

6) 안드레이 란코프, 2013, 앞의 책, 32쪽.

7) 최성, 2001, 『김정일과 현대북한 정치사』, 한국방송출판, 58쪽.

8) Oberdorffer, Don, 1997, 앞의 책, pp.8~9.

9) Oh, Kongdan and Ralph C. Hassig, 2000, *North Korea through the Looking Glass*, The Brookings Institution, p.7.

10) Oberdorffer, Don, 1997, 앞의 책, pp.8~9.

11) 안드레이 란코프, 2013, 앞의 책, 37쪽.

12) Oberdorffer, Don, 1997, 앞의 책, pp.10~11.

13) Oh, Kongdan and Ralph C. Hassig, 2000, 앞의 책, pp.85~86.

14) Oh, Kongdan and Ralph C. Hassig, 2000, 앞의 책, p.97.

15) 최성, 2001, 앞의 책, 173~174쪽.

16) 황장엽, 2003, 「황장엽의 대전략」, 『월간조선』, 89쪽.

17) 『연합뉴스』 2016. 5. 28.자.

18) 남성욱, 「10대 시절의 김정은」, 『동아일보』 2017. 9. 7.자.

19) 『중앙 SUNDAY FOCUS』 제288호(2012. 9. 16.자).

20) 안드레이 란코프, 2013, 앞의 책, 187쪽.

21) 전지명, 2015, 『세습 3대 김정은 시대의 북한의 미래』, 삼영사, 257쪽.

22) 전지명, 2015, 앞의 책, 265~267쪽.

23) 전지명, 2015, 앞의 책, 262~264쪽.

24) 안드레이 란코프, 2013, 앞의 책, 192쪽.

25) 윤진형, 2013, 「김정은 시대 당 군사위원회와 국방위원회의 비교연구」, 『국제논총』 제53집 제2호.

26) 세대 교체 차원의 2선 후퇴(김영춘·리명수), 리더십 부족(김정각·장정남), 불경죄로 공개처형(현영철), 취중 실수와 뇌물 수수(김격식), 뇌물 수수(리영길)(정성장·백학순·임을출·전영선, 2017, 『세종정책총서 2017-2 김정은 리더십 연구』, 세종연구소, 36쪽).

27) 「황병서, 김원홍 축출한 황병서도 언제든지 쫓겨날 수 있어」, 『중앙 Sunday』, 2017. 11. 26.자.

28) 정성장·백학순·임을출·전영선, 2017, 앞의 책, 41쪽.

29) Institute for National Security Strategy(INSS).

30) 「김정은 여동생 김여정, 정치국 후보위원으로 승진… 사실상 이인자 반열에 올라」, 『월간조선』 2017. 10. 11.자.

31) 황장엽, 2003, 「어둠의 편이 된 햇볕은 어둠을 밝힐 수 없다」, 『월간조선』, 72~73쪽.

32) 김정은체제 이후인 2016년 8월 종래의 국가안전보위부를 국가안전보위성으로 개명하고 국무위원회 산하로 편제하였다.

33) 황장엽, 2003, 앞의 글, 73~74쪽.

34) '총화'란 거주·직장 단위로 구성원들을 집합시켜 사상교육을 시키고, 타인 및 자신에 대한 비판을 하는 회합을 말한다. 보통 농촌지역에서는 한 달에 두 번씩 열리는데, 금호지구의 케도 인원과 접촉하는 봉사원·이발사·판매원의 경우는 거의 매일 열리는 총화에 참석하여 케도 인원들의 동향을 파악·보고한다. 예를 들어 케도 대표인 필자 행적은 총화 시간 중 보고되어 그다음 날이면 북한의 모든 봉사원이 알고 있었다.

35) 옥태환·전현준·재성호 외, 1996, 『북한인권백서』, 민족통일연구원, 97~98쪽.

36) 옥태환·전현준·재성호 외, 1996, 앞의 책, 163~164쪽.

37) Hawk, David, 2004, The Hidden Gulag, U.S. Committee for Human Rights in North Korea, p.74.

38) AFP, February 13, 2004, "Briton Protests to North Korea over Claims It

Used Chemicals on Prisoners."

39) Bennett, Bruce W., 2017, *Preparing North Korean Elites for Unification*, RAND Corporation, p.3. 저자는 2016년 월~10월 고위직에 있던 탈북자 다수와 인터뷰한 결과, 정권에 충성하는 최상위급 성분에 속한 엘리트는 5,000~1만 명 정도로 추산된다 한다.

40) U.S. Government, U.S. Department of Defense and Naval Postgraduate School, 2016, *Preparing for Upheaval in North Korea*, Independently Published, p.16.

41) Harden, Blain, 2012, *Escape from Camp 14 : One Man's Remarkable Odyssey from North Korea to Freedom in the West*, Penguin Group, p.6.

42) 황장엽, 2003, 앞의 글, 125쪽, 138~139쪽.

43) 인도는 수천 년간 내려온 카스트제도에 따른 차별을 법령으로 금지하고 있으나, 사회관습적 차별(다른 카스트 간의 결혼 금지 등)은 여전히 존재한다. 그러나 최근 들어 인도의 경우도 개인의 부(富)가 카스트제도를 허물기 시작하였다.

44) U.S. Government, U.S. Department of Defense and Naval Postgraduate School, 2016, 앞의 책, p.17.

45) 국제원자력기구(International Atomic Energy Agency, IAEA)는 원자력발전소 건설이 주변 환경에 미치는 영향을 평가하도록 원전 건설 주체에게 의무를 부과하고 있는바, 케도는 원전 부지 인근에 흐르는 남대천이 공사 진척에 따라 어떤 변화를 보이는지를 확인하기 위해 상류인 북청 산악지역에 전문가를 파견하여 나는 그들과 동행한 적이 있다.

46) 자유아시아방송(RFA) 2017. 8. 15, 「북, 평양시 인구축소계획 밝혀」.

47) Oh, Kongdan and Ralph C. Hassig, 2000, 앞의 책, p.4.

48) L. P. 바라다트, 1995, 『현대정치사상』, 신복룡 외 옮김, 평민사, 403쪽에서 전체주의체제의 특질을 북한에 대입시켰다.

49) 2017년 현재 이 중 약 3만 명 이상이 남한에, 나머지의 대부분은 중국에 거주하고 있다.

50) Natios, Andrew S., 2001, *The Great North Korean Famine*, United States Institute of Peace Press, p.220.

51) 『월간조선』 1997. 3. 20.자, 306~317쪽.

52) 클린턴 대통령은 2004년 그를 미국 국제개발처(US Agency for International Development, USAID) 처장으로 임명하였다.

53) Natios, Andrew S., 2001, 앞의 책, p.7, p.29.

54) 북한에서 홍수와 가뭄이 빈번하게 발생하는 것은 산림이 황폐해서 일어나는 구조적인 현상이다. 북한의 산은 1960년대 남한의 민둥산 모습과 매우 유사하다. 김정일이 식량 부족을 타개하기 위해 산비탈에 계단식 밭을 개간하라고 지시한 것과 땔감 부족으로 주민들이 산의 나무를 벤 것이 산림 황폐화의 주원인이다.

55) FAO / WFP, December 1995, "Crop and Food Supply Assessment Mission to DPRK : Special Report," *WFP.*

56) Natios, Andrew S., 2001, 앞의 책, pp.114~119.

57) Natios, Andrew S., 2001, 앞의 책, p.106, pp.120~121, p.167, p.234.

58) 황장엽, 2003, 앞의 글, 106~107쪽.

59) 주성하, 2012, 『김정은의 북한, 어디로 가나』, 기파랑, 65쪽.

60) 하위 성분에 속한 자들은 관료 등 체제 내에서 출세할 수 있는 길이 원천적으로 봉쇄되었기 때문이다.

61) 당시 북한 당국은 미화 환율을 1달러에 2.16원으로 지정하였는데, 이는 김정일 생일 2월 16일에 맞춘 것이다.

62) *The Economist*, March 11, 2004, "North Korea : Through a Glass, Darkly."

63) 안드레이 란코프, 2013, 앞의 책, 124쪽.

64) Kim, Byung-Yeon and Song Dongho, 2008, "The Participation of North Korean Household in the Informal Economy," *Seoul Journal of Economies* 21, p.373.

65) 홍민, 2017, 「북한 전국 공식시장 분포와 지역별 특징」, 북한 전국 시장 정보 세미나, 통일연구원, 11~13쪽.

66) 차문석, 2017, 북한의 시장관리체계와 장세 수입」, 북한 전국 시장 정보 세미나, 통일연구원, 423쪽.

67) 안드레이 란코프, 2013, 앞의 책, 124~127쪽.

68) Tudor, Daniel and James Pearson, 2017, *North Korean Cofidential*, ViaBook Publisher, pp.25~28(다니엘 튜더 · 제임스 피어슨, 2017, 『조선자본주의공화국』, 전병근 옮김, 비아북).

69) 최용환 · 김소연, 2017, 「북한의 시장화와 국가성격의 변화」, 『현대북한연구』 제20권 제3호, 7쪽, 43~44쪽.

70) 주성하, 2012, 앞의 책, 66~67쪽.

71) 주성하, 2012, 앞의 책, 43~48쪽.

72) 기근이 최고조에 달했던 1998~1999년 사이에는 북한 주민 15만~19만 명, 2005년 이후에도 여전히 수만 명이 중국에 숨어 있는 것으로 추정된다 (Haggard, Stephan and Marcus Noland, 2011, *Witness to Transformation : Refugee Insights in North Korea*, Peterson Institute for International Economics, p.2).

73) 안드레이 란코프, 2013, 앞의 책, 142쪽.

74) 북한 이탈주민지원재단이 밝힌 북한 이탈주민 입국현황 자료에 의하면 2009년 2,914명, 2010년 2,401명, 2011년 2,706명, 2012년의 경우는 1,509명으로 2005년 1,382명 이후 남한으로 들어온 탈북자 수가 7년 만에 최저로 기록되었다(이영권, 2018, 「김정은체제 조선노동당정책의 평가와 전망」, 『북한학 연구』 제9권 제1호).

75) 주성하, 2012, 앞의 책, 54~57쪽.

76) 김수경, 2017, 「북한인권 정책환경 : 북한이탈주민」, 한동호 · 김수경 · 이경화, 『통일연구원 연구총서 17-15 북한인권 정책환경 분석』, 통일연구원, 11쪽.

77) 「북 유대전화 가입자 377만명… 데이터 전송, 인터넷은 금지」, 『연합뉴스』 2017. 8. 30.자.

78) 주성하, 2012, 앞의 책, 58~59쪽.

79) 최용환 · 김소연, 2017, 앞의 논문, 38~39쪽.

80) *Daily NK*, 2017. 8. 2.자, 「손전화를 통한 정보 확산, 북한 내부 흔들고 있다」.

81) Tudor, Daniel and James Pearson, 2017, 앞의 책, pp.220~227.

82) Snyder, Scott, 1999, *Negotiating on the Edge*, USIP Press, p.44.

83) Albright, Madeleine, 2003, *Madam Secretary*, Miramax Books, p.459.

84) Snyder, Scott, 1999, 앞의 책, p.22.

85) Snyder, Scott, 1999, 앞의 책, p.23.

86) Suh, Dae Sook, 1987, *Kim Il Sung : The North Korean Leader*, Columbia University Press, pp.176~208.

제2장

좌우 갈등은
한국 사회를
어떻게 변모시켰나?

2002년 겨울 이래 전국을 휩쓸었던 반미데모와 자주국방을 외치며 전시작전통제권 이양을 외치던 주장은 북한의 핵무기 위협이 피부로 느껴지기 시작한 2013년부터 한국 사회에서 잠시 수면 아래로 자취를 감추었다. 우리의 힘만으로는 북한의 핵무장에 대응할 수 없으니 국민도 정부도 미국만 바라보고, 미국의 선처만을 기대하고 있다. 2002년에는 우리가 안보 측면에서 그렇게 취약한 존재라는 사실을 몰랐단 말인가? 이러한 안보 불감증과 이기주의로 많은 국민은 북한 정권으로부터 자신과 자기 자식에게 가해지는 현존하는 위협마저 부정하면서 외면하고 싶어 한다. 정치인은 표에, 언론은 판매부수와 시청률에 목매달고 있는 것은 세계 어느 나라나 마찬가지이지만 그것도 정도의 문제. 정치인과 언론은 대중을 바른 방향으로 인도하고 계도할 책임이 있는데, 우리 정치인과 언론은 그 책임은 뒷전에 둔 채 변덕스러운 대중심리에 영합하고, 아니 이를 조장하여 자신들의 잇속을 챙기는 데에 몰두하고 있다. 표류하는 대한민국호는 침몰할 것인가 아니면 어느 낯선 해안에 닻을 내릴 것인가?

한국전쟁 이후 남한 사회는 반공 이데올로기에 묶여 있었다. 북한의 남침과 전쟁의 참화는 다른 이데올로기를 용납하지 않았고, 친북 세력 척결을 위해 연좌제까지 동원되었다. 1980년대 중반 거센 민주화 물결에 군사정권이 종언을 고하면서 한국 사회는 민주주의를 향해 새로운 걸음을 내디뎠다. 군사정권의 족쇄에서 풀려난 민주화운동은 이데올로기의 시계추를 오른쪽에서 왼쪽으로 밀어 버렸고 이 과정에서 군사정권의 간판이었던 반공 이데올로기도 지탄의 대상이 되었다. 한국 사회는 '우리 민족끼리'라는 슬로건하에 북한을 옹호하고 동맹국인 미국에 반대하면 진보 지식층이고, 그러한 행태를 비판하면 철 지난 반공 이데올로기에 천착하는 수구 세력으로 지탄받는 형국이 되었다. 전 세계인의 축제였던 2002년 월드컵은 한국 사회 변화의 기폭제가 되었다. 붉은색 셔츠의 붉은 악마는 전 국민을 하나로 결집시켰으며, 이는 민족주의적 감정의 표출로 이어졌다. 그 무렵 발생한 미군 장갑차 교통사고에 희생된 두 소녀의 죽음은 서울시청 앞 광장에서 벌어진 반미촛불시위의 불씨가 되었다. 월드컵이 막바지에 이른

2002년 6월 29일 북한 경비정의 기습공격으로 우리 고속정이 침몰하고, 6명의 전사자와 18명의 부상자를 낸 제2연평해전의 와중에 김대중 대통령은 월드컵 폐회식에 참석하기 위해 일본으로 향했다. 2002년 10월 북한이 제네바합의를 깨고 핵무기를 개발하고 있다는 사실이 공개되고, 북한이 2003년 1월 핵확산금지조약(Nuclear Non-Proliferation Treaty, NPT)에서 재차 탈퇴하면서 노골적으로 핵무기 개발에 박차를 가하자 한국 사회에서는 '북한은 핵무기를 개발할 능력이 없고 설사 가진다 한들 같은 민족인 우리를 겨냥하겠느냐, 북한의 핵 개발은 단지 협상용일 뿐이다'라는 주장이 팽배했다. 심지어 국민의 생명과 국가 안보를 책임져야 할 대통령은 "북한은 핵을 개발한 적이 없고 만들 능력도 없다. 내가 책임진다"라는 발언으로 국민을 현혹시켰다. 한편 정치권은 보수·진보 세력 모두 강성 노동조합과 시민단체의 눈치를 보면서 정부의 공권력은 무너져 갔고, 한국 사회는 굴레 벗은 망아지처럼 좌충우돌하고 있다.

한국 사회의 민낯

북한의 핵무장과 중국의 대국외교 추진으로 동북아 안보 환경이 바뀌어 가는 현 시점에, 적어도 향후 반세기 동안의 한국의 미래와 정체성을 결정짓게 될 오늘날, 한국 사회의 모습은 어떠한가? 정치권은 조선 시대의 당파싸움을 방불케 하는 이전투구를 계속하고 있으며, 정론을 펴야 할 언론은 포퓰리즘에 영합하고, 민주주의의 최후의 보루인 사법부마저 헌법과 법률과 법관의 양심에 의하기보다는 '떼법'과 법관의 자의적인 판단에 의해 판결을 내리는 지경에 이르렀다. 공권력은 땅에 떨어져 경찰들이 길거리에서 뭇매를 맞고도 과잉진압이라는 이름으로 책임을 추궁당하는 세상이 되어 버렸다. 장관이라는 사람이 폭력시위로 지명수배 중인 사람을 신임 인사차 방문하였다 하여도 아무 일 없이 지나가는 사회가 되어 버렸다. 민주주의의 요체는 선거가 아니라 법치이다. 법치가 무너진 사회에는 미래가 없다. 이것이 오늘 한국 사회의 민낯이다.

좌우 갈등은 어떻게 시작되었나?

19세기 중반 이후 서구 국가의 동아시아 진출은 조선이 지켜 왔던 중국 중심의 기본질서를 흔들기 시작하였다. 그때까지 중국과 일본이라는 주변 강국의 위협으로부터 힘겹게 독립을 유지해 오던 조선에게 서구 열강은 새로운 위협으로 다가왔다. 조선은 새로운 위협에 대처하는 방식으로 쇄국정책을 택했다. 이곳은 '우리' 땅이고, 우리는 '우리'끼리 살겠으니, 제발 '우리' 집의 문을 두드리지 말라는 것이다. 한국인은 다른 어느 민족보다도 혈연적·사회적·문화적 동질성을 가지고 있는데, 외부로부터의 위협은 동질적인 한국 사회로 하여금 더욱 '우리'와 '남(他)'을 구별하게 하였다. 일본의 식민통치는 '남'에 대한 부정적 인식이 증오로 변화되는 계기가 되었으며, 강력한 '남'에 대한 한민족의 저항의식을 더욱 강화시켰다. 해방의 기쁨도 잠깐이었고, 한반도는 미국과 소련이라는 점령국에 의해 분단되어 냉전의 시험장이 되었고, 한국전쟁이라는 동족상잔의 비극을 거쳐 아직도 냉전의 최후의 유산으로 남아 있다. 강한 자들로부터 살아남겠다는 생존의 본능은 한민족에게 배타적 민족주의를 가져왔고, '우리 민족'이라는 의식은 아직도 논리와 타산을 초월한 절대적인 이데올로기로 우리에게 자리하고 있다.

중국 중심의 세계관이 무너지고 일제의 식민통치가 시작되자 한국 사회는 이데올로기의 공백 상태를 겪을 수밖에 없었는데, 이때 등장한 마르크스·레닌주의는 정신적으로 좌절 상태에 있던 한국의 지성인에게는 신선한 유혹이었다. 원래 공산주의는 민족주의를 부정하지만, 식민지의 독립운동은 반봉건 계급투쟁과 일치한다는 레닌의 주장으로 공산주의는 한국 독립운동의 주요 정신적 기반의 하나가 되었고, 많은 민족주의자는 독립운동을 위해 소련으로 중국으로 망명길에 올랐다. 국내에 남아 있던 한국인들 중 일본의 현대식 제도로 교육을 받은 신지식층은 한국 사회의 새로운 엘리트층으로 등장하였다. 해방 후 이들은 일제강점기 동안에 현실과 타협하였다는 이유에서 도덕적으로 지탄을 받기는 하였으나, 미 군정과 이승만 정부는 현실적 필요에 따라 이들을 신생국가 건설의 주축 세력으로 대거 등용하였다. 해방 당시 남한에는 남로당 세력을 중심으로 한 공산주의자들이 상당한 세력을 이루었는데, 이들은 미 군정과 이승만 정부의 박해를 받으며 지하로 숨어들었다. 소련 군정의 비호 아래 권력을 잡은 북한의 김일성은 남로당 세력과 공조하여 남한에서의 공산혁명을 획책하였는바, 여수·순천·지리산·제주도 등에서는 공산 게릴라의 준동이 격화되어 이승만 정부는 가혹한 방식으로 이러한 반란을 진압하였다. 곧이어 발발한 한국전쟁은 300만 명 가까운 사상자를 낸 동족상잔의 비극이었다. 전후 이승만 정부는 '반공'을 제일의 국시로 하는 새로운 이데올로기를 구축해 나갔는데, 전쟁의 참극이라는 경험과 냉전이라는 국제정세에 맞물려 한국 사회에서는 어느 누구도 반공 이데올로기에 도전할 수 없었다. 여수 · 순천 · 지리산 및 제주도 반란사건에 연루되었다는 이유로, 전쟁 당시 북한군에 동조하였다는 이유로 국군에 의해 처형당한 사람 중에는 억울하게 희생당한 사람도 상당수 있었는데, 이들의 가족 중 어느 누구도 공산주의자의 친 · 인척까지 감시하고 처벌하는 당시의 연좌제라는 칼날 아래에서 부모의, 형제의 억울한 죽음에 대해 항변할 수 없었다. 그러한 연좌제는 1980년대 말에야 폐지되었다. 그러나 이들의 침묵 속에는 언젠가는 폭발하게 될 원한과 분노가 깊이 도사리고 있었다. 한국전쟁의 참극을 겪은 대다수 한국인에게는 북한의 군사적 위협이 당면한 걱정거리였기 때문에 이들은 '반공' 이데올로기를 아주 자연스럽게 받아들였다. 또한 북한의 무력침공 재발 가능성을 차단하면서, 피폐한 한국의 경제 재건에 힘쓰고 한국에 자유민주주의 이념을 전파하는 미국은 이들에게 인정 많은 후견인으로 비칠 수밖에 없었다.[1]

대부분의 한국 국민은 한국전쟁에서 북한군과 중공군의 침략을 막아 내고 전후 막대한 경제원조로 피폐한 남한 사회를 구해 낸 미국에 대해 감사의 마음을 가지고 있었다. 그러나 미국에 대한 한국 국민의 호의적 인식은 5 · 16군사혁명과 그 후 이어진 군 출신 대통령들의 통치를 겪으면서 조금씩 변화하기 시작하였다. 일제의 식민통치는 맹목적 애국심과 군국주의적인 사고방식을 한국 사회에 심어 놓았는데, 이러한 정신은 해방 이후의 한국 정치 특히 군사정권의 통치수단으로 활용되었다. 박정희는 조국 근대화와 자주국방의 기치 아래 새로 피어나던 민주주의의 싹을 잘라 버리고 '한국적 민주주의'를 내세우며 독재를 강화해 나갔다. 박정희는 한국 민족의 위대성을 내세우며, 한국 국민은 어떠한 곤란이 닥쳐와도 이를 극복할 수 있는 의지력이 있다고 강조하면서 '하면 된다'라는 구호 아래 국민적 단합을 호소하였다. 김일성도 수령유일체제를 '주체'라는 민족주의적 색채로 위장하여 절대권력 추구를 합리화하였다. 박정희와 김일성이 공통적으로 국가 발전이라는 목표 달성과 독재를 합리화하는 수단으로 민족주의를 이용하였던 것은 우연히 아니다.2) 그들의 국가관은 다분히 유교의 가부장적 사고방식과 일본 군국주의 정신에 기초하였던 것이다. 일제 군국주의 치하에서 성장하였고, 군 경력이 사회 경력의 전부였던 그들에게서 서구식 민주주의적 사고방식을 기대한 것이 오히려 부자연스러운 일인지도 모르겠다.

군사정권 시절 싹트기 시작한 반미감정은 두 가지의 상이한 방향에서 출발하였다. 박정희에게 미국은 애증의 대상이었다. 북한으로부터의 위협에 대처하기 위하여서는 미국은 잃을 수 없는 후견인이었지만, 닉슨과 카터의 주한미군 감축 추진으로 인해 미국은 박정희에게 믿을 수 없는 존재로 비쳤다. 더욱이 유신을 비판하며 인권 존중의 이름 아래 노골적으로 한국의 내정에 간섭하는 미국은 거북스러운 존재이기도 하였다. 그러한 배경하에 박정희는 미국에 대한 국내의 비판을 어느 정도 묵인 또는 장려하기까지 하였다. 그러나 보다 심각하고 이념적인 반미감정은 반정부 그룹에서 시작되었다. 이들은 군사정권이 반공을 강조하는 이유는 정권 유지를 정당화하기 위한 것이며, 군사정권은 정권 유지를 위해 통일보다는 오히려 분단을 영구화하고 있다고 비난하면서, 미국은 이러한 정권을 비호하고 있다고 비판하였다. 1970년대에는 군사정권에 극렬히 저항하였던 일부 친북 성향의 반정부 세력들도 그들의 친북 입장을 노골적으로 표현할 수는 없는 분위기였다. 그 대신 이들은 차선책으로 민족주의 정서에 호소할 수 있는 반미 주장을 투쟁 이데올로기 하나로 선택하였다. 이들은 한반도 문제의 근원은 분단에서 시작되었으며, 분단의 책임은 미국에 있고, 한국은 미국의 냉전 대결구조의 희생물이라고 주장하였다. 그러나 이들은 민주화투쟁에서 미국으로부터 동정과 지지를 받고 있었기 때문에 반미 입장 표명을 어느 정도 자제할 수밖에 없었다.

1980년 5월 광주에서의 유혈사태는 모든 상황을 변화시켰다. 이때 미국은 한국의 국내 정치에 깊이 개입하는 것을 자제하는 입장을 취하였는데, 이러한 미국의 태도가 반정부 세력에게는 군사정권과의 묵시적 공모로 비쳤다. 이제 이들은 군사정권과 미 제국주의자들의 공모를 외치며 공개적·노골적으로 반미시위를 주도해 나갈 수 있었다. 이들 중 일부는 군사정권의 반공정책에 격렬히 반대하기 시작하였으며, 한국의 대학가에는 마르크스·레닌주의와 주체사상이 열풍처럼 번져 나갔다. 한국전쟁의 참극을 겪지 못한 젊은 세대는 지하에서 암약하고 있는 주체사상과 마르크스·레닌주의로 무장한 종북 세력에 의해 유포되는 한국 현대사의 수정된 역사관—한반도의 분단과 통일의 지연에 대한 책임을 전적으로 미국에게 돌리는—에 물들어 갔다. 이들은 한국전쟁 당시 미국의 공산 침략 저지를 오히려 통일을 방해하고 분단을 영속화한 제국주의적 행태로 해석하였다. 이들은 분단에 대한 소련의 책임 문제를 거론하는 것은 편리하게 회피하였고, 전후 한국의 민주화와 경제발전에 기여한 미국의 공적도 의도적으로 무시하였다.[3] 1989~1993년 주한 미국대사를 지낸 그레그(Donald Gregg)는 자신은 대학교의 초청을 받고 대학 내에서 학생과의 대화를 여러 번 시도하였으나, 극단적인 학생들의 위협으로 번번이 좌절되었다고 술회하였다.[4] 1990년대 말 주러시아 대사를 지낸 이인호는 2000년대 초반의 한국 교육현장을 다음과 같이 묘사했다. "1970년대 및 1980년대에 반정부 세력에 의해 재해석된 한국 현대사는 한국의 고등학교 교과서에도 어느 정도 반영되었고, 주체사상으로 무장한 좌파 세력이 주도하고 있는 전교조는 수정된 역사 해석에 따라 평화와 통일교육이라는 이름 아래 어린 학생들에게 반미 선전활동을 공개적으로 전개하고 있다. 한국전쟁 이후 정부에 의해 강제된 일방적이고 교조적인 반공 이데올로기 교육은 군사정권에 대한 국민의 불신으로 인해 오히려 역풍을 맞아 이제 한국의 교육현장에는 주체의 눈먼 민족주의가 망령처럼 떠돌아다니고 있다."[5] 이인호 교수의 이러한 평가는 15년 이상이 지난 오늘날에도 유효하며, 그 망령은 오늘과 내일의 한국 사회에 어두운 그림자를 드리우고 있다.

민족주의와 반공의식은 대한민국 건국의 기초를 제공하였다. 한국인의 혈관 속에 녹아 있던 민족주의는 35년간의 일제 식민통치를 거치면서 더욱 그 강도를 더하여 갔고, 한국전쟁과 냉전을 거치면서 반공은 하나의 국시가 되었다. 1997년 취임한 김대중 대통령이 '햇볕정책'이라 불리는 대북한 포용정책을 추진하면서 민족주의와 반공이라는 한국 사회의 양대 의식구조에 큰 변화가 찾아왔으며, 이로 인해 한국 사회는 보수와 진보, 구세대와 신세대 간에 격렬한 갈등이 표출되었다. 기득권 세력에 대한 새로운 세력의 도전은 기존의 대북한관에 변화를 불러일으켰고, 이에 따라 대북한정책을 둘러싸고 양 그룹 간에 심각한 갈등이 전개되었다. 진보, 신세대, 새로운 도전 세력이라고 불리는 그룹은 북한과의 경쟁은 이미 끝났으며, 북한은 경계의 대상이 아닌 포용하고 감싸 주고 도와주어야 하는 대상이라고 인식하였다. 1970~1980년대에 군사정권 타도를 외치고 민주화를 추진하던 젊은이들은 1990년대 이후 오늘날까지 연령적으로 한국 사회의 중심 세력이 되었고, 그들 중 일부는 젊은 시절 자신들이 심취한 한국 현대사의 수정된 역사관에 따라 북한과 미국을 바라보고 있다. 그들의 이러한 인식은 당연히 한국 사회의 반공 이데올로기를 뿌리부터 흔들어 놓았으며, 그들은 민족주의의 관점에서 미국을 평가하기 시작하였다. 보수, 구세대, 기득권 세력이라 불리는 그룹은 북한은 아직도 우리의 안보를 위협할 수 있는 경계의 대상이므로 북한과의 교류는 보다 신중을 기해야 한다는 조심성을 보이고 있다. 이들은 북한의 수령유일체제, 선군정치, 핵무기 개발, 인권유린, 개혁과 개방의 거부를 증거로 내세우며 북한이 변한 것은 아무것도 없다고 주장하였다. 또한 이들은 우리가 포용하여야 할 대상은 북한의 주민이지 북한 정권이 아니라는 논리로 정부의 북한 정권에 대한 유화적 태도를 비판하고 있다. **햇볕정책의 가장 큰 오류는 북한 인민을 탄압하는 북한 정권의 비인도적 처사에는 편리하게 또는 의도적으로 눈을 감으면서 북한이라는 이름 아래 정권과 인민을 동일시한 것이다.**

냉전이 종식되어 미국이 한반도의 전략적 의미를 재평가하던 시기에 북한의 핵무기 개발이 드러나자, 미국은 주한미군 감축을 골자로 하는 군사력 조정작업을 일단 중단하였고, 북한은 여전히 미국의 골칫거리로 남게 되었다. 또한 9·11테러 사건은 미국의 안보전략 개념을 냉전 시의 억지(deterrence) 개념에서 재난을 사전에 예방하기 위해서는 선제공격(preemptive strike)도 가능하다는 공세적 개념으로 바꾸었다. 이에 따르면 핵무기 등 대량살상무기(Weapons of Mass Destruction, WMD)를 개발하고 있는 북한은 미국의 '선제공격' 대상에 포함되는 것이다. 미국의 대북한 선제공격은 필연적으로 한반도에서의 전쟁 재발 우려가 있어 많은 한국 국민은 이에 반대하였고, 이러한 우려는 북한보다 미국이 한국의 안보에 더욱 위협적이라는 여론을 낳게 하였다. 한국 국민이 인식하고 있는 북한으로부터의 위협은 '전쟁의 재발'이며, 미국 국민이 인식하고 있는 북한으로부터의 위협은 '대량살상무기에 의한 테러'였다. 1990년대부터 2000년대 초반까지 한국 국민 사이에서 갑자기 반미감정이 불거져 나온 주요한 이유 중 하나는 한국과 미국 사이에 북한이라는 존재에 대한 인식의 차이에서 기인한 것이다. 북한의 핵무장이 막바지 단계에 들어서고, 북한이 대륙간탄도미사일 시험에 성공한 2017년 이후 북한은 미국 국민에게 자국의 안위를 직접 위협할 수 있는 깡패국가(rogue state)로 각인되고 있다.

북한 정권의 잔인성과 위선을 경험하지 못한 세대는 북한의 실체에는 아랑곳하지 않고 자신들이 생각하는 상식 차원에서 북한을 파악하고 평가하고 있다. 그들은 북한을 총국민소득이 한국의 40분의 1에 불과한 가난한 나라, 대기근으로 약 200만 명이 굶어 죽은 나라, 우리와 피를 나눈 형제의 나라로 보고 있다. 그들은 북한과의 경쟁은 이미 끝났으며, 북한은 경계의 대상이 아닌 포용하고 감싸 주고 도와주어야 하는 동포의 나라라고 생각하였다. 이러한 인식에는 '동포'와 '우리 민족끼리'를 앞세우고 스며들어 오는 북한 정권의 대남공작이 상당한 역할을 한 것으로 보인다. 상대방이 이미 경쟁 상대가 아니라고 생각한다면 안보에 대한 경계심은 뒷전으로 밀릴 수밖에 없다. 또한 이들의 심리적 저변에는 1980년대 이후 좌경 학생운동에 의해 생성된 반제국주의를 기치로 내세운 새로운 민족주의가 도사리고 있다. 오늘날 우리 사회의 주역이 된 이들 50대는 세계화되어 가는 세상에서 민족주의자로서의 면모를 보이고 있다. 한국의 경제성장을 이끌었던 60대 이상의 한국인이 국제주의자로서의 성격이 강하고, 오히려 상대적으로 젊은 50대가 보다 강한 민족주의적 성향을 보이고 있다면 이는 역사의 물결을 역류하는 아이러니이며 한국 사회의 불행이 아닐 수 없다.

김대중 정부의 대북 포용정책을 계승한 노무현 정부는 국민적 합의를 이루지 못한 채 대북정책을 추진하여 한국 사회에서는 심각한 갈등이 표출되었다. 이에 더하여 북한의 안보 위협을 실감하지 못한 신세대는 감성적인 민족주의에 바탕을 두고 반미구호를 외치며 주한미군 철수를 주장하였다. 오늘날 남한 사회에서는 통일을 가로막는 요인이 여기저기에서 나타나고 있다. 우선 젊은 층의 통일에 대한 의식구조의 변화이다. 그들에게서 남한과 북한은 하나의 나라, 하나의 민족이라는 의식이 점점 사라져 가고 있다. 이는 천년 이상 유지하여 왔던 단일국가가 반세기 조금 넘는 분단의 결과 한 나라로서의 정체성이 희석되고 있는 오늘의 현실을 보여 주는 예이다. 또한 남한 내에서는 통일이 초래하게 될 변화와 사회적인 불안을 두려워하는 사람들이 증가하고 있다. 1990년대 중반 학계에서 유행하였던 '통일비용 산출'도 이들에게 통일에 대한 두려움을 심어 주는 근거가 되었다. 그러나 한반도의 통일비용을, 사회복지 차원에서 접근하였던 독일의 통일비용에 기초하여 산출한 학계의 연구는 타당성이 있는 것일까? 또한 통일비용을 산출할 수 있다면 분단이 한반도의 양쪽에 부과하고 있는 비용, 즉 분단비용에 대한 연구는 왜 없던 것일까? 또 통일비용이라는 단어 자체에 모순이 없을까? 통일 이후 북한에 들어가는 자금을 투자라고 생각할 수는 없을까? 만일 그렇다면 투자 후 수년 내로 투자에 대한 과실을 회수할 수 있지 않을까? 이 문제는 「제4장 사전 준비」에서 다루겠다.

　향후 한국 사회의 모습이 진보라고 자처하는 세력의 주장대로 전개된다면 결과는 한반도 분단의 장기화다. 그들은 통일을 서두를 필요가 없으며, 대화와 타협을 통해 북한을 경제적으로 성장시켜 그 수준이 남한에 근접하는 시점에 통일 논의를 하자고 주장한다. 그러나 북한이 현 체제를 계속 유지한다면 경제적으로 남한 수준에 근접하는 것은 불가능하다. 또한 언제 올지도 모르는 통일의 그날까지 가난과 압제에 시달리고 있는 북한 동포의 고통은 지속될 것이다. 가능성은 전무하지만 그래도 북한이 남한에 근접하는 생활수준을 향유할 수 있게 되었다고 치자. 이 경우 그러한 여건하에서 북한의 위정자와 주민이 자기보다 인구가 두 배 이상이고 경제적으로 우월한 남한과의 통일을 하고자 할까? 그들은 강자와의 통합에 대해 두려움을 느끼고 통일보다는 현상유지를 선택할 것이다. 정치권력은 공유하거나 양보하는 것이 불가능하다. 그것이 권력의 속성이다. 권력의 속성은 상대방을 누르고 정점에 서는 것이다.

반미감정

2002년이 저물어 갈 무렵 한국의 젊은이들은 서울의 시청 앞 광장으로, 광화문으로 모여 들었다. 어둠이 깃들자 그들의 손에는 촛불이 켜지기 시작하였다. 엄마, 아빠 손에 이끌려 나온 어린아이들의 고사리손에도 불 밝힌 촛불이 쥐어졌다. 그들의 함성과 젊음의 열기는 겨울밤의 추위를 녹이는 듯하였다. 그들의 중심에 모닥불이 불타오르고 그곳으로 성조기가 던져졌다. 불타는 성조기를 바라보며 젊은이들은 환호하였다. 다음 날 미국에서는 한국인들이 불타는 성조기를 보며 환호하는 모습과 이를 바라보며 눈물을 흘리는 어깨에 별 네 개를 단 주한미군사령관의 얼굴이 전국에 텔레비전으로 방영되었다. 다민족·복합문화 국가인 미국은 성조기를 중심으로 뭉쳐 국가의 정체성을 찾는 나라이다. 미국인들은 분노하였다. 1960년대 이후 외국에서의 "양키는 물러가라(Yankee, go home)"라는 구호와 반미데모에 익숙한 미국인들이었지만 성조기가 불타고 있는 장소가 한국전쟁에서 3만 6,000여 명의 미국 젊은이가 목숨을 잃은 한국의 수도 서울의 중심부라는 데에서 격분하였다. 그들은 가슴 속에 '배신'이라는 단어를 새기고 있었다. 한국에서의 이러한 반미데모는 해를 넘겨 2003년 봄까지 계속되었다. 이러한 과정에서 미국 국민의 한국에 대한 분노와 실망이 표면화되어 피로 맺어진 양국 관계는 균열의 조짐을 보이기 시작하였다.[6]

2002년 가을부터 2003년 봄까지 한국 내에 불어 닥친 반미시위의 열풍은 2002년 6월 훈련 중이던 미군 장갑차에 중학교 여학생 2명이 참사를 당한 사건이 도화선이 되었다. 동 사고 직후 일부 시민단체는 여학생들의 죽음을 애도하는 촛불시위를 주도하였으며, 여기에 월드컵 열기의 여진이 가세되어 반미시위는 그 규모가 커지기 시작하였다. 2002년 12월 미군 군법회의가 장갑차를 운전하였던 미군 병사들에 대해 무죄판결을 내린 것을 계기로 시위는 전국적으로 확산되고 과격한 양상을 띠게 되었다. 여중생 사망 사고는 반미시위를 촉발시킨 기폭제가 되기는 하였으나, 동 시위가 대규모로 번진 것은 한국 사회의 저류에서 오랫동안 잠복하고 있던 반미감정이 수면 위로 모습을 드러낸 것이다. 한국 내에서 반미감정이 확산되고 있는 원인은 대체로 아래 다섯 가지로 분석해 볼 수 있겠다.

첫째, 한국 내의 반미감정의 연원을 찾으려면 100여 년 이전으로 거슬러 올라가야 한다. 반미감정의 배경에는 강대국에 시달리면서도 독립과 자존을 유지하고자 힘겹게 싸워 온 한민족 특유의 '민족주의'가 자리하고 있다.

둘째, 과거의 반공이념과 군사정권에 대한 반발 심리가 반미감정이라는 형태로 나타났다. 한반도에는 일제강점기부터 사회주의 및 공산주의 세력이 싹트고 있었는데, 정부 수립 후 특히 한국전쟁 이후 남한에서 친미 군사정부가 반공을 국시로 하면서 공산주의를 금기하여 온 것이 민주화와 더불어 역풍을 맞은 것이다.

셋째, 북한의 핵 개발 추진 이후, 특히 9·11테러 사건 이후 북한은 갑자기 미국에 대한 직접적인 안보 위협 대상으로 부각되었다. 즉 미국 국민이 오히려 한국 국민보다 북한으로부터의 안보 위협을 심각하게 인식하여 북한에 대해 강경정책을 구사하고자 하며, 한국은 북한에 대해 포용정책을 추진하고자 하였다. 북한에 대해 느끼는 안보 위협의 인식 차이와 이에 대한 대응정책에서 양국 간의 차이가 한국 국민의 미국에 대한 반발을 불러일으켰다.

넷째, 한국 국민은 경제성장과 민주화에 따라 자신감과 자존심을 갖게 되어 국제사회, 특히 미국으로부터 이에 상응하는 정당한 평가를 받고자 하는 욕구를 가지게 되었다. 즉 미국으로부터 '대등한 동반자'로서 인정받고자 하는 국민적 욕구가 반미감정으로 표출되었다. 1980년대 후반부터 1990년대 말까지의 미국의 한국에 대한 과도한 통상 압력과 주둔군지위협정(Status of Forces Agreement, SOFA)에서의 불평등 요소도 한국 내에서의 반미감정을 자극하는 요인이 되었다.

다섯째, 사회의 민주화와 더불어 투쟁의 대상을 상실한 한국의 시민단체들에게 미국은 '민족주의'·'반반공주의'·'대북 포용정책'·'자주외교'의 관점에서는 아주 좋은 투쟁의 대상이었으며, 여기에 여론에 영합하는 한국 언론이 반미감정을 무분별하게 조장한 것이 2000년대 초 한국에서 반미감정이 극도로 확산된 원인이라 하겠다.

2003년 2월에 취임한 노무현 대통령은 김대중 대통령의 포용정책의 기본을 계승하면서 북한 핵 문제는 반드시 평화적인 방법으로 해결하여야 한다는 입장을 강조하였다. 노 대통령은 선거운동 기간 중 자신은 이제까지 한 번도 미국 땅을 밟아 본 적이 없다고 자랑스럽게 말하면서, 한미 관계는 대등한 동반자 관계로 바꾸어야 한다고 강조하였다. 반미시위는 대통령 선거운동 기간 중이던 2002년 가을에서 노 대통령 취임 초기인 2003년 봄까지 격렬히 전개되었으며, 한미 양국의 다수의 국민은 이러한 변화의 물결을 걱정스러운 눈으로 바라보았다. 한편 한국 정부가 2003년 11월 이라크에 대한 파병을 결정하고 국회가 이에 동의함으로써 한국은 영국에 이어 두 번째로 많은 병력인 3,600명의 국군을 파병한 국가가 되었다. 파병 결정 과정에서의 정부의 주저함과 정쟁을 바라보는 미국의 시각은 고까운 것이었으나, 하여튼 한국이 이라크에 파병하게 됨으로써 한미동맹의 유효성에 대한 미국의 의구심은 일단 상당 부분 해소되었다.

조지타운대학의 한국학 원로인 스타인버그(David Steinberg) 교수는 한국에서의 반미감정을 Anti-Americanism으로 부르지 말고 Anti-American Sentiments라고 칭하여야 한다고 강조하였다. '-ism'이라고 칭하려면 그것이 과거 유럽이나 현재의 중동에서의 '반유대주의(Anti-Semitism)'처럼 하나의 사상적·사회적 조류로서 보편화되어 있어야 하는데, 한국의 반미감정은 다분히 감정적이고 일시적인 면이 있고, 한국 사회 내부에서도 미국에 호의적인 감정을 가지고 있는 국민도 많기 때문에 이를 보편화된 사회정서라고 규정하기에는 무리가 따른다는 것이다. 실제로 2012년 한미FTA가 발효되고 북한의 핵무장이 가시화되면서 한국 내에서 반미정서가 많이 수그러들었다. 스타인버그 교수의 주장대로 한국 내의 반미감정은 한국 사회에 뿌리 깊게 정착된 현상이라기보다는 정치적·경제적 상황 변화에 영향을 많이 받는 것으로 보인다. 또한 한국 내 반미감정이 일반 대중에 널리 퍼져 있기는 하나, 다른 나라에서의 반미감정보다 특별히 과격하거나 폭력적이지 않고, 특히 종교적 · 이념적 신념에 따른 것이 아니며, 더욱이 미국문화나 미국인을 배척하는 것이 아니라는 점에서는 향후 한미 관계가 긍정적인 방향으로 발전되어 나간다면 반미감정은 현저하게 약화될 수도 있는 것으로 보인다.[7] 미국의 일반 대중은 외국에서의 반미정서에 매우 민감하게 반응하고 있는바, 한국 내의 반미감정이 2002년 겨울처럼 극도로 악화되는 경우에는 이것이 한국의 정치, 안보, 경제에 역풍으로 작용하게 될 것이다. 한국에서 반미감정의 표출은 개별 양자 현안에 있어서 한국 측의 불만이 표현된 이성적 판단에 의한 것이기보다는 민족주의 정서에 기초한 것으로 보인다. 민족주의는 국민을 하나로 결속시켜 발전의 원동력을 제공할 수 있다는 점에서는 장점을 가지고 있으나, 나치 정권과 일본 군국주의의 예에서 보았듯이 그것이 배타성과 민족 우월주의를 띠게 될 때는 사회를 극단으로 몰아가는 함정을 내포하고 있다. 한국 사회의 민족주의에 이러한 배타성이 자리 잡고 있다면, 이를 극복하는 문제는 세계화되어 가는 21세기에 한국 사회가 풀어야 할 가장 큰 숙제 중의 하나가 될 것이다.

오늘날의 외교 관계는 국민의 여론에 상당 부분 좌우되지 않을 수 없다는 점을 감안할 때, 한미 양국의 지도자들과 언론 등 여론 형성층은 자국 국민뿐 아니라 상대 국민의 정서에도 귀를 기울여야 할 것이다. 예를 들어 미국이 북한에게 공개적으로 메시지를 전달할 때, 미국은 반도의 남쪽에도 그 메시지를 경청하는 많은 귀가 있다는 사실에도 유의하여야 할 것이다. 그러나 외교정책을 수립할 때, 지도층은 무작정 국민의 여론을 좇기보다는 국민 여론을 국가 목표와 일치하는 합리적인 방향으로 이끌어 나가야 한다. 1992년 필리핀에서 미군이 철수한 것은 당시 필리핀 사회를 휩쓸던 '국민의 힘(People's Power)'이라는 사회적 분위기가 정치인, 언론, 지식인 등 여론 형성층의 이성적 판단을 가로막았기 때문이다. 그 결과 필리핀은 경제가 나락으로 추락하고 내란과 테러로 안보 불안이 가중되는 상황에 이르러, 대학을 졸업한 필리핀 여성들이 중동, 다른 동남아 부국의 가정부로 취업하여야만 하는 결과를 초래하였다.

북한의 핵무장은 남의 집 이야기인가?

핵무장의 최종 목표

북한의 핵 개발은 1980년대 초반부터 시작되었다. 김일성은 1984년 5월 소련을 방문하여 당시 공산당 서기장이었던 체르넨코(Konstantin Chernenko)에게 중수로 원자력발전소 건설 지원을 약속받아 함경남도 신포 인근에 원자력발전소 부지[8] 정지작업에 착수하였으나, 체르넨코가 1985년 3월에 죽고 그 후임자 고르바초프(Mikhail Gorvachev)가 그 계획을 백지화시킴에 따라 중수로 원전 프로젝트는 수포로 돌아갔다. 북한은 원자력발전소 건설 계획과는 별도로 자체 핵무기 개발을 시작하였는데, 황장엽에 의하면 이때 파키스탄의 지원이 결정적이었다고 한다. 파키스탄 원자탄 개발의 주역인 칸 박사는 2000년대 초 자신이 북한 핵무기 개발을 지원하였다고 자인하였다.

2002년 10월 제2의 북핵 위기가 시작했을 때 한국 사회에서는 '북의 핵 개발 목표는 협상을 위한 수단일 뿐 실제로 동족에게 핵무기를 사용하지는 않을 것'이라는 희망적 평가가 '북의 핵무장에 대비하자'

는 경계론을 압도하였다. 국제사회에서는 6자회담, 미·북 양자회담 등을 통하여 북한의 핵무기 개발을 저지하기 위한 노력을 계속하였다. 2004년 6월 북한 정권이 6자회담을 보이콧한 이후, 2005년 4월 미국과 북한 간의 비공식 접촉이 뉴욕의 '21클럽'에서 만찬형식으로 열렸다. 대화에 진척은 없었지만 만찬 후 양측 대표단이 클럽에서 나올 때 한국과 일본 기자들이 구름처럼 몰려들었다. 미 대표단의 일원이고 당시 백악관 국가안보회의 아시아국장이며 6자회담 미국 측 차석대표이던 빅터 차(Victor Cha)는 빗속에서 파파라치처럼 몰려드는 기자들을 보며 속으로 생각했다. '북한이 핵무기를 갖고 있지 않다면 저 북한 사람들이 과연 21클럽의 내부를 구경이나 할 수 있었을까? 저들이 그냥 핵무기 없는 가난한 나라에서 왔다면 미국 외교정책을 주무르는 이 사람들과 건배를 할 수나 있었을까? 이런, 저들이 핵무기를 포기할 까닭이 없지 않는가?'⁹⁾

김정은은 핵을 포기하면 북한은 국제사회에서 '아무것도 아님'을 너무도 잘 알기에 국제사회의 갖은 압박과 제재 속에서도 핵무장을 하고 있다. 북한은 암암리에, 또는 필요한 경우는 공개적으로 핵무장에 매진하여 오늘 현재 핵무기를 완성하였고, 그 운반수단 개발의 최종 단계인 대륙간탄도미사일 시험 발사에도 성공하였다. 이제 한국은 북 정권의 핵 인질이 되어 버렸다. 그러나 문재인 정부는 북의 핵 개발 동결이 협상 시작의 조건이며 협상의 최종 목표는 평화협정 체결이라고 공언하면서, 평창 동계올림픽 남북단일팀 구성 제안 등 협상에 매달렸다. 이에 대해 북 정권은 일언반구 대꾸도 없었다. 우리는 자존심도 없나? 우리가 짝사랑을 쫓아다니는 스토커인가? 국가 간의 관계도 결국 인간관계와 비슷하다. 국가의 정책을 결정하는 것이 결국 인간이기 때문이다. 국제사회가 북 정권의 위험성을 경계하면서 제재 강화를 위해 안간힘을 쓰는 마당에 북한 정권의 대량살상무기에 직접 노출되어 있는 우리만 북한의 자비를 구걸하고 있다. 그럴수록 상대방으로부터 무시당하고 결국에는 차이는 것이 짝사랑의 결말이다. 북한이 핵무기 제조와 발사체인 미사일을 완성한 마당에 '핵개발 동결이 협상 시작의 조건'이라는 것은 도대체 말이 되는 소리인가? 북한 핵 보유를 인정하고 협상을 시작하자는 것일 뿐이다. 금강산 관광과 개성공단 조업 재개 구상은 순진함을 넘어 위험한 발상이며, 식량원조 등 인도적 지원도 크게 다를 바 없다. 전 세계가 유엔 안보리 결의에 따라 북한에 대해 강력한 제재를 취하고 있는 마당에 북한 핵무장의 직접적 피해 당사국일 수밖에 없는 나라가 유엔제재에 역행하고자 한다면, 그 정부는 어느 나라 정부인가? 금강산 관광에서 뿌린 돈과 개성공단에서 지불된 임금은 핵 개발 자금으로 전용되었고, 식량원조도 식량 수입 대체효과로 인해 결국 핵 개발에 도움을 주었다. 벽돌담을 쌓을 때, 밑창에서 받쳐 주는 벽돌과 위에 쌓는 벽돌이 무엇이 다른가? 인도적 지원 문제에 있어서도 우리는 좀 더 솔직해져야 한다. 우리 사회에서 이웃이 경제적으로 곤경에 처해 있을 때, 단돈 만 원이라도 선뜻 내미는 사람이 몇이나 될까? 하물며 70여 년 동안 접촉 한 번 없었던 사람들을 동포라는 이유로 도와주어야 하고 바로 옆의 이웃의 고통은 외면하는 것이 인도적 지원의 실체인가? 국제사회에서 정부 간 지원의 뒤에는 모두 숨은 목적이 있다는 것은 공공연한 비밀이다. 나아가 자기 인민을 정신적·신체적으로 박해하여 온 정권을 꾸짖기는커녕 사랑의 추파를 던지면서 선물 공세를 하고 싶어 안달하는 것이 정의인가, 위선인가? 진정한 정의는 북에 사는 우리 동포를 압제자의 질곡에서 하루빨리 구해 내는 것이다. 진보 세력을 자처한다면 더욱 그렇게 해야 한다. 북한 정권을 붕괴시키는 것이 북녘 땅 우리 동포에 대한 진정한 인도적 지원이며, 북 정권의 핵무장을 와해시키는 종착점이다.

적화통일

북한의 핵무장 최종 목표는 한마디로 적화통일이다. 북한은 분단 이후 단 한 번도 적화통일 목표를 포기한 적이 없다. 북한은 헌법과 사실상 그 상위법인 조선노동당 규약에 적화통일을 명시하면서 조선민주주의인민공화국의 수도를 서울로 규정하였다.[10] 그들이 신앙처럼 고수하고 있는 김일성 수령의 유훈교시의 핵심도 적화통일이다. 6·25 남침이 실패로 돌아가고 이후 남한의 경제력이 북한을 압도하고 군사력도 꾸준히 증강되면서 초조해진 김일성은 비대칭무기인 생화학무기를 확충하고 핵무기를 개발하고자 결심을 굳혔다. 한편 김정일은 버마를 방문 중인 우리 대통령 일행에 대한 테러 사건(1983. 10)을 비롯하여 대한항공기 폭파 사건(1987. 11), 제1연평해전(1999. 1), 제2연평해전(2002. 6), 천안함 폭침 사건(2010. 3), 연평도 포격 사건(2010. 11) 등 수많은 도발을 자행하며 남한 사회의 불안을 조성하는 한편, 도발에 대한 한국 정부와 미국의 반응을 떠보기 위한 시험을 계속하였다. 또한 북한 정권은 국토 분단 이후 70여 년 동안 꾸준히 남한 내에 제5열(the fifth column)[11] 세력을 육성하는 데에 온 힘을 기울였다. 2017년 11월 『워싱턴 타임스』는 "북한이 한국 내에 광범위한 간첩망을 가동하고 있어 안보에 심각한 구멍이 되고 있다. 한국이 미국의 강경책에 온전한 파트너가 될 수 있을지 여부에까지 의문이 제기된다"라고 우려를 표명했다. 김일성대학교 교수로 있다가 1994년 탈북하여 첫 탈북민 국회의원(2012. 5~2016. 5)을 지낸 조명철은 『워싱턴 타임스』와의 인터뷰에서 "북한의 핵 개발은 북한이 결정하고 통제하는 조건에(on terms set and controlled by the North) 한국을 재통일로 강압해 가려는 목적도 있다. 북한은 베트남의 적화통일 전례를 본떠 어느 날엔가 한반도 재통일을 이루는 꿈을 꾸고 있다. 즉 1973년 미군의 남베트남 철수 후 북베트남이 2년 만에 남쪽을 흡수해 버린 것과 유사한 상황을 노리고 있다. 김정은은 일단 핵무기 확보에 성공하면 자신과 체제를 보존할 수 있게 되었다는 판단 아래 남한을 탈취하려는 음모에 본격 착수할 것이다"라고[12] 말하였다. 케도 대표로 있던 2003년 한 북한 고위관리는 술자리에서 나에게 "당신들이 우리보다 잘살고 있지만, 종국에는 우리가 이겨. 남쪽에 우리가 심어 놓은 사람들이 얼마나 많은지 알아?"라는 묘한 얘기를 했다. 그는 민간인으로 위장하여 남한과 유럽의 경수로 발전소를 시찰하였고, 남한의 텔레비전 · 라디오 · 신문을 매일 보아 남한의 사회 상황을 나보다도 더 잘 파악하고 있는 고위 군(軍)정보요원이었다. 2003년 당시 반미 데모 등으로 혼란스럽던 남한 사회의 모습을 보고 자신감을 얻은 그가 취중에 언중유골의 발언을 한 것으로 보인다.

북한의 국력이 남한에 비해 현저히 열세이고 김정은 정권이 국제사회로부터 지탄과 제재를 받고 있는 현 시점에서는 유훈교시, 노동당 규약, 헌법이라는 문서상의 선언보다도 김정은이 적화통일에 집착할 수밖에 없는 더 절박한 이유가 있다. 김정은은 적화통일이 아니면 자신의 생명을 보장할 수 없다는 공포감에 사로잡혀 있을 것이다. 미국 정부의 최신 정보보고서에 의하면, 김정은은 집권 이후 핵무기를 실어 나를 신형 미사일〔중거리탄도미사일(Intermediate-Range Balllistic Missile, IRBM)·잠수함발사 탄도미사일(Submarine-Launched Ballistic Missile, SLBM)·대륙간탄도미사일(ICBM)〕을 개발하였을 뿐 아니라 장사포와 정밀타격용 단거리탄도미사일의 성능을 개선하고, 군대의 실전훈련을 강화하는 등 재래식 전쟁에 필요한 타격 능력을 확장하고 있다고 한다.[13] 이는 김정은의 최종 목표가 무력에 의한 적화통일이라는 점을 재삼 확인해 주는 증거이다. 미 **태평양사령부 해리 해리슨 사령관**은 2018년 2월 14일 하원 청문회에서 **"북한 김정은이 체제 수호를 위해 핵무기를 개발하고 있다는 시각에 동의하지 않는다. 북한의 핵 보유 목적은 적화통일이다. 김정은의 목표는 '자신이 지배하는 공산주의 통일국가'이다"라고 단언했다.**[14] 북한 정권과 협상을 통해 평화통일을 이루겠다는 희망을 가지고 있다면, 이는 위선이거나 위장이거나 어리석은 꿈에 불과한 이유가 바로 여기에 있다. 또한 북한이 핵무장을 거의 완성한 현 시점에서 **북한은 우리와 협상할 이유가 전혀 없다. 주고받는 것이 거래인데 북한은 핵무기라는 물건이 있고 우리는 핵무기와 교환할 물건이 없기 때문이다.** 이 같은 우려는 현실로 나타났다. "북한은 핵무장이 사실상 완성 단계에 이르면서 그 목적이 한미동맹의 와해와 주한미군 철수, 나아가 무력 적화통일이라는 것을 노골화하고 있다. 노동당 외곽단체인 조선평화옹호전국민족위원회는 2017년 9월 8일 대변인 담화를 통해 '우리 민족은 더 이상 미제의 남조선 강점으로 인한 불행과 고통을 용납할 수 없다. ……우리 공화국은 대륙간탄도로켓과 수소탄까지 보유한 세계적인 군사강국의 지위에 당당히 올라섰다. ……남조선 인민들은 조선반도 평화의 파괴자인 미군을 몰아내기 위한 반미·반전투쟁을 힘 있게 벌여 나가야 할 것'

이라고 했다. 북한의 인터넷 선전매체인 '우리 민족끼리'도 같은 날 '남조선에서 미제 침략군 철수는 온 민족의 요구'라며 '미군의 비법적인 남조선 강점은 하루빨리 끝장나야 한다'고 했다. 박봉주 내각총리는 9월 6일 핵실험 성공을 자축하는 평양시 군민(軍民)대회에서 **'미국은 오늘의 엄연한 현실을 직시하고 조선반도 문제에서 손을 떼는 현명한 선택**을 해야 할 것'이라고 했다. 오금철 북한군 부참모총장도 그 군민대회에서 **'서울을 비롯한 남반부 전역을 단숨에 깔고 앉을 수 있는 만단(만반)의 결전 준비태세를 갖추어 나가겠다'**고 했다."[15] 전문가 대부분도 북한의 최종 목적이 미국과 평화협정을 맺어 주한미군을 철수시키고 핵무장을 바탕으로 남한을 적화통일하는 것이라는 데 별 이견이 없다. 정성장 세종연구소 통일전략연구실장은 '김정은이 핵과 미사일 개발로 추구하는 최종 목표는 미국과 협상하는 것이 아니라 북한 주도의 무력통일'이라 하고, 김재천 서강대 교수는 '김정은이 핵무기 고도화에 집착하는 것은 체제 보장을 넘어 한국을 군사력으로 압도하고 더 나아가 무력으로 통일한다는 전략을 수행하는 데 필요하기 때문'이라며 '미국이 뉴욕이나 로스앤젤레스의 희생을 감수하며 한국을 지키려 할지 매우 우려스럽다'고 했다.[16] 북한 핵무장의 최종 목표가 적화통일이라는 데에는 미국도 인식을 함께하고 있다. 미국 트럼프 대통령은 2017년 11월 9일 대한민국 국회 연설에서 "북한 정권은 헛된 희망을 품고 **궁극적 목표를 협박으로 달성할 수 있다는 생각으로 핵무기를 개발**하여 온 것입니다"라고 말했다.

북한이 핵무장을 완성한 상태에서 적화통일을 시도한다 해서 그 야욕이 이루어질 수 있을지는 의문이다. 그러한 김정은의 꿈이 이루어지려면 먼저 미국이 한반도 문제에서 손을 떼는 것을 전제로 하지만, 이는 미국이 동맹국을 방기하는 것으로서 세계의 경찰임을 자임하는 미국의 위상과 관련된 문제이기 때문에 미국으로서도 쉽지 않은 결정이 될 것이다. 안보는 우리 스스로의 힘으로 지켜야 하는데 우리의 안보를 전적으로 미국에 의존하는 우리의 처지가 안타까울 뿐이다. 그러나 안보는 최악의 상황을 가정하고 대처해야 하는 것이므로 우리로서는 미국 부재 상황을 가정하고 자체 핵무장 등의 방법으로 위기를 헤쳐 나가야 할 것이다. 한편 북한이 이미 전쟁기피증에 걸려 있는 남한 국민을 핵무기로 위협하여 서울을 점령하였다고 가정할 때 김정은의 남한 통치가 현실적으로 가능할까? 우리 국민 중 상당수는 남한 인구가 북한의 두 배가 넘고 경제력이 40여 배가 되는데 김정은의 남한 통치는 가당치도 않다는 생각을 하며, 적화통일을 운운하는 사람들은 '철 지난 반공 이데올로기를 팔아먹는 수구 세력'이라는 생각을 갖고 있다. 하지만 이는 우리의 잣대로 잰 우리식 사고방식의 결론이다. 김씨 왕조가 3대에 걸쳐 적화통일을 추구하면서 그러한 생각을 하지 않았겠는가? 그들은 나름대로의 복안과 자신이 있을 것이다. 대북 문제 전문가에 의하면, 북한 정권은 인문계 대학 졸업생 중 최고 엘리트는 미국 관계 일을 전담하는 부서에, 그다음 엘리트 계층은 대남공작부서에 배치한다고 한다. 그 똑똑한 사람들이 수십 년 동안 허송세월을 하였을까? 적화통일이라는 김씨 왕조 3대에 걸친 꿈이 실현될지 여부는 알 수 없으나, 확실한 것은 그러한 상황하에서는 남한이 쑥대밭이 될 것이라는 점이다.

융성하던 국가가 쇠락의 길로 접어드는 첫 번째 징후는 안으로는 공권력의 약화에 따른 내부 질서의 이완이고, 밖으로는 적대 세력의 위협에 힘으로 맞서는 대신 돈으로 평화를 사고자 하는 유약함이라는 사실은 역사가 증명하였다. 초강대국 로마는 사회의 질서가 무너지면서 야만인 게르만족의 침입으로 멸망하였다. 중국 역사상 가장 풍요로웠다는 송나라는 인구가 자국의 5%도 안 되는 거란(요나라)의 침입을 받고 일종의 햇볕정책을 쓰면서 돈을 주고 평화를 구걸하였다. 또한 송의 휘종은 새로 일어난 여진족의 금나라가 요나라보다 강하다는 소식을 듣고 연금멸요(聯金滅遼)정책을 쓰며 요에 빼앗긴 16주를 회복하려 하였으나, 금은 송의 무능을 간파하고 남침하여 송은 나라의 북쪽을 금에게 넘겨주고 남송으로 축소되었는데, 남송마저 몽고의 침략을 받고 최후를 맞았다. 명나라도 인구가 자국의 5%도[17] 안 되는 청나라에 의해 무너졌다. "상대방이 호응해 주지 않는 평화주의는 무용지물이다. 북한 정권은 한국 안보의 손과 발을 묶고 한국 사회를 이간질하고 분열시키는 데 매진해 왔다. 대화하고 협력하여 신뢰가 구축되면 핵 문제도, 한반도의 평화도 모든 것이 풀린다는 가설은 현행 북한 지도부체제에서는 작동하지 않는다. 지금은 한국이 자신의 힘과 실력을 기르면서 김정은 정권을 국제사회에서 고립시키고 북한 내부의 변화를 유도해 내는 데에 모든 역량을 쏟아야 한다."[18]

공포의 핵 균형

2017년 7월 북한이 대륙간탄도미사일을 발사하자 한국에서는 '레드라인을 넘었다, 안 넘었다' 하고 왈가왈부하였는데 다 부질없는 소리다. 그런 소리는 미국에게 해당되는 말이고 한국의 입장에서 보면 북한이 중거리탄도미사일, 대륙간탄도미사일 시험 발사 이전, 즉 핵무기 제작에 성공한 2010년을 전후하여 이미 레드라인을 넘어 레드존 안에 들어가 버린 것이다. 남한을 겨냥한 단거리미사일은 탄두의 대기권 재진입 기술이 필요 없기 때문에 김정은은 마음만 먹으면 언제, 어디에라도 핵미사일을 날릴 수 있다. 2013년 북한의 열병식에서는 '핵 배낭부대'까지 등장했다. 30Kg 정도의 휴대용 핵무기나 사과 크기의 '더러운 폭탄(dirty bomb)'으로 전략목표를 파괴하고 방사능을 방출시켜 대혼란을 야기할 수 있다.[19] 2017년 9월 핵실험의 파괴력은 100~150킬로톤으로 히로시마에 투하된 원자탄(15킬로톤)보다 7~10배 폭발력이 강하다. 북한은 현재 20~60개의 핵무기를 보유하고 있으며, 그 수는 2020년까지 100개 정도에 이를 것이라 한다. 또한 김정은은 집권 후 90차례 가까운 탄도미사일 발사 시험을 하였는데, 이는 그의 할아버지와 아버지 시절의 발사 시험보다 세 배 이상이다. 미사일의 종류와 발사 방식도 장거리(long-range), 이동식(road-mobile), 잠수함 발사(submarine-launched) 등으로 다양해졌다.[20] 김정은이 대외적으로 공표한 핵무기 사용 레드라인의 기준은 모호하며 자의적이다. 김정은은 남한에 대화의 손짓을 하면서 평창 동계올림픽 참가 의사를 표명한 2018년도 신년사에서 자국의 '주권과 국익'이 침해받는 경우 핵무기로 대응하겠다고 공언하였다. 모든 핵무기 보유국은 '자국과 동맹국이 긴박한(imminent) 핵공격의 위협에 처해 있을 때'에만 핵무기를 사용한다는 정책을 채택하고 있지만, 김정은은 주권과 국익 침해라는 모호하고 자의적인 개념을 핵무기 사용 기준으로 설정함으로써 임의로 핵무기를 사용할 것임을 천명한 것이다. 이제 우리 전 국민이 김정은의 핵 인질이 되어 버렸다. 한국 내에서는 공포의 핵 균형을 이루려면 자체 핵무장을 하거나 미국의 전술핵을 남한에 재

배치하는 수밖에 없다는 의견이 나오고 있다. "공포의 핵 균형 시도
는 북핵을 억지하고, 중국과 러시아의 대북압박을 추동하는 길이다.
핵은 핵으로 맞설 수밖에 없다는 상호 확증 파괴(Mutual Assured
Destruction, MAD)는 이미 확립된 안보 이론이다. 비핵화를 포기하는
경우 한국도 상당한 외교, 경제적 손실을 감내해야겠지만 핵무기에
굴복하여 항복하는 것보다는 훨씬 낫다. ⋯⋯대한민국의 선택은 자명
하다. 상대방이 핵으로 무장하고 이를 포기할 의사가 없는데, 비핵화
환상에 젖어 있을 수만은 없다. 첫째, 전술핵 재배치를 적극 추진해
야 한다. ⋯⋯북핵 해결 때까지 조건부 배치를 하거나 북대서양조약
기구(North Atlantic Treaty Organization, NATO. 이하 '나토') 식으로 공
유하게 하는 방안 등 옵션은 다양하다. 둘째, 자체 핵무장도 적극 검
토해야 한다. 강대국들이 반대할지 모른다. 그러나 이스라엘이 보여 주
듯 이런 결기가 있어야 국가 생존이 가능하다. 셋째, 당면한 핵·미
사일 도발에는 '비례성 원칙'에 따른 군사적 대응으로 맞서야 한다.
통상적 무력시위는 북한의 비웃음만 살 것이다."[21]

　자체 핵무장은 박정희의 이루지 못한 꿈이었다. 월남전이 한창이던
1969년 7월 미국 닉슨 대통령은 그의 새로운 대아시아정책인 닉슨독
트린을 발표하였다. "아시아 각국은 내란이나 침략에 대해 스스로 협
력하여야 한다. ⋯⋯미국은 직접적인 군사적·정치적 과잉개입은 하
지 않으며 자조(自助)의 의지를 가진 아시아 제국(諸國)의 자주적 행
동을 측면 지원한다"라는 내용을 골자로 하는 닉슨독트린은 당시 북
한에 비해 군사적·경제적으로 열세이던 한국에게는 청천벽력이었다.
이에 박정희는 자체 핵무장의 의지를 굳히고 핵 개발을 추진하였다.
핵 개발은 핵연료 제조부터 핵연료 재처리까지를 망라한 핵연료주기

기술을 확보하는 것이 무엇보다 중요한데, 한국은 이를 위해 1974년 10월 '한·프랑스 원자력 협력협정'을 체결하면서 '박정희 핵 프로젝트'의 서막이 올랐다. 프랑스 정부는 프랑스를 방문한 한국 대표단에게 핵연료 재처리시설까지 시찰케 하는 등 양국 간 핵 협력은 순조롭게 진행되었는데, 그때부터 미국의 거센 방해공작이 시작되었다. 미국은 한국이 핵 개발을 진행하는 경우, 원자력발전소의 핵원료 공급 중단, 수출입 규제, 국군 현대화 계획 및 방위산업에 대한 지원을 중단하겠다고 경고하고 급기야는 주한 미군철수 문제까지 거론하였다. 한편 캐나다는 미국의 압력을 받아 캐나다 원자력공사가 제공하기로 한 연구용 원자로 판매 약속을 철회하였다. 결국 박정희는 한 발 물러설 수밖에 없었으며, 1976년 1월 프랑스와의 핵연료 재처리시설 도입 계약을 파기함으로써 박정희의 핵 프로젝트는 일단 수면 아래로 가라앉았고, 곧 이은 그의 죽음으로 한국의 핵무장 꿈은 물거품이 되었다.[22]

　한국의 자체 핵무장은 기술적인 측면에서는 큰 어려움이 없으나, 우리가 핵확산금지조약에서 탈퇴함으로써 발생하는 국제적인 정치, 안보, 경제적 제재를 각오해야 한다는 부담이 있다. 현재 세계적으로 핵확산금지조약에서 탈퇴한 국가는 북한이 유일하다. 무역의존도가 100%를 넘나들 정도로 대외의존도가 높은 한국으로서는 핵확산금지조약에서 탈퇴하는 경우 예상되는 국제적 경제제재를 감당하기 어려울 것이다. 또한 박정희가 40여 년 전에 이미 겪었듯이 미국 등 강대국의 강한 압력이 예상되는바, 정치·안보 측면에서도 버티기 쉽지 않을 것이다. 그보다 선결되어야 할 문제는 핵무장에 대해 국민적 합의를 이루어야 하는 점이다. "한국 갤럽이 2017년 9월 8일 발표한 여론조사 결과에 의하면 우리 국민의 자체 핵무기 보유 찬성이 60%(반대 35%)로 4차 핵실험 직후인 2016년 1월의 54%, 5차 핵실험 직후인 동년 9월의 58%에서 증가하는 추세다. 특히 이번 조사에선 핵무장 찬성이 자유한국당(82%)과 바른정당(73%) 지지층뿐 아니라 더불어민주당(52%) 지지층에서도 절반을 넘었다."[23] 그러나 순수한 반대 입장을 가진 국민과는 별도로 국내에 잠입해 있는 북한 간첩망과 종북 세력들이 앞장서 핵무장 반대 여론에 불을 지피고 사회 혼란을 유도해 나갈 것이 뻔하다.

전술핵 재배치 주장은 미국의 핵우산 공약만으로는 사실상 핵무장 상태에 있는 북한을 억제하기 어렵다는 판단에서 나온 것으로서 북한의 6차 핵실험 이후 한국 내에서 상당한 호응을 얻고 있는 옵션이다. 이는 핵무장한 북한에 맞서기 위한 가장 확실한 방법은 자체 핵무장이지만 상술한 대로 넘어야 할 고비가 많기 때문에 그 대안으로 미국의 핵우산을 보다 확실하게 해두자는 것이다. 전술핵무기는 포탄, 미사일, 어뢰, 핵배낭, 핵지뢰 등 다양한 형태가 있는데 냉전 시 주한미군에 배치되어 1967년경에는 그 수가 950기로 정점을 이룬 후 축소되다가 1991년 미국 조지 H. W. 부시 대통령(아버지 부시)이 해외에 있는 전술핵무기 전량을 철수하라는 지시를 내려 주한미군의 전술핵무기는 전량 미국으로 반출되었다. 한국과 북한은 그해 11월 '한반도 비핵화선언'에 서명하였지만, 북한은 협정문의 잉크도 마르기 전에, 아니 협정 서명 이전부터 핵무기 개발에 박차를 가하였다. 국내 일각에서는 미국 본토나 괌 주둔 미군의 전략핵 자산을 활용하면 된다는 이유에서 전술핵 배치에 반대하는 입장도 있다. 그러나 한국 영토 내에 핵무기가 있는 것과 수천km 밖의 미국의 핵우산에 의존하는 것은 군사적·심리적·대외정책적 측면에서 큰 차이가 있다.

미국은 평시에는 B-2 등 미 전략폭격기와 이지스함, 핵추진 잠수함에 탑재된 토마호크 미사일에 핵무기를 탑재하고 있지 않아 즉각적인 핵 보복이 어렵다. 그러한 군사적 측면보다 더 중요한 것은 **미국 전략핵무기 재반입 문제를 대 중국 압박 카드로 활용**할 수 있다는 점이다. 방어용 무기인 사드 장비의 한국 내 설치에도 민감한 반응을 보이던 중국으로서는 공격용 무기인 전술핵무기의 한국 내 반입을 매우 심각한 도전으로 받아들일 것이다. 바로 이러한 이유 때문에 한미 양국은 한국 내 전략핵무기 배치를 공론화하여 중국이 북한 핵무장 폐기를 실질적으로 유도할 수도 있도록 압력을 행사하여야 한다.

그러나 전략핵무기의 재반입에는 두 가지 풀고 가야 할 어려움이 있다. 첫째, 국내적으로 비핵화를 주장하는 여론의 반발에 대처하여야 하는 숙제가 있다. YTN이 2017년 8월 실시한 여론 조사에 의하면 응답자의 68%가 전술핵무기 재반입을 지지하였지만,[24] 반대 여론 중 일부를 차지하는 북한의 주장과 궤를 같이하는 세력은 조직적으로 극한투쟁에 나서며 사회를 혼란에 몰아갈 것이 예상된다. 둘째, 미국이 과연 재배치에 동의하겠는가 하는 점이다. 그러자면 전략적 필요성 못지않게 동맹의 신뢰, 관리상의 안전 등이 보장되어야 하는데, 전작권 조기 전환까지 거론되는 시점에 미국이 전술핵 재배치에 선뜻 동의할 것 같지는 않다. 현재 미국 내에서는 전술핵 한국 재배치에 대해 부정적 의견이 지배적이다. 『워싱턴 포스트』는 "전략폭격기 등 전략 자산을 한반도에 전개하는 것만으로도 한국에 확실한 안도감을 줄 수 있다. 안전 보장을 위한 요구사항은 끝도 없는 것인데 그러한 요구는 절대 모두 충족시킬 수 없다." "한국에는 B-1B와 B-52 폭격기 등이 뜨고 내릴 수 있는 긴 활주로가 없고, 미국도 이런 핵심 전력 자산이 북한의 장사정포 사거리 내에 있는 것을 원하지 않는다"[25]라고 보도했다. 상기 정황으로 볼 때 현재로서 전술핵무기 재반입은 우리의 희망사항에 그칠 가능성이 크다. 그러나 유럽에도 전술핵무기가 배치되어 있는 점이 우리도 미국에게 전술핵 배치를 요청할 수 있는 근거가 된다. 나토는 미국, 영국, 프랑스의 핵무기를 공유하는 시스템을 갖추고 유럽 5개국의 6개 공군기지에 해당국 전투기에 탑재할 수 있는 150여 개의 전술핵탄두를 배치하고 있다. 돌출 행동이 가능한 북한이 핵무기를 보유하고 있는 점에서 동북아 안보 정세는 유럽보다 더 위중하므로 우리는 미국에게 나토와 같이 핵 공유체제를 요청할 수 있다. 여기에는 한반도에서 운용될 모든 미국의 전술핵무기에 대해 양국이 정보교환, 공동의사결정, 지휘통제, 작전 계획 공동작성 등에서 협력하는 방안이 포함되어야 한다.[26]

일각에서는 북한이 비이성적 집단이기 때문에 공포의 핵 균형을 기대할 수 없다고 주장하는데 이에 동조할 수 없다. 북한 지도부는 비이성적이 아니다. 그들은 한국·미국 등 자본주의사회의 성격과 행동양식을 정확히 파악하고, 그들의 잣대에 의해 철저한 계산을 한 후 행동한다. 지난 70여 년간 김씨 왕조의 행적을 뒤돌아보면 그 행태는 '강자에게는 약하게 약자에게는 강하게' 대응한다는 조직폭력집단의 행동양식과 매우 유사한 잣대로 계산하여 일관되게 행동하여 왔다. 이는 김일성의 항일 게릴라 활동 시절부터 유래되어 온 특징이다. 김일성과 김정일은 대외적으로 협상할 때 위험의 역치(閾値, threshold)를 끝까지 올리다가 마지막 순간에 놓아 버리는 벼랑 끝 전술을 일관되게 구사하여 왔다. 이 점에서는 김정은도 마찬가지이며 특히 자신의 생명이 위험하다가 생각하면 과도한 도박은 피할 것이다. 김정은은 집권 이후 국제사회의 제재에도 아랑곳없이 연속적으로 핵실험, 미사일 시험 발사를 감행하는 벼랑 끝 전술을 구사하고 있지만, 김정일과는 달리 한국군의 반격을 받을 만한 직접적인 군사도발을 하지 않은 것도 이러한 맥락으로 해석된다.

그러나 이제 결단의 순간이 다가왔다. 2017년 11월 29일 북한이 화성-15형 대륙간탄도미사일 발사에 성공함으로써 미국 본토 전역을 타격할 능력을 과시한 후에도 중국은 "할 만큼 다했다"라 했고, 러시아 외무장관은 "미국이 북의 도발을 유도하는 것 같다"라며 북한에 대한 추가 제재에 반대 입장을 보이고 있다. 이제 관련국은 속내를 드러낼 수밖에 없는 상황에 도달하였다. **중국과 러시아**는 북한의 핵무장이 마땅치는 않지만, 미국에 대한 견제가 우선이므로 북한 정권을 붕괴시킬 의사가 없음을 명백히 하고 있다. **미국**은 북한을 군사적으로 제압할지, 한반도에 전술핵을 배치할지, 한국과 일본의 자체 핵무장을 용인할 것인지를 결정하여야 하는 시점에 도달하였다. **한국**도 무엇인가를 결정하여 할 막바지에 몰려 있다. 현실을 외면한 채 '대화'를 운운하는 것은 무개념과 무책임의 극치로 안보를 책임지고 있는 사람의 자세가 아니다. 김정은이 공개적으로 북한 주도의 통일을 얘기하고 있는 현 상황은 먹느냐 먹히느냐 하는 결단만이 남아 있는 형국이다.

이러한 시점에 맥마스터 미 백악관 국가안보 보좌관은 "전쟁 가능성이 매일 커지고 있다. 북핵이 한국과 일본의 핵무장을 초래할 수 있다. 이는 중국과 러시아에도 해가 될 것이다"라고 말했다. 맥마스터의 발언은 북한제재에 소극적인 중국과 러시아를 압박하려는 의도일 것이다. 이런 시기에 우리가 무엇을 해야 할지는 자명하다. 군사 대비를 철저히 하며 미국과는 전술핵 운용과 핵 공유에 대한 논의를 시작하여야 한다. 미국 최고위 당국자가 한국 핵무장을 처음 언급한 것을 흘려보내서는 안 된다. 우리가 하기에 따라서는 중·러가 이를 허풍으로만 여길 수 없게 될 것이다. 중·러에 북핵을 용인하면서 자신들의 전략적 이익을 지킬 수 있는 방법이 없다는 사실을 알려 주는 수밖에 없다. 김정은 집단은 죽기 살기로 나오고 있다. 우리도 그 정도의 각오 없이 나라를 지킬 수 없다.[27] 자체 핵무장의 실현 여부와는 별개로 국내적으로 자체 핵무장 주장을 강화해 나갈 필요가 있다. 학계나 민간에서 나오는 이러한 주장을 미국과 중국, 나아가 러시아에 대한 협상카드로 유용하게 활용할 수 있기 때문이다. 그러나 만약 미국이 북한 또는 중국과의 거래를 통해 북한의 핵무장을 묵인한다면, 우리는 어떠한 희생을 각오하더라도 이스라엘·인도·파키스탄·북한처럼 사실상의 핵무기보유국이 되는 모험을 불사하여야 한다. 핵확산금지조약에는 "최고의 국가 이익을 위태롭게 하는 특수 상황에서는 탈퇴권리를 행사할 수 있다"라는 조항이 있다. 그 특수 상황이 무엇인지는 상식의 선에서 해석되어야 한다. 북한이라는 예측 불능한 집단의 핵무장은 분명 한국 국민의 안위를 위협하고 있다. 이는 명백히 국가이익을 위태롭게 하는 특수 상황이라고 주장할 수 있다. 이 경우 우리는 경제적 희생을 각오하고 핵확산금지조약 탈퇴 후 핵무장을 함으로써 우리 스스로의 힘으로 우리의 안보를 지켜야 한다. 핵무기에는 핵무기 이외의 확실한 대응방법이 없기 때문이다.

안보 불감증

"1991년 12월 미국의 전술핵무기가 남한에서 완전 철수하자 노태우 정부는 북한과 '남북 비핵화 선언'에 합의하고, 1992년 신년사에 '우리의 자주적인 노력으로 핵의 공포가 없는 한반도를 실현하려는 꿈에 큰 진전이 이루어졌다'라고 선언하였다. 그러나 그날에도 영변에서는 플루토늄 축출작업이 진행되고 있었다. 모든 것은 북의 완전한 기만 사기극이었다. 그 직후 김일성은 정원식 총리와 만난 자리에서 '우리는 핵이 없다. 주한미군을 철수하라'고 했다. 한국이란 나라의 바보 드라마와 북핵 악몽의 동시 개막이었다. ……북이 핵폭탄을 만들고 있는 와중에 김영삼 대통령은 취임사에서 '어느 동맹국도 민족보다 나을 수 없다'고 했다. 김대중 대통령은 김정일과의 정상회담을 마친 후 '북은 핵을 개발한 적도 없고, 능력도 없다. 내가 책임진다'고 했다. 노무현 대통령은 '북한 핵 주장에 일리가 있다'고 했다. 그 직후 북한은 첫 핵실험을 했고 노 대통령은 '북에 핵무기가 있어도 한국이 우월적 군사균형을 이루고 있다'는 4차원적인 주장도 했다. 한국 대통령들의 바보드라마가 이어지는 동안 일본은 전혀 다르게 움직였다. 1993년 북한이 핵확산금지조약에서 탈퇴하자 즉시 미사일 방어망 구축 검토에 들어갔다. ……일본이 요격미사일을 도입할 때 한국은 '미국 미사일 방어망에 들어가지 않겠다'며 미사일 요격 능력을 아예 없애거나 훨씬 떨어지는 SM-2와 PAC-2를 개량한다고 국민 세금 1조 원을 날렸다. ……그 귀한 시간, 그 많은 돈을 바보짓에 다 날렸다. 그러고도 책임을 통감한 대통령은 한 명도 없다. 정말 나라도 아니다."[28]

대부분의 국민과 언론은 오늘날 한국이 안보 위기에 몰린 책임을 역대 정부, 특히 대통령의 무능 탓으로 돌린다. 물론 정부의 잘못과 책임이 크다. 정부의 가장 큰 잘못은 인기영합주의(populism)의 틀 안에서 안보 문제를 다루어 온 것이다. 국민들이 북한은 핵무장을 포기할 수도 있다고 믿고 싶어 하니 정부도 이에 동조하여 북에 유화적인 태도로 일관한 것이다. 어쩌면 정부의 그보다 더 큰 잘못은 반대론자들을 포용하겠다는 미명하에 국가 공권력을 스스로 해체하여 온 것이다. 사드 배치만 해도 그렇다. 박근혜 정부는 사드 배치 문제는 미국과 협의한 적도, 미국에 요청한 적도, 결정된 바도 없다는 '3No' 정책을 고수하다가 전격 배치를 발표했다. 문재인 정부도 이미 배치된 사드의 '보고누락파문'을 일으키고, 환경영향평가의 절차를 문제 삼으며 사드 추가배치를 지연시켰다. 중국은 갑자기 태도를 바꾼 박근혜 정부에 깊은 불신을 드러냈고, 공연히 기대감을 주다가 사드 배치를 완료한 문재인 정부에 대해서는 저열한 표현을 써가며 비난했다.

역대 정부의 그릇된 판단 뒤에는 미숙한 국민 여론이 도사리고 있다. 토크빌(Alexis de Tocqueville)이[29] 설파한 대로 **"모든 국민은 그 수준에 맞는 정부를 갖는다"**라는 관점에서 볼 때 우리 안보 위기의 책임은 우리 국민 자체에 있으며, 언론도 그 책임에서 자유로울 수 없다. 언제부터인가 우리 사회에 만연해 있는 님비현상은[30] 우리나라의 안보에 심각한 부정적 영향을 미치고 있다. 도롱뇽의 안위를 걱정하여 국책 사업인 경부고속철도 사업을 대법원 판결이 난 2006년 6월까지 3년 가까이 멈추어 세워 막대한 세금 낭비를 초래했던 천성산은 지금 도롱뇽 천국이란다. 방사선 수거물 폐기장(방폐장) 건설 사업은 1980년대 말부터 추진하여 왔으나 후보지 지역주민들의 반대로 근 30년간 표류하다가 2005년 11월 경주에 건설하기로 결론이 났다. 물론 정부는 방폐장 건설 대가로 경주시에 막대한 재정지원을 약속했다. 대가를 약속하면 님비현상은 더욱 확대된다. 제주강정마을 해군기지건설은 대법원에서 주민과 시민단체에서 낸 사업승인 무효신청을 기각함으로써 5년 만에 공사를 재개할 수 있었다. 2008년 4월 정부가 미국산 쇠고기 수입을 허가하자 일부 시민단체는 미국산 쇠고기는 광우병의 온상이라는 괴담을 퍼뜨렸고 공영방송 등 주요 언론도 이에 동조하여 연인원 수십만 명을 넘나드는 촛불집회가 3개월간 계속되어 정국을 파국으로 이끌었다. 현재까지 한국에서는 광우병이 한 건도 발병되지 않았으며, 그 집회에 참여하였던 시민들도 값싼 미국산 쇠고기를 즐겨 먹고 있다. 한미FTA 협상에 극렬 반대했던 세력은 총교역량이 미국의 두 배에 달하고 농산물 수입이 훨씬 많은 중국과의 FTA 협상에는 별 반대 없이 지나갔다. 당시 반대론자들의 주요 논점은 미국과의 교역적자 특히 농산물 수입 증가에 대한 우려와 투자자·국가 간 소송제도(Invester-State Dispute, ISD)가 독소조항이라는 주장이었는데, 2012년 3월 동 협정이 발효된 이후 지금까지 투자자·국가 간 소송은 한 건도 없었으며, 무역수지는 오히려 한국의 교역흑자가 2011년 116억 달러에서 2016년 233억 달러로 증대되었다. 최근 문제가 되었던 성산 사드포대 배치 문제 관련, 전자파의 유해성을 이유로 반대하던 세력들은 정부가 전자파 측정을 제안하자 오히려 그 제안을 거부했다. 자신들도 사드에서 나오는 전자파가 유해 수준에는 턱없이 미달된다는 것을 알고 있었기 때문이다. 민주주의국가에서는 자신의 의사를 자유롭게 표현할 자유가 있다. 그러나 그러한 자유에는 법적·사회적·도덕적 책임이 따른다. 위의 모든 사례에서 자신의 주장이 잘못된 것으로 판명 났을 때는 이에 대한 사과는 고사하고라도 입장 표명 정도는 있어야 할 것인데, 각 이슈에 반대하던 세력과 인물들은 나라 전체를 뒤흔들어 놓고도 단 한마디의 입장 표명이 없고, 이를 단호하게 지적하는 언론도 없다. 하긴 다수의 언론 자체가 그러한 주장에 무책임하게 동조하였으니 침묵할 수밖에 없었을 것이다. 사회 전체에 '아니면 말고'라는 생각과 무책임이 팽배하고 있으며, 헌법 위에 '떼법'이라는 자조 섞인 목소리가 나온 지 이미 오래다. 또한 불법시위에 대한 정부와 사법부의 지나친 관용은 공권력을 무시하는 사회 분위기를 조장하고 있다. 눈에는 잘 안 보이지만 공권력에 대한 무시는 사회를 지탱하는 나무 기둥들을 밑으로부터 조금씩 갉아먹고 있는 해충이다. 해충이 대량 번식하여 나무 기둥을 갉아먹는 정도가 심해지면 그 기둥들이 쓰러져 한국 사회라는 건축물은 붕괴할 것이다.

안보도 마찬가지이다. 20여 년 전 북한의 핵 개발 문제가 처음 불거져 나왔을 때부터 한국 사회는 강경대응을 주장하는 세력과 유화적인 입장을 가진 세력 사이에 팽팽한 대립이 있었고, 그러한 양상은 오늘날까지 계속되고 있다. 유화론자가 논쟁에서 불리해지면 상투적으로 내세우는 카드가 있다. "그렇다면 전쟁을 하자는 얘기냐?"라는 말이다. 이것은 자신의 입장 표명을 넘어 협박에 해당되는 말이다.

"시민적 자유가 외부로부터 침략받는 극한 상황에서는 조국은 무력으로 수호되어야 한다. 이것은 전쟁찬양론과는 전혀 상관없는 '국가의 영원한 진실'이다. 누란의 위기에도 평화만을 되뇌는 당위론은 국가의 진실 앞에 철저히 무력하다. 평화는 결코 평화만으로 지켜지지 않는다. 자유의 나라, 촛불의 나라가 위태롭다."31) 전쟁은 안 하는 것이 최선이지만 하게 되면 이겨야 한다. 이순신 장군이 『난중일기』에 쓰셨던 "살고자 하면 죽을 것이요, 죽고자 하면 살 것이다(生卽死 死卽生)"가 정답이다. 2002년 겨울 이래 전국을 휩쓸었던 반미데모와 자주국방을 외치며 전시작전통제권 이양을 외치던 주장은 북한의 핵무기 위협이 피부로 느껴지기 시작한 2013년부터 한국 사회에서 잠시 수면 아래로 자취를 감추었다. 우리의 힘만으로는 북한의 핵무장에 대응할 수 없으니 국민도 정부도 미국만 바라보고, 미국의 선처만을 기대하고 있다. 2002년에는 우리가 안보 측면에서 그렇게 취약한 존재라는 사실을 몰랐단 말인가? 우리 국민이 안보 문제에 무책임하고 무감각하게 된 것은 70여 년간 계속된 북한의 도발에 길들여져 왔기 때문이기도 하겠지만, 그보다는 우리 사회 전반에 퍼져 있는 '오늘 당장, 나에게 돌아오는 이익'만을 생각하는 이기주의가 보다 큰 이유라고 생각한다. 이러한 안보 불감증과 이기주의로 많은 국민은 북한 정권으로부터 자신과 자기 자식에게 가해지는 현존하는 위협마저 부정하면서 외면하고 싶어 한다. 정치인은 표에, 언론은 판매부수와 시청률에 목매달고 있는 것은 세계 어느 나라나 마찬가지이지만 그것도 정도의 문제다. 정치인과 언론은 대중을 바른 방향으로 인도하고 계도할 책임이 있는데, 우리 정치인과 언론은 그 책임은 뒷전에 둔 채 변덕스러운 대중심리에 영합하고, 아니 이를 조장하여 자신들의 잇속을 챙기는 데에 몰두하고 있다. 표류하는 대한민국호는 침몰할 것인가 아니면 어느 낯선 해안에 닻을 내릴 것인가?

임진왜란 직전 통신사로 일본에 갔던 황윤길과 김성일은 귀국 후 정반대의 의견을 조정에 보고했다. 정사 황윤길은 도요토미 히데요시는 눈빛이 빛나고 지략이 풍부해 보였으며, 여러 사정으로 볼 때 머지않아 조선을 칠 것으로 보인다 했고, 부사 김성일은 히데요시는 쥐같이 생긴 인물로서 두려워할 바가 못 되고 조선을 칠 의사와 능력이 없어 보인다고 보고했다. 당시 선조를 비롯한 조정은 서인 황윤길과 동인 김성일의 상반된 보고에 당황하면서 난상토론 끝에 '전쟁은 그렇게 쉽게 나는 것이 아니다'라고 희망사항대로 결론을 내렸다. 그리고 왜적의 침략에 대비하기 위해 성을 쌓고 보수하던 지방수령들에게 민심이 동요된다는 이유로 공사 중지 명령을 내렸다. 잘 알려진 이 이야기를 여기에서 재탕하는 이유는 오늘의 모습이 400여 년 전의 상황과 너무도 유사하기 때문이다. 북핵 위기에 일본과 하와이뿐만 아니라 북한과 국경을 접한 중국지역에서도 핵공격에 대비한 민간인 대피훈련을 실시했다. 한국에서는 국민의 안전을 책임져야 할 행정안전부 장관이 북핵 대비훈련에 대해 "정부가 나서 위험을 조장하는 오해와 불안감이 있을 수 있다"면서 민방위훈련 때 핵공격 대비 대피훈련을 기피했다. 전쟁이 임박하면 행정안전부 장관을 포함한 정부고관은, 핵무기에 견딜 수 있는 어느 요새로 들어간다. 국민도 살고 싶다. 그런데 우리 정부는 '불안을 조장한다'며 생존훈련을 기피한다. 타조처럼 모래에 머리를 파묻고 '안전하다' 하니 세상도 한국

을 신뢰하지 않는다.[32]

김정은이 어떤 사람인가는 별로 중요하지 않다. 문제는 그 정권이 우리를 일시에 궤멸시킬 수 있는 핵무기를 가졌다는 사실이다. 20여 년 전 북한의 핵무기 개발이 만천하에 드러났을 때, 한국 사회에서는 '그들의 핵 개발은 단지 협상용일 뿐이다, 아니다'를 놓고 갑론을박을 벌였는데 오늘의 실상은 어떠한가? 오늘날에도 북에 대한 대화론과 강경론을 놓고 유사한 논쟁이 계속되고 있다. 참 어리석은 논쟁이었고, 부질없는 주장이다. 안보에는 실수가 용납되지 않는다. 경제는 실패한다면 다시 일으켜 세울 수 있지만 안보는 무너지면 그것으로 끝이다. 그러하기 때문에 1% 미만의 위험성이 있더라도 이에 대비하여야 하는 것이 안보이고 국방이다. 세계의 주요국들이 전쟁이 없는데도 매년 국내총생산(GDP)의 1~8%(우리나라는 2.4% 전후)를 국방비에 투입하며 상비군을 유지하는 이유가 여기에 있다. 특히 정책 결정자들은 보고 싶지 않은 현실에도 눈에 불을 켜고 직시하여야 한다. 1%의 위험 가능성에도 미리 대비하여야 하는 것이 그들의 책무이기 때문이다.

김정은이 '핵무기는 조국통일의 보검'이라 하는 마당에 북핵 문제를 남북대화로 풀어 보겠다며 '오로지 평화'만을 외치는 주장은 순진을 넘어 초현실적인 생각이며, 보기에 따라서는 국가 반역행위이다. 1973년 1월 파리협정에 따라 미군과 한국군이 월남에서 철수하고 월맹에 비해 군비와 경제력에서 월등하였던 월남은 소원대로 '자주국방'을 하다가 힘도 제대로 써보지 못한 채 2년 만에 패망하였다. 그 후 월남의 공무원, 종교인, 지식인, 언론인 등은 '재교육'이라는 미명하에 제거되었다. 월맹은 '미군 철수 → 월남 내부 좌경화 → 친

월맹정권 수립 또는 무력통일'의 3단계 계획을 치밀하게 추진하여 성공했다. 월남 대통령궁을 점령하던 월맹군은 변변한 군복과 군화조차 갖추지 못했다. 북한군의 열악한 사정을 얕보아서는 안 되는 이유이다.[33) 북한은 지난 20여 년 동안 국제사회의 온갖 비난과 제재를 감수하면서 추호의 흔들림 없이 그들의 시간표에 따라 핵무장을 하였다. 2017년 북한의 6차 핵실험과 두 차례에 걸친 대륙간탄도미사일 발사 직후에도 우리 정부, 여당은 대화에 매달렸고 심지어는 개성공단 사업 재개를 검토하겠다는 의지를 보였다. 개성공단 조업 재개는 북한에 경화(硬貨)를 제공한다는 점 이외에 또 다른 문제점이 있다. 공단 내에 체재하는 우리 측 인원이 하시라도 북한 정권의 인질이 될 수 있다는 점이다. 그러한 예상의 근거로 공개되지 않은 사실 하나를 밝히고자 한다. 2003년 초 북한이 핵확산금지조약을 탈퇴한 직후 북한과 국제사회 사이에 긴장이 최고조에 달하였을 무렵, 북한은 케도 경수로 건설부지를 접수하는 방안을 검토한 적이 있는 것으로 보인다. 금호지구 경수로 건설 사업 부지는 철망으로 경계가 지어진 육지 내의 섬이며, 그 경계선 외곽은 북한군이, 경계선 내부는 우리 측 '질서유지대'가 경비하고 있었다. 한편 북측은 1980년대 중반 소련 원전 기술자들이 거주하던 게스트하우스 내에 외화벌이 차원에서 남측 인원들만이 출입할 수 있는 식당 겸 바를 몇 군데 운영하였다. 북측은 상기 바의 여종업원을 동원하여 질서유지대 초소 관련 정보(초소별 경계 인원 수, 경계 인원의 교대시간 등)를 파악하고자 하였다. 그 여종업원은 평소 그녀에게 치근거리던 건설 관련 일을 맡았던 우리 측 간부에게 자신이 위로부터 받은 지시사항이 적힌 메모를 전달하였는데, 그 메모가 우연히 케도 대표들의 손에 들어왔다. 케도 대표들은 북한 측의 그러한 시도를 북한군의 케도 건설부지 진입, 접수를 위한 사전 정보수집의 일환으로 생각하였다. 당시 국제사회의 압력에 대한 북한의 대응이 강경 일변도로 치닫고 있는 상황이어서 그 메모를 입수하기 며칠 전부터 나를 포함한 케도 대표 몇몇은 억류될 가능성을 예상하면서 "그래, 우리가 '대표 최고 인질'로 끝까지 남아 있자"라고 다짐을 한 적이 있었다. 경수로 건설 사업은 2003년 11월 중단되었고, 잔류해 있던 케도 인원 57명이 2006년 1월 전원 철수함에 따라 동 공사는 완전 종결되었다. 그때까지 전 공정의 34%가 진행되었고 이에 투여된 사업비는 총 15억 6,200만 달러(이 중 한국이 부담한 비용은 11억 3,700만 달러)이다. 케도 인원 철수 시 북한은 중장비 93대, 차량 190대, 공사자재 등 455억 원 상당의 장비와 자재 반출을 허가치 않았다. 만약 개성공단 사업이 재개된다면 개성공단 내에 체류하는 우리 국민은 인질이 될 수 있고 공장 기기와 장비는 또다시 몰수될 것이다. 이러한 관점에서 볼 때, 북한의 4차 핵실험으로 남북 관계가 긴장 상태에 돌입하자 우리 정부가 2016년 음력설 기간 중 북측이 생각할 틈을 주지 않고 전격적으로 개성공단을 폐쇄하고, 우리 측 인원을 철수시킨 것은 현명한 결정이었다.

스탈린의 정적 트로츠키(Leon Trotsky)가 런던에 망명 중이던 1925년, 영국에 사상 최초로 노동당 정부[램지 맥도널드(R. McDonald) 총리]가 들어섰다. 이에 고무된 트로츠키는 영국에 공산혁명을 전파하기 위해 노동자 선동을 목적으로 『영국은 어디로 가고 있는가?(*Where Is Briton Going*)』라는[34] 책을 썼다. 그 내용의 핵심은 **"적을 만들어라. 적과 동지를 식별하라. 보수 언론을 경계하라. 법과 원칙은 탁상공론이다. 요원 양성과 정신 개조가 시급하다. 결사투쟁만이 사는 길이다.**

총파업이 최상의 방법이다" 등 혁명의 방법론을 구체적으로 제시한
것이다.[35] 북한에서는 트로츠키의 가르침대로 끊임없이 적을 만들어
내면서 수령유일체제에 방해가 되는 불순 세력을 숙청하고 있다. 남
한 사회는 어떠한가? 트로츠키 주장에 맞추어 남한 사회의 현재 모습
을 하나하나 뜯어 보면, 놀랍게도 그가 공산혁명을 위해 추구하고자
하였던 바로 그 주장이 남한 사회에서 벌어지고 있다. 이러한 상황하
에서 한국 내에 있는 북한의 주장에 동조하는 세력, 세칭 종북 세력
에게 묻고 싶다. 21세기 미문(未聞)의 3대 세습, 개인숭배, 인권유린,
만인에 의한 만인의 감시로 얼룩진 독재정권을 옹호하는 이유가 도
대체 무엇이냐고. 이성과 상식을 가진 보통 사람으로서는 그들의 주
장과 행동을 이해하기 어렵다. 젊은 시절 캠퍼스에서 의분에 차 열변
을 토하였던 그 주장을 번복하면 자신의 존재이유가 사라지기 때문
인가? 민주화 물결에 불살랐던 그 청춘의 시간들에 반역할 수 없기
때문인가? 상황이 바뀌었는데도 생각과 행동을 바꿀 용기가 그렇게
도 없단 말인가? 한반도가 적화되면 북한이 그간의 노고를 치하하고
은전(恩典)을 베풀기를 기대하는 것인가? 천만의 말씀이다. 그들에게
남한의 종북 세력은 동지가 아니다. 그저 하수인일 뿐이고, 목적을
달성한 후에는 버려야 할 폐기물일 뿐이다. 그들에게 종북 세력은 남
한 자본주의의 단물을 빨아먹고 살아온 언제 배신할지 모르는 위험
세력이기 때문이다. 한국전쟁 직후 북으로 올라온 남로당 세력을 완
전히 숙청하고 박헌영을 처형시킨 그들이다. 대북 유화론자와 종북
세력은 초현실적인 꿈에서 깨어나 현실을 직시하여야 한다. 유화와
종북의 말로는 자신과 자기 가족의 파멸이다. 1970~1980년대 운동
권의 대부였던 김문수 전 경기도 지사의 말에서 평소의 의문에 대한

답을 어렴풋이나마 찾을 수 있었다. 그는 "사람의 사상은 변하지 않는다. 담배 끊기보다 힘들다. 고문당하고 감옥을 다녀와도 사상을 바꾸지 않는다. 연옥의 고통을 거쳐서도 잘 바뀌지 않는 게 사상이다. ……혁명은 영원하다"라고 말했다. 위와 같은 거창한 담론보다 더 현실적인 이유는 '인간의 사회성'에 있지 않을까 하는 생각이 든다. 즉 그들은 젊은 시절부터 소위 '뜻을 같이한 동지'들과 평생을 교류하며 살아왔는데, 사상을 전환하는 순간부터 그들은 '친북 네트워크 구성원'들로부터 배신자로 낙인찍히고 사회적으로 외톨이가 될 것이다. 이러한 현실적인 이유 때문에 그들 중 사상이 바뀐 사람들도 전향을 선언하지 못한 채 자신을 속이면서 사회인으로 사는 길을 택한 것은 아닌가 하는 생각이 든다. 군인들이 전투 시 '국가와 민족을 위해'라는 거창한 담론보다는 옆에서 죽어 넘어가는 전우 때문에 목숨을 거는 것과도 일맥상통한 점이 있다.

한편 "386 전대협 출신 청와대 핵심요원들의 정체성을 둘러싼 논쟁에서 그들은 스스로 '민주주의를 위해 노력한 사람들'이라 했다. 그러나 민주주의에는 여러 종류가 있어, 그것만으로는 그들의 정체성을 가늠할 수 없다. 1980년대 학생운동을 지켜본 바에 의하면, 전대협 386 학생운동, 그중에서도 NL(민족해방) 계열, 그중에서도 성서적인 표현인 '열성당원'일수록 어딘가 밀교(密教, cult)적인 분위기 같은 것을 느끼게 하였다. 컬트 분위기란 자기들이 진리를 대표한다는 우월감, 선민의식, 자폐증 같은 것들이다. 세상을 절대 선과 절대 악으로 가른다. 절대 선 무리 안에서는 지도노선에 대한 충성이 요구되고 개인의 성찰적 사유는 용납되지 않는다. ……이것은 지하드(聖戰)의 경지이지, 지적 엄밀성의 차원은 아니다. ……386 전대협 출신들이 정권을 잡은 한에서는 그들의 생각이 왕년의 컬트 시절과는 많이 달라져 있기를 희망하는 수밖에 없다. 스피노자(Spinoza)는 '사람의 가장 큰 행복과 축복은 선을 향유하는 데 있지, 자기 혼자만 그것을 배타적으로 향유하고 있다고 자만하는 데 있지 않다'고 주장했다. 지적·도덕적 우월감에 기초한 선민의식이란 철학적으로 성립될 수 없다는 이야기였다. 그는 유대인의 선민의식을 부정했다 해서 유대교로부터 파문당했다."36)

영국 총리 체임벌린(Arthur Neville Chamberlain)은 1938년 독일이 체코슬로바키아의 주데텐 지방을 합병하는 대가로 영국, 프랑스와 불가침조약을 맺는 것을 골자로 하는 '뮌헨협정'을 맺고 귀국하여 "이제 우리 시대에 평화가 찾아왔습니다"라고 포효했고, 영국 국민은 이에 환호하였다. 당시 야당 지도자이던 처칠(Winston Churchill)은 뮌헨협정 타결 소식에 "우리는 완전하고, 절대적으로 패배했다. 이것은 끝이 아니다. 시작일 뿐이다"라고 부르짖었으나, 그의 연설은 항의하는 청중의 야유 속에 묻혀 버렸다. 이후 히틀러는 영국, 프랑스에게 계속 양보를 얻어 내면서 이듬해에 폴란드를 침공함으로써 제2차 세계대전이 발발하였다. 결국 체임벌린의 유화정책은 히틀러에게 군비증강의 시간을 주었을 뿐 아니라 전쟁기피증에 걸린 영국, 프랑스와 전쟁을 하면 반드시 승리할 것이라는 자신감을 심어 주었다. 유화론(宥和論)을 얘기할 때마다 거론되고 비난받는 인물이 체임벌린이다. 그러나 그는 억울할 수 있다. 그의 유화정책은 영국 국민의 반전 분위기를 반영한 것이라 볼 수 있다. 제1차 세계대전의 상흔과 대공황의 고통에 시달리던 영국인들은 도발의 명백한 물증에도 눈감아 버린 채 '영국과 사이좋게 지내고 싶다'는 히틀러의 거짓 평화 주장을 믿고 싶어 했다. 한국 사회의 어제와 오늘의 모습을 보는 듯하다. "국가의 안전, 동포의 생명과 자유가 걸린 문제에서, 최후의 수단을 쓰지 않으면 안 될 때가 오면 그런 확신이 있을 때에는 무력을 사용하는 일을 피하면 안 된다. 그것은 정당하고 절실한 문제이다. 싸우지 않을 수 없을 때에는 싸워야 한다." 윈스턴 처칠은 그의 회고록에서 전쟁의 전주곡이 된 뮌헨협정에 관한 내용을 쓰면서 이렇게 쓰디쓴 어조로 마무리하였다.

전쟁은 지도자가 손사래 친다고 해서 일어나지 않는 것이 아니다.

'정말 나라도 아니다'

'정말 나라도 아니다'라는 말은 최순실이 정권 비선실세라는 의혹이 제기된 2016년 10월 정치권에서 처음 나왔고, 이후 박근혜 전 대통령의 '세월호 7시간' 의혹 등을 들어 현 집권 세력이 집요하게 '이게 나라냐'라고 물고 늘어지면서 회자된 문구이다. 이제 안보 문제와 관련하여 정말 나라인지를 의심스럽게 하는 사례를 몇 가지 들어 보자.

"그렇다면 전쟁을 하자는 얘기냐?"

2002년 10월 북한이 제네바합의를 깨고 핵무기를 개발하고 있다는 사실이 밝혀지면서 한국 사회는 북한에 대한 강경론과 유화론이 충돌하면서 또다시 갈등에 휩싸였다. 이때 유화론자들은 "그렇다면 전쟁을 하자는 얘기냐?"라며 강경론자들의 말문을 막아 버렸다. 그 당시 사회 분위기에서 '필요하다면 전쟁도 불사할 각오를 해야'라고 대응하려면 상당한 용기가 필요했다. 우파는 좌파의 벌떼 같은 공격이 눈에 선하였기에 이를 정면으로 맞받아치지 못했다. 그럴 만한 용기가 없었기 때문이다. 전쟁과 평화는 대칭이 되는 반대어가 아니다. 평화는 목표이며 전쟁은 수단이다. 대북 유화론자들의 주장대로 위험 부담이 있다는 이유로 사용 가능한 수단을 포기한다면 결과는 평화라는 목표와 거리가 먼 비전쟁 상태의 굴종에 도달하게 될 것이다. 그들에게는 오늘의 북한 주민처럼 김정은을 찬양하는 자유 이외의 모든 것을 상실한 채 살아가는 삶이 기다리고 있을 것이다. 제네바합의로부터 15년 후 북한이 6차 핵실험과 대륙간탄도미사일 발사 시험에 성공하자 미국은 군사작전도 불사하겠다는 강경 입장을 공개적으로 표명하였다. 이에 대해 문재인 대통령은 2017년 광복절 경축사에서 "한반도에서 또다시 전쟁이 일어나서는 안 된다" 하였고, 문정인 외교안보특보는 "한미동맹이 훼손되더라도 전쟁만큼은 막아야 한다"고 주장했다. 앞에서 기술하였듯이 북한은 6차 핵실험 성공을 자축하는 평양시 군민(軍民)대회에서 민을 대표한 박봉주 내각총리는 미국은 조선반도 문제에서 손을 떼라 했고, 군을 대표한 오금철 부참모총장은 서울을 비롯한 남반부 전역을 단숨에 깔고 앉을 수 있는 결전 준비태세를 갖추어 나가겠다고 했다. 전쟁은 상대가 있는 것이기에 원하지 않는다고 일어나지 않는 것이 아니며, 막아지는 것도 아니다. 우리의 상대는 북한이다. 북한은 전쟁준비를 하겠다고 공개적으로 선언했는데, 우리나라의 국가안보를 책임지고 있는 대통령은 전쟁이 일어나서는 안 된다는 당위론을 펼쳤고, 그의 외교안보특보는 박봉주의 요구사항에 화답이나 하듯이 64년간 전쟁을 막아 온 한미동맹이 훼손되더라도 전쟁은 막아야 한다고 했다. 북한은 남침을 위해 오매불망 한미동맹의 훼손을 염원하여 왔으니 동맹이 훼손되면 전쟁이 일어날 가능성이 커지는 것은 당연한 논리적 귀결이다. 한국에서 제정신이 있는 사람이라면 전쟁을 원하는 사람은 없다. 그러나 상대는 전쟁을 할 의사가 있을 뿐만 아니라 핵무기로 무장하고 있는데, 우리 혼자 전쟁이 일어나서는 안 된다 하니 전쟁을 안 할 방법이, 또 전쟁을 막을 수 있는 방법이 도대체 무엇인지 정말로 알고 싶다. '대화를 통한 평화?' 수십 년 동안 북한에 속아 왔으면서도 아직 무엇을 기대하고 있다는 말인가? **핵무기로 무장한 상대방이 만반의 결전 준비를 갖추어 나가겠다고 선언한 마당에 우리 국군통수권자는 대책을 내놓기는커녕 남의 집 얘기를 하듯 '전쟁이 일어나서는 안 된다'라고 선언적 얘기나 하고 있으니, 이는 김정은의 시각에서는 공개적인 항복 선언과 다름없다. 이건 정말 나라도 아니다.** "문재인 정권의 좌파 노선은 대한민국의 틀 즉 정체성, 헌법적으로 확인된 이념적 질서에 손을 대고 안보적 공감대마저 이완시키려 하고 있다. 전쟁을 통해 대한민국을 무너뜨리려고 했고 이제는 핵 무력으로 대한민국을 위협하고 있는 북한을 수용하고 더 나아가 쩔쩔매는 듯한 자세로 가고 있다. 전통적 동맹국인 미국과는 위험 수위를 넘나드는 반목의 기운이 느껴진다."[37] 전쟁을 안 하겠다고 하면 김정은의 핵무기 앞에 항복하여 비루한 삶을 살게 될 것이고, 전쟁을 불사할 각오를 하면 전쟁이 일어날 가능성은 줄어들 것이다.

여기가 서울인가, 평양인가?

2017년 광복절, 서울시청 광장과 광화문에서 집회가 열렸다. 바로 수개월 전 태극기집회와 촛불집회가 열렸던 그곳이다. **군중들이 외쳐대는 구호와 이들이 흔들어대는 빨간 깃발만 보면, 그곳은 서울 한복판이 아니라 분명히 평양이다.** 그 구호는 '우린 신세계를 열어 간다.

통일 선봉대', '평화협정체결하고 미국놈들 몰아내자', '이석기, 한상균 모든 양심수를 석방하라', '전쟁 연습 중단해라', '평화협정 체결하라', '전쟁 위기 고조시키는 미국은 물러가라', '한미동맹 폐기하라', '국가보안법 폐지하고 양심수를 석방하라', '전쟁선동 사드강요, 트럼프는 물러가라'. 이들이 외쳐댔던 구호를 요약하면, 한미동맹 파기, 주한미군 철수, 평화협정 체결, 국가보안법 폐지, 한미군사훈련 중단, 국가보안법 폐지 및 위반 죄수 석방, 사드 배치 철회 등이다. 우리 민족이 일제 치하에서 벗어나 빛을 다시 찾은 날인 광복절, **통일선봉대는 신세계를 열겠다며 수십 년간 북한 정권이 주장해 온 내용과 완전히 동일한 내용을 외쳐댔다.** 그들은 그 신세계가 무엇이지를, 새로운 빛이 어디에서 나오는지를, 그들이 선봉에 서고자 하는 통일이 어떠한 통일인지를 스스로 밝혔다. 보다 심각한 문제는 우리 언론이 이날의 집회를 거의 보도하지 않아 일반 국민은 그날, 그곳에서의 집회 사실과 그 구호 내용을 거의 접하지 못하였다는 데에 있다. 언론의 비보도는 무슨 연유에서였을까?

북한 주민의 인권에 대해 침묵하는 세력

2005년 처음 발의되어 2016년 3월에 겨우 통과된 '북한인권법'이 사실상 사문화되고 있다. 법 시행을 위한 핵심장치인 북한인권재단이 이사진을 구성하지 못해 아직 출범조차 하지 못하고 있다. 인권재단의 업무가 '**북한을 자극할 것이라는 우려**'로 현 여권이 동 재단의 출범에 소극적이다. 정부, 여당이 지향하는 남북대화의 목적도 궁극적으로 북한 주민의 인권 개선이어야 한다. 평양 권부의 소수 특권층만을 의식한 남북대화와 대북 지원은 외눈박이 사고다.[38] 문재인 정부는 북한 동포의 인권 문제를 사실상 방치하고 있다. 국내에서는 인권·노동문제를 그렇게 외쳐대면서도 정작 참혹하게 살아가는 '헌법상 우리 국민'인 북한 주민의 고통에는 침묵하고 있다. 북한 인권 문제에 한국이 앞장서야 한다. 첫째, 인권은 인류의 보편적 가치이다. 북한 주민의 고통을 방치하면서 인권과 적폐청산을 외치는 건 위선이다. 둘째, 인권은 북핵 문제와도 연결되어 있다. 북한은 인권유린체제를 유지하기 위해 핵을 개발하고, 핵을 개발하기 위해 인권이 더 악화하는 악순환이 진행되고 있다. 셋째, 인권은 김정은 정권의 약한 고리이다. 자유와 번영은 최대의 비대칭 자산이다. 넷째, 통일을 위해서도 북한 인권 개선을 위해 노력하고, 이를 통해 북한 주민의 마음을 얻어야 한다.[39)]

북한을 자극한다?

정부가 북한 인권 문제에 침묵하는 이유는 '북한을 자극할 것이라는 우려' 때문이란다. 그런데 왜 우리가 북한을 자극하면 안 되는가? 북한이 우리에게 도발해 올 때마다 정부와 정치권은 북한을 자극하지 않기 위해서 움츠려들었던 사례를 우리는 너무나 많이 보아 왔다. 핵무기 개발은 고사하고라도 아웅산 테러, 대한항공기 폭파, 천안함 폭침, 연평도 포격, 금강산 관광객에 대한 총격 등 북한은 셀 수 없이 많은 군사 도발과 테러를 자행하였는데 우리는 이에 적절히 대응한 적이 없다. 외교부는 2017년 11월 14일 정례 브리핑에서 "김정남 피살을 테러로 보는가, 아닌가?"라는 질문에 '테러'라고 답하지 못했다. 백주에 국제공항에서 유엔이 금지한 화학무기로 김정은의 이복형을 암살한 사건을 전 세계가 다 아는데 우리 외교부는 테러라고 답을 못하고 빙빙 돌려서 말했다. 외교부의 이런 모습은 북한을 자극하는 일은 피하고 보려는 정부 분위기와 관련이 있을 것이다. 미국·일본·유럽이 유엔제재와는 별도로 대북제재를 하고 있는데 한국 정부만 트럼프 미국 대통령 방한을 하루 앞두고 독자제재 방안을 내놓았으나 거의 의미 없는 내용이었다. 북한을 향해 '하기 싫은 것을 억지로 한다'는 메시지를 보내려 했을 가능성이 있다.[40] 우리가 북한에 대해 무슨 잘못이 있으며 무슨 빚을 졌기에 이렇게 움츠리며 살아야 하는가? '무엇이 무서워서 피하냐, 더러워서 피하지'라고 설명한다면 이는 위선을 넘어 거짓말이다. 사실 무서워서 피해 왔다. 유약한 전쟁 기피증이 우리를 이렇게 길들여 왔다. 가장이 가족을 지킬 용기가 없다면 위난(危難) 시 그 가족의 장래는 빤하다.

천안함 46용사가 하늘에서 내려다보고 있다

2003년 『워싱턴 포스트』에 미국 동부의 어느 작은 마을에서 한국 전쟁 참전 기념비 제막식이 열렸다는 짧은 기사를 본 기억이 난다. 그 마을 주민은 2차 연평해전(2002. 6. 29) 전사자 한 분(한상국 중사로 기억된다)의 미망인을 제막식에 초청하였는데, 그 부인은 "한국에서는 나를 죄인으로 취급하는 분위기인데 이렇게 초청해 주시니, 하늘에 있는 그이의 명예가 회복된 것 같아 기쁘다"라고 기자에게 말하였다고 한다. 그 마을 출신 젊은이들이 먼 이국땅에서 전사한 사실을 기리는 기념비를 50여 년이 지난 후에라도 세우는 나라가 미국이다. 그 기념비에는 **"자유는 거저 얻어지는 것이 아니다**(Freedom is not free)"라고 새겨져 있다. 2017년 9월 28일 제69주년 국군의 날 기념행사가 평택 해군 제2함대사령부에서 열렸다. 나는 수년 전 제2함대사령부를 방문한 적이 있었는데, 사령부 본관 건물에서 불과 수백m 떨어진 곳에 천안함이 반 토막으로 잘려 버린 채 전시되어 있었다. 이 행사에 참석한 문재인 대통령은 기념사에서 "우리가 전시작전권을 가져야 북한이 우리를 더 두려워하고 국민은 군을 더 신뢰한다"라고 말했다. 참으로 이해할 수 없는 논리다. 북한이 미군을 더 두려워할까, 한국군을 더 두려워할까? 미국 트럼프 대통령은 2017년 11월 9일 대한민국 국회 연설에서 "2009년에 미국은 대화의 여지를 다시 한 번 열었고, 북한에 손을 내밀었습니다. 하지만 북한에서 돌아온 대답은 한국 해군 함정을 침몰시키고 해군 46명을 수장시킨 것이었습니다"라고 말했다. 국군의 날 기념식에 참석한 **우리 대통령은 천안함 46용사에 대해 일언반구 하지 않았고 수백m 앞에 전시되어 있는 반 토막 난 천안함에 얼굴 한 번 비추지 않았다. 그러나 수천km를 날아 온 미국 대통령은 국회연설에서 천안함을 잊지 않고 있음을 확인해 주었다.**

또한 평창 동계올림픽 개막식 참석차 방한한 미국 펜스 부통령은 천안함 전시현장을 방문하였다. 이보다 더 개탄스러운 일은 북한이 평창올림픽 폐회식에 천안함 폭침의 주범으로 알려진 김영철 노동당 중앙위원회 부위원장 겸 통일전선부장을 단장으로 하는 대표단을 보낸 데 대한 청와대의 반응이다. 청와대 고위관계자는 "당시 조사 결과 주역이 누구인지 발표가 없었다. 김 부위원장은 미국의 독자 제재 대상이며 대한민국의 금융제재 대상이지만, 올림픽의 성공을 위해 대승적 차원에서 받아들일 예정이다"라고 말했다고 한다. 청와대의 논리대로라면 법적 증거가 없으니 김영철은 범법자가 아니라는 말이다. 김영철이 주범인지 여부를 있지도 않은 전범재판에라도 회부하라는 얘기인가? 그는 2010년 천안함 폭침과 연평도 포격 당시 대남공작을 총괄하는 정찰총국의 총국장이었다. 그것으로 책임 소재가 분명한데 무슨 엉뚱한 궤변인가? 더욱이 북한에서 대표단이 오든 말든, 누가 오든 간에 그것이 올림픽 성공과 무슨 연관이 있단 말인가? 북한으로서는 남남 갈등과 한미동맹 이간을 목적으로 의도적으로 김영철을 파견하고자 하였겠지만 이에 맞장구치는 남쪽 세력을 어떻게 해석하여야 할 것인가? 이제 천안함 용사와 그 가족의 피눈물을 어떻게 닦아 줄 것인가? 정말 이게 나라입니까?

국정원의 자발적 '무장해제', 간첩과 종북이 환호한다

북한이 신형 대륙간탄도미사일 '화성-15형'을 발사한 2017년 11월 29일, 국가정보원은 그 명칭을 대외안보정보원으로 바꾸고 대공수사권을 포함한 모든 국정원 수사권을 폐지하는 것을 골자로 한 국정원법 개정안을 발표했다. 대공수사권 폐지는 간첩과 종북에 대한 수사권을 사실상 포기하는 행위이다.[41] 노무현 정부 시절 국정원 1차장을 지낸 염돈재는 "국정원의 수사권을 폐지한다면 대한민국 내 간첩과 종북 세력들에게 날개를 달아 주게 될 것"이라 했다. 문재인 대통령은 지금을 "6·25 이후 최고의 위기"라고 했고, 서훈 국정원장은 "대공 수사를 가장 잘할 수 있는 건 국정원"이라고 했다.[42] 위의 세 어귀를 풀어서 한 문장으로 만들면 '**대한민국 최고의 안보 위기 상황 아래에서 간첩과 종북 세력들에게 날개를 달아 주기 위해 대공수사를 가장 잘할 수 있는 국정원의 대공수사권을 폐지하는 것**'이 국정원법 개정안의 취지라 할 수 있다.

'불법 시위꾼이 낼 돈'을 세금으로 메운다?

정부는 2017년 12월 12일 국무회의를 열어 제주 강정 해군기지 건설 과정에서 불법·폭력시위로 공사를 지연시켜 국고 손실을 초래한 시민단체 회원과 주민을 상대로 받아 내려 했던 34억 5,000만 원의 구상금을 포기했다. 해군은 삼성물산에 물어 준 275억 원을 방위력 개선 사업비에서 꺼내 썼다. 군 장비 개선에 들어가야 할 국민의 세금이 군항 건설을 막아 온 시위꾼을 보호하는 데 들어갔다. 정부의 구상권 포기로 다른 시공사 세 곳에 물어 주어야 할 돈도 수백억 원에 이를 것으로 추산된다. 다 국민의 혈세다. 강정마을 시위자의 상당수는 외부 전문 시위꾼이었다. 이들이 가장 두려워하는 것이 손해배상과 구상권 청구다. 정부가 공권력 약화를 부추기는 것과 다름없다. 앞으로 100명이 하는 사드 반대 시위를 경찰 1,600명이 못 막고 쩔쩔매는 일이 일상화할 것이다. 이것이 법질서를 지킨다며 적폐수사를 하는 정부의 법에 대한 자세다.[43]

북한 발표를 듣고 어선 나포 사실을 알았다?

대한민국 국민 7명을 포함한 어부 10명이 탄 한국어선 '391흥진호'가 2017년 10월 21일 북한에 나포되어 7일간 억류되어 있었다. 송영무 국방장관은 10월 30일 국회 국정감사에서 우리 어선이 북한에 의해 나포되었다는 사실을 "언론보도를 통해 알게 되었다"고 답변했다. 우리 언론도 북한 조선중앙통신의 10월 27일 보도 이후 이 사실을 (아주 작은 뉴스거리로) 보도하였으니 북한 당국 발표 때까지 국가 안보와 국민 생명을 지켜야 할 대통령을 포함한 군 지휘라인이 우리 어선 나포 사실을 전혀 모르고 있었다는 얘기이다. 세월호 사고 시 박근혜 전 대통령의 7시간 행적에 대해 끈질기게 물고 늘어졌던 사람들이 우리 국민을 태운 우리 어선이 북한에 나포된 사실을 우리 정부가 7일간이나 몰랐다 데 대해서는 일언반구도 없었다. 휴전선 인근 해역으로 출항한 어선이 7일 동안 소식이 끊겼는데 북한에 의한 나포 사실을 몰랐다는 정부의 발표를 어떻게 믿을 수 있을까? 정부의 발표대로 나포 사실을 몰랐다면 그 자체로도 심각한 문제다. 더욱이 언론의 무관심은 미스터리 자체다.[44]

평창 동계올림픽 북한 참가의 함정

김정은이 2018년 신년사에서 평창 동계올림픽 참가 용의를 표명하자, 우리 정부는 기다렸다는 듯이 반색하며 1월 9일 고위급회담을 통해 북한의 올림픽 참가와 남북대화 재개에 합의하였다. 이후 양측의 협의에서 우리 정부는 북한의 요구사항을 거의 받아들였다. 대표적인 것이 북한의 체제선전용 예술단과 대규모 응원단 파견에 동의한 것이다. 나아가 정부는 개회식과 폐회식에서 태극기 대신 한반도기를 들고 공동입장하고, 여자 아이스하키팀을 단일팀으로 구성하며, 마식령 스키장을 훈련장으로 이용하고, 금강산에서 전야제를 하자고 먼저 제안하였다. 트럼프 미국 대통령은 문 대통령의 요청을 받아들여 올림픽 기간 중 한미합동군사훈련을 잠정 중단하는 데 동의하면서도, 북한과의 대화가 좋은 소식인지 나쁜 소식인지는 두고 보아야 할 것이라는 일침을 가했다. 지난 수년간 국제사회와 한국 정부의 대화 요청을 비아냥거리며 핵무장에 매진하던 김정은이 갑자기 태도를 바꾼 이유가 무엇일까? 태도 변화는 2017년 하반기의 강도 높은 국제사회의 대북 경제제재에 북한 정권이 고통을 받기 시작하였다는 신호이다. 북한과의 무역과 금융거래는 물론 석유제품 수입의 90%를 차단하고 2년 내로 러시아, 중국 등에 있는 북한 노동자 수만 명의 귀환을 명령하는 유엔안보리결의 2397호(2017. 12. 22) 및 광범위한 세컨더리 보이콧(secondary boycott)을[45] 규정한 트럼프의 행정명령(2017. 9. 21)은 김정은을 궁지로 몰아넣고 있다. 김정은으로서는 나라를 운영할 외화와 물자 부족도 문제거니와 엘리트의 충성을 유도하는 정치자금이 바닥나고 있는 것이 더 큰 문제일 수 있다. 평화 공세를 펼치고자 하는 김정은의 목표는 명약관화하다. 첫째, 한미동맹의 이간이다. 둘째, 남남갈등 조성이다. 셋째, 유엔제재의 균열이다. 넷째, 핵무장 완성까지 '시간 벌기'이다. 다섯째, 평화 공세를 통해 미국의 군사적 선제공격의 명분을 제거하는 것이다. 그렇다면 한국이 북한의 평화 공세에 호응함으로써 얻을 수 있는 것은 무엇일까? 남북대화 재개이다. 그러나 남북대화의 재개가 한반도에 평화를 가져다주지 않는다는 것은 이제 삼척동자도 다 아는 사실이다. 북한이 핵무장을 포기하지 않는 한 한반도에 진정한 평화는 없다. 북한의 평화 공세의 실체는 올림픽이 끝나자마자 드러날 것이다. 북한이 핵무장을 완성하는 시기가 불과 수개월밖에 남지 않았기 때문이다. 그렇다면 한국이 북한의 평화 공세에 호응함으로써 잃는 것은 무엇일까? 한미동맹의 균열은 이미 심화되기 시작하였다. 남북의 대화 재개에 대해 미국 국무부 대변인은 "남북이 대화를 원한다면 그것은 그들의 선택이며, 미국은 남북대화에 아무런 역할을 하지 않을 것"이라고 했다. 미국은 동맹국과 적국을 한데 묶어 '그들'이라고 부르면서 남북이 대화를 하든 말든 알바 아니라는 반응을 보인 것이다. 한미합동군사훈련의 연기는 북한의 평화 공세에 휘말려 한미군사협력이 영향을 받는 부정적 선례를 만들었다. 또한 김정은은 몇 달간이라도 미국의 선제공격을 피해 핵미사일을 발전시킬 수 있는 숨통을 트게 되었다. 올림픽 북한 참가와 관련한 정부의 독단적인 결정에 대해 국내적으로 비판이 많다. 이번에는 비판의 주류가 젊은 층이라는 점이 특기할 만하다. 국회의장실의 의뢰로 실시한 설문조사에 의하면, 20대와 30대의 82%가 남북단일팀 구성에 반대했는데 이는 60대 이상의 반대의견(67%)보다 높았다. 그들은 여자 아이스하키팀에 북한 선수를 합류시키는 문제에 대해 개인의 노력으로 얻은 출전 기회를 국가가 박탈하는 것은 대의에 어긋난다고 비판하였다. 어린이를 포함하여 주민들을 강제 동원하여 건설한 인권유린의 상징인 마식령 스키장을 훈련장으로 사용하는 문제도 비판의 대상이 되었다. 20·30세대는 천안함 폭침·연평도 포격·핵 위협 등 북한의 도발을 직접 경험하였고, 남북 관계에서의 북한의 '갑질'에 식상한 세대다. 전문가들은 이제까지 쌓여 있던 20·30세대의 이러한 반북정서가 정부의 독단적 결정에 불만을 표출한 것이라고 분석하였다.[46)]

북한의 평화 공세는 김정은이 올림픽 대표단에 여동생 김여정과 북한의 명목상 국가원수인 최고인민회의 상임위원장 김영남을 파견한 데에서 그 절박성이 여실히 드러났다. 우리 언론은 그들의 일정과 북한 응원단의 활동을 상당히 비중 있게 다루었으나 정작 국민의 반응은 싸늘했다. 김정은의 특사라고 밝힌 김여정은 예상대로 남북 정상회담 카드를 들고 왔다. 김정은이 문재인 대통령을 평양으로 초청한 것이다. 문 대통령은 "앞으로 여건을 만들어 성사시키자"고 했다. 문 대통령이 '여건'에 방점을 둘 것인지 '성사'에 방점을 둘 것인지 앞으로 지켜볼 일이다. "남북 관계가 북·미 관계, 특히 북핵 폐기와 보조를 맞추지 않을 경우 그 후과는 생각보다 더 심각할 수 있다. '평화의 봄'이 오지 않았는데 종이 위의 그림이나 말 한마디로 봄이 왔다고 우길 수는 없는 일이다."[47]

　지금 이 시점에 '한반도 안보'라는 차량의 운전석에는 문재인 대통령이 아니라 김정은이 앉아 있다. 운전대를 잡은 그는 한미동맹을 이간하면서 남남갈등을 조성하는 방향으로 차를 몰고 있다. 북한의 도발 → 협상 → 보상이라는 악순환을 수없이 지켜본 우방국과 우리 국민은 남북대화 재개와 북한의 올림픽 참가를 냉정하게 바라보고 있는데, 정부만이 북한의 평화 공세에 흥분하고 있는 모습이다.

주

1) Lee, In-ho, 2003, "Historical and Cultural Roots of Anti-Americanism in Korea," *Issues & Insights* 3(5), Pacific Forum CSIS, pp.2~4.

2) Eckert, Carter J., 2000, "Korea's Transition to Modernity," in *Historical Perspectives on Contemporary East Asia*, Harvard University Press, pp.148~149.

3) Lee, In-ho, 2003, 앞의 논문, pp.4~5.

4) Gregg, Donald, January 27, 2004, "An Alliance Adrift," *Korea Herald*.

5) Lee, In-ho, 2003, 앞의 논문, p.6.

6) Kim, Joong-Keun, 2004, "Anti-American Sentiments in Korea and the US-Korea Alliance," *IFANS Review* 12(1), pp.71~72.

7) Bang, Youngshik, 2003, "Anti-Americanism and the U.S.-Korea Military Alliance," in *Confrontation and Innovation on the Korean Peninsula*, Korea Economic Institute, p.20.

8) 그 부지는 케도의 경수로 발전소 건설부지와 동일한 장소로서 그곳에는 소련 기술자들이 거주하던 숙소(게스트하우스)가 그대로 남아 있어서 케도 건설 사업 초기에는 그 게스트하우스를 케도 인원의 숙소로 사용하였다.

9) Cha, Victor, 2012, *The Impossible State*, The Bodley Head, p.428.

10) 노동당 규약에는 "조선로동당의 당면 목적은 공화국 북반부에서 사회주의의 완전 승리를 이룩하여 *전국적 범위에서 민족해방과 인민민주주의 혁명과업을 완수*하는 데 있으며, …*조선민주공화국의 수도는 서울로 한다*"라고 명시하였다.

11) 부대를 이끌고 마드리드 공략작전을 지휘한 몰라 장군이 "마드리드는 내응자(內應者)로 구성된 제5부대에 의하여 점령될 것이다"라고 하여, 자기 부대 이외에 협력자가 있음을 시사한 데에서 유래되었다. 평시에도 상대국의 내부에 잠입해서 모략공작을 하는 자, 즉 간첩에 대해서도 넓은 의미로 제5열이라고 한다(두산백과사전).

12) *Washington Times*, November 12, 2017, "North's Spy Network a Major Security Gap, Defector Claims."

13) 2017 US Intelligence Community Worldwide Threat Assessment, p.29.

14) 「미 태평양 사령관 '북한 핵 보유 목적은 적화통일'」, 『조선일보』 2018. 2. 19.자.

15) 「북, '수소탄 성공' 경축행사… '미, 한반도 문제에서 손 떼야'」, 『연합뉴스』 2017. 9. 7.자.

16) 「'핵무장' 강경해진 남… '적화통일' 드러낸 북」, 『조선일보』 2017. 9. 9.자.

17) 당시 요나라와 금나라의 인구 통계는 없으나 현재 요나라와 금나라의 고토에 거주하는 소수민족의 비율이 한족(漢族) 전체 인구의 1%에 못 미치는 점을 감안하면, 아무리 크게 잡아도 당시의 요나라와 금나라 인구는 각각 송나라 인구의 5%를 넘지 못할 것으로 추정된다.

18) 김태효, 「할 일과 하지 말아야 할 일이 뒤바뀐 안보정책」, 『조선일보』 2017. 10. 16.자.

19) 이용식, 「북핵 앞 '오로지 평화'는 반역이다」, 『문화일보』 2017. 9. 11.자.

20) Pak, Jung H., "The Education of Kim Jung-Un," *Brookings*, February, 2018.

21) 「사설 : 북핵완성단계… '공포의 핵균형' 외 다른 방법 없다」, 『문화일보』 2017. 9. 4.자.

22) 「박정희 핵무기 개발 비사」, 『일요신문』 2014. 4월 1.자.

23) 2017. 9. 8.자 및 9.자 국내 일간지 보도 내용.

24) *Washington Post*, September 4, 2017, "South Korea's Defense Minister Suggests Bringing back Tactical US Nuclear Weapons."

25) *Washington Post*, September 4, 2017, 앞의 기사.

26) 신원식, 「도발에 대한 우리 응전은 지금부터다」, 『조선일보』 2017. 9. 5.자.

27) 「사설 : 미 최고위당국자, 중·러에 '한일 핵무장 초래' 경고」, 『조선일보』 2017. 12. 5.자.

28) 양상훈, 「정말 나라도 아니다」, 『조선일보』 2017. 9. 7.자.

29) 프랑스의 외교관이며 국제정치학자인 토크빌이 미국 여행 후 출간(1835)한 『미국의 민주주의』는 현대 사회학과 정치학의 지침서가 되었다.

30) "내 뒷마당에서는 안 돼(Not in My Backyard, NIMBY)"라는 님비현상은 공공의 이익에 도움이 되더라도 자신의 이익에는 도움이 안 된다는 생각으로 공공시설물(쓰레기 처리장, 화장장, 교도소, 장애인 시설)이 자기가 살고 있는 지역에 들어서는 것을 반대하는 현상이다.

31) 윤평중, 「촛불의 조국 대한민국이 위태롭다」, 『조선일보』 2017. 9. 1.자.

32) 선우정, 「머리를 모레에 파묻은 정부」, 『조선일보』 2017. 12. 27.자.

33) 이용식, 「북핵 앞 '오로지 평화'는 반역이다」, 『문화일보』 2017. 9. 11.자.

34) Trotsky, Leon, 1925 / 1960, *Where Is Briton Going?*, Socialist Labour League.

35) 김영환, 2013, 「한국 사회를 사회주의로 의심하는 이유 : 트로츠키의 사회주의 선동과 한국 사회」, 자유기업원, 1~3쪽.

36) 류근일, 「'청와대 전대협'과 스피노자」, 『조선일보』 2017. 11. 28.자.

37) 김대중, 「6.13선거, 문 정권에 대한 중간 평가돼야」, 『조선일보』 2018. 2. 27.자.

38) 남성욱, 「본격화하는 '인권 탄압' 대북 제재」, 『문화일보』 2017. 10. 30.자.

39) 「사설 : 미는 '북 노예노동'도 제재… 문 정부는 북 인권법 사문화」, 『문화일보』 2017. 10. 27.자.

40) 「사설 : 김정남 화학무기 암살을 '테러'라고 말도 못하나」, 『조선일보』 2017. 11. 16.자.

41) 「사설 : 국정원의 자발적 '무장해제' 간첩 종북 환호한다」, 『문화일보』 2017. 11. 30.자.

42) 「사설 : '6·25 이후 최고 위기'라며 국정원 흔드는 실험하나」, 『조선일보』 2017. 12. 1.자.

43) 「사설 : 정부 제주기지 구상권 포기는 법과 국민 혈세 포기」, 『조선일보』 2017. 12. 13.자.

44) 「사설 : 북 발표 듣고 어선 나포를 알았다는 국방장관… 이게 나라냐」, 『문화일보』 2017. 10. 31.자.

45) 제재국가의 정상적인 경제활동과 관련하여 거래하는 제3국의 기업이나 금융기관 나아가 정부까지도 제재하는 것을 말한다. 미국은 2010년 6월 이란의 원유를 수입하는 제3국에 대해 미국의 기업과 거래를 금지하는 '이란 제재법'을 발효하여 이란은 결국 2015년 미국과 핵협상을 타결했다.

46) 「단일팀 결정은 공정하지도, 정의롭지도 않다」, 『조선일보』 2018. 1. 19.자.

47) 이현종, 「독 든 사과 집은 문 대통령」, 『문화일보』 2018. 2. 12.자.

제3장

중국은 통일을
용인할까?

북한 정권이 급작스럽게 붕괴하거나 붕괴의 조짐을 보일 때 한국과 미국은 어쩔 수 없이 북한의 급변 사태에 휘말릴 수밖에 없다. 또한 중국도 그 당시 지도부의 대외정책 기조가 어떠하든 간에 한반도 문제에 개입할 것이 확실하다. 역사적으로 중국은 한반도가 자국 안보에 위협이 되는 것을 용인하지 않았으며, 이러한 역사적 사실은 21세기에도 유효한 것으로 보이기 때문이다. 따라서 한반도는 북한 급변 사태로 인해 미국과 중국의 세력 각축장이 되어 동북아시아의 세력균형이 다시 한 번 흔들리게 될 것이다. 북한 급변 사태 시 중국과 미국의 개입이 양국 간의 예기치 못한 충돌로 비화되면 가장 큰 피해를 받는 측은 한민족이다. 이러한 사태를 막기 위해서는 당사국 간에 사전 교감이 필요한데, 현재 한국과 미국, 나아가 중국은 북한 급변 사태에 대비하고 교감할 준비가 거의 되어 있지 않은 상태이다. 이 장에서는 미국과 중국이 한반도 사태에 개입하고자 하는 이유를 한반도의 지정학적 위상에 따라 조명한 다음, 중국이 한반도 문제에 개입할 수밖에 없는 이유와 이에 대처하는 그들의 입장을 살펴보고, 북한 정권의 붕괴가 왜 통일에 이르는 유일한 길이 되어야 하는지를 밝히고자 한다.

고래싸움에 새우등 터질 운명?

워싱턴DC 소재 미국 국방대학의 루스벨트 홀 벽면에는 거대한 세계지도가 걸려 있으며, 그 지도 밑에는 미래의 안보전략가들에게 경고라도 하듯 "모든 것은 변한다. 지리를 제외하고는(Everything changes, but geography)"이라는 현판이 붙어 있다.[1]

이 짧은 한 문장은 한반도의 지리적·역사적 상황을 함축적으로 설명하고 있다. 유라시아대륙의 동쪽에 위치한 한국은 부족국가 시대를 거쳐 기원전 1세기부터 남만주와 한반도에 왕국 세 개를 건설하였다. 세 왕국은 수백 년 동안 각축을 벌이다가 당과 연합한 신라에 의해 7세기에 통일되었으며, 그때부터 한민족의 영토범위는 한반도로 축소되었다. 한국은 국가형태의 정치체제가 처음 형성된 이후 오늘날까지 약 2000여 년 동안 중국대륙의 흥망성쇠에 직간접적으로 영향을 받아 왔다. 중국의 한반도에 대한 영향력 행사에 더하여 열도를 통일하여 강력한 힘을 발휘하기 시작한 일본은 16세기 후반부터 한반도의 안보에 영향을 미치는 주요 변수로 등장하였다. 17세기 초반 병자호란을 겪은 후부터 조선은 외부세계에 대해 문을 걸어 잠

그는 쇄국정책을 취했는데, 이로 인해 한국은 '은자의 나라(Hermit Kingdom)'라는 별칭을 얻게 되었다. 19세기 후반에는 제국주의의 팽창 물결이 한반도에까지 이르렀다. 조선은 프랑스와 미국의 내습을 막아 내었으나, 한국을 '심장을 겨누는 단검'으로 여겼던 신흥 제국주의 일본은 보다 결연하였다.[2] 중국과 러시아를 전쟁으로 물리친 일본은 미국으로부터 한반도에서의 우월적 지위를 인정받고, 마침내 1910년 한반도를 합병하였다. 이로써 아시아에서 가장 오랫동안 지속되었던 조선왕조는 518년의 생을 뒤로하고 종언을 고하였다. 제2차 세계대전에서의 일본의 패망으로 한반도에는 35년 만에 독립이 찾아 왔으나, 한반도는 전승국에 의하여 남북으로 분단되었다. 그리고 수년 만에 동서를 가르던 냉전구조 속에서 한반도는 남북한 합쳐 280만 명의 전상자를 내는 열전을 겪었다.[3] 그 후 반세기 이상 한반도는 세계에서 무력충돌의 가능성이 가장 높은 지역의 하나가 되어 반도의 남과 북의 주민 모두 무력충돌의 불안 속에서 생활하고 있다.

"강대국에 둘러싸인 한국은 문화적 영향력이 통과하는 가교 역할을 하여 왔지만, 한편 강대국의 이해가 충돌하는 접점이 되어, 19세기 말부터 오늘에 이르기까지 주변 강대국들이 영향력 확대를 위해 경합하는 각축장이 되었다. 한국은 앞으로도 동북아 강대국 간의 경쟁이 교차하는 각축장이 될 것이다."[4] 강대국에 둘러싸인 한반도는 기록이 남은 2천여 년의 역사 속에서 대소 간에 900여 번의 외침을 받았고, 네 번의 외국의 지배 ─ 한사군 설치, 몽고의 침입, 일본의 식민지배, 제2차 세계대전 후 미군과 소련군의 점령 ─ 를 경험하였다.[5]

냉전 종식으로 동북아시아에서는 지난 100여 년 중 어느 때보다 강대국 간에 대규모 충돌 없이 어느 정도 협력하는 모습을 보여 주고 있으나, 중국이 강대국으로 재부상하면서, 동북아의 지정학적·지경학적 환경이 변해 가고 있다. 패전의 폐허 속에서 경제를 부흥시켜 이미 세계 3위의 경제·기술대국으로서의 위치를 확고히 하고 있는 일본은 그 경제력에 걸맞게 최첨단 무기로 무장한 강력한 군사력을 보유하고 있다. 중국의 재부상과 북한의 핵무장에 대해 안보 불안을 느끼고 있는 일본은 아베 총리가 중심이 되어 평화헌법 9조를 포함한 헌법 개정을 추진하면서 안보 능력 강화에 매진하고 있다. 중국은 지난 30여 년간의 꾸준한 경제성장에 힘입어 이미 세계 2위의 경제대국이 되었고, 그 성장의 엔진은 아직도 멈출 기색을 보이지 않고 있다. 중국은 그러한 경제력을 바탕으로 지난 '치욕의 한 세기' 동안 잃어버렸던 아시아에서의 패권을 회복하려고 더욱 힘을 기르고 있다. 제2차 세계대전에서 일본의 패망으로 한반도에는 해방이 찾아왔다. 반도의 남쪽은 분단의 역경 속에서도 경제발전에 주력하여 21세기 초에는 세계 10위권의 경제력을 갖춘 중견국가로 발돋움하였다. 그러나 반도의 북쪽에서는 현대사에서 예를 찾아보기 힘든 세습 전체주의 국가가 인민의 고난에 아랑곳하지 않고 핵무장에 진력하여 주변국들의 안보 위협이 되고 있다. 특히 북한의 핵무기 개발은 대량살상무기 비확산과 테러와의 전쟁이라는 국제사회의 새로운 질서에 대한 정면 도전이 되어, 북한의 핵무장을 저지하려는 국제적 노력을 둘러싸고 한반도는 다시 한 번 열강의 이해관계가 교차되는 지역으로 떠오르고 있다.

아시아에는 인구, 면적, 군사력의 관점에서 볼 때 세계에서 가장 강력한 나라 중 두 나라가 위치하고 있다. 바로 중국과 러시아인데, 이들은 모두 핵무기를 보유하고 있다. 전통적으로 육상 세력으로 분류

되는 이들은 해양 세력인 미국의 동맹국들, 즉 일본·한국·대만·필리핀·태국 등에 의해 둘러싸여 있다. 위와 같은 전략적 역학구조를 보면 냉전이 종료된 오늘날에도 과거 역사에서 보아 왔던 지정학적 견제와 균형이 여전히 존재하고 있는 것 같다. 존 미어샤이머(John Mearsheimer)는 냉전이 종식된 오늘의 세계에서 강대국 간 전쟁의 위험성이 남아 있는 지역은 유럽과 동북아시아뿐이라고 주장하였다.6) 폴 딥(Paul Dibb)은 "아시아의 전략적 상황은 유럽의 어느 지역보다 긴장 상태에 있다"7)라며 아시아 특히 동북아시아 정세의 불확실성을 강조하였다. 동북아시아 국가 간에 분쟁의 소지가 많은 원인은 지정학적 이유 이외에 이 국가들이 세계의 어느 지역보다도 훨씬 강한 민족주의적 특성을 갖고 있기 때문이다. 이 국가들은 각기 오랜 역사와 독자적인 문화와 전통을 갖고 있기 때문에 민족주의가 신념이나 이데올로기에 우선하는 경향을 보이고 있다.

세 가지 에피소드

19세기 말부터 20세기 중반까지 60년 동안 세계 4대 열강이 한반도를 둘러싸고 세 번에 걸쳐 ─ 청일전쟁(1894~1895), 러일전쟁(1904~1905), 한국전쟁(1950~1953) ─ 열전을 벌였다. 그 이유는 한반도가 열강들의 이해가 교차하는 위치에 자리 잡고 있기 때문이다. 즉 한반도는 대륙 세력이 태평양으로 진출하는 길목에 자리 잡고 있으며 또한 대륙 세력의 팽창을 억제하고자 하는 해양 세력의 교두보가 될 수 있기 때문이다.

첫 번째 에피소드

중국에 이어 러시아를 전쟁에서 격파한 일본에게 한국을 병탄하는 데 남은 장애물은 미국뿐이었다. 시어도어 루스벨트(Theodore Roosevelt) 대통령이 주선한 포츠머스 강화조약(1905)에서 러시아는 한반도에서의 일본의 우월적 권리를 인정하였고, 미국과 일본 간에는 외교각서 〔가쓰라 · 태프트밀약(Katsura-Taft Memorandum)〕 교환을 통해 '일본은 필리핀에서의 미국의 권리에 이의를 제기하지 않을 것이며, 미국은 새로운 일본 보호령에 도전하지 않을 것'이라고 합의하였다.[8] 시어도어 루스벨트 대통령은 러 · 일강화조약을 주선한 공적으로 노벨 평화상을 받았고, 일본의 한반도 식민지배는 이렇게 하여 사실상 확정되었다.

두 번째 에피소드

제2차 세계대전 종전을 앞두고, 일본 본토에서의 험난한 전투를 예상한 미국에게는 한반도에서 중국과 일본군의 교전에 대비하여 소련의 참전이 절실한 상황이었다. 맥아더 장군을 포함한 미국 군부는 필요하다면 소련의 참전 대가로 만주와 한반도에 대한 소련의 통제권을 기꺼이 용인할 의사가 있었다.[9] 히로시마와 나가사키에 원폭 투하 이후 일본 본토 침공 없이 종전이 가능한 것이 명백해졌지만, 이 시점에서는 이미 소련의 한반도 점령을 막을 방법이 없었다. 8월 10일 자정을 넘어서면서 미 군영 내에서는 한반도를 소련과 분할하여 점령하도록 소련 측에 제안해 보자는 결정이 내려졌다. 케네디 행정부에서 국무장관이 된 딘 러스크(Dean Rusk) 중령과 훗날 주한미군 사령관을 역임한 찰스 본스틸(Charles Bonesteel) 중령은 30분 내로 적정한 점령 분할선을 선정해 보라는 상부의 지시를 받고, 북위 38도선을 선택했다. 예상과 달리 놀랍게도 소련은 이러한 제안에 동의하였다.[10] 한반도의 분단은 이렇게 하룻밤, 아니 30분 사이에 이루어졌다.

세 번째 에피소드

1950년 1월12일 딘 애치슨 미 국무장관은 워싱턴 내셔널 프레스 클럽 연설에서 미국의 태평양 방위선은 알류샨열도와 일본·오키나와·필리핀을 연결하는 선이라고 천명하였는데, 이 연설은 김일성의 남침 계획을 불허하였던 스탈린의 마음을 바꾸는 계기가 되었을 가능성이 크다. 스탈린은 1949년 최소한 두 번에 걸쳐 김일성의 남침 허가 요청을 거부하였는데, 1950년 초에 작성된 문서에 의하면 스탈린은 '변화된 국제정세에 따라 전쟁 계획을 승인한다'라고 되어 있다.[11] 그리고 그해 6월 한국전쟁이 발발하였다.

한반도 역사의 중요한 고비마다 개입하였던 미국에게 한반도 자체와 한국 국민의 운명은 그다지 큰 관심의 대상이 아니었다. 그들의 관심사는 미국과 일본, 미국과 소련(러시아), 미국과 중국이라는 열강과의 양자 관계였다. 따라서 미국의 한반도정책은 장기적인 비전과 목표하에서 움직인 것이 아니라, 상황이 발생하면 그 순간마다 대처하는 단기적이고 임시방편적인 것이었다. 1950년 6월 북한의 남침 직후 트루먼 대통령이 즉각적으로 군사개입을 결정한 것은 1950년 1월 이후 점차 가시적으로 드러나는 냉전 구도에서 소련에 밀려서는 안 되겠다는 생각에서였다. 이러한 추세는 가쓰라·태프트밀약으로부터 한 세기 이상이 흐른 오늘날에도 큰 차이가 없는 것으로 보인다. 미국의 한반도정책은 변화된 국제정세에 따라 한·미동맹 관계를 어떻게 조정해 나갈 것인가라는 근본적인 문제를 검토하기보다는 당면한 북한 핵 문제에 어떻게 대처해 나가느냐 하는 데에 초점을 맞추고 있다.

한반도의 분단이 한국 국민의 의사와 상관없이 이루어졌고, 한국전쟁이 냉전의 물결을 타고 열강의 대리전으로 변모하여 약 300만 명의 희생자를 내었다면, 한반도의 통일은 어떠한 모습으로 나타날까? 제국주의적 팽창주의가 종언을 고하고, 경제가 세계화로 치닫는 오늘날에도 한반도의 지리적 위상이 한반도의 장래에 큰 의미를 부여할 것인가? 향후 한반도의 상황이 유동적으로 변해 갈 경우, 역사적·전략적으로 한반도에 이해관계를 가지고 있는 주변 열강이 각기 자기의 목소리를 과도하게 낸다면 한반도에는 19세기 말과 유사하게 열강의 각축장이 될 가능성이 있는 것일까? 그렇다면 이때 한국은 어떠한 비전과 전략으로 그 각축전에 대처해 나아갈 것인가? 한반도를 둘러싸고 영향력을 행사하던 19세기 말의 주역인 미국, 중국, 일본, 러시아는 현재 북한 핵 문제 해결을 위한 (사실상 휴면 상태에 들어간) 6자 회담에서 남북한과 자리를 함께하였다.

속내를 드러내는 중국

아시아 문제에 관한 세계적 석학 스칼라피노(Robert A. Scalapino)는 한반도를 바라보는 중국인의 시각을 다음과 같이 표현하였다. "중국인의 관점에서 볼 때, 한국은 역사적으로 두 가지 역할을 하여 왔다. 먼저 한국은 중국문화가 유입된 중국의 조공국이며, 일본에게 중국문화를 전달한 가교의 역할을 했다. 또한 중국에 의해 통제되거나 중립화되지 않는다면 한국은 중국의 적대 세력들이 들어오는 잠재적 입구가 되는 위협의 원천이었다. 한반도에 대한 최근 중국의 개입은 오래된 선례가 있으며, 앞으로도 끊임없이 계속될 것이다."[12] 이 글은 한반도를 보는 중국인의 시각을 실감 있게 묘사한 것이며, 실제로 중국인들이 임진왜란 시의 파병을 항왜원조(抗倭援朝), 한국전쟁 참전을 항미원조(抗美援朝)라고 부르는 데에서도 그들의 이러한 속내가 잘 나타나고 있다. 오늘날 중국의 한반도에 대한 기본 입장은 한 마디로 현상유지이다. 한반도에서의 현상 변경은 '안정 추구'라는 중국의 국가 목표에 반하기 때문이다.

중국의 국가 목표

중국인들은 19세기 중반부터 20세기 중반까지의 그들의 역사를
'치욕의 한 세기'라고 생각하고, 그렇게 모욕을 당한 근본적인 이유
를 '국력의 약화'에서 찾고 있다. 덩샤오핑 이후 중국의 지도자들은
잃어버린 '중화의 영광'을 되찾기 위해서는 국력을 길러야 하고, 국
력의 기초는 경제력에 있기 때문에 무엇보다도 경제력을 키우는 것
이 급선무라고 생각하였다. 그들은 경제 발전을 위해서 모든 숙제를
뒤로 미루었다. 경제발전을 위한 기본적인 환경은 대내외적인 안정이
기 때문에 그들은 안정 저해 요인이 표출되는 것을 극구 막으려 했
다. 즉 **경제개발과 안정 추구가 국가 목표의 양대 기둥**이라 할 수 있
으므로 한반도 문제에 대한 중국의 대응 방향을 예측하기 위해서는
이러한 관점에서 접근하여야 할 것이다.

중국의 지도자들이 북한 정권에 골머리를 썩으면서도 북한 정권의
붕괴를 막기 위해 안간힘을 쓰고 있는 것도 경제발전에 저해가 되는
불안정 상황이 발생하는 것을 막고자 하는 노력으로 볼 수 있다. 중
국 지도자들에게 경제발전은 국력신장이라는 목표 이외에 정치적으
로 또 다른 의미를 지니고 있다. 즉 중국은 성장의 엔진이 멈춘다면
현재 경제적 번영의 과실 속에 묻혀 수면하에 잠재해 있는 중국 사회
의 근본적인 문제점들—① 공산당 일당독재와 인권 탄압에 반대하는
민주화 움직임, ② 티베트·신장·내몽고 등에서의 소수 민족의 독립
움직임, ③ 지역 간의 현격한 빈부 격차, ④ 개인 간 빈부 격차의 심화
등—이 한꺼번에 표출될 가능성이 있기 때문이다. 이러한 문제점들이
수면 위로 올라오는 것은 공산당 일당독재체제인 정권에 대한 심각한

도전이 될 수 있으므로 중국의 지도자들은 정권의 안위 때문에도 경제성장을 멈출 수 없는 것이다. 그러나 안정을 중요한 국가 목표로 생각하는 중국에게도 불안정을 감수하고라도 지켜야 할 가치가 있다. 바로 대만 문제다. 홍콩과 마카오가 중국으로 반환되면서 대만은 청 왕조가 19세기에 잃어버렸던 마지막 영토로 남아 있다. 대만을 흡수하여 완전한 통일을 이루는 것은 중국인의 자존심과 민족주의에 연관된 문제이다. 그러나 대만에서는 1949년 본토에서 피난 온 인구가 점점 줄고 원주민 인구가 늘어남에 따라 독립에 대한 욕구가 강해지고 있다. 대만 사람들은 만일 통일이 된다면 베이징은 자신들에게 무엇을 줄 수 있느냐고 묻고 있다. 그들은 본토와의 통일은 얻을 것은 없고 잃는 것만 많은 결과를 가져올 것이라고 생각한다. 대만의 이러한 변화로 베이징의 지도자들은 일단 통일은 뒤로 미루더라도 대만의 독립을 억제하는 것이 급선무라고 생각하고 있다. 만일 대만이 독립한다면 중국 국민의 분노를 자아내어 현 공산당 정권의 위기까지 촉발할 수 있는 심각한 문제이기에 중국의 지도자들은 대만의 독립은 결코 좌시하지 않겠다는 확고한 입장을 가지고 있다. 한반도 문제는 대만 문제와는 달리 상황에 따라 유연하게 대처할 수 있는 부차적인 사안이다.

중국의 지도자들은 미국과 원만한 협조 관계를 유지하는 것이 안정에 긴요하다고 생각한다. 나아가 그들은 동아시아에서 미국과 경쟁 관계에 있지만, 한편으로는 미국의 존재가 지역의 안정에 기여하고 있다는 상반된 인식을 갖고 있는 것으로 보인다. 미·일동맹에 대해서도 그 동맹이 일본의 재무장과 핵 개발을 방지하는 효과를 가지고 있기 때문에 중국에게 반드시 해가 되지는 않는다는 생각이다.

그러나 2013년 국가주석에 취임한 시진핑(習近平)은 기존 중국의 대외정책을 '대국외교' 정책으로 바꾸는 시동을 걸었다. 시진핑은 주석 취임 연설에서 '중국몽(中國夢)'을 캐치프레이즈로 내세우며 중화민족의 위대한 부흥을 강조하였다. 시진핑 정부는 2015년 7월 '중국은 세계의 안보에 기여하는 데에 보다 적극적(proactive) 역할을 할 것이며, 중화인민공화국 건국 100주년이 되는 2049년까지 대만과의 통일을 이루고, 2050년까지 중국을 선진국으로 진입시키겠다'는 국가목표를 발표했다. 2017년 10월 제19차 공산당대회에서 집권 2기를 확인받은 시진핑은 자기 이름을 단 '시진핑 신세대사상'을 당장(黨章 : 당헌)에 삽입한데 이어 최고 지도부 인선에서 지배적 지분을 확보하여 향후 5년간 절대적 권력을 행사할 것으로 보인다. 시진핑은 대외 문제에 있어서 덩샤오핑의 유훈인 '도광양회(韜光養晦 : 조용히 힘을 기름)' 대신 '분발유위(奮發有爲 : 적극적으로 영향력을 행사함)'를 본격화할 것임을 선언하였다. 시진핑은 집권 이후 도광양회를 입에 올린 적이 거의 없다. 또한 시진핑은 대만 사람들, 특히 대만의 젊은이들이 베이징 정부와 멀어지는 것을 우려하여 대만의 정치·경제에 대한 본국 정부의 영향력을 제고하는 방안을 법제화하도록 지시했다. 이러한 맥락에서 베이징은 대만인이 보다 자유롭게 중국에 드나들수 있도록 입국허가를 유예하는 한편, 대만 청년의 창업을 유도하는 자유무역지대를 푸젠성(福建省)에 건립하기로 했다.[13]

중국은 북한을 어떻게 보나?

탈냉전 후 중국은 실리 외교를 택하여 1991년부터 북한에게 종래

우호가격으로 수출하던 원유를 두 배가 넘는 시장가격으로 구입할 것을 요구하는 등 냉전 시 북한에게 베풀던 특혜를 철회하였다. 1992년 중국의 대한민국과의 수교가 북한에게는 소련 붕괴 후 유일하게 남은 우호국으로부터 배신을 당하는 수모였으며, 나아가 외교적으로 완전한 고립의 길로 접어드는 신호였다. 또한 중국은 한국의 유엔 가입에 거부권을 행사하지 않을 것임을 북한에 통보한바, 김일성은 이제까지 끈질기게 반대하여 오던 남북한 유엔 동시가입 입장을 철회할 수밖에 없었고, 1992년 남북한 유엔 동시가입이 이루어졌다. 북한이 남북한 유엔 동시가입에 반대했던 것은 동시가입을 인정하면 북한 스스로가 남한의 정통성을 인정하는 결과가 되기 때문이었다. 이후 수년간 중국과 북한은 일부 군사 교류를 제외하고는 소원한 관계를 유지하였다. 그러나 북한이 1990년대 중반 대기근을 겪게 되자 중국은 북한 정권의 붕괴를 우려하여 적극적으로 원조를 재개하면서 1992년 이후 소원하여진 북한과의 관계를 복원하고자 하였다. 2002년 9월 장쩌민 주석이 평양을 방문함으로써 중국은 북한과의 관계를 복원하려는 의지를 보여 주었다. 이후 중국은 그간 남한에 경사되었던 한반도정책을 서서히 변경, 두 개의 한국에 대한 '등거리 외교' 정책을 구사하였다. 그러나 남한과의 관계는 무역 등 모든 면에서 호혜적인 발전을 이루고 있는 반면에, 북한과의 관계는 중국의 북한에 대한 일방적 지원의 성격이어서 중국 국민은 물론 지도자들까지 북한 정권에 대한 부정적 시각이 커졌다. 2004년 미국 조지타운대학 산하 외교연구소(Institute of Diplomacy)에서 나와 동료로 있던 한 중국군 대령(Senior Colonel)은 일반 중국인들이 북한을 어떻게 생각하느냐는 나의 질문에, "세상의 어느 가정이든 집안사람들의 속을 썩이는 골칫덩이

(black sheep)가 적어도 한 명은 있다. 중국인에게 북한은 내칠 수도, 껴안을 수도 없는 바로 그런 존재라고 보면 된다"라고 설명했다. 적절한 비유라는 생각이 들었다. 그러나 이러한 비유는 북한을(한반도를) 집안사람, 즉 조공국의 일원으로 생각하고 있는 중국인의 일반적 생각이 드러난 대목이기도 하다. 네티즌들의 활동이 활발해진 오늘날에는 당과 정부도 여론의 향배를 의식하지 않을 수 없다. 북한 정권에 대한 당과 정부의 인식이 일반 여론과 차이가 생기면서 중국 당국의 대북한정책도 상황 변화에 따라 적절히 대처할 수밖에 없는 모호성을 띠고 있다. 중국이 북한 정권의 유지를 위해 북한에 원조를 제공하고는 있지만, 냉전 시와는 달리 그 원조에 한계가 있을 수밖에 없다. 안보 측면에서 중국과 북한은 아직까지 1961년 체결한 우호, 협력 및 상호원조 조약을 유지하고 있는데, 동 조약은 "북한이 전쟁 상태에 진입할 경우 중국은 즉각적으로 군사 및 다른 원조를 제공하여야 한다"라고 규정하고 있지만, 오늘날에는 중국이 그 규정에 따라 행동할 것으로 보기는 어려운 상황이다. 중국과 북한은 상호 필요에 따라 접촉을 계속하고 있지만, 양자 사이의 불신과 알력은 점점 커지고 있다. 중국은 2003년 9월 중순 1,392km에 이르는 조·중 국경의 경비 책임을 맡아 오던 경찰을 철수시키고 15만 명의 군인을 배치하였다. 이는 중국이 북한의 전반적인 상황에, 특히 탈북자 문제에 깊은 우려를 가지고 있음을 나타내는 증거이다.[14]

중국을 바라보는 북한 인민의 시각도 매우 부정적이다. 이는 고위층이나 일반 주민에게 공통된 현상이다. 북한은 1992년 한중 수교를 도저히 용납할 수 없는 배신행위로 받아들였다. 내가 북한에 체류하던 2년 동안 북한 관리나 주민이 중국에 대해 호의적이거나 긍정적인 발언을 한 경우는 단 한 번도 없었다. 2003년 봄 나는 북한 관리와의 비공식 접촉에서 핵 문제 해결 전망에 대한 의견을 물어본 적이 있는데, 그는 외부 환경이 1994년 핵 위기 당시보다는 북한에 유리하게 전개되고 있다고 주장하면서, 그 이유로 1994년 북한은 고립무원이었으나, 2003년에는 미국과의 싸움에서 남한·일본·러시아가 북한을 도와줄 수 있기 때문이라고 설명했다. 그가 북한의 지원 세력에 남한을 포함시킨 것은 노무현 정부에 대한 그들의 시각이 은연중에 드러난 것이고, 일본은 포함시킨 것은 고이즈미 총리의 방북으로 일본과의 관계 개선에 대한 기대에 따른 것이었다. 그가 지원 세력으로 중국을 제외한 것은 중국과 북한 간의 갈등 분위기가 이미 사회 전반에 퍼져 있는 것을 드러낸 예라 하겠다. 중국에 대한 북한의 불신과 경계심은 김정일이 내세운 '우리식 사회주의'가 어떠한 배경에서 나왔는가를 살펴보면 도움이 된다. 김정일이 주장한 우리식 사회주의는 북한 고유의 사회주의를 고수하자는 입장보다는 개혁·개방의 이름 아래 불고 있는 중국의 '황색바람'을 차단하자는 데 목적이 있었다. 2000년 4월 김정일은 장마당 폐쇄령을 내렸다. 1994년 이래 배급제가 사실상 붕괴된 상황에서 북한 주민이 생활필수품의 70~80%를 장마당에서 구입하고 있는 현실 속에서 장마당 폐쇄를 명한 것은 '품질 좋은 중국 제품이 범람하게 되면 중국식으로 개혁·개방하는 편이 낫다는 사상이 퍼진다'는 황색바람에 대한 북한 당국의 우려 때문이라 한다. 북한의 대외정책에서 가장 미묘한 상대는 중국일 것이다. 김정일은 중국에 대해 방벽을 두르면서도 명시적인 비판은 삼가는 어려움을 가지고 있었고, 이는 김정은에게도 마찬가지일 것이다. 북한은 지난 20여 년 동안 중국의 개혁·개방에 대해 명시적인 비난은 삼가면서 은유법을 통해 이를 비판해 왔다. 북한 지도부는 인민들에게 황색바람에는 모기장을 단단히 쳐야 한다고 교육한다. 북한에서는 개혁·개방을 모기에 의한 감염으로 보고 있다. 자본주의나 자유사상은 미국이 뿌리는 병원체이지만, 중국의 개혁·개방정책이라는 모기가 그것을 전염시킨다고 생각하는 것이다.[15]

2013년 시진핑 집권 이후 '대국외교'를 지향하는 중국 정부는 기존의 대북한정책과 새로운 안보정책 사이에 존재하는 모순을 해결하여야 하는 숙제를 안고 있다. 중국은 지난 수십 년간 **평화, 안정, 비핵화를 한반도와 관련한 중국의 핵심이익으로 정의**하고 있다. 그러나 북한이 대내외적인 문제에서 변화를 추구하는 어떠한 시도도 하지 않고 있어 이 숙제는 중국이 해결하기 어려운 딜레마가 되고 있다. 이 딜레마에서 어떻게 벗어나느냐 하는 문제는 지난 수년간 북한 문제 처리를 둘러싸고 중국 내에서 벌어지고 있는 논쟁의 핵심 주제들이다.[16] 북한 문제와 관련한 중국의 딜레마는 다음과 같다.

첫째, **북한의 핵무장** 문제이다. 핵무기를 보유한 북한은 일본, 한국, 대만 등 동 아시아 국가들의 핵무장 도미노 현상을 유발할 수 있기 때문에 중국으로서도 매우 큰 부담이다. 이 때문에 중국은 북한 핵 문제를 해결하기 위해 주도적으로 6자회담을 성사시키고 의장국 역할을 자청하였다. 또한 2006년 이후 북한이 6차에 걸쳐 핵실험을 하고 수시로 미사일을 시험 발사할 때마다 중국은 유엔 안전보장이사회의 대북재제 결의안 채택에 찬성해 왔다. 시진핑이 집권하기 시작할 무렵 중국은 북한이 핵실험을 포기하도록 각고의 노력을 기울였으나, 2013년 2월 북한이 3차 핵실험을 강행하여 중국은 체면을 구겼고 모욕감을 느꼈다. 이즈음 일부 중국 학자들이 북한을 포기해야 한다는 의견을 제시하여 중국 학계에서는 대북정책의 조정을 둘러싸고 논란이 일었다. 이들의 논리는 북한은 이제까지는 중국 안보의 자산(asset)이었지만, 점차 부담(liability)으로 작용하고 있다는 것이다. 대표적인 예가 공산당 관리 양성 핵심기관인 중앙당교의 덩유엔(Deng yuwen, 鄧聿文) 부편집장이 2013년 2월 27일『파이낸셜 타임스』에「중국은 북한을 포기해야 한다」는 기고문을 실은 사건이다.[17] 언론 통제가 심한 중국에서, 그것도 공산당 중앙당교 출판부의 부편집장이 세계 유력 일간지에 이러한 기사를 게재한 것은 당국의 허가 없이는 불가능한 일로 여겨져, 서방에서는 중국 정부가 대북정책의 조정과 관련하여 사전에 애드벌룬을 띄운 것이 아닌가 하는 추측이 있었다. 중국 정부는 이를 극구 부인하면서 덩유엔을 중앙당교에서 해고하였다. 몇 달 후 덩유엔은 국내 모 일간지가 주최하는 학술세미나 참석차 서울을 방문하였다. 중국 정부와 덩 자신도 동 기고문의 내용은 중국 정부의 입장이 아닌 사견이라고 밝혔지만, 언론의 자유가 통제된 중국에서 이러한 파격적인 의견을 세계 유력 일간지에 게재한 인물이 중국 당국의 제재 없이 몇 달 후 한국의 학술회의에 참석한 사실로 보아, 이 사건은 적어도 중국 정부의 묵인하에 일어난 해프닝이 아닌가 하는 의심을 지울 수 없다. 중국 정부의 묵인이 없었다 하더라도 그에 대한 처벌이 해고에 그친 것을 감안할 때, 정부도 '불감청이나 고소원(不敢請固所願)'이라는 입장이었을 가능성을 배제할 수 없다. 덩유엔은 2017년 현재 중국 국영 싱크탱크의 선임연구원으로 재직 중이다. 그러나 북한을 바라보는 중국의 시각이 흔들린 것은 잠시뿐이었고 시진핑이 주석으로 취임하면서 중국은 북한을 자국 안보의 자산으로 보는 기존의 입장을 더욱 공고히 하였다. 시진핑의 중국은 북한의 핵실험과 미사일 시험 발사 도발에 대한 유엔 안전보장이사회의 대북제재 결의안에는 찬성하고 있지만, 북한을 직접적으로 압박하는 행위는 자제하고 있다. 중국이 국제적 제재에 동참하고 있는 것은 중국의 대외정책이 '대국외교정책'으로 변화하는 과정에서 '책임있는 대국으로서 중국'의 모습을 국제적으로 보여 주기 위한 것이고, 속내는 '무슨 일이 있더라도 북한 정권의 붕괴만은 막아 보겠다'는 입장을 고수하고 있다. 이는 미국의 동북아에서의 패권에 도전하겠다는 시진핑의 의지가 반영된 것으로 보인다. 중국과 북한 정권은 서로의 필요에 따라 기존의 관계를 악화시키지 않고 유지하고 있기는 하지만, 그 관계가 개선되는 일은 결코 없을 것이다. 양국 간의 불신의 골이 이미 매우 깊어진 상태이고, 북한이 핵무장을 포기하지 않을 것이 확실하기 때문에 중국은 자국의 안보를 불안케 하는 북한을 결코 포용할 수는 없다.

둘째, **북한 스스로가 자초한 정치적·경제적 고립**은 역내 경제·안보 협력을 추구하고자 하는 중국의 비전과 정면으로 상치되고 있다는 점이다. 중국은 지난 20여 년간 북한이 개혁·개방을 통해 국제사회로 나오도록 꾸준히 종용하고 있으나, 북한 당국은 개혁·개방조치를 취할 기색을 전혀 보이지 않고 있다. 또한 북한의 경제적 침체와 빈곤은 중국 동북 3성의 경제개발에 제약이 되고 있다. 최근 북한에서 시장이 확대되어 동북 3성의 경제에 어느 정도 긍정적인 영향을 미치고 있지만, 이러한 국경무역은 북한 중앙정부가 공식적으로 인정한 것이 아니기 때문에 북한 정권이 어느 날 갑자기 국경무역을 통제하는 경우 중국 상인들이 경제적 타격을 받을 수 있는 위험부담을 지고 있다.

셋째, 중국 정책 결정자들은 북한 정권이 정치적 · 경제적으로 불안정해지는 경우, **중국이 북한 문제에 '어느 선까지 개입'할 것인가의 여부**를 결정하여야 하는 상황에 처하게 된다는 점이다. 북한의 정치적 · 경제적 불안은 대규모 난민 유입 등 조 · 중 국경지역의 불안정을 초래하기 때문에 중국으로서는 수수방관할 수만은 없는 입장이다. 북한의 정치적 · 경제적 불안정이 초래할 중국의 국익을 고려할 때 중국 당국은 개입 여부를 둘러싸고 어려운 결정을 내려야 한다. 이때 중국은 '인권에 문제가 있는 국가'에 대한 주권을 제약하여야 한다는 국제적 논쟁에 휘말릴 가능성이 있다. 지금까지 중국은 내정불간섭 · 주권존중이라는 명분을 내세워 중국에 들어온 탈북자들을 정치적 망명자가 아닌 불법체류자로 간주하여 북한에 송환하였고, 이들의 유엔난민기구(UN High Commission for Refugees, UNHCR)와의 접촉을 막아 왔다. 나아가 중국의 개입은 미국과 남한이 북한 문제에 대해 직접적으로 개입하는 명분을 주게 되어 중국으로서는 조심스러운 상황이다. 그러나 북한 정권 붕괴나 남북한 간 군사충돌과 같은 현상유지가 파괴되는 사태가 발생하면, 상기 우려에도 불구하고 중국이 북한 문제에 개입할 것은 확실하다. 중국 정책 결정자에게는 어느 수준까지 개입할 것인가 하는 문제만이 남아 있을 뿐이다.

넷째, 중국은 북한 문제에 대응할 때 **남한의 입장도 감안하여야 하는 이중의 부담**을 가지고 있다는 점이다. 북한은 정치 · 안보 측면에서 중국에게 완충지역으로서의 의미가 있지만, 한국은 정치 · 경제 · 사회 · 문화 등 모든 분야에서 실질적 관계를 맺고 있는 협력대상이기 때문에 한국과 우호 · 협력 관계를 유지하는 것이 중요하다. 또한 장차 한반도는 한국 주도로 통일될 가능성이 크므로 중국으로서는 한국과의 관계를 지속적으로 원만히 유지하는 것이 긴요하다. 최근 중국은 사드 문제를 계기로 한국과 미국을 이간하기 위해 '한국 길들이기'를 하고 있지만 이러한 상황이 장기적으로 지속될 수는 없다. 중국은 한국 내에 잠복해 있는 반중 감정에도 신경을 쓰지 않을 수 없다.

다섯째, 중국은 한반도 문제를 다룸에 있어서 **미국과의 관계를 고려**하지 않을 수 없다는 점이다. 중국의 딜레마는 중국이 미국과의 협력하에 책임 있는 이해 당사자 역할을 하는 경우 역내 안보 문제에서 미국의 역할이 확대될 가능성이 크며, 미국과의 협조가 부족한 경우에는 한반도 문제에서 자칫 미국에게 주도권을 빼앗길 우려가 있을 수 있다는 점이다. 중국의 한 학자는 "중국이 우선적으로 하여야 할 일은 중·미 전략 관계를 안정적으로 유지하면서, 한반도 문제에 있어서는 미국의 전략적 확장정책을 제어해야 하는 것이다. 전반적인 국제관계에서 볼 때 특히 중·미 전략 관계의 측면에서 보면, 한반도는 중국이 전략적으로 미국과 경쟁할 수 있는 유일한 지역이다. 그 때문에 북한은 중국의 전략적 부채가 아니라 전략적 자산이라 할 수 있다"라고 주장하였다.[18] 상기 주장은 개인적 입장이기는 하나, 중국인이 한반도를 보는 시각을 적나라하게 보여 준 예라 하겠다.

중국과 미국의 역내 주도권 경쟁

시진핑 주석은 2013년 9~10월 중앙아시아 및 동남아 순방 중에 '중앙아시아와 유럽을 잇는 육상 실크로드(一帶)와 동아시아와 유럽,

아프리카를 연결하는 해상 실크로드(一路)'를 건설하겠다고 발표하였다. 이는 중국이 미국의 세력권인 태평양을 우회하여 자국의 세력권을 육상 실크로드를 통해 서쪽으로, 해상 실크로드를 통해 남쪽으로 확대하자는 것이다. 해상 실크로드는 600년 전 명나라의 정화(鄭和) 원정대가 개척한 남중국·인도양·아프리카를 잇는 바닷길을 장악하는 것이 목표다. 육상실크로드는 고속철도망을 건설하여 물류의 통로를 중국으로부터 중앙아시아를 거쳐 유럽과 아프리카로 연결하겠다는 구상이다. '일대일로(一帶一路)'가 구축되면 중국을 중심으로 유라시아대륙에서 아프리카 해안에 이르기까지 육·해상 실크로드 주변 60여 개국을 포괄하는 거대경제권이 형성되는 것이다. 인프라 건설은 2049년 완성을 목표로 하는데, 1조 400억 위안(약 185조 원)이 소요될 것으로 추정된다. 이를 위해 중국은 400억 달러에 달하는 실크로드펀드를 마련하고, 아시아인프라투자은행(Asian Infrastructure Investment Bank, AIIB)을[19] 통해 인프라 구축을 뒷받침할 계획을 가지고 있다. 시진핑은 2017년 10월 19차 공산당대회에서 향후 5년간의 재집권을 확인받으면서 "그 어떤 나라도 중국이 자신의 이익에 손해를 끼치는 쓴 열매를 삼킬 것이라는 헛된 꿈을 버려야 한다"고 말함으로써 영토, 주권 등 중국의 핵심이익이 걸린 사안에 대해서는 공세적으로 나가겠다는 의지를 천명하였다.[20] 이는 다분히 미국을 겨냥한 말이며, 중국이 국제체제 내에서의 변화를 이루는 '객체'가 아니라 국제체제의 변화를 도모하는 '주체'가 되겠다는 의지의 표현이다. 미국 내에서 중국의 일대일로 전략이 중화주의의 부활이 아니냐는 우려가 높아지면서, 오바마 대통령은 2015년 2월 의회에 제출한 국가안보전략 보고서에서 아시아 재균형정책(미국 주도로 아시아·태평양지역을 군사적·경제적으로 묶는 전략) 추진을 선언하였다. 트럼프 대통령은 2017년 11월 아시아 순방 기간 중 한국 국회 연설 등에서 '자유롭고 개방적인 인도·태평양' 구상을 10여 차례 언급하였다. 미국은 이 구상의 취지와 내용을 아직까지 명확히 하지는 않았지만 중국 일대일로에 맞서 일본, 호주, 아세안, 인도와 한국 등 미국의 동맹국 또는 우호국과 함께 아시아·태평양지역에서의 미국의 해양 패권을 유지하겠다는 의지의 표명으로 보인다. 또한 트럼프 대통령은 2017년 12월 18일 발표한 새 '국가안보전략(National Security Strategy, NSS)'에서 중국과 러시아를 '경쟁국'으로 규정하면서 미국의 패권이 도전받으면 그냥 넘어가지 않겠다는 뜻을 분명히 했다. 트럼프는 중국과 러시아를 미국의 이익과 가치에 반해 구도 재편을 꾀하는 '수정주의 국가'로 규정하고, "중국의 군사적·경제적 확장은 미국 경제에 대한 접근을 통해 가능했던 측면이 있다. ……번영과 안보를 맞바꾸려는 나라는 결국 두 가지를 모두 잃게 될 것이다. ……약함은 충돌로 가는 가장 확실한 길이며, 반대로 '무적의 힘'이 방어를 위한 가장 확실한 수단"이라고 했다. 이는 중국의 도전을 두고 보지 않겠다는 공개선언인 셈이다.

미국 입장에서는 태평양에서의 절대적 우위를 유지하기 위해 반드시 필요한 전략적 파트너는 일본이며, 한국의 전략적 가치는 그다음이다. 따라서 한반도는 상황 변화에 따라 미·중 간에 전략적 타협이 이루어질 수 있는 공간이 될 수 있다. 작금의 북핵 문제와 북한 정권 붕괴 가능성은 한반도의 전략적 상황을 변화시키는 도화선이 될 수 있다. 한국 국민에게 문제가 되는 것은 **미국과 중국이 상황에 따라 한국 국민의 의지와 무관하게 한반도의 운명을 좌지우지할 개연성**이 충분히 있다는 것이다. 20세기 전반부에 한국의 운명을 결정지은 앞에서 서술한 세 가지 에피소드(가쓰라 · 태프트밀약에 따른 한일합방, 미군 중령 두 명이 30분 만에 그은 38선, 스탈린의 오판을 불러일으킨 애치슨 미국 국무장관의 연설)가 21세기 전반부에 반복되지 않으리라는 보장은 없다. 이것은 한반도의 지정학적 위치가 한국 국민에게 던져 준 숙명일지도 모르겠다.

중국은 북한의 핵무장을 용인할 것인가?

시진핑 집권 이후 미 · 중 간의 역내 주도권 경쟁은 북한 핵무장 문제에 대한 중국의 입장에도 영향을 주고 있다. 중국이 동아시아에서의 핵무기 확산을 우려하여 북한의 핵무장에 반대하고 있지만, 여기에는 함정이 도사리고 있다. 중국으로서는 만약 북한이 지속적으로 중국의 영향권 내에 있을 수만 있다면 북한의 핵무장을 감내할 수 있다는 점이다. 북핵 문제를 둘러싸고 미국이 중국에게 북한에 대해 보다 강도 높은 압력을 가하라고 종용할 때마다 중국 정책 결정자들은 자신들이 북한에 대해 할 수 있는 일은 선의의 충고뿐이며, 외부에서 생각하는 것처럼 중국은 북한에 대해 영향력이 그리 크지 않다고 강변한다. 그러나 객관적 상황을 감안한다면 북한이 중국의 영향력에서 벗어나는 것은 사실상 불가능하다. 국제적으로 고립되어 있는 북한에게는 중국이 유일한 생명줄이기 때문에 중국은 마음만 먹으면 현 북한 정권을 붕괴시킬 수 있다. 중국이 북한에 대해 실제로 영향력을 행사하여 북한이 이에 굴복한 사례가 있다. 2002년 연말 김정일이 중국 정부와 상의하지 않고 중국계 네덜란드 이중국적자 양빈(Yangbin)

과 신의주 특별경제구역 사업에 합의했을 때, 중국은 기술적인 문제가 발생하였다는 이유를 내세우며 중·조 송유관을 며칠간 폐쇄하였다.[21] 북한은 황급히 동 사업 계획을 백지화함으로써 중국에 완전히 백기를 들었다. 그러나 북한 정권의 붕괴는 중국의 양대 국가 목표 중의 하나인 '안정'을 저해하는 일이기 때문에 최근 들어 중국은 북한 정권의 붕괴보다는 차선책으로 '관리가 가능한 북한'이 핵무장하는 것을 묵인하는 방향으로 정책을 선회하고 있는 것으로 보인다. 중국의 주변국 중 러시아, 인도, 파키스탄이 이미 핵무기를 보유하고 있다. 중국은 또 다른 주변국이 핵무기를 보유하더라도 그 나라와 친밀한 관계를 유지할 수 있다면 그 자체로는 큰 문제가 되지 않는다는 생각일 것이다. 즉 중국이 '관리가 가능한 북한'의 핵무장보다 미국을 더 큰 실제적 위협이라고 생각한다면 북한의 핵무기 보유를 용인해 줄 수도 있다는 얘기다.

중국은 1970년대와 1980년대에 인도와 파키스탄이 핵무기를 개발하던 과정에서 양국에 대해 상반된 태도를 보였는데, 이는 중국이 북한의 핵무장을 용인할 수도 있다는 앞의 주장을 뒷받침하는 증거이다. 인도 독립 이후 중국과 인도 간에 국경분쟁이 지속되었고, 인도는 티베트 망명정부를 지원하는 등 중국의 안보에 부담이 되었다. 1962년 중국의 인도 국경 침범으로 양국 간에 전쟁이 발발하였는데 결과는 인도의 처참한 패배로 끝났다. 이 패배는 비동맹 그룹에서 맹주를 자처하면서 중국과 우호·협력 관계를 유지하고자 한 네루에게 치명타가 되었고 네루는 핵무기 보유국인 중국에 대항하기 위해서는 핵 개발이 필수적인 것으로 생각하였다. 이에 따라 인도는 핵무기 개발에 박차를 가하여 1974~1998년 6차에 걸쳐 핵실험을 하면서 사실상의 핵보유국이 되었다. 중국은 인도의 핵실험에 크게 반발하다가 인도의 핵무기 보유가 기정사실화되면서 인도의 핵무기 보유를 사실상 묵인하였다. 파키스탄의 경우는 오히려 중국의 적극적 지원 하에 핵무기를 개발하였다. 중국이 접경국가인 파키스탄의 핵무기 개발을 지원한 것은 양국 간의 전략적 이익이 일치했기 때문이다. 즉 양국은 인도와 미국이라는 공통의 전략적 경계 대상을 갖고 있었다. 1962년 중·인전쟁이 발발하자 미국이 인도를 지원하면서 파키스탄과 중국의 안보 협력이 시작되었다. 파키스탄으로서는 미국이 인도와의 안보 협력 관계를 유지할 가능성에 대처하기 위해 중국과의 안보 협력이 필요하였고, 또한 인도가 핵실험을 시작하면서 핵무기 개발의 필요성을 절감하며 중국에 핵 개발 지원을 요청하였다. 파키스탄과 중국의 핵협력은 1976년 시작하여 1986년 발효한 핵협력합의서에 의해 심화되었다. 중국이 핵확산금지조약에 참여하기 이전인 1980년대에 중국은 우호적 주변국에 대한 핵 확산을 지원 또는 용인함으로써 후발 핵보유국이 미국, 인도 등 자국의 안보에 위협이 되는 국가에 대한 대항 능력을 확보하는 것이 오히려 전략적 이익에 부합된다고 본 것이다.[22]

인도와 파키스탄의 예에서 나타난 바와 같이, 중국은 주변국들의 안보 위협은 자국의 힘으로 관리가 가능하다고 보고, 미국만이 중국의 안보를 현실적으로 위협할 수 있는 국가라는 인식을 갖고 있는 것으로 보인다. 즉 한반도 문제에 있어서 중국은 핵무기를 보유한 북한은 자국이 관리 가능하지만, 압록강을 사이에 두고 미군과 대처하는 상황은 도저히 받아들일 수 없는 상황일 것이다. "2017년 7월 한중 정상회담에서 시진핑 주석의 입에서 나온 '중국과 북한은 혈맹 사이'라는 표현은 그래서 더 소름이 돋는다. 중국은 한반도의 운명을 놓고 미국과 거래를 원하고 있다. 한국 국민은 이 사실에 눈 떠야 한다. 그래야 정치인들이 자기 손으로 쓴 허망한 시나리오에 도취하는 사태를 막을 수 있다."[23] **중국에게 북한은 포기하여야 할 대상이 아니라 관리하여야 할 대상이고, 북한 문제는 본질적으로 미국을 상대하는 더 큰 지역전략에 관한 것이라 할 수 있다.**

위에서 서술한 바와 같이 2013년 2월 북한의 3차 핵실험 시 북한에 대해 강한 분노를 표출하였던 중국은 3월 시진핑이 주석에 취임한 이후 미국과 역내 주도권 경쟁을 벌이면서 북한에 대한 중국의 강경 반응이 점차 누그러지고 있다. 북한은 2016년 1월 4차 핵실험, 2016년 2월 장거리 미사일 및 8월 잠수함발사 탄도미사일 시험 발사, 2016년 9월 5차 핵실험, 2017년 세 차례에 걸친 대륙간탄도미사일 시험 발사, 2017년 9월 6차 핵실험을 강행했다. 잠수함발사 탄도미사일과 대륙간탄도미사일은 전략핵 폭격기와 함께 '핵전력 삼총사(Nuclear Triad)'로 불리는 핵심적 핵 운반수단이다. 북한이 미군 주둔지인 괌, 일본, 하와이 그리고 미국 본토를 사정거리에 맞춘 미사일 시험 발사를 계속하여 온 것은 전시 미 증원군의 파병을 저지하겠다는 뚜렷한 목표를 시위하기 위한 것이다. 여섯 차례에[24] 걸친 핵실험과 잠수함발사 탄도미사일, 대륙간탄도미사일의 성공적 발사 시험을 감안하면, 북한은 이미 핵무장에 성공한 것으로 보아야 한다. 북한의 핵실험과 미사일 발사 시험이 있을 때마다 유엔 안전보장이사회는 강도를 높여 가며 대북제재 결의안을 통과시켰고 중국은 여기에 동참했다. 그러나 그러한 제재에 북한이 심하게 고통받고 있다는 증거는 없다. 중국이라는 북한의 생명줄이 작동하고 있다는 것 이외에는 이러한 미스터리를 설명할 방법이 달리 없다. 4차 핵실험 후인 2016년

3월 8일 중국 왕이 외교부장은 두 시간에 걸친 내외신 기자회견에서 중·조 관계에 대한 입장을 밝혔다. 왕이 부장은 제재로 북한 문제를 해결하려는 것은 '잘못된 믿음'이며, '협상'으로 북핵 문제를 해결해야 한다고 강조했다. 북한만이 아닌 모든 관련 국가가 "이성적이고 절제 있는 행동"을 보이고 "긴장을 고조하는 행위는 자제해야 한다"고 강조했다.[25] 문제의 원인 제공자에 대한 경고보다 한미동맹을 겨냥하여 자제를 촉구한 왕이 부장의 발언은 북핵 문제 관련 중국 정부의 정책이 비핵화보다는 북한 정권의 안정에 방점을 두고 있다는 점을 의도적으로 내비친 것으로 해석할 수 있다.

사드 배치와 치욕의 대중 외교

2015년은 한중 관계 역사상 가장 좋은 시기로 평가되었다. 그해에 박근혜 대통령은 미국의 묵시적 반대에도 불구하고 중국 전승절 기념식에 참석하여 시진핑 주석의 환대를 받았고, 한국이 아시아인프라투자은행에 가입하였으며, 한중FTA를 타결하는 성과를 거두었다. 그러나 2016년 1월 북한의 4차 핵실험 후 중국이 북한 제재를 망설이며 은연중 북한의 입장을 두둔하자, 한국 정부는 남중국해 도서 영유권 분쟁에서 항해의 자유를 주장하는 미국의 편을 들었으며, 한국 내에 미군의 고고도미사일 방어체계(Terminal High Altitude Area Defense, THAAD. 이하 '사드')를 배치하기로 결정하였다. 이 사드 배치 결정으로 한중 관계는 수교 후 가장 어려운 시기를 겪고 있다. 적이 발사한 미사일을 공중에서 파괴하는 미국의 방어 미사일에는 패트리엇과 사드의 두 종류가 있다. 패트리엇은 걸프전 당시 이라크의 스커드미사일을 성공적으로 요격하면서 일약 유명해졌으나, 그 요격 고도가 10~

20km에 불과하여 높은 고도에서 날아오는 탄도미사일을 요격하는 데에는 한계가 있다. 이러한 치명적 약점을 보완하기 위해 개발한 미사일 방어체계가 사드다. 사드의 요격미사일은 마하 8 이상의 속도로 날아가 성층권과 전리층 사이에서 적의 미사일을 요격한다. 즉 사드는 파편으로 인한 피해, 핵이나 화학 오염물질로 인한 2차 피해를 대폭 줄일 수 있는 미사일 방어체계이다. 사드는 발사대 6기(1기당 미사일 8개 탑재)와 레이더 및 통제·통신장비로 구성된다. 이 가운데 사드의 중추라 할 수 있는 AN/TRY-2 레이더는 탐지거리가 중국 일부 지역을 포함하고 있어, 중국은 이를 구실 삼아 주한미군의 사드 배치에 민감하게 반응하고 있다. 사드는 북의 핵무기 공격에 대비한 방어무기이고, 중국 또한 서해(황해) 연안과 만주에 설치되어 있는 레이더로 한반도를 손금 보듯이 관찰하고 있다. 그러나 중국은 한국 내 사드 배치는 미국의 대중국 봉쇄전략의 일환으로서 중국의 핵 억지 능력을 훼손하는 조치라고 주장하며 강하게 반발하였다.

중국이 한국 내 사드 배치에 반발하는 것은 군사적 차원의 우려보다도 사드 배치를 계기로 한국, 미국, 일본의 결속이 공고해져 중국에 대한 포위망이 강화되는 것을 경계하기 때문일 것이다. 중국은 그들이 우려하는 **한·미·일 삼각동맹 형성 가능성에서 한국이 가장 약한 연결고리라는 것을 간파하고, 그 약한 고리를 집중 공격하여 삼각동맹의 가능성을 사전에 차단하려는 의도**를 갖고 있는 것으로 보인다. 중국이 북핵 문제를 해결하면 한미동맹의 사드 배치 명분이 없어지지만, 중국은 북한 정권에 핵무장 포기를 압박하거나 사드 배치의 당사자인 미국에 항의하기보다는 '힘없는' 한국에 다양한 경제적 보복을 가하였다. 중국의 경제규모는 한국의 8배가 조금 넘는다. 한국은 중국과의 교역에서 2016년 375억 달러의 흑자를 냈는데, 이는 총무역수지 흑자의 42%에 해당된다. 중국은 한국의 최대 수출시장으로 한국 수출의 24%가 중국행이다. 한국은 중국에게 네 번째로 큰 수출시장으로 중국의 한국행 수출은 전체의 4.3%를 차지한다. 위의 통계에서 보듯 한국의 대중 무역의존도가 높은 것은 사실이지만, 양국 교역의 구조적 측면을 살펴보면 중국의 한국에 대한 경제적 압박은 장기적으로 지속되기 어렵다. 중국은 경제보복을 중국인의 한국 관광 억제, 중국 진출 한국 투자기업에 대한 규제 강화, 한국 소비재품목에 대한 수입규제 등으로 한정하고 있다. 이는 중국이 한국으로부터 수입하는 물품의 대부분이 중간재나 자본재로서 수출주도형 중국 경제를 유지하는 데 필수적인 것들이기 때문에 규제범위를 확대하면 중국에게도 직접적인 피해가 미치기 때문이다. 한국의 대중 수출에서 소비재 비중은 5% 미만이지만, 한국의 중국으로부터의 수입품 중 소비재 비중은 오히려 20% 가까이 된다.[26) 또한 사드 배치를 구실로 중국이 한국에 대해 경제보복을 지속하는 것은 국제사회에서 중국의 이미지를 크게 훼손시키는 일이며, 한국 내에서 반중감정을 불러일으켜 중·장기적으로 중국에게도 큰 손실이 될 것이다.

사드 문제는 배치를 신속히 완료하여 기정사실화하면 종료되는 일과성 사안이었을 뿐인데 우리 정부가 결정에 지나치게 시간을 끄는 바람에 문제가 과도하게 부풀려졌고 스스로 화를 자초하였다. 단호함이 없었던 것이다. 중국으로서는 사드 배치를 끝까지 반대할 명분도 약하거니와 섣부른 대미 군사패권 도전은 중국의 국익에 도움이 되지 않고, 한국에 대한 경제적 압력도 중국 경제에 손실을 가져온다. 미국 언론은 사드 문제를 한중 관계의 '리트머스 테스트'라든지 '리

얼리티 체크'라고 평가하면서 그 추이를 지켜보았다. 갈등이 치킨게 임의 양상을 띠게 된 이상 한국으로서도 물러나서는 안 되었다. 만일 한국이 물러서면, 주권국가로서의 권리를 스스로 포기하는 것이고, 중국의 압력에 굴복한 선례가 만들어져 향후 오랜 기간 동안 우리 외 교의 발목을 잡게 되는 것이다. 그러나 불행하게도 그러한 우려는 현 실로 나타났다. 강경화 외교장관은 2017년 10월 30일 국회 국정감사 에서 ① 사드 추가배치를 검토하고 있지 않으며, ② 미국의 미사일 방 어에 참여할 의사가 없으며, ③ 한·미·일 안보 협력이 군사동맹으 로 변하지 않을 것을 "분명히 말씀드린다"고 했다. 강 장관이 밝힌 세 가지 입장은 중국의 부당한 사드 보복과 이로 인한 피해에 대해서 는 제대로 따지지 못한 채 중국 요구에 일방적으로 굴복한 것이나 다 름없다.[27] 한반도미래포럼 이사장 천영우는 "사드 관련 한중 간 합의 과정에서 나온 정부의 '3불(不) 입장'은 우리와 안보 이해가 대립되는 나라와 대한민국의 안보주권을 흥정의 대상으로 삼은 치욕적 자해행 위로 끝나는 것에 그치지 않는다. 군사적 옵션의 신뢰성을 박탈함으 로써 평화적 비핵화 달성을 더욱 어렵게 만들 소지도 있다. 시간이 흐르면 사라질 중국의 심통을 풀어 주기 위해 한국이 수천만 국민의 생명과 안전을 지킬 권리를 '조공'으로 바친다면 미국이 속마음을 보 여 주며 상의하고 공조할 이유가 있을까? 미국이 아무리 코리아 패싱 이 없다 해도 우리가 자초하는 것을 막을 수는 없다"라고[28] 지적했 다. 중국은 앞으로 이번 합의를 근거로 사사건건 한미동맹에 트집을 잡을 수 있다. 미국도 심상치 않다. 미 백악관 안보보좌관은 "한국이 주권을 포기할 것으로 생각하지 않는다"고 우회적으로 우려를 표명 했으며, 주한미군사령관이 "수도권을 방어할 자산이 추가되어야 한다"고 언급한 것은 우리 정부의 '사드 추가 배치 불검토'와 다른 의미로 받아들여지고 있다.[29] 우리 정부의 중국에 대한 3불 약속은 국제사회의 웃음거리가 되었다. 홍콩의 『사우스차이나 모닝포스트』는 2017년 11월19일 「중국은 한국의 사드 문제에서 총 한 발 쏘지 않고 승리했다」는 제목의 글을 게재하면서, '3불정책은 경제를 정치 · 안보와 연계시키는 (잘못된) 선례를 만들었다'는 전문가의 분석도 소개했다. 이에 앞서 『이코노미스트』는 상대방 행동이 마음에 안 들면 괴롭히다가 조금 잘해 주는 식으로 길들인다는 이른바 중국의 '개집 방식'에 한국이 굴복했다고 지적했다.[30] 외부로부터의 군사 위협이 증가하면 방어체계를 강화하여야 하는 것은 당연하다. 그런데 군사 위협을 받는 나라가 방어체계를 강화하지 않겠다고 공언하면서 스스로의 손발을 묶는 결정을 한 것은 이유 여하를 막론하고 지탄받아야 한다. 2017년 12월 국빈방문한 문재인 대통령에 대한 중국의 홀대는 계산된 외교술이었다. 중국은 약 1년 동안 사드 배치를 구실 삼아 한국 길들이기를 하고 있는데 우리 외교는 그 장단에 맞추어 춤을 췄다. 시진핑 주석은 "한국 측이 사드 문제를 타당하게 처리하기 바란다"고 어르면서 뒤에서는 한국 수행기자들을 폭행하고, 뒤이어 리커창 총리는 몇 가지 경제적 압박의 해소로 달래 주는 과정이 한국을 '가지고 논' 중국 측의 시나리오인 듯 보인다. 문 대통령이 당한 또 다른 홀대들은 그 시나리오의 엑스트라 격이다.[31] 사드 문제는 '조공국이었던 한국'이라는 중국인들의 잠재의식이 적나라하게 드러난 사례이며, 이보다 더 심각한 것은 한국 정부가 외교 · 안보전략에 스스로 족쇄를 채운 우리 정책 결정자들의 결기(結氣) 없는 판단이다.

통일 시나리오

지난 20여 년간 국내외의 많은 학자는 북한이 직면한 다양한 딜레마를 이유로 통일이 임박하였다고 생각하고 다양한 통일 시나리오를 제시하였다. 이 중 대표적인 것은 ① 통합과 평화통일, ② 붕괴와 흡수통일, ③ 무력충돌에 의한 통일, ④ 혼란과 외부 개입 정도라 하겠다.[32] 이 중 '혼란과 외부개입'은 '붕괴 또는 무력충돌'과 연관이 있으므로 '붕괴와 흡수통일' 항목에 포함하여, ① **합의에 의한 평화통일**, ② **북한 정권의 붕괴와 흡수통일**, ③ **무력충돌에 의한 통일**이라는 세 가지 유형의 통일 시나리오를 가상하여 검토하고자 한다.

말장난 합의통일

한반도가 통일이 된다면 한국으로서나 그 주변국에게 '평화통일'이 가장 바람직한 방안일 것이다. 합의에 의한 평화통일이 가능하려면 우선 상대방에 대한 신뢰가 전제되어야 한다. 그다음 단계로 군비

축소 등 상대방에 대한 위협수단을 감축하는 활동에 합의하여야 하고, 나아가 화해를 통하여 점진적으로 정치적·사회적 통합이 이루어져야 할 것이다. 이러한 과정이 가능하려면 우선 남북한 양측이 상대방에 대한 불신을 극복하고 새 출발을 하겠다는 의지를 증거로서 보여 주면서, 그러한 협조 관계를 제도화하여야 한다. 그런데 현재 양측의 정치체제, 사회제도, 국민여론으로 볼 때 그러한 **화해가 실현된다는 것은 전혀 가능치 않다.**

남과 북은 1972년부터 남북대화를 시작하였는데, 대화에 임한 양측의 의도는 진정한 평화 협력 관계 구축에 있기보다는 급변하는 국제정세에 대처하고, 남북대화를 국내 정치에 이용하려 했던 것으로 평가된다. 1970년대 초의 남북대화는 1969년 닉슨독트린 선언과 1971년 미·중 간의 화해·협력 무드에 양측이 모두 불안을 느껴 시작한 것이고, 1990년대 초반의 남북대화는 동구권 붕괴에 따른 북한의 불안과 그러한 국제정세의 변화를 활용하여 남북 관계에서 주도권을 잡고자 하는 남측의 의도에서 출발한 것이다. 화해·협력을 통한 통일이 가능하려면, 남한으로서는 과거 북한이 저지른 각종 만행―한국전쟁, 1968년 북한 특공대의 청와대 습격사건, 1983년 아웅산 테러, 1987년 대한항공기 폭파, 기타 셀 수도 없이 많은 무력 도발과 간첩 사건―에 대해 북한 측으로부터 어떠한 형태로든지 사과와 재발 방지 약속을 받아 내야 하는 부담이 있다.

통일 논의의 전제는 상대방을 대등한 파트너로서 인정하는 데에서 출발하여야 하는데, 북한 입장에서는 남한 정부의 정당성을 인정하는 것은 자신의 정통성을 부정하는 것이 되어 불가능한 것으로 보인다. 1990~1992년 지속된 양측 총리 간 협의의 명칭도 북한 측 주장에 따라 '총리회담'이 아니고 '고위급회담'으로 명명하였는데, 이는 남한을 적법한 국가로 인정하지 않는다는 북한의 의도가 시현된 것이다. 북한의 이러한 태도는 지난 20여 년간 가져온 각종 정부 간 협상에서 남측은 관련 정부 부처 고위관리를 대표로 지명한 데 반해 북측은 대표단을 대부분 공식 정부 부처가 아닌 각종 위원회 소속 인사로 구성하고 있는 예에서도 잘 드러나고 있다. 이외에도 합의에 의한 평화통일을 위해서는 아래의 다양한 구체적 조치가 따라야 하는데, 현재의 남북관계에 비추어 보면 어느 하나도 실현되기 어려워 보인다.

- 상대방 정치체제에 대한 상호 인정
- 군축을 포함한 군사적 신뢰구축에 대한 합의
- 경제통합에 대한 합의
- 한미 방위조약, 조·중 상호협력협정, 조·러시아 우호협력협정 등 양측이 체결한 국제협약에 대한 재조정
- 양측 주민 간의 통행, 통신의 자유
- 헌법과 각종 법률의 개정, 제정
- 정전협정을 평화협정으로 대체[33]

위와 같은 조치는 양측의 기존 정치·군사·경제·사회체제에 대한 근본적인 변화를 요구하는 것이므로 양측 모두에게 현실적으로 받아들이기 어려운 선택일 것이다. 특히 극단적 폐쇄 사회인 북한의 경우는 위 조치의 극히 일부만을 시행하더라도 체제 붕괴로 이어지기 때문에 도저히 받아들일 수 없는 조건들이다. 또한 북한이 국제사회로부터 주목받는 유일한 이유가 그들의 호전성에 있다는 사실에 비추어 그들이 핵무장 포기와 군축에 동의하는 순간, 북한은 협상의 지렛대를 잃어버리게 되므로 북한으로서는 군사적 신뢰구축조치에

합의하지 않을 것이 분명하다. 즉 군사적 긴장이 완화되지 않고서는 평화 협상이 진전될 수 없다는 점에서 이 방안은 비현실적인 탁상공론에 불과하다.

'합의에 의한 평화통일' 시나리오는 상대방에 대한 신뢰에 바탕을 두고 상대방과의 대화와 협상을 통해 시작된다. 그러나 지난 40여 년간의 남북협상 또는 다자협상에서의 북한의 행적을 지켜보면서 '대화와 협상'의 무용론을 다시 한 번 확인할 수 있다. 우리가 협상을 하는 이유는 합의에 도달하기 위해서인데, 그 합의가 지켜진다는 믿음이 없다면 협상 자체가 필요 없다. 실제로 지난 수십 년간 남북협상을 통해 300여 개에 달하는 크고 작은 합의를 이루었지만 북한이 시행 단계에서 이를 지킨 것은 단 한 건도 없다.[34] 그렇다고 해서 대화와 협상 자체를 포기하자는 것은 아니다. 그 이유는 첫째, 대화와 협상은 북한과 같은 폐쇄 사회와의 소통 창구를 만들고 유지할 수 있는 길을 열어 놓기 때문이다. 소통이 단절되면 상호 간에 불필요한 오해가 발생하여 파국으로 치달을 수 있기 때문에 대화통로를 유지하는 것은 매우 중요하다. 실제로 과거 수세기 동안 유럽에서는 전쟁 중에도 적국과의 대화통로를 유지하였다. 둘째, 대화와 협상은 위기의 증폭을 관리할 수 있는 데 도움이 된다. 미국의 싱크탱크인 국제전략문제연구소(Center for Strategic International Studies, CSIS. 이하 'CSIS')는 1984년부터 최근까지의 북한의 주요 도발 사례를 검토하였는데, 북한이 미국과 양자 또는 다자협상 중에 도발을 감행한 경우는 30여 년 동안 단 한 차례(1998. 8, 미사일 시험 발사)에 불과하였다고 한다.[35]

역사적으로나 다른 나라의 경우에도 합의에 의해 통일이 완성된 예는 찾아볼 수 없다. **독일의 재통일**(1990), **베트남의 통일**(1975)의

예와 같이 역사상 중요한 통일 사례들은 결국 흡수통일이나 무력통일에 의한 것이었다. 인류 역사상 극단적으로 적개심을 품고 대치 상태에 있는 두 체제가 협상을 통해 평화를 이룩한 경우가 전혀 없다는 사실이 남북한 간 합의에 의한 통일방안의 공허성을 말해 주고 있다. **예멘**의 경우, 남북 예멘의 지도자 간에 통일에 합의하고 1990년 5월 통일을 선포하였으나, 1994년 다시 내전에 돌입하였다. 통일 예멘은 정치권력의 대등한 분배를 고려하다 보니 정부기구가 비효율적으로 확대되었고 관료나 군인의 명령체계와 책임 소재가 불명확해지면서 국가체제가 혼선을 빚었다. 또한 주민 간에도 일부다처제, 여성의 사회활동, 음주 허용 여부를 둘러싸고 종교적·문화적 갈등을 겪으면서 사사건건 대립하였다. 예멘은 2017년 현재 이란의 지원을 받는 시아파인 후티 반군이 수도 사나를 비롯한 대부분의 영토를 차지하고 있고, 정부군은 수니파의 맹주인 사우디아라비아의 지원을 받으면서 내전이 격화일로에 있다. 예멘의 통일은 '통일지상주의'에 몰두하여 형식적으로 통합이 이루어졌을 때 발생하는 문제점을 총체적으로 보여 준 예이다.[36] 즉 통일 후의 사회상에 대한 국민적 합의가 전제되지 않는다면 통일은 혼란으로 이어지며, 종국에는 내란으로 치닫게 되는 것이다.

19세기 이탈리아와 독일의 통일도 무력통일이었다. **이탈리아 통일** (1861)은 피에몬테·사르디니아왕국에 의해 이루어졌다. 국왕 비토리오 에마누엘레 2세(Vittorio Emanuele II, 1820~1878)는 경제 분야 장관이던 카보우르(Camillo Benso di Cavour, 1810~1861)를 1852년 재상으로 발탁하였는데 그가 통일의 실제적인 주역이 되었다. 그는 보수와 진보를 아우르는 타협의 정치가이기도 하지만, 냉혹한 현실주의 정치로 이탈리아 통일을 성공시킨 인물이다. 그는 외교와 군사력을 적절히 조합하여 통일을 추구했고, 그 과정에서 정적이었던 마치니(Giuseppe Mazzini, 1805~1872)와 가리발디(Giuseppe Garibaldi, 1807~1882)를 정치적으로 배제하였다. 마치니와 가리발디 역시 이탈리아 통일을 성공으로 이끈 주역들이다. 마치니는 공화주의와 자유주의를 추구했고, 통일 이전 이탈리아 각 국가가 공화주의로 탈바꿈함으로써 연합에 의한 통일이 용이하게 했다. 마치니는 공화주의와 자유주의 이념을 통해 이탈리아인에게 통일에 대한 강한 열망을 불러일으키는 데에는 성공했으나, 다양한 국내 정치 세력과 외세와의 대결에서 승리할 무력을 확보하는 데 실패하여 통일의 주체 세력이 되지는 못했다. 가리발디는 민족주의를 축으로 삼아 강력한 무력으로 통일운동을 전개했다. 가리발디는 무력으로 남이탈리아를 통일한 후 이를 에마누엘레 2세에게 헌납하였는데, 이는 이탈리아가 남북으로 분단되는 것을 방지한 중요한 결정이었다. **독일의 통일**(1871)은 프러시아의 빌헬름 1세(Wilhelm Friedrich Ludwig, 1797~1888, 재위 1861~1888)의 즉위와 더불어 본격화되었다. 그는 보수주의에 입각하여 국내 문제를 처리하였으며 3년 징병제를 채택하였는데 이는 자유주의 하원의 반대에 부딪혔고, 이를 돌파해 나가기 위해 1862년 주프랑스 대사로 나가 있던 보수주의자 비스마르크(Otto von Bismarck, 1815~1898)를 재상으로 불러들였다. 당시 독일에서는 통일에 대한 입장이 남부독일의 자유주의자를 중심으로 오스트리아까지 통합하여 통일하자는 '대독일주의'와 프러시아가 중심이 되어 오스트리아를 배제한 채 통일을 이루자는 '소독일주의'로 양분되었다. 비스마르크는 자유주의적 합의에 의한 통일은 현실적으로 불가능하다고 보고, 무력에 의한 통일 즉

'철(鐵)과 혈(血)'에 의한 통일만이 가능하다고 보았다. 비스마르크는 프러시아 주도로 1834년 형성된 관세동맹을 바탕으로 '소독일 통일'의 청사진을 그렸는데, 결국 오스트리아와 프랑스와의 전쟁에서 이겨 통일을 완성하였다. 카보우르와 비스마르크는 자유주의 개혁과 협상이 아닌 무력과 정복통일을 주장하고 이를 실행에 옮겼다는 점에서 유사성을 가진다. 이들은 당시 이탈리아와 독일의 각 국가는 이미 준(準)주권국가적 성격을 가지고 있으므로 이들 간에 협상과 타협을 통한 통일은 불가능한 것으로 보았다. 이들 모두 뛰어난 외교술을 가진 전략가들이어서 외교와 전쟁이라는 두 수단을 효과적으로 구사하여 통일을 이루었다.[37]

희망사항 흡수통일

북한 사회는 치밀한 감시체제에 의해 지탱되고 있다. 북한 주민은 처벌받지 않겠다는 생존 본능에 의해 자유와 행복 추구라는 인간 본성을 희생할 수밖에 없는 처지에 놓여 있다. 그러나 생존 자체가 위협받게 된다면 그 공포의 감시체제도 무용지물이 될 수도 있다. 1990년대 중반의 대기근 당시 사회체제의 상당 부분이 붕괴되었던 사실이 이를 뒷받침한다. 경수로 건설단지가 있는 금호지구에서 나와 함께 근무하였던 한국전력 직원 중 몇몇은 경수로 부지 물색차 1995년부터 북한의 구석구석을 답사한 경험이 있었다. 그들이 목격한 바에 의하면, 1995~1997년의 대기근 당시에는 사회통제체제가 사실상 붕괴하였다 한다. 도로 및 철도 검문소의 군인과 경찰은 식량을 찾아 이동하는 주민에 대해 통행증 요구를 사실상 포기하였다 한다. 철로 주변에 기차에서 버려진 시체가 눈에 띄는 상황에서 다 죽어 가는 기차 승객들에게 통행증을 요구한다는 것은 가능하지도 않고 또 의미 없는 일이었기 때문이다. 이때 북한과 중국과의 국경 경비체제도 사실상 무너져 굶주림에 허덕이던 북한 주민 수십만 명이 중국 국경을 넘나들었다. 『북한의 대기근(*The Great North Korean Famine*)』의 저자 나시오스는 인간은 굶주림의 기억을 잊지 않으며, 그러한 굶주림이 다시 찾아올 때는 그 고통스러웠던 기억 때문에 결코 가만히 앉아서 죽음을 기다리지는 않는다고 했다.[38]

북한의 경제적 파탄과 이에 따른 대기근 상황이 다시 찾아오면, 아무리 완벽하게 통제된 북한 사회라 할지라도 힘없이 자연 붕괴될 가능성이 크다. 여기에서 붕괴의 의미는 김정은이 퇴출되어 70여 년간 북한에 군림한 김씨 왕조의 종말을 의미하는 것이다. 북한의 현 정권이 경제 파탄으로 붕괴의 위기에 직면하게 되면, 중앙통제 기능을 상실하게 된다. 그러한 위기 상황에서 제대로 작동할 수 있는 조직은 군부밖에 없기 때문에 군부가 정치의 전면에 등장하게 될 것이다. 가능성은 희박하나, 군부가 중심이 된 후속 정권이 김일성의 정통성을 이어받기 위해 김일성 일족 중 하나를 신정권의 허수아비 수장으로 옹립한다면 — 예를 들어 김정일의 이복동생 김평일, 김정은의 형 김정철 또는 여동생 김여정 — 새로운 정권도 김정은 정권과 유사한 체제를 갖추게 될 것이며, 이 경우 김정은 정권이 가지고 있던 문제점들을 그대로 이어받게 될 것이다. 또한 가능성은 매우 희박하지만 신정권이 개혁과 개방을 추진하게 된다면, 필연적으로 북한 사회 전체에 외부세계의 참모습이 알려지게 되어 김일성·김정일·김정은이 우려했듯이 정권 유지가 어렵고 북한 사회는 또다시 혼란에 빠지게 될 것이다.

정권 붕괴에 이르는 또 다른 가능성은 김정은 암살 또는 권력 상층 부에서의 권력투쟁이다. 즉 쿠데타가 일어나는 것이다. 군은 '최고 존 엄'에게 충성하는 집단이고 그 충성의 선봉에 선 핵심 군 간부마저 삼중, 사중의 감시와 통제하에 있기 때문에 군 내부에서 조직화된 쿠 데타가 발생할 가능성 역시 희박하다. 그러나 군의 실세 중 자신이 처벌받게 될 것이라는 사실을 사전에 알게 되는 경우, 그는 이판사판 의 심정으로 반란을 도모할 수도 있을 것이다. 특히 김정은은 집권 이래 최고위층에 대해서도 수시로 인사조치, 숙청, 처형을 자행하고 있어 측근 중 누군가가 자신의 신변에 위협을 느끼거나 자신이 권력 의 핵심에서 배제된다고 생각하면 김정은 암살 등 극단적 선택을 할 가능성이 있다. 북한판 김재규의 등장이다. 그러나 이 경우에도 대규 모 병력 동원이 쉽지 않아 조직적인 쿠데타 성사 가능성은 낮을 것이 다. 다만 이러한 돌발 사태로 김정은이 갑자기 죽게 된다면 최고 권 력의 공백 상태에서, 권력자들(대부분 무력을 가진 군부 인사일 것으로 예측) 간에 충돌이 일어나 내란으로 비화될 가능성이 크다. 이때에는 정권의 붕괴뿐 아니라 사회 전체가 와해되는 사태가 벌어질 것이다. 김정은 제거라는 사태가 발생하는 경우 여러 가지 상황 전개를 추측 해 볼 수 있다. 첫째, 후속 정권이 정치적·군사적 통제권을 장악하 고 안정적으로 정권을 유지하는 경우인데, 북한이 이인자가 존재할 수 없는 시스템 속에서 유지되어 왔기 때문에 순조로운 권력 이양은 현실적으로 어려울 것이다. 다수의 권력 실세가 후속 정권의 정통성 에 대해 시비를 걸고 도전하리라 예상된다. 둘째, 정치적 불안정으로 인해 후속 정권이 정치적·경제적·군사적 통제력을 상실하여 사회 혼란이 야기되는 경우이다. 이러한 상황은 오래 지속될 수 없기 때문에 무정부 상태의 내란이 발생하여 결국 외세의 개입을 초래하게 될 것이다. 셋째, 권력투쟁을 종식시키기 위해 눈을 외부로 돌리는 것인데 내부적 단합을 위해 남한을 군사적으로 침공하는 것이다. 이 경우 한미동맹의 압도적인 군사력에 의해 전쟁은 속전속결로 끝날 것이지만, 그 인적·물적 피해는 상당할 것이다. 특히 이들이 핵무기나 생화학무기 등 대량살상무기를 사용하게 될 때 남한 사회도 큰 혼란에 빠질 것이다. 넷째, 혼란의 와중에서 중국이 개입하고 한미동맹군이 북한 영역으로 진입하는 경우인데 이는 종국적으로 동북아 안보지형을 바꾸어 놓는 계기가 될 것이다.

북한 정권의 붕괴가 남한에 의한 흡수통일에 이른다는 보장은 없다. 통일을 위한 전제조건은 첫째 남한 국민이 통일을 하겠다는 의지를 갖고 있어야 하며, 둘째 한미동맹의 북한 흡수통일 시도에 대하여 중국이 양해하거나 최소한 묵인할 수 있는 방법을 찾아내야 하며, 셋째 붕괴를 통일로 이어가기 위한 사전 준비와 구체적 실행방법 등을 검토하고 실천해 나가야 한다. 이는 「제4장 사전 준비」와 「제5장 최종해법」에서 다루고자 한다.

금단의 열매 무력통일

북한은 파탄 상태에 이르는 경제 상황에서도 지난 수십 년간 유지하여 온 그들의 군사전략을 거의 바꾸지 않았다. 북한의 대남 군사전략의 기본은 수비가 아닌 공격이다. 그들은 전쟁이 장기전으로 돌입하면 한미연합군에게 패배한다는 것을 잘 알고 있어, 공격으로 최단 시간 내에 승부를 내자는 것이 그들의 전략이다. 그 전략은 단기간에 남한에 타격을 주어 남한 내에 사회 혼란을 야기하면서 남한 내 친북 세력과 공조하여 남한 사회를 북 정권에 종속하게 만들든가 아니면 유리한 입장에서 협상을 통해 승부를 마무리 짓는다는 것이다. 그러므로 그들이 가장 역점을 두는 것은 남한 사회를 혼란에 몰아넣는 불안정화 활동(destabilization campaign)을 벌이는 것이다. 현재 남한에서는 북한과의 무력충돌 가능성을 배제하는 분위기가 만연해 있다. 그 이유로 한미연합군의 전력이 북한보다 월등하고, 북한은 열등한 경제력 때문에 전쟁을 수행할 능력이 없다고 지적한다. 또 김정은 정권도 이러한 사실을 잘 알고 있기 때문에 자살행위와 다름없는 무력 도발을 하지 않을 것이라고 강변한다. 그러한 설명은 현실에 부합되고 논리적으로도 타당한 것처럼 보이지만 간과하고 넘어가는 몇 가지 요소가 있다.

첫째, 주한미군은 철수 가능하며, 이 경우 남한의 군사적 우위를 보장할 수 없다는 것이다. 이는 북한이 핵무기를 갖고 있는 상황에서 우리가 핵우산을 잃게 되는 것을 의미한다. 남한에는 현재 주한미군 철수를 주장하는 사람들이 상당수 있다. 이들은 남한과 북한의 경제력 차이를 감안할 때 북한이 먼저 전쟁을 일으킬 가능성이 없다고 주장한다. 주한미군이 전쟁 발발을 억제하는 역할을 하고 있다면(물론 그들은 이에 동의하지 않겠지만), 주한미군 철수는 전쟁 발발 가능성을 높이는 것인데 전쟁 가능성이 없다는 이유로 주한미군 철수를 주장하는 것은 논리적으로 모순이다. 세계적 규모의 전략을 준비하고 실천해 나가야 하는 미국의 입장에서 한국은 전략적으로 중요한 하나의 지점일 뿐이다. 한국 국민이 원하지 않는다면 미국은 미군 철수를, 나아가 한국과의 동맹을 재고할 가능성이 충분히 있다. 미국이 동아시아에서 지키고자 하는 전략적 목표는 태평양에서의 절대적 우위 유지이다. 미국 정책 결정자의 입장에서 보면 한미동맹은 미·일동맹을 보완하는 차원 정도의 의미가 있을 것이다. 한미동맹은 당초 미국이 원했던 것은 아니다. 아이젠하워는 대통령 선거공약의 하나로 한국전쟁 종결을 내세웠는데, 이승만이 휴전에 완강히 반대하자 그를 달래어 휴전을 이루고자 한미동맹을 허락한 것이다. 2002년 남한에서 반미데모가 한창이던 무렵, 일군의 데모대가 의정부에 주둔하였던 미군부대 안으로 화염병을 던진 사건이 있다. 이 사건은 미국 주요방송의 뉴스를 타고 미국 전역에 전파되었다. 뉴스를 보던 당시 럼스펠드(Donald Rumsfeld) 국방장관은 격노하여 "저들을 한국에서 빼버려(Let them get out of there)"라고 고함을 쳤다는 소식이 한국 언론에 보도되었다. 당시 케도 부지에 있던 나는 미국 대표인 램버슨(David Lambertson) 대사에게 "한국의 전략적 중요성을 감안한다면 설마 주한미군을 철수시키겠어?"라고 반문하였다. 그는 국무부 한국과장, 주한대사관 차석, 국무부 동아태국 수석부차관보, 주태국대사를 역임한 전직 고위외교관인 훌륭한 인품을 가진 신사였다. 그는 "주일미군은 미국의 세계전략(global strategy)의 일환으로 주둔하고 있는 것이지만, 주한미군은 한국전쟁의 산물이며, 북한의 무력 도발을 방지하기 위한 억지력 차원으로 주둔하고 있는 것이다. 미국이 미군 해외주둔 문제를 검토할 때 가장 중요하게 생각하는 것은 주둔국(host country) 국민의 의사이다. 한국 국민이 원하지 않는다면 미국으로서는 떠나는 것이 당연하지 않느냐?"라고 나에게 반문하였다. 미군 주둔을 당연시하면서 살아왔고, 북한의 정체를 매일 보고 겪는 나에게 그의 대답은 하나의 충격이었다. 그 무렵 나는 케도 뉴욕본부에 출장 간 일이 있었는데, 뉴욕 시내에서 전부터 알고 있던 독일 외교관을 우연히 만났다. 그는 나에게 "독일은 통일이 되었으니 국민이 미군 철수를 주장해도 이해가 되지만, 한국의 경우는 정말 이해가 안 간다. 통일된 다음에 미군 철수 얘기를 하라"라고 빈정거렸다.

둘째, 남북한 간의 현격한 경제력의 격차 때문에 북한이 전쟁 도발을 하지 않으리라는 가설이다. 이러한 가설은 장기전을 전제로 하는 설명이다. 그러나 앞에서 설명했듯이 북한의 군사전략이 단기 속전속결방식이므로 경제력의 격차는 그 의미를 축소하여 생각하여야 한다. 또한 북한이 핵무기를 보유하고 있고 남한 내에 종북 세력이 암약하고 있는 현실에서는 남북한 간 경제력의 격차는 큰 의미가 없다.

셋째, 북한의 책동에 의해 남한 사회 내부에서 혼란이 야기되는 경우이다. 이때 한국 정부는 갈팡질팡하게 되고 미국은 속수무책이 된다. 북한은 그들의 당·군·행정조직에 산재하여 있는 대남공작부서를 총동원하여 70여 년간 품어 온 '적화통일'이라는 꿈을 실현하려고 온갖 책동을 부릴 것이다. 황장엽은 2003년 11월 27일 서울에서 개최된 흥사단 주최 모임에서 "10년 후 중국의 위력이 더욱 세어지고 대한민국에 대한 미국의 영향력이 줄어들면서 남한 내에 친북 세력이 강화된다면, 남한의 친북 정권과 북한 정권의 주도하에 통일이 이루어질 수 있다"라고 주장했다.[39] 황장엽의 발언 이후 10년이 지난 시점에서 그가 예측한 상황은 일어나지 않았지만 10년을 20년, 25년으로 연장한다면 그의 주장이 현실화될 가능성을 배제할 수 없다. 그는 적어도 남한 내에서는 김씨 정권의 본질과 북한의 대남공작수법을 가장 잘 알고 있던 사람이었다. 앞으로 그의 주장이 현실로 드러나게 된다면 그것이 우리 국민 다수가 원하는 통일의 모습일까? 남한 내 많은 사람이 막연히 그러한 가능성을 상상하면서도 그러한 현실이 두려워 애써 그 가능성을 외면하고 있다. 우리 사회는 그러한 가능성을 거론하는 것 자체를 금기시하여 왔다. 보고 싶지 않은 그림에서 눈을 돌려 버리고 싶었기 때문이다. 그러나 남북한 문제를 둘러싸고 작금 한국 사회 내부에서 표출되고 있는 갈등을 과연 민주주의가 성숙해 가는 다원화 과정이라고 말할 수 있을까? 결코 아니다. 남한 내 친북 세력의 발호는 북한의 대남공작이 낳은 결실이다.

넷째, 미국의 북한에 대한 선제공격 가능성이다. 북한 정권의 핵무기와 미사일 개발은 분명히 미국에게 위협이 되었지만 그 위협은 미국의 안보 우선순위에서 뒷전에 밀리고 있었다. 즉 북한 문제는 미국 정부에게 중동과 아프가니스탄 문제, 테러와의 전쟁에 비해 그 우선순위가 떨어졌다. 그래서 북한이 크고 작은 도발을 할 때마다 미국은 우선순위가 보다 높은 이슈에 집중하기 위해 협상이라는 방법으로 북한 문제 해결을 뒤로 미루어 왔다. 워싱턴에 팽배해 있는 이러한 '상대적 위기 무관심 증상(relative crisis indifference syndrome)'이 수없이 북한을 구했고, 북한 정권은 잘못된 행동에 대해 벌을 받는 대신 협상을 통해 이익을 얻었다. 북한 정권이 이제까지 존속할 수 있었던 것은 그 정권의 외교술이 뛰어나서가 아니다. 미국의 상대적 무관심과 중국과 국경을 접하고 있다는 지정학적 특성이 북한 정권을 존속케 하는 '역사의 우연한 사고(an accident of history)'였을 뿐이다.[40] 그러나 상황이 달라졌다. 2017년 7월 북한의 두 차례에 걸친 대륙간탄도미사일 발사 시험과 같은 해 9월의 6차 핵실험, 11월의 발전된 대륙간탄도미사일(화성-15형) 발사 시험 성공으로 미국 국민은 북한을 직접적인 위협의 대상으로 인식하기 시작하였고, 이에 따라 미국 행정부와 의회는 북한에 대한 선제공격을 검토하기 시작하였다. 2017년 7월 트럼프 대통령은 군사옵션을 준비하라는 지시를 내렸고, 미군은 '김정은 참수작전' 실행을 복안 중의 하나로 갖고 있다. 미국의 군사 옵션 중에는 선제공격을 뛰어넘어 예방전쟁(preventive war)까지 포함하고 있다. 이제까지 미군이 한반도에서 군사행동을 한다는 의미는 한미연합사를 통한 한국군과의 공조를 의미하였으나, 이제 상황이 달라졌다. 미국 본토가 북한 대륙간탄도미사일 공격에 노출되고 북한이 괌 인근 해역에 미사일 공격을 운운함으로써 미국은 단독 군사행동을 할 수 있는 명분을 얻게 되었다. 동맹 간에 가장 중요한 것은 상대방에 대한 신뢰인데, 미국에 대한 북한의 위협이 증대되는 상황에서 미국이 한국 정부를 믿지 못한다면 미국은 단독으로 북한에 대한 군사행동을 감행할 수 있다. 한국 정부와 공동으로 운용하는 주한미군 이외의 병력으로 북한을 공격한다면 한국 정부로서는 속수무책이 될 수밖에 없다. 소위 '코리아 패싱(영어식 표현으로는 Korea skipping)'이다. 만약 미국이 군사행동에 감행한다면 한반도는 전화에 휩쓸릴 가능성이 있다.

무력충돌이 두렵다 하여 한국 정부는 북한에 대해 유화적인 태도를 취해서는 안 된다. 전쟁을 방지하는 최선의 방법은 북한에 대해 '도발은 북한 정권의 멸망을 초래하게 될 것'이라는 단호한 입장을 지속적으로 명확하게 전달하는 것이다. 우리의 의지가 단호하면 그들은 도발하지 못한다. 강한 자에게는 약하고 약한 자에게는 강한 것이 북한 정권의 본질적 속성 중의 하나이기 때문이다. 이는 김일성이 항일 게릴라 활동을 통해 얻은 체험적 지혜로서 3대에 걸쳐 북한 지도층의 몸에 밴 전략이다. 이제까지 우리가 북한에 대해 유화적인 태도를 보일 때마다 북한은 이러한 약점을 파고들면서 대남공작을 통해 남한 사회의 국론 분열을 유도하여 왔다. 남한에 비해 경제적·군사적으로 취약한 북한으로서는 북한 주도의 통일을 달성할 수 있는 유일한 방법은 남한 사회의 자중지란이라는 것을 잘 알고 있다. 한국 사회에서 북한의 대남공작에는 침묵하면서, 대안 없이 '오로지 평화'만을 외치는 세력은 일단 그 의도가 무엇인지를 의심해 보아야 한다. 북한의 대남공작의 핵심은 바로 '평화 공세를 통한 남한 사회의 국론 분열 유도'이기 때문이다. 우리가 한 목소리로 단호하게 자유민주주의를 지키겠다는 의지를 보이면 북한의 도발도 전쟁도 없다. 하지만 우리가 위선적 구호인 '우리 민족끼리'를 운운하면서 유화적 태도를 보일 때, 그들은 한국 사회를 혼란으로 몰아넣는 총성 없는 전쟁을 본격화할 것이다. 남북한 간에 전면전이 발발한다면 상기의 모든 가정에도 불구하고 한미동맹이 승리할 것이 확실시되며, 그 경우 남한이 북한을 흡수통일할 가능성이 크다. 그러나 무력충돌은 전면전이 아니고 부분전으로 전개될 가능성이 있다. 한반도에서 무력충돌은 북한의 대남 기습공격 또는 미국의 대북 선제공격이라는 두 가지 가능성하에서 시작될 것이다. 북한은 한미동맹이 이완되고 그들의 대남공작이 성공하여 남한 사회가 혼란에 빠졌다고 판단할 때 남한을 무력침공할 수 있다. 북한은 기습공격으로 남한 사회를 순식간에 혼란에 빠뜨린 후 협상을 통해 남한 사회를 평정해 나가려 할 것이다. 한편 미국이 핵무장한 북한을 자국에 대한 직접적인 안보 위협이라고 판단할 때, 미국은 한국 정부의 동의 여부와 상관없이 북한을 선제공격할 수 있다. 승패는 전자의 경우는 남한 사회의 자체 종북 정도에 달려 있으며, 후자의 경우는 미 지도부의 의지 여하에 따라 북한 정권의 완전한 파괴 또는 북한에 교훈을 줄 정도의 부분적 승리로 마무리지어질 것이다. 무력충돌이 반드시 통일에 이르는 길은 아니다. 통일은 의지와 능력이 함께할 때에만 가능하다. 북한은 의지는 있으나 능력이 없다. 남한은 능력이 있으나 의지는 미지수이다. 미국의 의지는 남한의 의지에 상당 부분 영향을 받게 될 것이다. 중국의 의지는 미국과의 거래에 의해 결판날 것이다.

주

1) McDevitt, Michael, 2001, "The Post Korean Unification Security Landscape and US Security Policy in Northeast Asia," in *Korea's Future and the Great Powers*, edited by Nicholas Eberstadt and Richard J. Ellings, The National Bureau of Asian Research in Association with University of Washington Press, p.284.

2) Noland, Marcus, 2000, *Avoiding the Apocalypse*, IIE, p.2.

3) Eckert, Carter J. and Ki-Baik Lee ect., 1990, *Korea Old and New : A History*, Ilchokak, p.345.

4) Snyder, Scott, 2000, "Korea's Influence on Northeast Asian Major Power Relations," in the *Major Power Relations in Northeast Asia*, edited by David M. Lampton, Japan Center for International Exchange, p.97.

5) Oberdorffer, Don, 1997, *The Two Koreas*, Basic Books, p.3.

6) Mearsheimer, John J., 2001, *The Tragedy of Great Power Politics*, Norton, pp.372~373.

7) Dibb, Paul, 2000, "The Strategic Environment in the Asia-Pacific Region," in *America's Asian Alliance*, edited by Robert D. Blackwill and Paul Dibb, Harvard University, p.2.

8) Cummings, Bruce, 1997, *Korea's Place in the Sun*, Norton, p.142.

9) 소련의 참전은 1945년 포츠담회담과 얄타회담에서 이미 합의된 바 있었다.

10) Eckert, Carter J. and Ki-Baik Lee ect., 1990, 앞의 책, pp.334~335.

11) Oberdorffer, Don, 1997, 앞의 책, p.9.

12) Scalapino, Robert A., 2001, "China and Korean Reunification : A Neighbor's Concerns," in *Korea's Future and the Great Powers*, edited by Nicholas Eberstadt and Richard J. Ellings, National Bureau of Asian Research, p.107.

13) http://nextbigfuture.com/2015/7.

14) *UPI*, September 16, 2003.

15) 신일철, 2002, 『북한 정치의 시네마폴리티카』, 이지북, 311~313쪽.

16) Snyder, Scott, 2009, *China's Rise and Two Koreas*, Lynne Rienner Publishers,

pp.141~149.

17) Yuwen, Deng, "China Should abandon North Korea," *Financial Times*, February 27, 2013.

18) Snyder, Scott, 2009, 앞의 책, pp.146~147.

19) AIIB는 아시아·태평양지역 개발도상국의 인프라 건설을 목표로 중국의 주도로 설립된 은행인데, 2016년 1월 한국을 포함, 중국·러시아·인도·독일·영국 등 57개 원회원국으로 출범하여 2017년 현재 회원국은 77개국으로 늘어났다. 중국이 동 은행 설립을 주도한 이유는 미국이 주도하는 세계은행(IBRD)과 일본이 주도하는 아시아개발은행(ADB)에 대항하기 위한 성격이 강하며, 향후 일대일로 건설 사업의 자금조달에 핵심적 역할을 하게 될 것으로 예상된다.

20) 「시진핑 '중국의 힘 드러내라'」, 『조선일보』 2017. 10. 26.자.

21) 신의주에 특별경제구역(Special Economic Zone) 설치 계획을 발표 직후, 중국 정부는 양빈을 부패 혐의로 체포하여 신의주특구 계획은 사실상 물거품이 되었다. 중국은 김정일 정권이 중국과의 국경도시에 경제특구를 설치하면서 중국 정부와 사전 협의를 거치지 않아 이러한 조치를 취했던 것으로 알려져 있다.

22) 이기현 외, 2015, 「중국 주변외교전략과 대북정책」, 통일연구원, 17~21쪽.

23) 『조선일보』 2017. 7. 8.자, 강천석 칼럼.

24) 인도와 파키스탄은 사실상의 핵무기 보유국으로 인정받기까지 여섯 차례 핵실험을 했다.

25) 이성현, 2017, 『한중 소장파 학자들이 바라본 한반도 안보이슈』, 세종연구소, 93쪽.

26) 정진영, 2017, 「중국의 사드 보복과 한중관계의 미래」, 『정세와 정책』 4월호, 13~14쪽.

27) 「사설 : 사드무마용 '3가지 굴욕' 심각한 안보 주권 훼손이다」, 『문화일보』 2017. 10. 31.자.

28) 천영우, 「트럼프 공언이 '코리아 패싱' 해소할 수 있나」, 『동아일보』 2017. 11. 9.자.

29) 「사설 : '약속'이든 '입장표명'이든 주권은 훼손됐다」, 『조선일보』 2017. 11. 4.자.

30) 「사설 : 중국은 총 한 발 안 쏘고 승리했다」, 『조선일보』 2017. 11. 20.자.

31) 김대중, 「어르고 뺨치고 달래도…」, 『조선일보』 2017. 12. 19.자.

32) Pollack, Jonathan D. and Chung Min Lee, 1999, *Preparing for Korean Unification*, Rand, pp.49~81.

33) Pollack, Jonathan D. and Chung Min Lee, 1999, 앞의 책, pp.53~54.

34) 『문화일보』 2017. 5. 26.자, 이상우 교수 인터뷰 기사.

35) Cha, Victor, 2012, *The Impossible State*, The Bodley Head, p.457.

36) 황흥룡, 「예멘의 통일 사례」, 『통일신문』 2015. 12. 18.자.

37) 이탈리아와 독일의 통일은 전재성의 「19세기 이태리 통일(1861)과 독일 통일 (1871)이 한반도 통일에 주는 교훈」(『서울대학교 국제 문제 총서 2 : 한반도 통일』, 2015, 77~85쪽)을 참고로 기술하였다.

38) Natios, Andrew S., 2001, *The Great North Korean Famine*, United States Institute of Peace, pp.245~247.

39) 『조선일보』 2003. 11. 27.자.

40) Cha, Victor, 2012, 앞의 책, pp.429~430.

제4장

사전 준비

현대사에서 한반도 위기는 한두 번이 아니었다. 그래도 평화를 지키고 여기까지 온 것은 한미동맹이 튼튼했기 때문이다. 이제 한미동맹은 충돌하는 코스로 가고 있다. 이견을 좁히기 위한 노력도 없다. 트럼프의 '미국 우선주의'와 한미동맹에서 멀어지는 문재인 정부의 원심력이 잘못 결합하면 걷잡을 수 없는 사태가 벌어질 것이다.

동맹은 다리 또는 건축물에 비유될 수 있다. 다리나 건물은 항상 그 자리에 있어서 누구나 그 존재를 당연히 여긴다. 그러나 그것들이 지나친 스트레스를 받게 되면 누구도 눈치 채지 못하는 어느 한순간에 갑자기 무너져 버린다. 당연히 엄청난 생명과 재산의 피해가 뒤따른다. 그러나 동맹은 인간이 건설한 다리나 건물과는 달리 상대방과의 교감이 결정적 역할을 하는 인간 활동의 결과이다. 이제 한미 양국은 피로에 지친 우정의 교각을 새로운 신뢰로 수리하고 관리하여야 할 때이다.

북한은 내재적인 모순으로 인해 더 이상 그 체제를 유지할 수 없다. 적어도 김씨 왕조 체제는 조만간 붕괴될 것이다. 그러나 북한체제의 붕괴가 통일로 연결된다는 보장은 없다. 북한체제의 붕괴 이후 벌어질 상황은 그 시점에서의 북한의 정치적·경제적·군사적 상황과 이에 대처하는 남한 사회의 자세, 그리고 미국과 중국 간의 관계에 의하여 결판날 것이다. 그러나 확실한 것은 제3장에서 설명하였듯이 남북한 간의 합의에 의한 평화 또는 통일은 없다는 사실이다. 남북한 간의 대규모 무력충돌의 가능성도 완전히 배제할 수는 없지만 그것은 우리가 의도치 않은 상황하에서 발발하게 될 것이고, 전부 아니면 제로의 결과를 초래하게 될 가능성이 크므로 이 책의 논의에서는 제외하고자 한다. 그러면 남는 것은 북한 현 정권의 붕괴가 새로운 북한 정권의 출현(예를 들어 친중 정권)으로 이어지느냐 혹은 한미동맹을 배경으로 하는 남한에 의한 흡수통일로 이어지느냐 하는 두 가지 가능성이다. 우리가 거론하기 싫은 또 다른 가능성도 있다. 즉 핵무장한 북한이 전쟁기피증에 걸린 남한 사회를 겁박하고, 여기에 남한에 뿌리박은 친북 세력이 사회 혼란을 유도하여 서울시청 앞 광장과 광화문에 촛불 아닌 횃불이 타오르고 인공기가 나부끼는 그림이다.

남한에 의한 흡수통일은 붕괴되어 가는 북한 정권이 우리에게 손을 내밀기를 기다리는 소극적 대처법과 북한 정권이 붕괴하도록 우리가 유도하는 적극적 방법이 있다. 후자의 경우는 우리가 통일의 시기를 앞당기기 위한 욕심으로 북한 정권의 붕괴를 추진하는 것이라기보다는 대한민국의 안보를 지키기 위한 예방적 차원의 조치이다. 극단적으로 얘기하면 그들의 적화통일 대남전략에 대응하는 자위권 발동 차원의 적극적 대처방안이다. 즉 핵무기를 보유한 북한 정권을 그대로 방치해 놓는 경우, 우리의 안보 위험이 극에 달할 수 있기 때문에 위협의 근원을 사전 제거한다는 관점에서 추진하는 옵션이다. 통일을 위한 사전 준비는 통일에 대한 국민적 공감대를 형성하는 것이 우선되어야 한다. 그다음으로 정부가 사전에 준비하여야 할 일들인데, 이는 일일이 열거하기 어려울 정도로 많다. 물론 정부 내 일부 부처에서는 소관 분야에 대해 이미 준비를 시작하였지만, 그 수준이 아직 빈약할 뿐만 아니라 단편적인 것으로 보인다. 또한 정부의 정권 교체에 따라 통일에 대한 사전 준비가 부침을 겪고 있는 것이 우리의 현실이다. 박근혜 정부는 통일준비위원회(통준위)를 설립하여 통일에 대한 사전 준비를 시작하였는데, 정권 교체에 따라 동 위원회의 존폐 여부와 정상 작동 여부가 의문시된다. 2015년 3월 10일 동 위원회의 정종욱 부위원장은 통일로드맵에는 평화적인 통일도 있고 비합의적 통일, 즉 체제통일에 관한 것도 있다며 "체제통일만 연구하는 팀이 위원회 가운데 따로 있다"고 흡수통일 전담팀을 암시하였다. 이에 대해 북한은 3월 14일 조국평화통일위원회(조평통) 대변인 담화에서 통준위의 해체를 요구했고, 곧이어 남한 내의 시민사회단체들도 통준위의 해체를 요구하였으며, 경제정의실천시민연합(경실련)은 통준위 시민자문단에서 탈퇴하였다. 한편 정종욱 부위원장은 다른 강연에서 "정부 내 다른 조직에서도 체제통일을 연구하고 있다"며, 흡수통일은 하기 싫다고 해서 일어나지 않는 것이 아니라고 강조했다. 같은 해 2월 25일에는 민주평화통일자문위원회(민주평통)와 통일연구원이 〈북한의 변화와 통일준비〉라는 토론회를 개최했는데 여기에서 김진하 통일연구원 국제전략연구센터 소장은 "위기구조가 영속화된 북한체제의 구조적 모순을 감안할 때, 비상대비책의 필요성이 더 커지고 있다"고 주장했다. 미국 역시 북한 붕괴전략을 끊임없이 추진하고 있는데 북한 급변 사태에 대비한 흡수통일 연구는 큰 틀에서 대북 심리전이라고 할 수 있다.[1]

　일반적으로 어느 나라 정부나 어제 벌어진 일에 대처하기에도 바쁘기 때문에 내일 벌어질지도 모르는 일에 대해 사전 준비를 하는 것이 사실상 쉽지는 않다. 그러나 북한 급변 사태는 예고 없이 찾아올 것이므로 아무리 일찍 준비하여도 이미 늦었을 것이다. 사전 준비가 필요한 수많은 사안 중에서 그 우선순위에 따라 몇 가지만 나열하면 다음과 같다.

　첫째, 통일한국은 어떠한 이상을 품고 어느 방향으로 나아가야 하는가 하는 가치와 그 방법론에 관한 문제이다. 물론 우리 헌법에 명시된 자유민주주의와 자본주의를 기초로 하는 통일국가를 건립하여야 하겠지만, 여기에 강대국에 둘러싸인 한국이 어떻게 그들의 틈바구니에서 살아남으면서 세계적으로 존중받는 국가로 성장해 나가느냐 하는 우리 민족의 미래 비전과 관련된 문제에 대한 검토가 필요하다.

둘째, 법제화 문제이다. 법제화는 수복지역인 북한에 대해 적용할 법령을 사전에 검토하고, 준비하는 문제이다. 정치적·군사적으로 통일이 이루어졌다 하더라도 현행 대한민국 법령을 그대로 북한지역에 적용하는 것은 무리이다. 70년 넘게 완전히 다른 체제에서 살아온 주민에게 가치기준이 다른 법령을 그대로 적용한다면 그들의 이해와 호응을 받지 못하여 사회 혼란을 유발할 수 있다. 과도기에 북한지역에 적용할 법령도 민주주의, 시장경제, 인권이라는 현대사회의 기본 가치를 훼손하여서는 안 된다. 부차적으로 한미동맹군이 북한지역 수복작전을 펼 때 어떠한 법령과 지침에 따라야 할 것인가 하는 행동기준을 마련하는 것도 중요하다.

셋째, 북한 정권의 자체적 붕괴를 유도하기 위한 적극적 방법을 검토하고 시행하기 시작하는 것이다. 즉 심리전, 정보전을 강화하고 참수작전을 준비하는 것이다. 우리의 북한에 대한 최대 비교우위는 자유민주주의와 시장경제가 가져다준 자유, 인권, 번영이다. 우리가 심리전을 통해 북한 인민들에게 외부세계의 모습을 알리고, 국제사회에 북한 인권 문제를 적극적으로 제기한다면 미국은 물론이고 국제사회가 이에 동참할 것이다. 우리는 대북 심리전을 통해 북한 인민에게 외부세계의 실상을 알리고, 무엇보다도 통일이 되어도 그들은 보복을 받지 않으며, 남한 국민과 동등한 대우를 받을 것이라는 사실을 사전에 알려 주어야 한다. 순조로운 아니 덜 혼란스러운 통일을 위해서는 북한 인민의 지지와 지원이 필수적인데, 이들은 수십 년간 북한 정권에 의해 세뇌되어 통일이 되면 그들이 '미 제국주의자와 그 괴뢰인 남조선 도당'에 의해 박해 받을 것이라는 두려움을 가지고 있다. 따라서 이들의 통일에 대한 두려움을 해소시켜 이들을 통일 지지 세력으로 유도하는 것이 혼란을 최소화하는 데 매우 중요하다. 이를 위해서는 방송, 유인물, 휴대전화 등 통신 수단을 활용하여 대북 심리전을 강화하여야 한다. 또한 북한 정권을 자체 붕괴시키려면 정권내부의 권력 움직임, 핵심 인물의 동향, 핵심 조직 관련 정보 등을 수집하는 정보전을 강화하여야 한다. 남북한관계가 대화 기조로 바뀐 1990년대 말 이후 우리 정부는 대북 정보수집 능력 특히 인적 네트워크 정보(Human Intelligence, HUMINT. 이하 '휴민트')의 수집 능력을 스스로 약화시켜 왔음에[2] 반해, 북한의 대남공작은 더욱 치밀하게 발전·강화되었다. 참수작전은 북한 최고 권력자 및 지도부를 제거하는 방안이다. 한미동맹은 2017년 3월 연합훈련기간 중 이미 참수작전훈련을 시작하였다. 이는 북한 정권의 붕괴를 단숨에 유도할 수 있는 효과적인 방법이고, 국제법 측면에서도 자위권 발동으로 간주되어 큰 문제가 없으나, 자칫하면 무력충돌로 비화될 수 있기 때문에 북한의 무력도발 징후가 포착되는 등 위급한 순간에나 검토할 수 있는 옵션이다. 심리전과 정보전마저 북한의 보복이 두려워서 하지 못한다면 핵무기로 무장한 김정은의 하수인으로 살거나 서울에서 인공기가 나부끼는 날을 보게 될 것이다.

넷째, 통일은 현실적으로 한미동맹에 의존할 수밖에 없다. 지난 10여 년 동안 한미동맹은 부침을 거듭해 왔다. 최근 들어 미국이 대북 강경자세를 보이고 있음을 이용하여 '오로지 평화'만을 외치는 국내 일부 세력은 다시 한미동맹을 흔들기 시작하고 있다. 흔들리는 한미동맹을 굳건히 붙들어 매는 것이 통일을 위한 사전 준비의 첫 번째 요체이다.

다섯째, 우리 군이 북한지역에 진입하여 점령지를 안정시키기 위해서는 북한군을 무장해제(disarmament) 및 동원해제(demobilization)하고, 이들을 원만히 사회복귀(reintegration)시키는 것이 긴요하다. 이를 위해서는 적정 규모의 지상군 유지가 필요한데 문재인 정부는 2022년까지 전체 군 병력을 50만 명, 지상군 병력수를 40만 명 이하로 감축할 계획이라 한다. 그러나 통일 과정에서의 군 병력 소요와 통일 이후 중국, 일본에 대한 견제를 위해서는 적정 수준의 병력 유지가 긴요하다.

여섯째, 월남가족이 북에 두고 온 재산권 문제이다. 자본주의에서 재산권에는 시효가 없다. 통일 초기에 월남가족이 북에 두고 온 재산과 그곳에 70년 이상을 거주한 사람들 간에 재산권을 둘러싸고 충돌이 일어날 것은 명약관화하다. 역으로 월북가족 중에서 남에 두고 온 논밭이 예를 들어 서울 강남지역의 한복판에 있다면, 수백조 원에 달할 수 있는 그 땅을 월북가족에게 이양하는 것이 현실적으로 가능할까 하는 문제가 제기된다.

일곱째, 통일비용 문제를 둘러싸고 벌어지는 남한 사회의 갈등을 사전에 해소하여야 한다. 이는 '통일에 대한 국민적 합의를 이끌어 낼 수 있느냐, 없느냐' 하는 가장 중요한 고려사항이다. 통일이 되는 경우 경제적으로 피폐한 북한 사회를 활성화시키기 위해서는 분명히 천문학적인 비용이 소요된다. 그러나 그 통일비용을 우리가 약 70년간 지불하였고 또 앞으로도 계속 부담하여야 하는 분단비용과 상쇄한다면 통일은 오히려 전망 좋은 투자가 될 것이다.

법제화 문제는 그 성격이 전문적이고 분야가 다양하기 때문에 이 책에서는 검토를 생략하고, 이제 위에서 제기한 여타 여섯 가지 문제를 검토하고자 한다.

통일한국의 비전을 마련하라

　현대 국가 대부분은 빈부 격차, 세대 간 갈등, 지역 간 갈등 등 사회 내부적으로 다양한 문제를 안고 있다. 한국의 경우는 다른 나라들이 경험하는 진보적 가치와 보수적 가치 간의 갈등에 더하여 북한과 관련된 문제를 둘러싼 특수한 변수—북한이라는 존재의 해석, 대북정책, 통일정책—가 사회를 균열과 갈등으로 몰아가는 또 다른 이유가 되고 있다. 이러한 균열을 봉합하는 데 힘써야 할 정치권은 오히려 정파적 이익에 함몰되어 갈등을 부추기고 있다. 통일에 이르는 과정과 그 이후 한국 사회의 혼란을 최소화하기 위해서는 통일 문제에 대해 국민적 공감대 형성이 선결되어야 하는데, 현재 한국 사회의 갈등 양상을 감안하면 이는 쉽지 않은 과제이다. 가장 근본적인 이유는 우리 사회에 다수의 국민이 공감할 수 있는 통일에 대한 비전과 철학이 부재하기 때문이다. 국민들이 통일의 필요성에 공감하려면 통일은 우리의 미래를 밝게 하는 전기(轉機)가 될 수 있다는 희망을 주어야 하는데, 그러려면 통일 이후의 한국은 어떠한 나라가 될 것인가라는 비전이 제시되어야 한다. 다수의 국민이 그러한 비전에 공감하고 그 아래에 모일 때 현재 우리 사회가 겪고 있는 갈등도 치유되기 시작할 것이다. 통일한국은 자유민주주의, 시장경제, 인권 존중이라는 가치에 바탕을 두고 **개방경제**를 지향하는 **군사강국**이 되어야 한다. 또한 한국의 소프트파워를 증진시켜 국제적으로 신뢰받는 **평화지향국가**가 되어야 한다. 즉 통일한국은 경제력과 군사력이라는 하드파워와 평화지향이라는 소프트파워를 겸비한 스마트파워(smart power)를 갖춘 강소국을 지향하여야 한다.

군사강국

첫째, 우리는 작지만 강한 군사강국이 되어야 한다. 현재 국민소득 측면에서 세계 13위를 오르내리고 있는 한국은 통일 후 어느 정도의 과도기가 지난 후에는 현재보다 경제력이 더 큰 나라가 될 수 있다. 그러나 좀 더 국력이 세진 통일한국도 세계의 최강대국인 미국, 중국, 일본, 러시아에 둘러싸여 있다는 지정학적 숙명에서 벗어날 수는 없다. 이 국가들은 인구·면적·경제력·군사력에 있어 우리와 현격한 차이가 나는 대국들인데, 우리는 그들 사이에서 나라를 지키면서 번영을 이루려면 스스로를 지킬 힘이 필요하다. 그 힘은 군사력과 경제력이라는 하드 파워에서 나온다. 17세기에 황금기를 누렸던 네덜란드는 1713년 위트레흐트조약에 의해 가련한 신세로 전락하였다. 프랑스의 루이 14세가 자신의 손자를 에스파냐 국왕으로 앉혀 양국을 합병하려는 야욕을 드러내자 영국, 신성로마제국(오스트리아·헝가리제국), 프러시아, 포르투갈, 사부아 등 유럽 각국이 이에 반발하여 프랑스, 에스파냐에 선전포고함으로써 에스파냐 왕위 계승전쟁이 일어났다. 이 전쟁을 종결짓는 회의가 당시 에스파냐의 지배 아래에 있던 네덜란드의 위트레흐트에서 개최되었는데 이 회의에서 유럽 내 어떤 국가도 패권을 노리지 못하도록 국가 간 균형을 이루는 내용의 합의가 이루어졌다. 이 합의에서 네덜란드는 프랑스, 프러시아, 신성로마제국에 영토의 일부를 빼앗기고 더욱 소국으로 전락하였다. 당시 네덜란드는 세계의 경제대국이고 문화강국이었지만 군사력이 취약하여 자국의 영토마저 지킬 수 없었다. 이 회의에서 프랑스 대표는 "당신들 문제를, 당신네 나라에서, 당신들 빼고(de vous, chez vous, sans vous) 처리한다"라고 네덜란드 대표를 조롱하였다. 위트레흐트조약에서의 네덜란드의 처지는 군사력이 뒷받침되지 않는 경제력의 한계를 보여준 예라 하겠다.

한스 모겐소(Hans J. Morgenthau)는 약소국이 독립을 유지하려면 대체로 강대국 간의 세력 균형에 의존하거나, 어느 한 강대국의 영향력 아래에 들어가는 경우가 대부분이라고 설명하였다. 통일한국은 미국과의 동맹을 유지하여 국가안보를 지키는 것이 최선의 선택이다. 즉 **미국의 안보우산 아래에서 보다 강력한 자체 국방력을 보유한 군사강국을 지향하여야 한다.** 미국과의 동맹을 유지하여야 하는 이유는 무엇보다도 미국은 현존하는 세계 최강국이기 때문이다. 중국이 강대국으로 부상하고 있지만 금세기 말까지는 미국의 적수가 되지 못할 것이다. 정보기술과 인공지능이 주축이 되는 4차 산업혁명 시대에는 창의력과 다양성이 성공 여부를 가름하게 될 것인데 일당독재국가이며 획일주의 사회인 중국에서는 다양성과 창의성이 꽃피우기 어렵기 때문이다. 다음으로 중국은 우리와 국경을 접하고 있어 한반도에 대해 영토적 야심을 가질 수 있는, 우리에게 직접적 안보 위협이 될 수 있는 나라이기 때문이다. 중국인은 속마음으로 한국과의 관계를 주종 관계로 생각한다. 중국의 조공국이던 조선이 그들의 뇌리에 박혀 있는 것이다. 2017년 4월 미·중 정상회담에서 시진핑이 트럼프에게 "한국은 원래 중국의 속국이었다"고 말하였다는 미국 측 발설이 있는데, 중국 측이 이를 공식적으로 부인하지 않은 것으로 보면 이 발언이 사실인 것으로 보인다. 또한 10여 년 전 중국이 동북공정이라는 이름으로 우리의 고대사 왜곡을 시도한 것은 중국의 한반도에 대한 영토적 야심을 드러낸 예라 하겠다. 다행히 세계 최강국인 미국은 태평양 건너 먼 곳에 위치하고 있으며, 미국의 정치철학상 한반도에 대한 영토적 야심은 없을 것이다. 미국과의 동맹 유지가 우리의 최선의 선택이지만, 통일 과정에서 미국과 중국의 합의에 따라 한미동맹이 조정될 가능성이 크다. 따라서 우리로서는 어떠한 양태의 한미동맹을 유지하여야 하는가에 대하여 미리 검토하여야 할 것이다. 세계 다수의 국가가 미국과 동맹을 맺고 있는 이유는 미국이라는 최강국의 울타리 안에 들어가 보호를 받을 수 있다는 이점 외에 동맹을 유지함으로써 절약되는 국방예산을 경제발전과 국민복지에 활용할 수 있기 때문이다. 국방력의 핵심은 국민의 의지이며, 다음으로는 결국 '돈'이다. 지정학적으로 세계 최강대국들에 둘러싸여 있는 통일한국이 그들 틈에서 살아남을 수 있는 방법은 강소국, 즉 작지만 강한 군사력을 갖춘 단단한 나라가 되는 수밖에 없다. 우리는 '동북아 중심국가' 등 국민을 기만하고 세계의 웃음거리가 되는 정치적 구호는 이제 접어 두고, 차라리 덩샤오핑의 도광양회와 같은 겸손함으로 은인자중 힘을 키워야 한다. 우리가 소국이라는 현실을 바꿀 수는 없지만 강한 나라를 만드는 것은 우리의 의지와 손에 달려 있다. 자신이 상처를 입지 않고서는 공격할 수 없는 나라, 김일성의 말대로 고슴도치와 같은 나라를 우리 손으로 만들어야 한다. 이스라엘이 그 예라 할 수 있겠다.

면적이 남한의 5분의 1이고 인구 830만 명에 불과한 이스라엘이 군사강국이 될 수 있었던 것은 무엇보다도 국민 전체가 국방에 대한 확고한 의지를 가지고 있고, 다음으로 뛰어난 정보수집 능력과 국가의 전폭적인 지원을 받는 방위산업 능력을 확보하고 있기 때문이다. 이스라엘의 방위산업은 첨단 레이더와 전자기술을 기본으로 한 핵심 시스템과 부품 생산에 역점을 두고 있는데 방산품의 해외 수출 비중이 70%를 상회한다. 한국도 무인항공기, 탄도미사일 탐지레이더 등을 이스라엘로부터 수입하였다. 우리가 강소국이 되기 위한 주요 조건 중 하나는 무기의 자체 공급 비중을 높이는 것인데, 우리나라의 방위산업은 현재 매우 어려운 국면에 처해 있다. 한국 사회에서는 방위산업에 대한 부정적 인식이 널리 퍼져 있으며, 그보다 실패를 용인하지 않는 사회 풍토가 방위산업의 성장을 가로막고 있다. 과학기술은 실패를 통하여 성장하는데, 우리나라에서는 방위산업에서 신제품 개발을 위한 첫 시험에 실패하면 여론의 뭇매를 맞고 다음 해에는 그 예산이 깎여 버린다. 북한은 기술개발 과정에서의 시행착오에 매우 관대하다. 외국으로부터의 기술 도입에 의존하지 않고 역설계를 통해 '주체적'으로 기술을 개발해야 하는 북한의 처지에선 실패는 성공으로 가는 길에서 당연히 거치는 필수적인 과정으로 여겨진다. 실패에 대한 공포심이 지배하는 우리의 연구 풍토와는 대조적이다.[3] 방위산업에 대한 부정적 인식은 방산 비리 문제에 크게 영향을 받았는데 방산 비리를 정치적으로 악용한 것도 방위산업 종사자의 사기를 저하시키는 데 일조했다. "비가 새는 불량 헬기를 만든 '방산 비리 적폐'

로 손가락질받던 한국항공우주(KAI)가, 전 정권이 임명한 사장이 구속되고 현 정권의 선거캠프 인사가 새 사장으로 부임하자 갑자기 우리나라 항공 산업을 짊어지고 나갈 유망기업으로, 불량 헬기는 명품 헬기로 바뀌었다.[4] 방위산업은 국가가 정책적으로 육성하지 않으면 발전하기 힘든 산업분야인데, 방위산업에 대한 우리 사회의 인식이 부정적으로 변하여 우리 과학자와 군 우수인력들이 방위산업 분야 근무를 기피하는 현상이 이미 나타났다. 처우도 신통치 않은 데다 까딱하면 감사원에 불려 다니고 인사상의 불이익을 받기 때문이다. "북한에서는 과학기술자들을 파격적으로 우대한다. 파격적 대우를 받는 이들은 더욱 사명감에 불타 연구개발에 온몸을 던질 것이다. ……북한에서는 자연계 영재들이 실력을 발휘할 곳은 군사과학 분야의 국책연구소와 군수산업이다. 정보기술 분야 수재들은 정찰총국의 해커부대에 들어가 정보와 기술을 훔치는 사이버 전사로 활약한다."[5] 또한 북한 군수산업 종사자는 우리 인력의 10배에 달하고 있다. 방위산업에 대한 우리 사회의 부정적 인식과 인력 부족은 통일한국이 강소국이 되어 가는 데 걸림돌이 될 수 있다.

개방경제

둘째, 우리는 개방경제를 지향하여야 한다. 네덜란드와 벨기에는 인구와 면적이 각각 남한의 2분의 1, 3분의 1에도 미치지 못하는 유럽의 소국이지만 개방과 자유무역으로 국부를 이루면서 선진국 반열에 올라 있다. 특히 네덜란드는 일찍이 바다를 통해 세계로 뻗어 나가는 진취성을 바탕으로 17세기에는 해양강국으로 부상하면서 제국주의 국가의 일원이 되었던 나라이다. 미니 국가 룩셈부르크는 낮은 조세부담율과 자유로운 자본거래를 바탕으로 세계 금융 허브의 하나로 성장하여 현재 연간 1인당 소득이 약 12만 달러로 미국의 2.5배에 달하는 알짜배기 부국이다. 이들 세 나라가 모두 우리와 마찬가지로 부존자원이 빈약하고 인구와 면적에서는 우리보다도 소국인데, 세계 최상위의 부국으로 성장한 이유는 그들이 모두 개방경제를 지향하였기 때문이다. 한국이 최빈국에서 반세기 만에 경제적으로 세계 10위권의 중견국가로 떠오른 것은 수출주도형의 개방경제를 지향하였기 때문이다. 그러나 얼마 전부터 성장의 엔진이 서서히 식어 가고 있다. 우리 정부는 지난 20여 년 동안 시장개방에 소극적 자세를 보이는 동시에 기업에 대한 규제를 오히려 강화하는 등 국제적인 세계화 추세에 역행하여 왔다. 우리나라는 제조업 분야에서는 거의 완전개방 상태에 도달하였다. 그래서 제조업의 경쟁력은 세계에서 상위 수준이다. 그러나 서비스 산업에서의 개방 정도는 매우 낮아 그 경쟁력은 중하위 수준이다. 세계가 4차 산업혁명으로 치닫고 있는 오늘날에도 우리 정부는 노동조합 등 이익단체의 힘에 밀려 서비스산업에서 개방의 문을 닫고 있는데, 이는 그 분야에서 우리나라의 국제경쟁력을 떨어뜨리는 결과를 낳고 있다. 특히 폐쇄적인 **교육시장**으로 인해 한국 사회는 다양성과 창의력이라는 미래의 발전 동력이 꽃피지 못하는 환경에 처해 있다. 수정된 교조적 역사관에 사로잡혀 대한민국의 정체성을 폄하하고, 지나친 민족주의에 함몰되어 '우리'만을 강조하는 교사가 가르치는 교육 현장에서는 세계인과 경쟁하여야 하는 창의력 있는 개방 마인드를 가진 학생이 자라나는 것을 기대하기 어렵다. 지난 반세기 동안 역대 정부 모두 교육개혁을 외치며 교육제도를 수시로 바꾸어 왔지만, 국민은 여전히 사교육시장으로 몰리고 있다. 사교육은 규제로써 막는 것이 불가능한 대표적인 시장이다. 자기 자식이 남의 자식보다 나은 여건에서 교육받기를 원하는 부모들의 갈망을 막을 수 있는 방법은 없다. 사교육을 없앨 수 있는 방법은 딱 하나다. 학교교육의 질이 사교육의 질보다 나으면 그것으로 끝이다. 폐쇄된 교육시장에서 교육받은 아이가 어른이 되어 다시 폐쇄된 교육시장에서 아이들을 가르치는 것이 우리나라 학교의 현실이다. 여기에서 어찌 사고의 다양성을 찾을 수 있으며 창의교육이 가능하겠는가? 콩 심은 데 콩 나온다. 우리는 왜 꼭 콩만 먹고 살아야 하나? 밭에 팥도 심고 옥수수도 심으면 안 되겠는가? 외국 교육기관이 국내에 들어오고 외국 교사들이 우리 학교에서 가르칠 수 있는 교육 개방이 이루어져야 우리 사회에 미래가 있다. **의료시장**도 개방되어야 한다. 우리 의료 인력의 개인적 능력은 세계 최상위급이라 할 수 있지만 세계 의료시장에서는 그 능력에 합당한 대우를 받지 못하고 있다. 우리 스스로 의료시장을 개방치 않고 자승자박하고 있기 때문이다. 의료시장 개방을 통하여 우리 의료 인력이 자유롭게 선진국과 경쟁하게 되면 우리가 의료 서비스 분야에서의 세계 최고의 경쟁력을 갖추게 될 것이고 우리 국민의 보건복지 향상에도 크게 기여할 수 있을 것이다. 다국적 기업이 외국 투자를 결정할 때 주요 고려사항의 하나는 투자 후보국에 직원 가족이 이용할 외국인학교와 외국인을 위한 의료시설이 있는지 여부이다. 싱가포르에서는 외국 기업 투자유치기관(Economic Development Board)이 외국학교 및 외국병원 설립 허가에 상당한 영향력을 행사한다. **법률시장**도 개방되어야 한다. 기업의 세계화 추세에 따라 사계약의 중요성은 날로 커지는데, 외국 법률에 대한 지식이 짧고 외국어에 한계가 있는 우리 법조인만으로는 첨예

한 국제법률분쟁에서 승소할 가능성이 낮을 수밖에 없다. 우리나라에 투자한 외국 기업도 자기 회사의 소송대리인이 꼭 한국인이어야 하는 현실을 어떻게 받아들인 것인가? 이러한 나라에 투자할 의욕이 나겠는가? 우리가 개방경제로 나아가려면 먼저 국민의식이 편협한 민족주의에서 탈피하여야 한다. 일본을 비난하고 욕하면 애국자이고, 두둔하거나 칭찬하면 매국노로 지탄받는 것이 우리 현실이다. 한국 사회에서 일본 욕은 누구나 할 수 있다. 안전하기 때문이다. 그러나 일본을 칭찬하려면 비난을 감수할 용기가 필요하다. 세계에서 일본을 싫어하는 나라는 한국과 중국 정도이고, 일본을 무시하는 나라는 한국밖에 없다. 필자의 개인적 경험에 의하면 대부분의 나라 국민은 일본과 일본인을 좋아한다. 이제 우리는 아픈 역사의 기억은 가슴에 묻고 조용히 힘을 길러야 한다. 일본 사무라이처럼 가슴에 칼을 품고 힘을 기르며 기회를 엿보아야 한다. 다음으로 정치권과 정부는 이익단체의 압력에 끌려다니는 비겁함에서 벗어나야 한다. 선거에서 이익단체 구성원이 줄 수 있는 표가 많은 것은 사실이지만 일반 국민의 표가 훨씬 많다. 표도 중요하지만 국가의 미래는 어떻게 할 것인가? 언론도 마찬가지이다. 우리 국민에게 장기적인 국가이익이 무엇인지를 밝히고 우리 민족이 나아가야 할 방향을 제시하는 것은 언론의 몫인데, 현재 우리 언론은 제 역할을 못하고 있다. 언론은 이익을 추구하는 사기업이기도 하지만 제4부(府)로 불릴 만큼 사회에 대한 책임이 있다. 언론은 사회가 갈등을 겪고 있는 문제에 대해 옳고 그름을 편파성 없이 적시하여 국민이 올바른 선택을 할 수 있는 기회의 장(場)을 열어 주어야 한다.

평화지향국가

셋째, 우리는 한국의 소프트파워를 증진시켜 국제적으로 신뢰받고 사랑받는 평화지향국가가 되어야 한다. 소프트파워는 조지프 나이 (Joseph Nye)가 1990년에 만들어 낸 어휘인데, 강압(coercion)에 의하거나 대가를 지불(payment)하지 않고 끌어당기는 힘(attraction)에 의해 자신이 원하는 것을 얻는 능력을 말한다.[6] 그는 다른 나라로부터 자국이 원하는 바를 얻고자 한다면 물리적 힘을 사용하는 것보다 상대방으로부터 공감을 얻어 내는 것이 더 효과적이라고 주장한다. 국가의 소프트파워는 문화, 정치사상, 정책 등에서 나오는 민주주의, 인권, 개인의 기회 등의 가치를 말한다. 전통적으로 국제정치에서의 힘은 군사력과 경제력이라는 하드파워를 의미하여 왔으나, 역사적으로 볼 때 하드파워가 항상 승리를 보장하지는 않았다. 최강의 군사대국 미국은 베트남에서, 소련은 아프가니스탄에서 패퇴하였다. 스탈린은 "교황은 몇 개 사단이나 갖고 있어?"라며 바티칸을 조롱하였지만, 바티칸의 소프트파워는 소련보다 훨씬 영향력이 컸다. 소련도 한때는 상당한 소프트파워를 갖고 있었는데 헝가리와 체코슬로바키아 침공과 같은 폭력적인 정책으로 국제사회의 신뢰를 잃어버렸다. 즉 소련의 하드파워는 자국의 소프트파워를 스스로 깎아내린 것이다.[7] 그러나 소프트파워가 힘을 발휘하려면 하드파워가 뒷받침되어야 한다. 미국의 싱크탱크 CSIS는 2007년 미국 정부에 대한 건의서에서 미국의 대외정책이 이제까지 지나치게 하드파워에 의존하였다고 지적하면서, 비정부 주체(non-state actor)와 에너지 위기, 금융 위기, 전염병과 같은 새로운 유형의 위협에 대처하기 위해서는 소프트파워와 하드파워를 결합한 스마트파워를 구사하여야 한다고 주장하였다.[8] 한국의 국력으로는 하드파워로 상대방 국가로부터 원하는 것을 얻기는 어렵다. 그러나 우리의 소프트파워 자산, 즉 경제개발과 민주화 성취 스토리, 고유의 전통문화, 한류 등을 활용하면 상대방 국가에게 친근하게 접근할 수 있고 또 그들의 마음을 얻을 수 있다. 통일한국은 문화 교류, 인도적 지원, 저개발국에 대한 교육 기회 제공 등 소프트파워 전파를 강화하여 세계와 소통하고, 우리의 평화지향 이미지를 국제사회에 심어야 한다. 세계 주요국 정부는 자국의 소프트파워 확산을 위해 외국에 문화원을 두고 있는데 프랑스의 알리앙스 프랑세즈(Alliance Française)와 독일의 괴테인스티튜트(Goethe-Institut)는 자국어를 외국에 전파하는 데 큰 역할을 하고 있다. 우리도 세계 주요국에 한국문화원을 두고 있지만 예산 사정상 그 활동이 다른 나라에 비해 미약하다. 통일한국은 우리의 소프트파워를 세계, 특히 주변국에 널리, 깊게 확산시키는 데 진력하여야 한다. 이는 주변국들에게 통일한국은 그들의 안보에 위협이 되지 않는 평화지향국이라는 인식을 심어주는 데 큰 역할을 할 것이다. 그러나 소프트파워를 확산하는 노력에는 진심이 담겨 있어야 한다.[9] 나는 20년 전 주제네바 대표부에서 근무할 때 최빈국에 대한 인도적 지원을 주제로 한 세미나에 참석한적이 있었다. 당시 우리나라의 대외원조는 국내총생산(GDP)의 0.06% 정도였는데 북구 4개국과 베네룩스 3국, 스위스의 대외원조는 국내총생산의 0.6~0.9% 수준이었다. 나는 옆 자리에 앉은 스웨덴 참사관에게 "당신들이 대외원조에 막대한 예산을 할애하는 이유는 혹시 국방과 관계 있는 것이 아니냐? 강대국이 평화를 지향하는 국가를 무력으로 침공한다면 국제적으로 지탄받을 수밖에 없지 않겠나. 따라서 대외원조 예산을 국방비의 일환으로 생각할 수도 있지 않을까?"라고 얘기했다. 그 스웨덴 참사관은 잠시 어리벙벙한 표정을 짓다가 "그런 생각은 해본 적이 없다. 불쌍한 이웃은 도와주어야 하는 것이 아니냐?"라고 간단히 대답했다. 순수한 마음에서 우러나온 그들의 선의에 대해 머리를 굴려 이유를 찾고자 했던 내 자신이 부끄러웠다. 그렇지만 나의 추론이 반드시 틀린 것은 아니라는 생각이 든다. 통일한국이 평화를 지향하는 나라가 된다면 우선 인접국이 한국에 대해 위협을 느끼지 않고 나아가 국제 여론을 의식하여 한국을 적대적으로 대하기 어려울 것이다. 국제사회가 한국을 평화지향국가로 인식하게 되는 것은 구호로 얻어지는 것이 아니다. 여기에도 투자가 필요하다. 정부는 물론이거니와 우리 대기업들도 한국의 소프트파워 확산에 기여하는 것이 바람직하다.[10] 좋은 국가 이미지는 좋은 기업 이미지와 연결되기 때문이다.

통일한국의 비전으로 작지만 강한 군사강국, 개방경제, 소프트파워 증진을 통한 평화지향국가를 제안하였다. 강소국은 단단하고 알찬 국방력이 뒷받침되어야 가능하다. 개방경제를 통한 경제력 제고는 모든 국민의 바람인 '복지국가'를 건설하는 필요조건이다. 문화교류, 인도적 지원을 통한 소프트파워 증진은 국제사회에서 통일한국의 위상을 높일 뿐 아니라 우리의 안보에도 도움이 된다. 이러한 우리의 비전이 실현되면 통일한국은 안보, 경제, 문화 측면에서 스마트파워를 갖춘 평화지향국가가 될 수 있다.

북한 정권의 자체 붕괴를 유도하는 방법

　북한 정권은 핵 개발을 시작한 지 30여 년 만에 드디어 사실상의 핵보유국이 되어 한반도뿐 아니라 동북아 안보를 뒤흔들고 있다. 북한의 핵무장을 저지하려는 국제사회의 노력이 수포로 돌아간 현 시점에서 우리가 우리의 안보를 지키기 위해 할 수 있는 일은 무엇일까? 북한 김씨 왕조의 정권 교체이다. 그중에서도 가장 현실적인 옵션은 절대 권력자 김정은 개인을 제거하는 방법이다. 북한은 이인자가 존재하지 않는 체제이므로 '최고 존엄'이 무너지면 정권 자체가 붕괴할 가능성이 매우 높기 때문이다. 많은 한국 국민은 북핵 문제 해결의 유일한 방법은 김씨 왕조 제거를 통한 정권 교체 또는 정권 붕괴를 유도하는 방안이라는 사실을 느껴 왔지만 무엇이 두려웠던지 이를 공론화시키지 못하고 20여 년을 허송세월하였다. 이제 북한의 핵무장이 가시화되면서 이 문제가 한국과 미국 사회에서 수면 위로 나타나고 있다. "북한의 핵무기 실전 배치는 길어야 1~2년이다. 문 대통령은 대화론이 무용지물임을 솔직히 시인하고 대북정책의 방향을 전면 전환하여야 한다. 그 방향은 레짐 체인지이다."[11] 정권 교체를 위해 가장 현실성이 있는 방안은 심리전, 정보전을 강화하여 북한 정권이 스스로 자체 붕괴하도록 유도하거나 문제의 뿌리인 김정은 개인을 제거하는 것이다.

심리전

북한 정권의 자체적 붕괴를 유도하기 위해서는 무엇보다도 북한 인민이 스스로 그 체제에 대해 회의를 느끼게 하여야 한다. 북한 인민들은 최근 한 세기 이상을 일본 군국주의, 스탈린식 공산주의, 수령유일체제라는 획일주의 정치체제 속에서 살아왔기 때문에 자유민주주의, 자본주의, 인본주의라는 개인 의사를 존중하는 가치를 전혀 경험하지 못하였다. 그러나 최근 들어 외부로 뚫린 창을 통하여 인본주의에 기반을 둔 외부세계의 삶의 모습이 북한 사회에 스며들고 있다. 북한 인민들에게 전하는 메시지는 단순할수록 효과가 있을 것이다. 즉 '북한은 어차피 망한다. 살려면 투항하라. 통일이 되어도 보복받지 않는다. 오히려 생활이 나아질 것이다. 통일이 되면 남한 국민과 차별하지 않을 것이다. 동등한 대우를 받을 것이다. 자식들의 미래를 생각한다면 통일밖에 없지 않겠나' 등 이들의 감성을 자극하는 단순한 메시지를 미리 지속적으로 보내야 한다. 그리고 그러한 약속은 지켜져야 한다. 통일이 되어도 약속이 지켜지지 않아 북한 주민이 돌아서게 되면 통일 과정은 큰 어려움에 봉착하게 되고 통일한국 사회가 혼란으로 치달을 것이기 때문이다. 또한 북한에 한류 등 남한의 대중문화를 확산하는 것은 가장 효과적인 심리전이 될 수 있다. 대중

문화는 그들의 감성을 자극하기 때문이다. 북한 주민들은 한류를 통해 '썩고 병든 자본주의 남조선'이 아닌 '자유와 인권이 보장되는 경제적으로 발전한 남한'을 경험한다. 이러한 인식은 자연적으로 북한 체제에 대한 불만과 불신으로 이어진다.

심리전이 북한에게 얼마만큼 뼈아픈 급소인가는 북한 스스로가 보여 주었다. 북한 정권은 휴전선에서의 대북방송에 과민한 반응을 보인 것은 어제오늘의 일이 아니다. 남북 군사회담이 열리면 이들이 가장 먼저 요구하는 것은 휴전선에서의 대북 선전용 확성기 방송의 중단이다. 우리 정부는 정권이 바뀌거나 북한의 도발이 있을 때마다 확성기 방송의 중단 또는 재개를 반복해 왔다. 휴전선 비무장지대 내에 북한군이 은밀히 매설해 놓은 목함 지뢰에 한국병사 2명이 중상을 입은 사건이 2015년 8월 4일 발생했다. 이에 대응하여 한국 정부는 그간 중단하였던 대북 선전용 확성기 방송을 11년 만에 재개했다. 양측은 남북고위급회담을 개최하여 8월 25일 북한군은 지뢰폭파 사건에 유감을 표명하였고, 이에 대응하여 한국군은 대북확성기 방송을 중단하였다.[12] 북한이 자신들이 저지른 도발에 유감을 표명한 것은 극히 이례적인 일로서 이는 그들이 가장 아파하는 부분이 우리의 심리전이라는 사실을 스스로 보여 준 예라 하겠다. 2017년 9월 1일 '조선기자동맹 중앙위원회'는 대변인 성명을 통해 '악질보수언론' 6개사를 실명 거론하며 보복을 공언하였다. 특히 『동아일보』와 『조선일보』에 대해서는 "기자, 사장이라는 자들에게 극형을 선고하고 판결은 임의의 시각, 임의의 장소에서 추가적인 절차 없이 즉시 집행될 것……우리 군대는 서울 종로구와 중구에 둥지를 틀고 있는 괴뢰 『연합뉴스』와 『동아일보』, 『조선일보』, 『문화일보』, 『매일경제』를 비롯한 반역

패당의 소굴들을 불세례를 퍼부을 과녁으로 설정해 놓고 있다"라고[13] 선언하면서 테러리스트 국가로서의 진면목을 보여 주었다. 한국 언론에 대한 상기와 같은 협박 또한 심리전에 대한 그들의 두려움을 보여 준 예다.

2010년 말 튀니지에서 시작한 반정부시위는 이듬해 이집트, 리비아, 예멘까지 번져 독재자 무바라크(30년간 집권)가 하야하였고, 카다피(42년간 집권)는 민중에 의해 처형되었으며, 예멘에서는 철권통치를 자행하던 살레 대통령이 33년 만에 정권을 이양하였으나 내란이 지속되었고, 살레는 2017년 12월 반군에 의해 살해되었다. 또한 인근 아랍 국가들에서도 크고 작은 반정부시위가 연이어 발생하였다. 아랍의 봄이라고 불리는 북아프리카, 중동에서의 민중봉기는 인터넷, 휴대전화가 전해 준 외부세계의 정보가 독재정권을 붕괴시키는 데 결정적 역할을 하였다. 외부세계와 단절된 북한에도 2010년대 초반부터 외부 정보가 스며들어 가고 있다. 10여 년 전까지만 해도 라디오, 전단지, 탈북민이 북한 친지에게 전하는 소식이 북한에 외부정보를 유입하는 주요 수단이었으나, 최근에는 휴대전화, 라디오, USB 등이 외부 정보를 북한에 전달하는 주요 매체가 되고 있다. 그러나 북한 정권이 외부 인터넷을 차단하여 인터넷을 통한 정보 유입은 불가능하다. 북한의 휴대전화 가입자 수는 2017년 1월 현재 377만 명인데 이는 전체 인구의 15% 수준이다.[14] 북한 정권이 휴대전화 보급을 허용한 이유는 부족한 재원을 조달하기 위해서이다. 정보의 통제가 없으면 이데올로기가 없고, 이데올로기가 없으면 오늘의 북한은 없다. 북한 주민의 일상생활을 숨 막히게 하는 체제 선전의 거품은 라디오, 휴대전화, USB, CD 등에 의해 터져 버릴 것이다.

역대 미 행정부는 북한 인권특사 임명, 미국 내에 북한난민 정착 프로그램, 식량원조, 중국에 있는 탈북자 인터뷰, 북한 인권 상황 등 북한 관련 소식을 전 세계에 알리는 프로그램들을 꾸준히 추진해 왔다.[15] 미국은 한국전쟁 이후 현재까지 '미국의 소리' 라디오방송을 통해 대북 심리전을 전개하고 있다. 2009년 디펜스 포럼의 수장 솔티는 미 국무부가 반북한단체에 40억 원의 자금을 지원했다고 밝힌 바 있는데, 미국 정부와 인권단체들은 탈북자단체 등 반북단체에게 자금을 지원하여 GPS가 장착된 대북전단을 휴전선 이북으로 꾸준히 살포하고 있다.[16] 영국 BBC도 2017년 9월 25일부터 한국어 방송 전파를 북한으로 송출하고 있다. 내용과 편성은 물론 BBC가 독립적으로 하지만 자금은 영국 정부가 지원한다. 이로써 미국과 일본에 이어 유럽도 북한에 자유의 바람을 불어넣기 위한 공중파 전송 대열에 합류하였다. 조사기관에 따라 조금씩 차이가 있지만 북한 주민의 약 20%가 해외 라디오방송을 청취하는 것으로 알려져 있다.[17]

희망의 메시지 전달

북한 주민에게 외부세계의 실상을 알리는 것도 중요하지만 이들에게 희망과 기대를 심어 주는 것이 더 중요하다. 즉 **한국과 미국이 북한 정권에 대해서는 적대적일 수 있지만 북한 주민에 대해서는 우호적이라는 점을 부각해야 한다**. 북한 정권에 의해 평생 세뇌당하고 살아온 그들에게 한국과 미국은 까부수어야 하는 적인 동시에 두려운 존재이기도 하다. 그들은 통일에 대해 기대를 갖고 있지만 그들이 꿈꾸는 통일은 자신들이 주(主)가 되고 남한 인민이 종(從)이 되는 적화통일을 의미한다. 한국에 의한 흡수통일은 그들의 관점에서는 적국에 의한 점령을 의미하므로 북한 인민 특히 엘리트 계층은 남한 주도의 통일이 되면 적들에 의해 박해받을 것이라는 두려움을 갖고 있다. 우리는 심리전을 통하여 북한 정권의 선전이 사실이 아니라는 점을 그들에게 지속적으로 각인시켜야 한다. 통일 후에도 북한 주민에 대한 보복이나 차별이 없을 것임을 약속하여 그들을 안심시켜야 한다. 흡수통일에 대한 이들의 두려움을 해소하여 북한 주민들을 통일 지지 세력으로 유도하는 것이 통일 과정, 나아가 통일 후의 혼란을 최소화하는 데 중요하다.

인권 문제 제기

유엔총회는 2005년부터 2017년까지 13년간 매년 북한 정권의 주민에 대한 인권침해를 규탄하고 즉각적인 개선을 촉구하는 북한인권결의안을 채택했다. 이 결의안은 '가장 책임 있는 자'에 대한 제재와 국제형사재판소(International Criminal Court, ICC) 회부를 안전보장이사회에 촉구하는 내용을 4년 연속 포함함으로써 인권유린에 대한 김정은의 책임을 명확히 했다. 유엔총회의 결의는 안보리의 결정과 달리 구속력이 없는 선언적인 것이지만 국제사회 전체의 입장이라는 측면에서 독재자에게 주는 심리적 압박이 클 수밖에 없다. 총회의 촉구에 따라 안보리도 2014년부터 매년 북한 인권 문제를 공식의제로 채택하고 북한 인권 문제의 심각성이 국제 평화와 안전의 유지에 직결되는 사안임을 공식 천명하였다. 국제형사재판소 소장을 지냈던 송상현은 북한 인권 문제에 대해 다음과 같이 피력하였다. "나치가 유대인을 학살하려고 집단수용소를 만든 게 불과 몇 년 동안이었고 스탈린의 강제수용소(굴락)도 30년 정도 존재했지만 북한 동포들을 얽매는 잔악무도한 집단학대는 70년 넘게 존재하고 있다. ……제일 좋은 건 김정은을 국제형사재판소 법정에 세워 죄를 밝히고 응분의 처벌을 받게 하는 것이다. ……북한 인권을 개선하려면 계속 압박하고 국제적으로 지속적으로 여론몰이를 해야 한다. 그래야 각종 국제기구에서 심각하게 다루고 폐쇄적인 북한 사회를 뚫고 들어갈 수 있다. 이슈를 글로벌하게 해놓으면 가만히 두어도 시리아처럼 '노스 코리아'에 대한 논의도 열린다. ……우리 정부가 북한 인권 문제가 나오면 입을 꾹 다무는데 이는 북한을 협상테이블로 끌어내는 데 장애가 된다는 판단에 따른 것으로 보인다. 우리가 북한 인권에 대해 눈을 감고 있어도 국제사회의 다른 사람은 다 보고 있다. 우리 혼자 입 다물고 눈 가린다고 해서 정부가 원하는 대로 되는 게 아니다. 우리도 북한 인권에 대해 국제사회와 함께 소통하면서 지혜를 모으면 좋겠다."[18] 인권 문제는 독재자에게는 아킬레스건이다. 인권을 유린한 독재자를 국제형사재판소 재판정에 세우려면 유엔 안보리의 승인이 필요한데 김정은의 경우 상임이사국인 중국, 러시아가 거부권을 행사할 것이 확실하므로 국제형사재판소 기소가 현실적으로 어려운 것이 사실이다. 그러나 당사자가 느끼는 심리적 압박은 상당할 것이다. 일단 국제적으로 낙인찍히면 '발칸의 도살자'라 불리던 세르비아의 밀로셰비치(Slobodan Milosevic)처럼 유사시에 세계 어느 나라로도 도망갈 길이 없어지기 때문이다.

　인권 문제 제기는 김정은과 그 추종자에 대한 경고로서의 효과가 있지만 인민들에게는 희망의 불빛이 될 수 있다. 우리 정부는 지금부터라도 북한 정권이 저지른 '인도에 반한 죄(crimes against the humanity)'로 인해 고통받는 인민들의 구제에 눈을 돌려야 한다. 통일 후 피해자 복권 문제를 다룰 특별법 제정을 검토하기 시작하여야 한다. 북한 정권이 저지른 불법행위의 책임이 통일한국 정부에 승계되는 것은 아니지만, 피해자들에 대해 '배상'이 아닌 '보상'을 하는 방안을 검토해 보아야 한다. 또한 진실 규명과 명예 회복도 이루어져야 한다. 나아가 인간성 회복과 정신건강 회복을 위한 방안도 모색하여야 한다. 이를 위해서는 피해자들과 유가족들의 심리적 외상 치료가 중요하지만, 통일한국 공동체가 과거에 저질러진 불의에 대한 기억을 함께함으로써 공동체 전체가 치유의 공간이 되어야 한다.[19] 우리 정부가 지금부터라도 북한 인권 문제에 적극적으로 눈을 돌리고 피해 인민 구제방안을 검토하기 시작한다면 이러한 소식은 어떠한 경로를 통해서든지 아주 빠른 속도로 북한 인민들에게 전달될 것이다. 이러한 소식은 북한 인민 전체에게 희망의 불빛이 될 것이다.

대중문화 확산

판문점 북 경비병이 발사한 총알 다섯 발을 맞고 사경을 헤매던 북한군 병사가 기적처럼 깨어나면서 처음 찾은 것은 걸그룹 소녀시대가 부른 〈지(Gee)〉라는 노래였다. 탈북민을 대상으로 한 조사에 의하면 이들 중 88%가 북한에 있을 때 한국 영상물에 접한 적이 있다 한다. 북한 내 한류는 주민들이 남한을 이해하는 기회의 창이다. 일반 주민은 물론 당·정·군의 고위층과 통제가 심한 최전방 정예 군인까지도 한류의 유혹을 떨치지 못하는 것이 오늘 북한의 현실이다. 한국 드라마와 K팝이 '21세기 트로이의 목마' 역할을 하고 있다.[20] 북한 주민의 한류 콘텐츠 중독현상은 북한 정권의 고민거리가 된 지 오래다. 김정은은 2017년 12월 개최된 제5차 당세포위원장대회에서

"지금 적대 세력이 우리 내부에 불건전하고 이색적인 사상 독소를 퍼뜨리고 비사회주의적 현상들을 조장하기 위해 수단과 방법을 가리지 않고 있다. 비사회주의적 현상과 섬멸전을 벌여라"라는 지시를 내렸다. 하지만 단속하는 당 간부들이 한국 드라마를 더 많이 보며, 단속에 걸려도 뇌물을 주면 문제가 해결되는 것이 오늘 북한의 현실이다.

정보전

정보의 중요성을 얘기한 명언은 수없이 많다. 『전쟁론』의 저자인 프러시아의 명장 클라우제비츠(Karl von Clausewitz, 1780~1831)는 "정보란 적과 적국에 대한 지식의 전체를 의미하기 때문에 전쟁에서 아군의 모든 계획과 행동의 기초를 이룬다"라고 했으며, 미국 중앙정보국을 창설한 트루먼(Harry Truman, 1884~1972)은 "대통령은 조치가 필요할 때를 대비하여 전 세계에서 무슨 일이 일어나고 있는지 알아야 한다. ……우리는 필요할 때 활용할 수 있도록 상시적으로 정보를 수집해 나가야 한다. 그동안의 전쟁이 우리에게 이 교훈을 잘 가르쳐주고 있다"라고 설파했다. 21세기 들어 안보 환경과 전쟁의 패러다임도 빠르게 변화하고 있다. 전통적 의미의 전쟁에 대한 준비도 중요하지만 위험요소를 미연에 방지하는 국가 위기관리 차원의 정보 활동이 더 중요해지고 있다. 정보는 우리 안보를 위한 필요조건이다. 적이 누구인지, 언제, 어디서, 어떻게 공격할지 예측하고 대응하는 일은 어렵기는 하지만 그 중요성이 더해 가고 있다.[21]

정보전, 첩보전에 있어 전 세계 최고라고 자부하는 미국도 북한 관련 정보수집에는 애를 먹고 있다. 이는 기본적으로 북한 사회의 폐쇄성에서 기인한다. 인구 · 식량 생산 · 천연자원 생산 · 공산품 생산 등 여느 사회에서라면 다 공개된 정보도 북한에서는 모두 국가기밀로 취급하고 있고, 북한이 유엔 등 국제기구에 제출한 통계자료도 그 신빙성에 의심이 간다. 각국의 정보기관이 외국의 정보를 수집하는 방법은 대체로 인적자원의 네트워크를 통해 수집하는 휴민트(인적 정보),[22] 통신감청을 통한 시긴트(Signal Intelligence, SIGINT : 통신 정보), 인공위성과 정찰기를 통한 테킨트(Technical Intelligence, TECHINT : 기술 정보)라는 세 가지가 있다. 미국은 인공위성 · 정찰기 · 감청장비 등 약 8,000억 달러에 달하는 정보수집 장비를 보유하고 있으며, 이를 활용하여 북한의 군사 활동 · 핵 활동 관련 정보를 수집한다. 그러나 북한은 주요 무기와 핵 관련 장비의 대부분을 지하터널에 감추고 있고 이들을 수송할 때에는 장비 위에 위장막을 치고 야간에 이동시킴으로써 미국의 테킨트를 통한 정보수집을 차단하고 있다. 또한 최근 북한이 지휘통신체계를 현대화하면서 감청까지 어려워졌다 한다. 따라서 미국으로서는 휴민트에 의한 정보수집이 절대적으로 필요한 상황이다. 동맹은 주고받는 관계가 되어야 건강하게 유지될 수 있다. 우리는 한미동맹을 통해 미국으로부터 군 장비 하드웨어를 지원받는 이외에 미국이 첨단 정보수집 장비로 입수한 북한 관련 정보의 일부를 제공받고 있으나 미국에 줄 것이 별로 없다. 우리가 정보수집에 있어 미국에 비해 상대적으로 우위에 있을 수 있는 것은 휴민트이다. 따라서 약화된 휴민트 활동을 보다 강화하여 우리의 대북 정보수집 능력을 높이고 미국과의 정보 교환에서 우리의 가치를 높이는 것이 중요하다.

문재인 대통령은 대선 후보 당시 국가정보원의 수사기능을 폐지하고 대공수사권은 경찰 산하에 안보수사국을 신설하여 여기에 맡기겠다고 공약하였다. 야당 출신인 국회 정보위원장은 "북한에서 한사코 주장하는 것이 국정원 폐지와 국정원의 대공수사권 폐지인데, 여당 원내대표가 정기국회에서 국정원의 대공수사권을 폐지하겠다고 하는데 이는 한마디로 말하면 북한을 이롭게 하는 행위다"라고 강하게 반대 입장을 표명했다. 정부는 이러한 계획을 구체화하여 2018년 1월 14일 청와대가 권력기관 개편 방안을 발표하면서 국가정보원의 대공수사 기능을 경찰에 설치될 안보수사처(가칭)에 넘기고, 국정원은 대북.해외 정보수집에 전념해야한다고 했다. 그러나 전·현직 국정원 간부들과 대공수사 전문가들은 "대공 수사에서 정보수집과 수사를 분리한다는 것은 실전을 한 번도 경험해 보지 못한 데에서 나오는 탁상공론에 불과하다. 정보 기능은 내버려 두고 수사권만 다른 곳으로 옮기는 것은 간첩수사를 포기하겠다는 얘기"라고 한다. 또한 대공수사권의 경찰 이전은 정보 누수로 이어질 것이라는 우려도 나온다.[23] 북한이 최근 대남 공작기구를 정찰총국으로 통폐합하면서 공작망과 공작원을 대폭 증원하고 있는 상황에서 북한이 남파한 공작원들과 이들에게 협조하는 자들에 대한 수사를 반세기 이상 대공수사로 단련되었고 누적된 정보를 가진 정보기관에서 경찰로 이관한다는 발상을 어떻게 해석하여야 할까? 우리 경찰청의 일개 국(局) 또는 처(處)로 어떻게 북한의 막강한 대남공작부서들의 공작에 대항할 수 있을까? 대공수사는 장기간 은밀하게 이루어지는 특징이 있다. 실제 '이석기 사건'은 3년가량 내사를 진행한 끝에 적발되었다. 운동권 출신들이 북한 대남공작부서인 노동당 225국의 지령을 받고 간첩 활동을 한 '왕재산 사건'도 국정원 요원들이 중국 등을 오가며 정보를 수집한 결과였다. 노무현 정부 시절 국정원 1차장을 지낸 염돈재는 "국정원 수사권 폐지는 대한민국 내 간첩과 종북 세력들에 날개를 달아 주는 것이라며, 간첩은 고도의 훈련을 받고 은폐돼 활동하는 사람들인데 정보수집과 수사가 연계되어야만 잡을 수 있다. 독일의 경우 통일 전 서독에서 활동한 동독 간첩을 약 4,000명으로 추산했는데 통일 후 알고 보니 3만 명이 넘었다"라고 했다. 전직 국정원 대공수사 관계자는 "최근 북한 정찰총국이 대외공작망을 85% 증가시키고, 공작원도 35% 증가시키고 있는데, 지금 우리 국정원은 이런 사정을 알면서도 (여러 형태의 제약으로) 손을 못 대고 있는 상황이다. 폭발적으로 늘어나는 북한 공작망에 대응도 못하는데 이 와중에 수사권까지 뺏는다는 건 대공수사 자체를 빈껍데기, 허상으로 만들려는 것"이라고 했다.[24] 아울러 이는 국정원의 기능을 약화시켜 대북 정보수집에도 부정적 영향을 미치게 될 것이다. 국정원 개혁은 국정원을 약화시키는데 초점을 맞추어서는 안 된다. 국정원의 국내 정치 관여는 엄격히 차단하되, 해외 정보, 대북 정보수집 능력은 강화시켜야 한다. 아울러 남한에 침투해 있는 북한 공작원들과 그 동조자 색출을 위한 국정원의 대공수사권을 박탈하기보다는 오히려 강화시켜야 한다.

북한의 대남 정보전은 간첩 즉 휴민트를 중심으로 이루어지고 있지만, 최근 들어 인터넷 해킹이 북한의 유력한 대남정보전 수단으로 떠오르고 있다. 2011년 4월 농협 전산시스템이 대규모 데이터 삭제로 중단된 사고는 북한의 소행으로 밝혀졌다. 종전에도 북한에 의한 해킹으로 의심되는 사례가 많았지만, 우리 정부가 공식적으로 북한의 사이버 테러로 확인한 것은 이 사건이 처음이다. 급기야 2016년 8~9월에는 국방통합데이터센터가 북한 해커에 의해 뚫려 북한 지도부에 대한 '참수작전'의 구체적 내용이 포함된 '작계2015'를 포함한 군사기밀문서가 대량 유출되었다.[25) 북한 사이버전력의 핵심은 정찰총국 산하의 121국이다. **정찰총국은 북한의 대남·해외 공작업무를 총괄 지휘하는 기구**로 2009년 2월 노동당 소속 '작전부'(침투공작원의 호송·안내 담당)와 '35호실'(해외·대남 정보수집 담당) 그리고 인민무력부 산하 '정찰국'을 통폐합하여 신설한 기구이다. 북한은 정보전이 총성 없는 전쟁이라는 점을 잘 알고 정보전을 강화하고 있다. 미국은 우리 군의 해킹 사건과 사이버 보안 상황을 심각하게 우려하고 있다. 우리 군의 사이버전 능력으로는 제2의 해킹 사태를 막기 어렵다는 인식을 갖고 있는 것이다. 2017년 11월 9일 마이클 로저스 미 사이버사령관(해군대장)이 방한하여 송영무 국방장관을 만나 "민군(民軍) 네트워크와 인프라에 가해지는 사이버 위협에 대응하는 역량을 키우고 사이버 영역에서 한·미 간 협력을 강화하는 방안에 대해 논의했다"고 한다. 로저스 사령관의 우리 국방장관 면담에 동석했던 브룩스 한미연합사령관도 "한미동맹은 사이버 공간과 북한의 사이버 위협에도 함께 대응해야 한다"고 말했다.[26)

주한미군은 2017년 10월 휴민트 업무를 전담하는 524정보대대를 부활하였다.[27) 주한미군이 동 부대를 갑자기 부활한 것은 북한의 핵무장이 가시화됨에 따라 북한의 위협이 현실로 다가왔다는 위기감과 아울러 한국 정부의 휴민트 활동 약화 움직임과도 무관하지 않은 것으로 보인다. 주한미군은 휴전 이후 휴민트 업무를 한국 측에 이관하여 이제까지 국가정보원과 국군정보사령부 등 한국 정보당국의 휴민트 정보에 의존하여 왔으나, 동 부대 창설로 앞으로는 인적 정보를 통한 북한 관련 정보를 한국 의존에서 탈피하여 독자적으로 수집·분석·운용하겠다는 것이다. 한마디로 한국 정부를 믿을 수 없다는 것일 게다. 나아가 미국 정부는 주한미군의 정보대대 부활과는 별도로 2017년 5월 중앙정보국 내에 한국임무센터(Korea Mission Center, KMC)를 신설했다. 한국임무센터는 국가정보국(Office of the Director of National Intelligence, DNI)과 백악관 국가안보회의에서 인력을 차출하여 꾸린 조직으로 북한정보, 특히 북한의 핵무장 관련 정보수집을 전담하게 된다. 이러한 특수조직은 대부분 전쟁 등 심각한 위기 상황에서 가동되는 점에 비추어 북한 핵 문제가 트럼프 정부의 최고 안보 의제로 취급되고 있다는 것을 말해 준다. 또한 민주당 스테퍼니 머피(Stephany Murphy) 의원은 북한 정보를 다루는 통합정보조직을 만들기 위해 북한정보증진법(North Korea Intelligence Enhancement Act)을 2017년 4월 발의했다. 이는 미국이 북한의 추가 고강도 도발과 급변 상황에 대비해 대북 정보 역량을 강화하기 위한 조치라는 분석이다.

북한 사회의 폐쇄성으로 인해 북한 관련 정보수집은 한국에게도 지난한 과제이다. 특히 통신 정보(시긴트)·기술 정보(테킨트) 역량이 부족한 한국은 이 분야에서 미국의 협조를 받는 것이 긴요한데, 한국은 미국의 정보 제공을 미국의 선의에 의존할 수만은 없다. 우리로서는 미국에 비해 상대적으로 우위를 점할 수 있는 인적 정보(휴민트)를 활용한 정보수집을 강화하여 이를 미국에 제공함으로써 통신정보, 기술정보를 제공받는 발판으로 삼아야 할 것이다. 특히 미국이 자체적으로 휴민트를 강화하고 있어 이 분야에서마저 미국에 뒤처진다면 우리의 정보수집 및 분석 역량은 그야말로 미국의 선의에 의존할 수밖에 없는 처지로 전락하게 될 것이다. 소국 이스라엘이 강력한 군사력을 보유하고 있는 주요한 요인 중의 하나는 그들의 정보수집 능력이다. 아랍 관련 정보수집 능력에 있어서는 미국 중앙정보국을 능가한다는 평을 받고 있는 이스라엘 정보기관 모사드는 휴민트를 중심으로 한 완전한 독자적 정보수집 자산을 보유하고 있다.

현재 남북한 관계는 1년 전, 6개월 전의 모습과 다르다. 북한의 핵무장은 남북한 관계뿐 아니라 동북아의 안보지형을 바꾸고 있다. 지난 60여 년간 휴지기를 유지하고 있던 한반도에 언제, 어떠한 모습으로 용암이 분출할지 알 수 없다. 그러한 돌발 사태의 징후를 미리 포착하고 이에 대처하기 위해서는 대북 정보력을 강화하는 것이 긴요하다. 대북 정보전은 급변 사태에 대한 대응 등 통일에 대비하여서도 매우 중요하므로 우리의 정보수집, 분석 능력을 제고하는 한편 북한의 대남공작을 분쇄할 수 있는 방첩 활동도 강화하여야 한다.

참수작전

김정은을 비롯한 북한 지도부 타격 시나리오가 수면 위로 떠오르기 시작한 것은 2016년 9월 북한의 5차 핵실험 이후부터다. 2017년 1월 우리 국방부는 참수작전을 수행할 특수임무여단 창설 계획을 공개했고, 미군은 3월 한미연합훈련에 오사마 빈 라덴 사살작전에 투입되었던 미 해군 특수부대 네이비실 6팀(데브그루)을 참가시켜 한미 공동으로 참수작전훈련을 실시했다. 7월 초 합동참모본부는 미사일 타우러스가 평양의 인민무력성 지휘부를 격파하는 동영상을 공개하기도 하였다. 국가정보원은 6월 국회정보위 간담회에서 "북한은 참수작전에 대한 정보를 캐는 데 혈안이 되어 있고, 김정은의 공개 활동도 32% 줄었으며, 활동을 하더라도 새벽에 움직이며 지방으로 이동할 때에는 전용차를 타지 않고 간부 차를 탄다"라고 보고했다. 일본 『아사히(朝日)신문』은 8월 25일 대북소식통을 인용하여, 북한이 한미의 참수작전에 대비하여 2017년 2월 테러 진압작전 부문에서 일한 경험이 있는 옛 소련의 국가보안위원회(KGB) 요원 10명 안팎을 평양으로 초청하여 김정은의 경호를 담당하는 보위사령부 요원들을 대상으로 테러 사전탐지와 진압훈련을 실시했다고 보도했다. 훈련 과정에서 북한은 이들에게 '최첨단 무기를 사용한 미국의 암살 시도에 대한 예방책을 집요하게 물어보았으며, 특히 2018년 초 주한미군에 배치되는 무인기 그레이 이글(MQ-1C)을 가장 경계하는 모습을 보였다 한다.[28] 신원식 전 합동참모본부 차장은 『뉴욕 타임스』와의 인터뷰에서 "우리가 핵을 갖기 전까지 가장 좋은 북한제재방법은 김정은이 생명에 위협을 느끼는 것"이라고 말했다. 우리 군은 2017년 12월 1일 특수임무여단을 출범시켰는데, 미 해군 특수부대인 네이비실을 모델로 한 특임여단은 기존 특수전 사령부 내 1개 여단에 인원과 장비를 보강하는 형식으로 구성되었으며, 규모는 1,000명 안팎이다.[29]

　참수작전은 미국의 전쟁작전 유형의 하나로 적의 핵심 수뇌를 암살하는 작전을 말한다. 미국은 국제법상 자위권에 근거하여 참수작전이 합법이라는 견해를 가지고 있으며 의회의 사전 동의 없이 대통령의 단독 지시로 특수부대를 해외에 파병하여 작전을 실시한다. 한국의 참수작전의 법적 근거, 법적 절차도 미국과 큰 차이가 없다. 우리 헌법상 국군의 해외파병은 사전에 국회의 동의를 받아야 하지만 소규모 부대의 해외파병은 국회의 동의를 받지 않고 대통령의 단독지시에 따른다. 소규모 특수부대의 해외파병으로 적을 참수 · 사살하는 것은 국제법상 자위권에 근거하여 한국 국내법상으로도 합법이다. 한국과 미국은 2015년 10월 전시에 북한 김정은 등 수뇌부를 참수하는 내용의 '작전계획 5015(Operational Plan 5015, OPLAN 5015)'를 만들었다.[30] 북한 지도부 제거를 목표로 하는 참수작전은 무력충돌로 비화될 수 있기 때문에 실제로 시행하기 쉬운 작전은 아니지만, 북한의 무력 도발 징후가 분명한 위급한 순간에는 자위권에 근거하여 작전 실시가 가능한 옵션 중의 하나이다. 참수작전의 진가는 실제로 그 작전을 시도할 것인지의 여부를 떠나 북한 지도부에 공포를 심어 주는 데 있다. 위에서 기술한 것처럼 참수작전이 한미 양국에서 수면 위로 떠오르자마자 북한은 곧바로 전 KGB 요원을 고용하여 대응하는 등 민감한 반응을 보이고 있는바, 이는 참수작전의 효용성을 보여 주고 있는 예라 하겠다.

군 병력 감축계획은 자충수

문재인 정부는 대통령 선거공약대로 군 병력 감축에 착수했다. 국방부가 2018년 업무보고에서 밝힌 바에 의하면 병 복무기간을 육군 기준 현재 21개월에서 18개월로 줄이고, 군 병력을 2017년 61만 8,000명에서 2022년까지 50만 명으로 감축하기로 한다는 것이다. 병력 감축은 육군 위주로 이루어져 육군은 현재 48만 3,000명에서 2022년 36만 5,000명으로 5년 동안 11만 8,000명을 감축한다. 문 대통령 임기 중 매년 육군 2개 사단이 없어지는 셈이다. 지금 한반도는 전 세계에서 거의 유일하게 대규모 지상전이 벌어질 수 있는 곳이다. 미 하원 군사위원장은 미군이 북한과의 충돌에 대비해 "매우 진지하게 훈련 중"이라 했다. 북한이 최근 군 병력을 약 8만 명 증강하여 총병력이 128만 명에 이르고 있는 상황에서 우리는 병력 감축을 서두르고 있다. 현재 한반도의 엄혹한 안보 상황 속에서 국민이 납득할 만한 설명도 없이 병력 감축을 서두르고 있는 정부·여당이나, 이를 멀뚱멀뚱 쳐다보고만 있는 야당들이나 그 안보 불감증은 실망을 넘어 허탈감을 금치 못할 일이다.

우리 군 병력 감축은 가까운 장래에 발생할지도 모를 통일 과정에도 심각한 부정적 영향을 미치게 될 것이다. 미국 랜드연구소의 베넷은 한반도 유사시 북한지역 안정화작전을 위해서는 150만 명의 병력이 필요할 것이라고 예상했는데 우리는 수년 내로 지상군이 36만 5,000명으로 줄게 되었다. 더욱이 한국 전역에 산재되어 있는 후방 지상군을 제외하면 유사시 실제로 북한지역으로 파병할 수 있는 지상군은 30만 명 수준일 것인데 이들이 110만여 명의 북한 지상군과 인민보안성, 국가안전보위성, 보위사령부 등 30여만 명의 준군사조직과 맞서야 한다. 또한 북한은 험준한 산악지역이 많아 통일에 반대하는 일부 북한군 파벌이 산악지역에 은둔하면서 게릴라화할 가능성을 배제할 수 없는데 이들을 진압하는 것은 결국 지상군의 몫이기 때문에 지상군 소요(所要)가 더욱 커지게 된다. 현 수준의 지상군으로도 안정적인 북한 수복작전이 어려운 상황인데, 지상군을 40만 명 이하로 축소한다면 북한지역의 혼란이 장기화되어 정치적·외교적으로도 통일에 부정적인 영향을 미치게 될 것이다. 한반도 통일은 주변국의 개입 가능성이 많아 기회가 주어졌을 때 한국이 전광석화처럼 밀고 나가도 장애가 많을 것인데 우리의 역량 부족으로 주변국들이 개입할 공간을 만들어 준다면, 우리는 후손에게 역사의 죄인이 될 것이다. 현대전은 공군, 해군, 미사일 부대에 의해 승패가 결정될 가능성이 크지만 북한지역 수복은 타국에서의 전쟁과는 다르다. 우리 군이 북한지역에 진입하여 점령지를 안정시키기 위해서는 우선 북한군을 무장해제, 동원해제하여야 할 뿐만 아니라 이들을 원만히 사회에 복귀시켜야 하기 때문에 타국 간의 전쟁에서보다 지상군 소요가 많을 수밖에 없다. 지상군 부족으로 수복작전이 미흡하거나 지연되면 중국군

개입에 명분을 줄 뿐 아니라 현실적으로도 이를 막을 방법이 없다. 중국으로서는 난민 유입을 막기 위해 압록강 이남에 완충지대를 설치하고 그곳에 난민캠프를 설치하고자 할 것이다. 이 난민캠프를 관리·유지하기 위해 중국군이 북한 북부지역에 상주하게 되면 정치적으로 이 지역을 병탄할 가능성이 크며, 이 경우 한국 주도로 통일이 되더라도 중국군이 주둔하고 있는 지역이 배제되어 불완전한 통일이 될 가능성이 있다. 인구가 남한의 절반에도 못 미치는 북한의 병력 수는 128만 명이고 북한군의 의무복무기간은 약 10년에 달하고 있다. 남한의 병력자원은 지난 20여 년간의 낮은 출산율로 인해 향후 수십 년간 자연적으로 줄어들 수밖에 없는데, 거기에 복무기간까지 단축하고자 하는 배경에 대한 정부의 설득력 있는 설명이 없다. 현재의 높은 청년실업률을 감안할 때 노동시장에 대한 인력 공급 목적으로 설명할 수도 없다. 복무기간 감축은 병력 수 감소 외에도 숙련병의 조기 제대로 인한 군 인력의 효율적 운용에도 부정적 영향을 미친다. "복무기간이 21개월에서 18개월로 줄어들면 병사들의 순환주기가 빨라져 병력규모가 4만 명 감축되고, 병사의 비숙련비율이 57%에서 67%로 높아진다. 학군사관후보생(ROTC) 등 단기장교 확보에도 어려움이 예상된다. 실제로 2007년 복부기간이 24개월에서 21개월로 줄었을 때 단기 장교지원이 15~20%나 줄었다. 정부는 이런 문제 해결을 위해 장교, 부사관 등 간부 비율을 높이고 첨단무기 도입으로 전력을 도입하겠다는 입장이다. 하지만 핵심인 부사관 확보가 지연되고 있고 유급 지원병도 지원이 저조하다."[31] 복무기간을 2010년 수준인 24개월로 환원하는 경우 대학 재학 중인 청년의 경우 2년 휴학으로 군복무를 마칠 수 있는데 현 21개월에서 추가로 3개월을 단축하고자 하는 이유에 대한 정부의 합당한 설명이 필요하다. 한국군 의무병의 복무기간(육군 기준)은 1976년까지 36개월, 1983년까지 33개월, 1989년까지 30개월, 1992년까지 26개월, 2010년까지 24개월로 꾸준히 축소되어 현재 21개월에 이르고 있다.[32] 현재 우리 국방의 최대 과제는 북한의 핵무장에 대처하는 것이다. 국방력에서 가장 기본적이고 중요한 군 인력과 인사 문제에서 허점이 생긴다면, 아무리 군사 장비를 현대화하여도 제 역할을 다 못하게 되며 북핵·미사일 대응에도 허점이 생길 수밖에 없다. 인구 감소 추세와 안보 유지의 필요성을 고려할 때 군 의무복무기간을 2010년 수준인 24개월로 환원하여야 한다. "'한미 연합 방위태세'를 와해시키는 전시작전권 전환과 '국군의 전력 약화'로 이어질 수 있는 병력 감축을 왜 이렇게 동시에 서두르는 걸까? 우리 국가 안보의 핵심기능을 한꺼번에 흔들겠다는 의도가 아닐까?"[33] 여기에 국가정보원의 대공 수사기능 박탈 추진을 더하면 더욱 그 의도에 의구심이 들 수밖에 없다.

　통일에 대비하고 중국군의 한반도 진입을 막기 위해서는 우리 군의 병력 수를 적정 수준(지상군만 50만 명 이상)으로 유지하고, 우리 군에 북한군 무장해제, 동원해제와 안정화작전(Disarmament, Demobilization, Reintegration, DDR)에 필요한 전문적인 교육과 훈련을 시켜야 한다. 우리 군은 내란지역을 평정하고 다스린 경험이 전혀 없을 뿐 아니라 북한 전역을 추스를 만한 병력도 부족한 상태이다. 따라서 여사한 경험이 많은 미군과 유엔 평화유지군의 경험을 배우고, 유사시 미군과 유엔 평화유지군의 북한지역 파견을 국제사회에 요청할 수도 있을 것이다. 그러나 통일 과정에서 우리의 발언권을 높이기 위해서는 우리 군이 작전의 중심이 되어야 하며, 통일 후 중국과 일본 사이에서 견제와 균형을 이루려면 첨단무기 확보와 함께 적정 수준의 군 병력을 유지하여야 한다. 한반도는 세계 2~4위의 군사대국인 중국, 러시아, 일본에 둘러싸여 있다. 이 국가들의 병력 수는 각각 233만, 85만, 25만 명이고 세 나라 모두 미국 다음으로 막강한 화력을 갖고 있는 군사강국들이다. 일본의 경우 병력 수는 적지만 육해공군 모두 최첨단무기로 무장해 있다. 또한 섬나라이기 때문에 지상군(15만 명)이 적지만 군 편제가 부사관체제로 되어 있고, 인구가 남한의 2.5배인 점을 감안하면 유사시 모병제로 전환하는 경우 순식간에 한국보다 훨씬 많은 병력을 확보할 수 있다. 한국의 국방비는 이 3개국보다 적고 국내총생산에 대한 비중은 2.4%로 영국과 비슷한 수준이다. 한반도의 지정학적 위치를 감안한다면 통일 이후에도 현 수준의 병력 수와 국방예산으로는 국가 안보를 담보하기 어려운 형편인데, 북한이 핵무장을 거의 완료한 현 시점에서 정부가 군 병력을 감축한다는 것은 납득할 수 없으며, 북한 긴급사태 발생에 전혀 대비치 않고 오히려 통일에 역행하는 처사이다.

한미동맹을 유지하여야 하나

통일에 대비한 군사력 유지 및 강화의 핵심은 한미동맹이다. **동맹이 형성·유지되려면, 관련국은 가치체계를 공유하고 동맹이 지켜나가야 할 이익, 나아가 위협마저 공유하여야 한다.** 냉전 시 한미 양국은 소련과 북한이라는 공통의 위협 속에서 반공이라는 공통의 목표하에 동맹의 모든 문제점을 덮어 둘 수 있었다. 그러나 냉전이 종식되고 한국 정부가 햇볕정책을 추진하면서 한국인의 북한에 대한 인식에 변화가 오기 시작하였다. 어느 날 갑자기 많은 한국인은 북한을 더 이상의 위협의 대상이 아니고 감싸 주고 돌보아 주어야 할 대상으로 인식하기 시작하였다. 반면에 9·11테러를 겪은 미국인에게는 갑자기 북한이 위협의 대상으로 등장하였다. '만일 북한이 테러리스트에게 판매한 핵무기 등의 대량살상무기가 뉴욕이나 워싱턴의 한복판에서 터진다면?' 북한과 휴전선을 맞대고 대치 상태에 있는 한국보다 태평양 건너에 있는 미국이 북한을 더 위협적인 존재로 인식하게 된 것이다. 미국인들은 한미동맹을 미국이 제2차 세계대전 후 맺은 동맹 중 나토 및 미·일동맹과 함께 가장 성공적이라고 자부하였다. 미국인들은 한국의 민주화와 경제발전을 지켜보면서 자신들이 한국전쟁에서 흘린 피가 헛되지 않았다는 자긍심을 갖고 있었다. 그러던 어느 날 갑자기 서울의 한복판에서 성조기가 불태워지고 있었을 때 미국인들은 배신감을 느꼈다.

미국은 주한미군을 철수하지 않을 것이다?

한반도에서 반미 감정이 최고조에 달했던 2003년은 한국과 미국이 동맹을 맺은 지 50년이 되는 해이다. 아이젠하워는 1952년 미국 대통령에 당선되어 선거공약대로 한국전쟁을 조속히 종결시키고자 하였으나, 북진통일을 주장하는 이승만의 강한 휴전 반대에 직면하였다. 이에 미국 정부는 한국이 휴전에 협조하고 한국군이 유엔군의 지휘권 내에 남는다면 상호방위조약을 체결할 의사가 있음을 이승만에게 통보하였으나, 이승만은 이에 선뜻 응하지 않고 1953년 6월 일방적으로 반공포로 약 2만 7,000명을 석방시킴으로써 휴전회담은 난관에 봉착하였다. 이승만의 반공포로 석방은 한국이 휴전을 방해할 의사와 능력이 있다는 것을 미국에 보여 주기 위한 것이었다. 이후 미국은 한국 복구를 위한 장기간의 경제원조와 한국군의 전력 증강을 약속함으로써 이승만은 휴전에 동의하였다. 그 결과 1953년 7월 27일 휴전이 이루어졌고, 1953년 10월 1일 한미방위조약이 체결되어 되었다.[34]

그 후 한미동맹은 북한의 남침에 대한 억지력으로서의 기능을 훌륭히 수행하여 왔으나, 냉전종식이라는 국제안보환경의 변화에 따라 동맹의 성격, 임무 및 운용방식을 재검토하여야 하는 상황에 이르렀다. 미국이 이러한 변화의 요구에 먼저 대응하기 시작하였다. 미국 상원은 1989년 7월 넌워너 수정안(Nunn-Warner Amendment)을 통과시켜 동아시아에서의 미군 감축 계획 검토를 국방부에 요청하였으며, 미 국방부는 1990년 동아시아전략구상(East Asia Strategic Initiative I, EASI I)을 작성하였는바, 이 보고서에 의하면, 미국은 1단계(1990~1992)로 한국으로부터 7,000명의 미군을 감축하고, 지역의 안정을 훼손하지 않는 범위에서 2단계(1993~1995), 3단계(1996~2000)로 병력을 서서히 감축하는 것이다.[35] 이 계획에 따라 1991~1992년 주한미군은 7,000명 가까이 감축되었으나, 1993년부터 불거진 북한 핵 위기로 한반도 안보정세가 악화되어 2단계, 3단계 계획은 조지 부시(아버지 부시) 대통령에 의해 연기되었고 클린턴 대통령에 의해 취소되었다. 이후 조지 워커 부시(George W. Bush) 대통령의 이라크 침공 이후 미국이 미군 운용의 융통성을 높이기 위해 전략기동군체제로 전환해 나가는 과정에서 한국 내에서 반미감정이 고조되어 당시 3만 7,000명에 이르던 주한미군 중 5,000명을 이라크로 배치하면서 병력감축이 시작되어 2017년 현재 주한미군은 2만 8,500명 수준에 머물고 있다. 2017년 7월 북한의 두 차례에 걸친 대륙간탄도미사일 발사 시험과 동년 9월의 6차 핵실험 성공으로 북한은 미국 국민에게 테러리스트와의 공조 가능한 나라를 넘어 미국을 직접 공격할 수 있는 국가로 인식되었다. 또한 미국은 테러에 대처하기 위해서는 선제공격도 가능하다는 공세적 전략 개념을 채택하여, 대량살상무기를 개발하고 있는 북한에 대해 '선제공격'을 검토한 것도 한미동맹을 위협하는 요소가 되고 있다.

나는 1988년 외무부 동남아과 근무 시 '주필리핀 미군 철수가 필리핀 경제에 미치는 영향'을 검토한 적이 있다. 당시 필리핀에서는 마르코스 정부를 축출한 국민의 힘이 민족주의의 기치 아래 주필리핀 미군의 철수를 요구하였고, 정치가들도 이러한 국민의 요구에 동조하였다. 당시 나는 보고서에서 "미군이 철수하는 경우, 필리핀으로서는 미국이 필리핀에 지불하는 기지사용료라는 연간 수억 달러에 달하는 현금 수입이 줄어들기도 하지만, 그보다는 미군 철수 후에 발생할지도 모르는 안보 불안을 우려해 해외 투자가들이 철수하는 것이 가장 큰 문제다. 미군 철수 시 필리핀의 국내총생산이 5~6% 감소가 예상되므로 필리핀 정부는 미군 철수 여론을 기지사용료 인상을 위한 협상의 수단으로 삼을 뿐, 실제 미군 철수는 이루어지지 않을 것이라는 것이다"라고 결론지었다. 필리핀의 경우 미군 주둔의 법적 근거가 헌법 부칙에 명기되어 있어서 미군 철수가 가능하려면 헌법 개정 요건인 상원의원 3분의 2의 동의가 있어야 한다. 그러나 대부분이 부호이며 친미파인 100명의 필리핀 상원의원들 중 67명이 미군 철수에 찬성할 것으로는 보이지 않아, 나는 더욱 자신 있게 그러한 결론을 내렸었다. 그러나 나의 보고서의 결론은 틀렸다. 필리핀 상원은 1991년 12월 헌법부칙을 개정하여 미군 주둔 연장안을 부결시키고 미국 측에 1년 내로 미군을 철수하라고 요구하였다. 미군은 철수 시한 전인 1992년 11월 필리핀에서 철수하였다. 나는 정치가들은 쉽게 포퓰리즘에 영합할 수 있다는 점을 간과하였고, 미군 주둔의 경제적 효과를 과소평가하였다는 두 가지 오류를 범하였다. 필리핀은 미국에게 태평양에서의 미국의 이익을 지키는 보루 중 하나이지만, 미국은 미련 없이 미군을 철수시켰다. 그리고 필리핀 경제는 국내총생산의 5~6%의 감소가 아니고, 아예 쇠락의 길로 접어들었다. 한편 필리핀에서 미군이 철수한 지 1년 여 후인 1994년 중국은 필리핀과의 영토분쟁 지역인 남중국해의 난사(南沙, Spratley)군도의 몇몇 섬을 점령하고 군사시설을 구축했다. 미군 철수를 자주권 회복의 상징이라고 생각했던 필리핀 국민은 주필리핀 미군이 중국과 분쟁 중이던 영토에 대한 중국인의 야욕을 억제하는 잠재적 기능을 가지고 있었다는 생각을 해보았는지 모르겠다.[36] 중국이 영유권을 주장하는 난사군도는 중국 본토에서 1,000km 이상 떨어졌고, 필리핀이나 베트남에선 100~200km 정도 떨어졌다. 그런데도 중국은 1947년 남중국해 주위를 따라 U자 형태의 선 아홉 개(九段線)를 멋대로 긋고 난사군도, 둥사(東沙)군도, 중사(中沙)군도(스카버러 암초), 파라셀제도를 포함한 남중국해의 85% 이상을 자기네 바다라고 우기고 있다. 중국은 "구단선은 영유권의 근거가 될 수 없다"는 국제상설중재재판소(Permanent Court of Arbitration, PCA)의 판결도 무시하였다. 미국 등은 U자 모양의 구단선을 중국의 '굶주린 혓바닥'이라고 부른다.[37]

주한미군과 더불어 살아온 많은 한국인은 주한미군의 존재를 당연시하고, 미국은 동아시아에서의 중국의 영향력을 견제하기 위해서라도 미군을 한반도에서 철수시키지 않을 것이라고 믿고 싶어 한다. 1882년 체결된 조미우호통상조약 제1조는 조선이 제3국으로부터 어려움을 겪게 될 때에 미국의 지원을 규정하고 있으나, 미국은 1905년 일본과 가쓰라·태프트밀약에 합의함으로써 조선을 일본에게 넘겨주고 대신 일본으로부터 미국의 필리핀 지배를 확인받았다. 정부 수립 후 미국은 이승만 정부의 강력한 반발에도 불구하고 7만 여 명에 달했던 미군을 점진적으로 철수하여 1949년 6월에는 500명의 군사고문단만을 남기고 전면 철군하였다. 한국을 미국의 태평양 방어선에서 제외한 1950년 1월 애치슨 국무장관의 연설은 김일성의 남침 야욕을 자극하였다. 미국이 세계적으로 군사동맹을 맺은 나라는 나토를 제외하고는 모두 동아시아에 위치하고 있다. 일본, 한국, 필리핀, 태국, 호주다. 이 중 한국과의 방위조약은 한국전쟁의 산물이고, 태국과의 동맹은 베트남전쟁의 산물이다. 즉 냉전의 유산인 한국 및 태국과의 동맹을 제외하면, 나머지 국가는 태평양을 둘러싼 전략의 요충지에 위치하고 있다. 이러한 현실은 미국이 아시아에서 지키고자 하는 이익이 태평양이라는 것을 실증적으로 나타내고 있다.

미국인의 가치관과 세계관에 비추어 볼 때, 미군의 해외 주둔의 전제는 미군이 접수국에서 환영을 받는 존재여야 한다는 것이다. 럼스펠드 미 국방장관은 2004년 2월 독일 뮌헨에서 열린 나토 국방장관회의 참석 시 기자 질문에 대한 답변으로 "우리는 독일과 한국에 많은 군대를 두고 있다. 그 국가들은 이번 미군의 재배치 계획에 명확하게 포함될 것이다. 재배치의 방식이 아직 공개되지는 않았지만 가장 많은 군대를 두고 있는 나라들이 분명히 영향을 받을 것이다. 우리는 주민들이 우리를 원하는 지역에 기지를 두기를 원한다. 우리를 원하지 않는 곳이나 비우호적인 곳에 우리 군대를 주둔시키지 않을 것이다"라고 언급했다.[38] 럼스펠드는 한국(당시 3만 7,000명, 현재 2만 8,500명)보다 미군이 더 많이 주둔해 있는 일본(4만 1,000명)에 대해서는 언급치 않았다. 그의 발언은 한국과 독일에서 일고 있는 반미감정에 대해 적절히 견제하고자 하는 의도를 보여 주면서 미국이 일본을 전략적으로 얼마나 중요시하는가를 재확인시켜 준 것이다. 그로부터 4개월 후 럼스펠드 발언의 진의는 그 모습을 드러냈다. 2004년 6월 초 미국은 주한미군의 3분의 1에 해당하는 1만 2,500명을 2005년 말까지 감축하고, 독일에서도 2개 기계화사단과 공군 1개 전단을 철수할 계획이라고 발표했다.[39] 그러한 발표가 있기 3주 전인 5월 17일 미 국방부는 주한미군 2사단의 2여단 병력 3,600명을 수개월 내로 이라크로 파견하겠다고 발표하였다. 2여단은 아브라함전차와 브래들리장갑차 등 한국에서 무장하고 있던 중화기를 가지고 이라크로 향했다.[40]

미국 정부는 2003년부터 주한미군의 성격과 기능을 재조정하는 문제, 주한미군의 재배치 문제를 한국 정부에 제기하였다. 그 배경에는 9·11테러 사건 이후 미국 안보정책의 중심축이 '테러와의 전쟁'으로 전환되어, 군사전략이 범세계적으로 거대한 군사기지를 연결하는 '정적 방위(static defense)' 개념에서 기동성을 중심으로 하는 '전략적 유연성(strategic flexibility)'을 강조하는 개념으로 전환되고 있는 점에 있다. 미국의 군사전략은 종래의 중후장대(重厚長大)에서 경박단소(輕薄短小)로 전환되었던 것이다. 미국은 한국과 독일에서 군사력을 감축하여 동유럽과 중앙아시아에 배치함으로써 중동과 중앙아시아에서의 잠재적인 위기 상황에 대처하여야 한다는 생각이었다.[41] 주한미군의 한강 이남 배치는 인계철선(trip wire)의[42] 신화를 믿고 있는 한국인에게 한국 국민이 원하지 않는다면 미국은 현재의 안보 공약사항을 변경시킬 수도 있다는 말없는 시위이기도 하였다. 또한 의정부, 동두천, 용산 등 인구 조밀지역에서 미군을 철수시킴으로써 미군과 한국 민간인과의 충돌 기회를 최소화하자는 고려도 작용한 것으로 보인다.

주한미군 재배치는 기본적으로 미국의 세계전략 변화의 맥락에서 이해되어야 한다. 9·11테러 사건 이후 미국은 군사전략의 패러다임을 억지모드에서 선제공격모드로 바꾸었다. 억지전략이 효과적으로 작동하기 위해서는 엄청난 보복 능력을 보유하고, 그 능력이 실제로 사용될 수 있음을 보여 주어야만 한다. 그러나 억지전략은 상대방이 보복을 두려워하는 '합리적'인 존재일 때에만 가능하다는 한계를 가지고 있다. 테러리스트를 억지할 수 있는 전략은 없다. 그들은 보복을 두려워하지 않는 비합리적인 존재이기 때문이다. 따라서 테러리스트로부터 자신을 보호하기 위해서는 테러리스트라고 추정되는 사람이나 집단을 선제공격하여 궤멸시키는 방법밖에 없다. 미국은 북한을 테러리스트에게 대량살상무기를 지원할 의도와 능력을 갖고 있는 국가 또는 준테러리스트 국가라고 믿고 있다. 테러리스트와 싸우기 위한 선제공격 전략은 결국 미국이 악의 축으로 지정한 정권에 대해서도 그대로 적용되는 전략이 되어 버렸다. 주한미군 재배치는 바로 미국의 대한반도전략이 억지모드에서 선제공격모드로 바뀌고 있다는 사실을 함축하고 있다. 휴전선에 주둔하던 주한미군은 북한의 공격을 억지하는 기능을 가지고 있었지만 북한을 선제공격한다면 공군과 해군에 의존할 것이기 때문에 주한미군이 구태여 휴전선 인근에 주둔할 필요가 없는 것이다. 또한 주한미군 재배치는 패권국 미국의 장기적 전략 포석이라는 의미를 가지고 있다. 미국이 상정하는 라이벌은 중국이지 북한은 아니다. 오산–평택의 미군기지는 동두천–의정부, 서울의 기지보다 중국을 견제하는 데 더욱 유리한 지정학적 위치에 있다.[43] 주한미군 재배치는 수도권 방위를 한국군이 전담하여야 한다는 측면에서 한국에 큰 부담을 안겨 주었다. 재배치 계획이 양국 간에 협의되고 큰 잡음 없이 시행되었지만 인계철선의 신화는 깨어졌다.

한미동맹의 장래는

2003년 절정에 달했던 한국 내의 반미감정은 북한의 핵무기 개발이 진전되면서 소강 상태에 접어들었으나, 2017년 광복절에 시청 앞 광장과 세종대로에서 펼쳐진 극단적인 반미 시위는 한국 사회에서 반미 세력이 얼마나 뿌리 깊게 자리하고 있는가를 보여 주었다. 동 시위는 한국 내의 친북 세력이 주도한 것으로서 일반 국민이 크게 호응하지는 않았으나, 상황의 변화에 따라 그 불씨가 살아나 사회 전반에서 주한미군 철수와 한미동맹 폐기를 주장하는 세력이 힘을 얻게될 가능성도 배제할 수 없다. 또한 최근 다시 불거지고 있는 전시작전권 조기 전환 움직임도 한미동맹의 장래에 영향을 주게 될 것이다.

북한 정권의 붕괴 가능성과 동북아 안보질서의 변화는 한미동맹의 성격, 기능, 임무에 변화를 요구하게 될 것이다. 북한에서 정권 붕괴와 같은 급변 사태가 발생하는 경우 한국과 미국은 그 사태를 '대한민국 주도에 의한 통일의 기회'로 삼고자 할 것이고, 이 경우 중국은 한반도 사태에 개입하게 될 것이 거의 확실하다. 한반도 통일이 가능하려면 중국의 이해와 용인이 필수적인데, 중국은 한반도에 미국에 지나치게 경도된 새로운 통일한국이 수립되는 것을 용인하지 않을 것이다. 따라서 한국 주도의 통일을 달성하려면 통일한국의 대외정책과 관련하여 한국과 미국, 중국 사이에 적정선에서 합의를 이루고 일본과 러시아가 이에 대해 양해하는 수순을 밟아야 할 것이다. 이러한 상황에 대비하기 위해 한미동맹의 장래에 대해 검토해 보는 것이 필요하며, 나아가 이제까지 금기시되던 생각, 즉 한미동맹을 계속 유지해 나갈 것인가 하는 보다 근본적인 문제를 솔직히 짚고 나가고자 한다. 이러한 문제를 검토함에 있어서 한국 국민이 유의하여야 할 점은 국제정치는 도덕과 이상의 영역이 아니고, 이익과 현실의 영역이라는 사실이다. 너무나 당연한 이러한 점을 언급하는 것은 한국 사회가 이 당연한 사실에 공감하지 않거나, 이를 이해하면서도 안이한 생각으로 엄연한 현실을 무시하는 경향을 보이고 있기 때문이다. 예를 들어 한국 사회 내에서 2000년대 초반 반미감정이 일었던 주요 원인 중 하나는 미국이 과거 군사독재정부를 지지했다는 주장인데 이것은 국제정치의 논리가 아니다. 이는 현재 한국 정부의 대북정책이 북한 정권이 민주 정권이냐 아니냐에 근거하지 않는 것과 마찬가지이다.[44] 나아가 우리가 군사독재에 대한 책임을 우리 스스로 지지 않고 이를 미국의 탓으로 돌리려는 것이야말로 그 밑바닥에는 사대주의적 타성이 깔려 있는 비자주적이고 의타적인 책임 전가이다.

역사적으로 동맹이란 복수국가 간에 세력균형을 이루는 유용한 방법으로 존재하여 왔다. 서로 경계하고 경쟁하는 두 국가가 상대방에 대해 힘의 우위를 확보하기 위해서는 세 가지 선택 방안이 있다. 첫째는 스스로 자신의 힘을 기르는 것이고, 둘째는 제3국을 자신의 편에 끌어들여 자신의 힘을 강화하는 것이고, 셋째는 제3국이 상대방 국가에 힘을 보태지 않도록 억지하는 방법이다. 첫 번째 방안을 선택할 때에는 대개 군비확장을 추진하며, 두 번째나 세 번째 방안은 동맹을 추진함으로써 가능하다. 일국이 동맹을 추진하지 않거나 기존의 동맹을 폐기하고자 한다면, 이는 그 나라가 외부의 도움 없이 자력으로라도 적대국의 힘을 능가하고 있다고 믿거나 동맹의 혜택이 동맹이 주는 부담보다도 작다고 생각할 때일 것이다.[45] 따라서 한미동맹의 미래에 대한 재조명은 한국의 입장에서는 우리가 동맹을 체결하지 않고서도 스스로 국가의 안보를 지킬 수 있을 것인가라는 보다 근본적인 물음에서 출발하여야 한다.

전시작전통제권 전환

한국군의 작전권은 평시작전통제권과 전시작전통제권(Wartime Operation Control, OPCON)으로 나뉘어 있는데 평시작전통제권은 한국군 합참의장이 갖고 있다. 예컨대 천안함폭침과 같은 평시 상황에서 발생한 북한의 도발에는 한국 합참의장이 단독으로 대응할 수 있다. 전시작전통제권은 한미연합사령관(주한미군사령관)이 갖고 있다. 그러나 한미연합사는 미군과 한국군이 '50대 50'으로 구성된 양국군의 참모가 제반 사항을 협의하여 처리하고, 양국의 합참의장·국방장관·대통령의 공동지휘를 받는다. 따라서 우리 합참의장, 국방장관, 대통령에게 그 권한을 적극적으로 활용하고자 하는 의지와 능력이 있다면 우리가 실질적으로 전시작전권의 운영을 주도할 수 있는 것이다. 전시란 데프콘 III(중대하고 불리한 영향을 초래할 수 있는 긴장 상태가 전개되거나 군사 개입 가능성이 존재하는 상태)가 발령되었을 때를 말한다. 데프콘 격상은 군이 양국 합참의장에게 건의하고 양국 대통령이 승인하여 이루어진다. 한미 양국은 2007년 2월 국방장관회담에서 전시작전통제권을 2012년 4월 17일부로 한국군으로 넘기도록 합의하였다가 2010년 6월 한미 정상회담에서 이양시기를 2015년 12월 1일자로 조정하기로 합의하였다. 그러다가 2014년 10월 한미 연례안보협의회(Security Consultative Meeting, SCM)에서 전환시기를 특정하지 않고 한반도 안보 상황 등 3가지 조건을 평가하여 전환시기를 결정하기로 합의하였다. 그 조건들은 ① 한반도 및 역내 안보 환경, ② 전작권 이양 이후 한국군의 핵심 군사 능력, ③ 북한 핵무기, 미사일에 대한 한국군의 필수대응 능력 등이다. 이 중 ②는 소프트웨어 측면으로 우리 정부와 군의 의지 여하에 따라서는 달성 가능한 조건이지만 ①과 ③은 우리의 의지로 해결될 문제가 아니다. 전작권 이양시기가 늦추어진 것은 한국 정부의 요청에 따른 것이었다. 2014년 10월 연례안보협의회에서 미국은 이양시기를 못 박자고 하였으나 한국의 요청에 따라 특정시기 대신 '조건에 기초한 전작권 전환'으로 합의하였다. 한편 전작권이 이양되더라도 이는 지상군 중 일부에만 해당된다. 즉 해군과 공군의 작전권은 전작권 논의의 대상이 아니다. 또한 육군에도 상기 전작권 대상에서 빠지는 부대들이 있다. 우리나라 육군의 편제는 제1야전군사령부 · 제2작전사령부 · 제3야전군사령부 · 특수전사령부 · 수도방위사령부인데, 한미연합사가 통제하는 전작권의 대상은 전쟁 발발 즉시 북한군과 교전하게 될 휴전선에 배치된 야전군인 1군과 3군이며, 후방 부대인 제2작전사령부와 특수전사령부 · 수도방위사령부는 전시에도 우리 합참의장의 지휘를 받는다.

전작권 전환 문제와 관련 국내적으로 찬반양론이 있다. 전작권의 조속한 환수를 주장하는 측의 주장은 군사주권의 회복이다. 그러나 이것은 언어적 표현에 따른 오해일 수 있다. 전시작전권은 주권의 문제가 아니라 양국이 협의 · 합의해 나가는 군사정책의 일환이다. 한민구 전 국방장관은 2014년 "작전통제권은 지정된 부대를 가지고 주어진 목표를 달성하기 위해 그 부대를 편성 · 운영하는 아주 제한된 권한이므로 군사주권과 작전통제권은 동일한 개념이 아니다"라고 설명했다. 따라서 전시작전권 환수 문제는 자존심의 문제로 볼 것이 아니라, 군사 능력과 효율성 측면에서 검토하여야 한다. 즉 ① 미군이나 유엔군이 우리 군의 지휘에 순응할까, ② 한국군이 북한 핵무기와 미사일을 막아 낼 수 있는 방어 능력을 갖고 있을까, ③ 우리 군이 작전권을 이끌 군사 정보력과 정찰 능력을 갖고 있을까, ④ 우리 정부가 전시작전권 전환의 관건인 군사 능력 제고를 이루기 위한 막대한 국방예산을 조달할 능력이 있을까 등 제반 문제 제기에 대해 현실적 대답을 내놓아야 한다. 전시작전권 조기 전환을 위해 가장 중요한 전제는 북한 위협에 대응하는 한국군의 핵심 군사 능력 확보이다. 한국의 미사일 방어책은 유사시 북한 핵·미사일을 타격하는 한국형 3축체계(3K)이다. 즉 북한이 우리 쪽에 미사일을 발사하기 직전에 선제 타격하는 킬 체인(Kill-Chain), 발사 이후 격추하는 한국형 미사일 방어망(Korea Air and Missile Defence, KAMD), 북한 지도부를 응징하는 대량응징보복(Korea Massive Punishment and Retaliation, KMPR) 등이다. "하지만 이러한 3축체계는 미국이 보유한 정찰, 탐지, 표적 식별 능력의 도움 없이는 불가능하다. 북한이 가장 두려워하고, 그래서 한반도에서의 전쟁을 확실하게 막고 있는 것이 지금의 한미연합사령부체제이다. 노무현 정부 때도 그랬듯이 문재인 정부 역시 전시작전통제권 '환수(전환이 맞는 표현)'를 위해 적극적으로 나서고 있다. ……정작 북한이 노리는 것은 한반도에서 미국과 미군의 존재를 최대한 배제하고 한국 정부를 전쟁할 의도가 없도록 유도한 뒤, 무방비 상태가 된 한국 시민을 접수하는 것이다."[46] 전작권이 전환되면 한국군사령관과 미군부사령관으로 구성된 '미래연합군사령부'를 창설할 계획이다. 그러나 2017년 10월 말 한국에서 개최된 한미 연례안보협의회에서 미국 매티스 국방장관은 전작권 전환과 관련한 미국의 입장에는 변화가 없다면서 2014년 양국 국방장관이 합의한 대로 '조건에 기초한

전작권 전환'을 추진해야 한다고 강조함으로써 미래연합군사령부의
편성과 관련하여 합의를 이루지 못하였다. 미국은 자국 대통령이 통
제할 수 없는 외국군 지휘관에게 작전통제를 허용하지 않는 불문율
이 있다. 소위 '퍼싱 원칙'이다. 제1차 세계대전 때 유럽 원정 미군사
령관이었던 존 조지프 퍼싱(John Joseph Pershing, 1860~1948)은 미국
최초의 6성 장군, 즉 대원수가 된 기록을 갖고 있다. 그는 대위에서
준장으로 세 계급이나 건너뛰어 진급한 진기록도 남겼다. 제1차 세계
대전 때 미국은 뒤늦게 참전했고 병력도 영국, 프랑스에 비해 적은
규모였다. 영국·프랑스 연합군은 미군을 자기들 예하에 두고 지원
병력 정도로 쓰려고 했다. 그러나 퍼싱은 "미국은 건국 이래 타국군
의 지휘를 받아 본 적이 없다"며 이를 거부했다. 미군이 다른 나라의
지휘를 받지 않고 독자적으로 지휘권을 행사하려는 전통, 이를 퍼싱
원칙이라 한다. 2017년 10월 말 한미안보협의회에서 미래연합군사령
부 창설안 합의가 불발된 것과 관련, 우리 국방부는 미군 대장이 한
국군 대장 밑으로 들어가는 계획에 미국 측이 반대한 적이 없다고 설
명하였지만, 퍼싱 원칙을 고수해 온 미군의 오랜 전통을 감안할 때
이를 액면 그대로 받아들이기 어렵다.[47] "찰스 캠벨 전 미 8군사령관
은 한국은 미 4성 장군이 한반도 방어의 지휘를 담당하는 게 무슨 의
미인지를 너무 모른다는 말을 하곤 했다. 주한미군 수보다 많은 주일
미군 지휘관은 3성 장군이다. 반면 주한미군사령관은 통합전투지휘
를 할 수 있는 4성 장군이다. 그러니까 미 의회에 출석하여 한반도
안보의 중요성을 강조해서 한미동맹을 튼튼하게 얽어매기도 하고 미
국방부에 필요한 지원을 요청할 수 있었던 것이다. ……미국이 아무
리 한국군 사령관체제에 합의를 한다 한들 막상 그렇게 바뀌고 나면

한반도 유사시 미 증원전력의 적시 참전은 불가능해진다. 퍼싱 원칙을 허문다는 것 자체가 사실상 의미 있는 군사력을 한국에 파견하지 않을 수도 있다는 얘기다."[48] "일부 전문가는 '전작권을 전환해도 미래연합군 사령부를 만들어 사령관만 우리가 맡고 연합사체제는 그대로 유지한다는데 무슨 문제냐'라고 반문할지도 모른다. 하지만 오늘날 한미연합사의 안보적 기능과 효용성은 사령관이 '미군의 4성(星) 통합 전투사령관'이라는 사실에 기반하고 있다. 한국군이 사령관을 맡는 연합사로는 유사시 효과적 기능과 역할 발휘가 불가능하다. 전작권이 전환된 이후의 연합사는 한미 양국의 많은 전문가가 우려하고 있듯, 연합사 해체와 주한미군 철수로 이어지고 한미동맹을 한 장종이쪽지로 형해화(形骸化)시킬 가능성이 높다.[49]

문재인 정부는 전쟁 수행의 주체 문제를 자존심과 주권 차원에서 접근하면서 전작권 전환을 서두르고 있는데 우리의 안보 환경은 그렇게 여유롭지 않다. 하필 북한 핵과 미사일의 위험 수위가 최고조로 치닫는 이 시점에서는 양국이 2014년에 합의한 대로 '조건에 기초한 전작권 전환' 합의를 지키는 것이 좋을 것이다. 현실적으로도 미국이 자신보다 군사력이 열등한 동맹국 사령관 밑에 들어와 싸워주겠는가. 유럽 국가들도 나토를 통해 미국이 제공하는 안보우산을 유럽 안보의 마지막 안전장치로 삼고 있다. 미군 대장인 나토사령관은 유사시 회원국이 제공하는 나토 군대의 작전을 통제한다. 한미연합사는 나토사령부를 모델로 만들었다. 전시작전권 조기 환수로 얻을수 있는 것은 자존심 회복과 방위 능력 약화 그리고 엄청난 국방비 소요이다.

한국의 선택

한국이 강대국의 틈바구니에서 독립을 유지하기 위한 방법으로서는 동맹에 의한 안보 유지, 자력에 의한 안보 유지, 중립화 실현 등세 가지 선택이 있을 수 있겠다. 냉전 당시부터 소수이기는 하나 한국 사회의 일부에서는 한반도의 중립화를 바라는 사람들이 있었다. 중립화란 강대국이 세력균형의 차원에서 특정국의 독립, 안보, 중립성을 보장하기로 상호 약속함으로써 가능한 것이다. 따라서 한반도의 중립화 주장은 나라의 운명을 관련 강대국의 자비에 의존하고 있다는 근본적인 약점을 가지고 있다. 또 관련 강대국의 관심, 이해관계, 역학관계는 시간의 흐름에 따라 변화하는 것이기 때문에 이들이 특정 시점에서 중립화를 약속한다 하더라도 상황의 변화에 따라 그 약속은 지켜지지 않을 수 있다. 제1차 세계대전 이후의 스위스의 경우는 스위스가 주변 강대국들의 제국주의적 욕망을 자극하는 매력이 없었기 때문에 중립화가 가능하였다. 한스 모겐소는 그의 명저 *Politics among Nations*에서 "한반도의 전략적 위치를 감안할 때 강대국들이 한반도에 대해 매력을 잃어버릴 가능성은 없으므로 한국이 스위스처럼 중립화를 유지하는 것은 현실적으로 불가능할 것이다"라고[50] 하였다. 그 책자의 초판은 1945년에 출간되었는데 '1945년의 한국'이라면 세계적으로 미미한 존재임에도 모겐소가 한국을 꼬집어 낸 것은 한국의 지정학적 위치가 주변 강대국들에게 어떠한 전략적 의미를 지니고 있는가를 보여 주는 예라 하겠다.

자력에 의한 안보 유지는 역사적으로 간단없이 강대국들의 틈바구니에서 나라의 독립을 위협 받아온 한국 국민 모두의 간절한 소망일 것이다. 자력안보는 한국 국민의 숙원이기는 하지만 이것이 감정적 · 정서적 주장에 휘말려서는 안 되며, 현실적 여건과 조화시키는 것이 중요하다. 1세기 전 영일동맹은 동맹의 의미를 되새겨 볼 수 있는 역사적 교훈이다. 1905년 5월 27일은 세계 해전사에 기록된 날이다. 당시 위용을 자랑했던 러시아의 발틱함대는 8개월 동안 지구 반 바퀴를 돌아 대한해협에 도착하였다. 그 기나긴 항해 중 발틱함대는 일본의 동맹국인 영국의 심한 견제를 받았다. 영국은 발틱함대의 보급과 수리를 차단하였다. 발틱함대는 수에즈운하를 사용하지 못하고 아프리카의 최남단 희망봉을 돌아야 했고, 신선한 야채를 보급 받지 못해 병사들은 괴혈병에 시달렸고, 함선에 들러붙은 따개비를 떼어 내지 못해 전함의 속도가 현저히 저하되었다. 이러한 상태에서 발틱함대는 대한해협에서 도고 헤이하치로(東郷平八郎) 제독이 이끄는 일본 함대를 만났으니 결과는 불문가지였다. 이미 기진맥진 상태에 있는 발틱함대는 완전히 궤멸되었고, 이로써 러일전쟁은 일본의 승리로 막을 내렸다. 당시 영국은 이른바 '해가 지지 않는' 세계 최강국이었다. 그런데도 동맹을 추구했다. 그 시절 일본은 자주를 부르짖었다. 그런데도 최상의 동맹을 찾아다녔다. 자주와 동맹은 반대말이 아니다. 자주를 단단히 다지기 위해 동맹을 맺는 것이다.[51]

한국은 숙명적으로 미국, 중국, 일본, 러시아라는 세계 최강국들의 이해가 교차되는 지역에 자리하고 있다. 이 국가들과 한국에 주어진 객관적인 여건 ―인구, 국토의 크기―의 차이를 감안할 때, 한국 국민이 아무리 노력한다 하더라도 이 국가들과 대등한 수준의 힘을 가질 가능성은 없다. 그러나 이 국가들이 감히 넘볼 수 없는 강력한 군사력을 가질 수는 있다. 문제는 강력한 군사력을 유지하려면 막대한 국방비 투자가 필요하고, 과도한 국방비 투자는 경제성장의 여력을 잠식하여 결국 군사력의 약화를 가져오는 악순환이 계속된다는 점이다. 바로 북한이 전형적인 예이다. 따라서 동맹이라는 방식으로 강대국의 힘을 빌려 자신의 안보를 유지하는 방안은 우리에게 최선은 아닐지라도 주어진 여건하에서 선택할 수 있는 가장 효율적인 안보 유지방법이다. 지나치게 이상에 집착하면 정작 도달하고자 하는 목적지로부터 멀어지기 쉽다. 안보를 지키는 방법이 자주에 의한 것이냐 동맹에 의한 것이냐 하는 것은 우리나라가 평화와 독립을 지킬 수 있느냐 없느냐 하는 명제 다음으로 생각해 볼 문제이다. 외교 문제를 다룸에 있어서 중요한 것은 국가 목표를 실현한다는 그 사실 자체이며, 그 목표를 달성하기 위한 방법은 국가 간의 신뢰를 저버리지 않는다면 탄력적으로 선택·운용하여야 하는 문제이다. 민족주의 관점에서 지나치게 자주를 주장하는 것은 국제사회에서 고립을 자초하여 오히려 자주를 위협받게 될 가능성도 있다. 200여 개에 달하는 전 세계 국가 중에 자력으로 자신의 안보를 유지할 수 있는 나라는 현재 미국·중국·러시아 정도이며, 조금 더 폭을 넓히면 인도가 여기에 포함될 수 있을 것이다. 세계 제3~4위의 경제 대국 일본과 독일도 자신의 안보를 미국에 의탁하고 있고, 서부유럽 대부분의 국가와 캐나다가 나토에 가입하여 있다. 이 국가들이 미국의 동맹국이라 하여 자주독립국이 아니라고 할 수 있겠는가? 아시아·태평양지역에서도 한국, 일본뿐 아니라 호주, 뉴질랜드, 태국, 필리핀이 미국과 동맹을 맺고 있으며 싱가포르도 상당 부분 미국에게 안보를 의지하고 있다. 국방력 강화의 대부분은 돈으로 이루어진다. 동맹을 맺어 타국 군사력을 차용하면 엄청난 비용 절감효과가 있다. 상기 국가들은 지난 70여년 동안 미국에 안보를 의탁하고, 경제발전에 진력함으로써 경제성장을 이루었다. 앞에서 기술한 바와 같이 필리핀은 1992년 미군이 전면 철수한 이후 국가경제가 나락으로 떨어졌다.

한스 모겐소는 세력균형 이론이 가장 잘 적용되는 국가로 유일하게 한국을 예시하였다. 그는 *Politics among Nations*에서 기원전 1세기부터의 한국을 둘러싼 강대국 간의 각축 상황을 간단히 소개하면서, 한국은 2000년 이상 대체로 중국의 우위를 인정하고 중국의 보호 하에서 독립을 유지하였으나, 중국의 힘이 약화되었을 때는 일본·러시아·미국이 영향력을 행사하였다고 설명하였다. 즉 한국은 2000년 이상 대체로 일개 강대국의 영향력 아래에 들어가 있었거나 한국에 영향력을 행사하려고 경쟁하는 2개 강대국의 각축장이 되었다는 것이다.[52] 굳이 모겐소의 설명이 아니더라도 한국의 역사를 되돌아보면 한반도에서 평화가 가능했던 시기는 한국이 중국의 종주권(suzerainty)을 인정하고, 중국을 사대(事大)하였던 시기였다. 반면에 중국의 힘이 약화되었던 시기에 한반도는 일본, 러시아, 미국의 힘의 각축장이 되어 한국 국민은 혼란, 굴종, 가난을 겪었다.

중립화와 자력에 의한 안보 유지가 현실적인 선택이 아니라면, 한국으로서는 안보를 동맹에 의존하는 수밖에 없다. 한국이 동맹국으로 선택할 수 있는 나라는 미국 또는 중국이다. 일본은 양국 간의 불행한 과거 역사에 따른 국민감정이 아직 정리되지 않은 상태일 뿐 아니라, 일본이 현재 미국의 안보우산 아래에 있는 상황에서는 독립적인 안보 파트너로서의 고려 대상에서 제외될 수밖에 없다. 러시아는 경제력이 쇠퇴한 상황이어서 현실적으로 우리가 안보를 의존할 만한 국가가 되지 못한다. 그렇다면 이제 한국은 미국과 중국 사이에서 어느 쪽을 동맹 파트너로서 선택할 것인가라는 질문에 답하여야 할 때이다. 보수적 관점에서는 이러한 질문을 제기하는 것 자체에 저항감을 가질 수 있으나, 현실은 그러한 보수적 입장을 용인하지만은 않는다. 한미동맹이 지난 반세기 동안에 한국의 민주화와 경제발전에 결정적인 기여를 하여 온 것이 사실이지만, 오늘날의 한국 사회에서는 그러한 엄연한 사실 자체를 부정할 뿐 아니라 한미동맹의 존속 자체에 이의를 제기하는 세력이 존재하고 있으며, 당분간 이러한 추세가 계속될 것으로 보이기 때문이다.

동맹의 선택 기준은 여러 가지가 있겠으나, 동맹 후보국이 자국과 가치체계를 공유하는지 여부와 공통의 이익과 위협을 가지고 있는지 여부가 가장 기본적 고려사항일 것이다. 한국이 추구하는 가치도 여러 가지가 있겠으나 우선 자유민주주의, 시장경제, 안정된 안보환경 등으로 단순화시켜 보자. 자유민주주의, 시장경제, 인권 존중은 바로 미국이 추구하고 있는 이데올로기이다. 중국의 경우는 1979년 이후 점진적인 시장경제를 추진하여 오늘날 경제개방의 정도가 한국을 능가하는 수준에 이르고 있지만, 정치적으로는 엄연히 공산당 일당독재 국가로서 언론의 자유, 집회·결사의 자유, 표현의 자유, 인권 등 국민의 기본권이 보장되어 있지는 않은 나라이다. 역사적·문화적·사상적·종교적 관점에서 중국과의 유사성도 고려의 대상이 될 수 있다. 우리는 과거에 중국으로부터 사상, 문화, 종교, 기술과 여타 사회제도를 전수받은 관계로 중국과 친근감을 가지고 있는 것은 사실이다. 그러나 현대사회의 급속한 변화 속도를 고려할 때 과거 우리가 중국과 공유하고 있던 사상적·문화적·종교적 가치를 오늘날까지 공유하고 있다는 생각은 현실을 반영한 정확한 판단일까? 기원전 1세기부터 19세기 말까지의 2000년간과 지난 1세기 동안의 한국 사회의 변화의 폭과 깊이는 어느 것이 큰 것일까? 오늘날의 한국 사회는 우리의 과거 전통 사회로부터 어느 정도 변모하였을까?

우리는 국권 회복 이후 70여 년 동안 미국식 제도를 도입하여 제반 사회제도를 발전시켜 왔다. 음악, 미술, 문학 등의 예술도 과거의 전통 예술을 발전시키기보다는 서구의 것을 받아들였다. 또한 종교적으로도 기독교가 한국의 가장 보편적인 종교가 된 지 이미 오래다. 젊은이들은 미국의 대중문화에 함몰되어 있다. 2002년 시청 앞 반미데모에 참가했던 젊은이들은 한국 음식점이나 중국 음식점보다는 피자헛, 맥도날드, 스타벅스에 모여 다음 날 반미데모에 어떻게 참여할 것인지를 협의하였다. 이것이 오늘날 한국인의 일상의 모습이다. 미국인들은 최근 한국이 중국에 경사되고 있는 상황을 우려와 질시의 모습으로 지켜보고 있다. 2003~2004년 기간 중 워싱턴에서 개최된 각종 세미나에서 나는 이와 관련된 질문을 몇 번 받았다. 저명한 한국학 교수 한 분은 한국의 중국에 대한 접근을 연애 사건(a love affair)으로 묘사하였다. 이에 대해 나는 "자고로 연애를 시작하면 처음에는 상대방의 단점은 잘 안 보이고 모든 면이 좋게 보인다. 그러나 시간이 흐르다 보면 이제까지 보이지 않던 얼굴의 주근깨도 크게 보이는 등 단점을 느끼기 시작한다. 중국은 1992년 수교한 한국의 새로운 애인이다. 한국인이 새로운 애인에 대해 호기심을 느끼는 것은 당연하지만 시간이 흐르다 보면 처음 느꼈던 감정이 균형을 찾을 것이다"라고 답변하였다. 또 다른 질문은 2003년을 기점으로 중국으로 유학 가는 한국 학생 수가 미국으로 가는 유학생 수를 추월하였는데 이를 어떻게 생각하느냐는 것이었다. 나는 "견미 유학생은 대부분 한국에서 대학교를 졸업하고 미국의 대학원에 진학하는 고급 인력들이지만, 견중 유학생은 반드시 그렇지 않다. 앞으로 한국 사회를 이끌어 나갈 중심 세력이 어느 쪽이 되겠느냐?"라고 반문하였다. 물론 나의 대답은 미국인의 우려를 어느 정도 해소시키고자 하는 의도에서 나온 것이지만 그 평가가 틀렸다고 생각하지는 않는다.

가치체계의 공유라는 측면에서 중국보다 미국과의 동맹 쪽에 더 점수를 주었다면, 안정된 안보환경 확보라는 측면에서 검토해 보자. 이제 중국은 미국의 패권에 도전할 수 있는 유일한 국가로 부상하고 있다. 탈냉전 이후 미국은 중국의 부상에 예민한 반응을 보여 오다가, 2001년 9·11테러를 겪으면서 중국과의 협조 관계를 강조하는 정책으로 전환하였다. 중국이 미국의 테러와의 전쟁에 적극 협조하고, 또 2003년부터 중국이 제2의 북한 핵 문제 해결에 적극성을 띠면서 미국은 중국을 협력자로 평가하는 조짐을 보였다. 그러나 중국의 국력 상승은 동북아의 안보질서에 변화를 가져오고 있다. 덩샤오핑 이후 중국 지도부가 대외정책의 근간으로 여겨 왔던 도광양회는 2000년대 들어 서서히 그 모습을 감추기 시작하였고 2013년 시진핑이 집권한 이후 중국은 노골적으로 대국 외교를 지향하면서 동아시아에서는 중국과 미국의 패권경쟁이 노골화되고 있다. 이 경우 중국 주변 국가들은 부상하는 중국의 힘에 편승하거나(bandwagoning), 제3국의 힘을 빌려 중국을 견제하는(balancing) 두 방법 중 하나를 선택하여야 할 것이다. 한국은 어느 쪽을 택할 것인가? 미국과의 기존의 동맹을 유지할 것인가 또는 중국과 제휴(aligning)할 것인가? 미국과의 동맹 유지가 현명한 선택일 것이다. 그 이유는 ① 미국은 세계 최강국이며(powerful), ② 미국은 한국에서 멀리 떨어져 있어(far and away) 중국에 비해 직접적인 위협이 될 가능성이 훨씬 적으며,[53] ③ 상당수 중국인은 적어도 잠재의식 속에서는 한중 관계를 주종 관계로 생각하고 있으며, ④ 중국은 미국에 비해 훨씬 국수주의적인(nationalistic) 면이 있고 역사적으로 여러 차례 한국을 무력으로 침공하였으나, 미국은 적어도 영토적 야심은 없기 때문이다.

중국은 다민족국가이기는 하나, 한족(漢族)[54] 중심의 민족주의적 성향이 매우 강하다. 중국의 민족주의는 19세기 중반부터 20세기 중반까지 서구 및 일본 제국주의 국가가 중국을 잠식해 들어오면서 이들과의 투쟁 과정에서 심화되었다.[55] 중국인은 그 한 세기 동안 훼손된 중국의 명예와 국익을 회복하기 위하여 절치부심하고 있다. 수천 년 동안 중국인의 세계관은 중국 중심의 세계였다. 중국인에게는 패권(hegemony)이라는 단어는 수천 년 동안 그들을 위해서 존재하여 왔던 어휘일지 모른다. 중국인은 그들이 잠깐 조는 사이에 제국주의자들, 특히 최근 들어서는 미국이 나타나서 '패권'이라는 것을 꿀꺽 삼켜 버렸다는 생각을 가슴속에 감추어 놓고 있을 것이다. 그들은 '패권 돌려줘! 적어도 동아시아에서의 패자는 나란 말이야'라고 생각할 것이다. 나는 2001년 봄 중국 쓰촨성(四川省)을 방문, 그 성의 상무차관과 오찬을 한 적이 있다. 오찬 중 동 차관은 진시황이 불로초를 찾게 할 목적으로 3,000명의 동남·동녀를 동방으로 보낸 얘기를 꺼냈다. 그는 일본에 도착한 동남·동녀들은 당연히 불로초를 찾을 수 없었고, 돌아가면 그들을 기다리는 것이 죽음밖에 없으니 일본에 정착할 수밖에 없었다 하며, 바로 그 3,000명의 동남·동녀가 오늘날 일본인의 조상이라는 주장을 펼쳤다. 지방정부이지만 차관급 고위관리가 외국 관리에게 이러한 터무니없는 말을 하고 있으니, 일반 중국인이 느끼는 민족적 우월감은 어떠할까.

동서양을 막론하고 전략의 기본으로 인식되어 온 원교근공책(遠交近攻策)은 동맹국 선택의 기본적인 고려 요소로 보인다. 따라서 한국으로서는 지리적으로 멀리 떨어져 있고 더욱이 세계의 최강국인 미국과의 기존 동맹관계 유지가 최선책일 것이다. 그러나 미국과의 동맹이 반드시 중국과의 우호 관계를 해치는 것은 아니다. 중국은 이제까지 미·일동맹과 한미동맹에 대해 공식적으로 이의를 제기한 적이 없다. 미·일동맹의 해체는 필연적으로 일본의 재무장을 불러오고, 한미동맹의 해체는 북한이 돌출 행동을 하는 유혹을 느끼게 할 수 있기 때문이다. 중국 지도자들이 가장 피하고자 하는 것은 국력의 지속적 성장을 해칠 수 있는 지역 정세의 불안정이기 때문에 그들로서는 양 동맹이 중국의 국익에 합치한다고 평가할 수 있다. 한국으로서는 한미동맹을 유지하면서도 중국과의 우호 관계를 증진하는 슬기를 보여야 할 것이다.

　　한미동맹은 북한의 무력 도발을 억제하고 중국, 일본, 러시아 등 이웃 강대국과의 세력균형에 기여한다는 안보 측면 이외에 경제적으로도 우리에게 엄청난 기여를 하고 있다. 한미동맹이 파기된다면 그 부담은 고스란히 우리 국민에게 전가될 것이다. 첫째, 미군 주둔에 따르는 안보비용의 절감효과를 고려하여야 한다. 주한미군이 보유한 전투장비의 가치는 수백억 달러를 상회하고 있으며 유사시 미군이 동원하는 무기는 돈으로도 구입이 불가능한 최첨단 장비들이다. 미군 철수 후 비슷한 수준의 전투력을 확보하기 위해서는 우리가 감당할 수준을 넘어서는 막대한 국방비 예산이 일시에 소요될 뿐 아니라 최첨단무기들은 돈으로도 구입할 수 없다. 따라서 동맹 파기는 국방력 약화로 이어질 수밖에 없다. 북한이라는 활화산과 중국이라는 휴화산을 바로 옆에 둔 우리로서 한미동맹의 파기는 치명적인 결과를 초래할 수 있다. 한국국방연구원(Korea Institute for Defence Analyses, KIDA)의 연구 결과에 따르면, 주한미군 완전 철수 시 우리가 현재와 비슷한 방위력을 유지하려면 국방비 부담은 대략 두 배가 된다고 한다. 2017년의 국방비가 40조 3,347억 원(약 360억 달러)임을 감안할 때 5년만 계산해도 약 200조 원(약 1,800억 달러)의 국방예산 증액이 필요하다. 현재 우리는 주한미군 주둔비용의 약 절반을 부담하고 있는데 2017년 9,400억 원으로 국방예산의 2.33% 수준이다. 주한미군 철수 시의 국방예산의 증가는 단순히 재정배분에만 영향을 미치는 것이 아니라 성장잠재력을 잠식하여 경제성장이 2% 정도 감소된다. 아울러 주한미군이 일본, 중국 등 주변국의 군비경쟁을 억제함으로써 동북아의 군비 경쟁을 완화시켜 결과적으로 한국의 안보 부담을 줄여 주는 효과도 고려하여야 한다.[56] 둘째, 안정된 투자환경 조성이라는 측면을 고려하여야 한다. 주한미군의 존재는 한반도의 안정을 담보하여 왔는데, 만일 주한미군이 철수하여 한국의 안보가 우려된다면 당장 주식시장에 투자된 외국자본이 상당 부분 빠져나갈 것이다. 또한 기존의 외국인 투자기업도 철수 유혹을 받게 될 것이다. 나아가 한국 기업도 생산공장을 해외로 이전하는 추세가 확대될 것이다. 미군 철수 후 필리핀의 경제적 쇠퇴는 이러한 가능성을 증명하고 있는데, 하물며 남북 대치 상황에 있는 한국에서 주한미군이 철수한다면 이는 외국인 투자의 감소로 연결될 것은 자명한 일이다. 셋째, 방위산업 육성 측면을 고려하여야 한다. 한미동맹은 우리의 방위산업을 발전시키는 데 기여하여 왔고, 앞으로도 미국으로부터 군사 과학기술을 도입하는 데 도움이 될 것이다. 일본의 경우는 미국과 거의 대등한 과학, 기술 수준으로 인해 이미 스텔스기를 미국과 공동제작하였고,[57] 미사일방어망 개발에 공동참여하는 등 군사기술 부문에서의 협력을 강화하고 있다. 우리의 과학기술 수준과 미국과의 동맹의 질이 일본의 수준에는 미치지 못하므로 미국으로부터 첨단 군사기술의 이전을 기대하기는 어려우나, 한미동맹의 유지는 우리의 방위산업을 적정 수준으로 발전시키는 데에 결정적으로 기여할 것이다.

미국의 선택

19세기 말 이후 미국은 지속적으로 아시아 문제에 광범위하게 그리고 깊이 관여하여 왔다. 미국이 아시아 문제에 관여한 예는 수없이 많지만 제2차 세계대전 발발 이전까지 미국의 아시아 문제 개입 사례 중 대표적인 것만 몇 개 추려 보면, ① 미·서전쟁을 통한 필리핀 획득, ② 다른 열강과 함께 중국 태평천국의 난 진압 및 베이징 진군, ③ 러일전쟁 중재 및 한반도에서의 일본의 우월적 지위 인정, ④ 중국에 대한 문호개방 요구, ⑤ 워싱턴회의체제(Washington Conference System)를 통한 군사력(해군력)의 세력균형 주도, ⑥ 일본의 만주 침공 불인정 및 영국에게 대일 합동 군사압력 요청, ⑦ 대일 석유 금수조치 시행 등을 들 수 있겠다. 제2차 세계대전 직후 미국은 중국의 공산화를 방치(1947~1949)하는 등 짧은 기간 동안 탈아시아적 입장을 보였는데, 이는 장제스 정권에 대한 실망과 동아시아를 지키기 위한 노력이 일본과의 전쟁을 불러일으킨 일이 부담으로 작용한 것으로 보인다. 그러나 한국전쟁 발발을 계기로 미국은 다시 아시아에 적극 개입하기 시작하여 대만해협 위기(1954~1958) 시 중국을 강력히 견제하고, 이후 베트남전쟁의 수렁에 빠져들기도 했다.[58] 냉전 종식으로 갑자기 소련이라는 숙적을 잃어버린 미국은 새로이 강대국으로 부상하는 중국에 예민한 반응을 보이면서 1990년대 중반부터 사실상 중국을 견제하는(containment) 정책을 추진하였으며, 2013년 시진핑 주석 취임 이후 양국은 아시아에서의 패권을 놓고 경쟁 양상을 보이고 있다.

위의 사실이 보여 주듯이 미국은 지난 1세기 동안 중국이 공산화되는 것을 방치한 것을 제외하고는 아시아 문제에 적극적으로 그리고 주도적으로 개입하여 왔으며, 적어도 가까운 장래에는 아시아에 대한 개입의 끈을 늦추지 않을 것으로 보인다. 또한 미국은 다른 어느 나라가 동아시아에서 미국의 패권에 도전하는 것을 용납하지 않을 것이며, 미국의 패권에 대한 도전에는 무력 사용도 불사할 것으로 보인다. 미국은 아시아에서의 패권 유지를 위해 막강한 군사력과 경제력을 배경으로 동맹을 활용하고 있다. 그 동맹국 중 일본, 한국에는 2017년 현재 각각 4만 1,000명, 2만 8,500명의 미군이 주둔하고 있으며, 호주·필리핀·태국에는 의미 있는 수준의 미군이 주둔하지는 않고 있지만 그들은 아시아·태평양지역에서 미국이 신뢰하는 동맹국이다. 필리핀의 경우 1992년 미군이 철수하였지만 이후 남중국해 도서에 대한 중국의 영유권 주장이 강화되자 양국은 2014년 미군 재주둔에 합의하여 필리핀은 미군에 최대 5곳의 군사기지를 제공하기로 하였다. 태평양지역의 미국 동맹국 중 미국이 전략적으로 가장 중요성을 부여하고 있는 국가는 일본이다. 미·일동맹은 소련의 위협으로부터 일본을 보호하기 위한 목적으로 형성되었지만, 처음부터 단순한 양자 동맹이 아니라 미국의 지역 및 세계전략 차원의 동맹(regional and global alliance framework)으로 형성되었다. 미·일동맹 형성 당시 일본은 소련에 대항하기 위한 산업기지로서의 역할도 하였으며, 오늘날에도 중국의 부상과 러시아의 잠재력을 감안할 때 미국의 세계전략(global strategy)의 일각을 담당하는 역할을 하고 있다.[59] 반면 한미동맹은 한국전쟁의 산물로 형성되어 냉전 시에는 한국의 방어와 함께 동아시아에서의 공산주의 도미노 현상을 막는 역할을 하였다. 한미동맹은 오늘날에도 지역의 안정을 도모하는 역할을 하고 있지만 이는 부차적인 것이고, 주 임무는 역시 북한의 도발 가능성을 억지하는 것이다. 주일미군이 공군·해군·해병대 중심으로 구성되었고, 주한미군이 육군과 공군 중심으로 편성된 사실은 양 동맹의 성격과 기능을 잘 설명해 주고 있다.

2000년대 초반 미국의 주한미군 감축 결정은 기본적으로는 미국의 '해외주둔 미군 재배치계획(Global Defense Posture Review, GPR)'에 따른 것이지만, 한국 내에 번지고 있던 반미감정이 그 감축의 규모와 속도에 영향을 주었을 것으로 짐작된다. 실제로 미국의 한 언론사(FOX television news)가 주한미군 감축 발표 직후인 2004년 6월 8일 실시한 여론조사에 의하면, 응답자의 82%가 감축에 찬성하였으며 9%만이 감축에 반대하였다. 아울러 현대전에서 지상군의 전략적 중요성이 감소된 점도 미국이 주한미군 철수 문제로부터 보다 자유로울 수 있는 요소가 되었다. 미국의 일각에서는 한반도 통일 후에는 한국의 희망 여부와는 상관없이 주한미군을 철수시켜야 한다는 의견이 있다. 즉 통일 이후의 주한미군은 중국에게 자국을 견제하기 위한 미국의 대륙 거점으로 비칠 수 있으므로 미국이 구태여 중국을 자극할 필요가 없다는 것이다. 미국은 한국에 대한 중국의 패권을 기꺼이 인정하고 일본, 호주라는 해양동맹에 의존하면 된다는 입장이다. 미국은 과거 아시아 대륙에서의 지상전(한국전쟁·베트남전쟁)에 휘말린 유쾌하지 못한 경험을 가지고 있는데, 한반도 통일은 미국이 아시아에서 지상전에 휘말려들 수 있는 위험성으로부터 벗어날 수 있는 좋은 기회라는 것이다.[60] 이러한 주장은 미국인의 다수 입장은 아니라 하더라도 미국이 동아시아에서 지키고자 하는 이익이 무엇인가를 잘 보여 주는 견해라고 하겠다. 최근 미국의 군사 과학·기술 발달은 미국이 한국에 병력을 주둔시키지 않더라도 동아시아에서의 자국의 안보 이익, 즉 태평양에서의 절대적 우위를 확보를 가능하게 해주고 있다.

한미동맹을 어떻게 관리하여야 하나

한미동맹은 지난 60여 년간 한반도 평화와 안정의 초석이었으며, 한국의 민주화와 선진국 도약을 가능케 하는 안보환경을 조성하는 데 밑거름이 되었다. 그러나 한반도와 그 주변의 정세가 많이 변화하였다. 이제 우리는 한미동맹을 과거의 틀 안에 묶어 둘 수만은 없다. 2000년 초부터 2004년 봄까지 4년여 동안 아시아재단(Asia Foundation) 서울 지부장을 지냈던 스콧 스나이더(Scott Snyder)는 2004년 6월 나에게 한미 관계를 다음과 같이 묘사하였다. "한미동맹 관계가 심각한 상황에 도달하였다는 것이 솔직한 평가이다. 가장 중요한 이유는 이제 한국인에게 한미관계는 부차적인 것이 되어 버렸다는 사실이다. 오늘날 한국인이 가장 중요시 여기고 추구하고자 하는 것은 한국인의 정체성을 찾는 일이다. 이제까지 한국 사회가 매달려 왔던 '반공'

과 '반일'은 더 이상 한국인의 관심사가 되지 못하고 있다. 한국을 보는 미국인의 시각도 변하고 있다. 미국의 대중은 한국을 잘 알지 못하고 한국에 대해 관심도 없지만, 문제는 최근 한국 내에서 일고 있는 반미감정이 미국 엘리트 계층의 한국에 대한 시각이 변하게 하였다는 사실이다. 현재 미국 엘리트 계층의 한국에 대한 인식은 국익 논리에 바탕을 둔 논리적인 것이라기보다는 텔레비전 영상에 많이 좌우되고 있다. 이 점에서는 한국 사회도 비슷한 것으로 보인다. 현재 한국 사회는 급속히 변화하고 있고 한국인들이 그 속에서 혼란을 겪고 있지만, 한국인들은 앞에 놓인 어려움을 잘 극복하리라고 생각한다. 그러나 매우 심각한 문제가 한국 사회에 잠복하고 있다. 매우 과격한 집단인 전교조가 한국의 교육 현장을 지배하고 있다는 사실이다. 한국인들이 이 문제를 잘 해결하지 못한다면 한국 사회의 미래에 암운이 드리우게 될 것이다. 이 문제를 해결하는 가장 좋은 방법은 하루빨리 교육시장을 개방하는 것이다."[61]

2000년대 초반 한미동맹이 겪었던 가장 큰 문제점은 양국 국민 사이에 상대방에 대한 불신이 커졌다는 점이다. 이러한 상호 불신은 북한의 핵무장이 완성되어가는 현 시점에도 재발 가능하다. 북한에 대해 군사행동도 불사하겠다는 트럼프 대통령의 강경 입장은 한국 내에서의 반미감정을 재점화시킬 수 있으며, 이에 따라 미국 내에서도 혐한 감정이 다시 고개를 들 수 있다. 동맹의 질은 병력 수나 무기의 질에도 달려 있지만 보다 중요한 것은 신뢰이다. 양국 간에 신뢰가 유지되어야만 한반도 유사시 69만 명의 병력을 추가 파견한다는 미국의 작전계획이 지켜질 수 있을 것이다. 한미동맹의 재조정은 무엇보다도 상처가 나기 시작한 양국 국민의 상대방에 대한 신뢰를 회복하는 일에서부터 시작하여야 한다. 신뢰 회복을 위해서는 언론·학계 등 양국의 여론 형성층이 나서야 하지만, 가장 책임 있게 영향력을 발휘할 수 있는 주체는 역시 양국 정부이다. 한미동맹의 건전한 발전을 위해서는 양국의 정부와 여론 형성층이 왜 동맹이 필요한지를 국민들에게 납득시켜야 한다.

일본의 경우도 1990년대 초반 반미 감정이 심각한 수준에 도달하였다. 냉전 종식으로 소련의 침공 우려가 사라지고, 통상 마찰에서 기인한 미국의 일본 때리기(Japan-bashing)와 미 해병의 오키나와 여중생 강간사건 등으로 일본 내에서 반미감정이 비등하였다. 이때 양국 정부가 나섰다. 미국과 일본은 1996년 신안보공동선언(Joint Security Declaration)에 합의하고, 이듬해 이를 구체화하는 새로운 방위협력지침(Defense Cooperation Guideline)을 채택하였다. 이에 따라 일본은 2000년대 초반까지 관련 법안의 정비를 완료하였는데, 이는 냉전 이후 일본에 대한 새로운 안보 위협에 대처하기 위하여서는 미국과의 동맹 강화가 필수적이라는 일본 정부의 판단에 따른 것이다. 1994년 북한 핵 위기, 중국군의 현대화 추진, 1998년 북한 대포동 미사일의 일본 상공 통과 등 일련의 사건이 일본 정부의 행동을 가속화시켰다. 동 선언은 흔들리던 미·일동맹을 거듭나게 해준 전환점이었다. 미·일동맹은 이 선언을 통해 특정 적국을 겨냥하는 것이 아니라 지역에서의 평화와 안정, 대량살상무기 확산방지, 테러위협 방지 등 포괄적 역할을 하는 동맹으로 그 성격이 바뀌었다. 이러한 일련의 조치를 통해 미국과 일본은 미·일동맹이 자유민주주의라는 공통의 가치를 공유한 동맹으로서 아시아·태평양지역의 안정과 번영 유지의 초석임을 확인하였다.[62] 2013년 아베 총리의 재집권 이후 일본 사회는 우경화에 가속도를 내고 있다. 우경화의 핵심은 평화헌법 9조 개정을 통해 일본이 '전쟁을 할 수 있는 보통 국가'가 되는 것이고, 다음으로 미·일동맹의 강화이다. 일본 자민당은 고이즈미 총리 집권 시절인 2000대 초반부터 '보통 국가'로의 전환을 추진하였지만 일본 국민의 전쟁에 대한 두려움 때문에 평화헌법 개정에 대한 국민적 공감대를 이루지는 못했다. 그러나 일본이 2012년 중국과 영토분쟁 문제를 안고 있는 센카쿠열도(댜오위다오)의 국유화를 선언하고 중국이 이에 강하게 반발함으로써 양국 간에 긴장이 조성되었고, 중국 시진핑 주석이 중화민족의 부흥을 강조하는 '중국몽'을 캐치프레이즈로 내세우면서 아시아에서의 패권 도전에 나서자 일본은 중국을 더욱 경계하게 되었다. 그에 더하여 북한의 연이은 핵실험과 중·장거리미사일 발사 시험으로 일본 국민의 안보 불안 의식이 고조되었다. 안보 불안의 고조와 최근 4년여 간의 경기 회복세에 힘입어 2017년 10월 실시된 총선에서 아베의 자민당이 압승을 거두어 평화헌법 개정이 동력을 얻게 되었다. 일본 정부는 중국과의 경쟁구도 심화와 북한의 안보 위협에 대한 대응책으로 미·일동맹의 강화라는 카드를 선택하여 미국 트럼프 대통령과 한 목소리를 내며 미국과 보조를 맞추고 있다. 미·일동맹은 전후 일본 경제가 부흥할 수 있던 기반이 되었으며, 일본의 안보를 지키는 초석의 역할을 하였다. 일본에게 미국은 대전(大戰)을 치른, 특히 히로시마와 나가사키에 원자폭탄을 투하한 과거의 적국이다. 그러나 오늘날 일본 국민은 미·일동맹 강화에 공감대를 형성하고 있다. 일본 국민은 과거를 덮어 두고 오늘과 내일의 국가이익이 무엇인가를 생각하고 그 현실적인 판단에 따르고 있는 것이다. 한국에게 미국은 일본의 식민지배에서 벗어나게 해준 나라, 북한의 무력 침공을 막아 준 나라, 막대한 경제원조로 한국전쟁 후의 폐허에서 재건의 기틀을 마련해 준 나라, 휴전 이후 북한의 지속적인 도발로부터 안보를 유지할 수 있게 도와준 나라이다. 그러나 오늘날 적지 않은 한국 국민의 마음속에는 반미의식이 도사리고 있다. 그들은 미국을 한반도 분단에 책임이 있는 나라, 군사정권을 지원한 나라, 북한에 대해 무력행사를 함으로써 한반도에 또 다른 전화를 불러일으킬 수 있는 나라라고 비난한다. 우리의 불행한 과거에서 우리의 책임은 쏙 빼고 남의 탓만 하는 비겁하고, 의타적이고, 사대적이고, 비합리적인 발상이다.

2006년 당시 미 CSIS 수석 부회장이던 커트 캠벨(Kurt M. Campbell)은 한미동맹을 '이혼을 앞둔 왕과 왕비'로 비유하였으나, 그가 국무부 동아태차관보로 재직하던 2012년에는 한미동맹 관계를 "보다 더 강력할 수 없다"고 말하였고, 오바마 대통령은 2010년 6월 "한미동맹은 한미 양국은 물론 태평양 안보에 있어서 근간(linchpin)"이라고 언급할 정도로 동맹 관계가 수년 사이에 진화·발전하였다. linchpin은 두 바퀴를 연결하는 축을 지탱하는 핀으로 그것이 빠지면 전부 무너지게 된다는 것으로 '초석(cornerstone)'보다 훨씬 강력한 관계를 의미한다. 이러한 진전은 양국 정부의 노력의 결과로 볼 수 있다.

첫째, 2008년 출범한 이명박 정부는 한미동맹관계 복원을 최우선 과제로 삼고, 미국과의 전략동맹을 추진하여 2009년 6월 양국 정상회담에서는 양자, 지역 및 글로벌 차원에서의 '포괄적 전략동맹(comprehensive strategic alliance)' 구축에 합의하였다. 한국은 미국의 전통적 동맹인 유럽 국가들이 주저하는 상황에서 대테러전, 녹색 성장, 핵 안보, G20 등에서 미국에게 확실하고 중요한 협력자로서의 역할을 수행하였다.

둘째, 미국 정부는 한국 내의 반미감정에 유의하면서 적극적인 공공외교를 전개하였다. 크리스토퍼 힐(Christopher Hill) 대사부터 리퍼트(Mark Lippert) 대사에 이르기까지 주한대사들은 정무적 · 경제적 역할에 머물지 않고 한국 국민을 대상으로 하는 공공외교 행보를 강화하였다. 특히 한국어에 능통한 스티븐스(Kathleen Stevens) 대사와 한국계 성 킴(Sung Kim) 대사의 부임은 미국에 대한 한국 국민의 친근감을 개선하는 효과를 거두었다.

셋째, 북한의 핵실험, 미사일 발사, 천안함 공격, 연평도 포격 등의 도발에 대해 미국이 굳건히 대응함으로써 동맹 본연의 모습을 보여주었고, 천안함 · 연평도 사건에서 중국의 일방적 북한 편들기는 한국 국민에게 한미동맹의 중요성을 각인시키는 계기가 되었다.

넷째, 북한의 연이은 도발에 대응하기 위해 양국 정부는 2012년 4월로 예정되었던 전시작전권 전환을 2015년 12월로 연기하고, 북한의 도발이 계속되자 2014년 10월 연례안보협의회에서 특정 시기를 명시하는 대신 '조건에 기초한 전시작전권 전환'으로 합의하였다.

다섯째, 2012년 3월 발효된 한미FTA는 양국이 호혜평등에 입각한 경제 협력 관계로 발전하는 계기를 마련해 주었다.

한미동맹의 발전은 국민여론의 추이에서도 뒷받침되고 있다. 2004년에는 한국 안보에 가장 위협적인 국가가 북한(33%)이 아니고 미국(39%)이라는 충격적인 여론조사 결과가 나왔는데, 이러한 분위기가 반전되어 미국에 친근감을 느낀다는 한국 국민의 비율은 2007년 58%, 2011년 70%에서 2012년에는 78%까지 상승하였다. 한편 2010년 아산정책연구원이 실시한 여론조사에 의하면, 한국 국민의 87.3%가

미래에도 한미동맹이 필요하고, 75%는 통일 이후에도 동맹이 필요하다고 생각하는 것으로 나타났다.[63]

5년 이상 표류하던 한미동맹이 2008년 이래 제자리를 찾아가는 듯하다가 최근 들어 심각한 균열을 보이고 있다. 주요 원인은 '북한의 도발에 대한 대응 방향'에서 한미 간에 이견이 발생하였고 미·중 간에 펼쳐지는 '동아시아에서의 주도권 경쟁'에서 한국 정부가 친중 경사(傾斜)를 보여 줌으로써 미국을 자극하고 있기 때문이다. 문재인 대통령은 2017년 12월 14일 시진핑 주석과의 정상회담에서 '한반도 전쟁 불가'를 최우선으로 천명했다. 그런데 트럼프 대통령은 나흘 후 발표한 '국가안보전략보고서'에서 '압도적인 힘으로 북한의 침략에 대응할 준비가 되어 있고, 한반도 비핵화를 강제할 수단을 향상시킬 것'이라고 명시했다. 대북 군사옵션을 명문화한 것이다. 2017년 5월 출범한 문재인 정부는 김대중·노무현 정부의 '대화'에 방점을 둔 대북정책 기조를 이어 받아 북한이 대화의 장으로 나오도록 수시로 유화적인 메시지를 보냈으나, 김정은은 이에 대응조차 않고 수차례에 걸친 미사일 도발과 핵실험을 자행하여 문재인 정부를 곤혹스럽게 만들었다. 그러나 국제사회의 강력한 제재로 궁지에 몰린 김정은은 평창 동계올림픽에 선수단을 파견하는 등 위장 평화 공세를 펴면서 국제 공조에 구멍을 내고자 하였다. 그는 또한 한미동맹을 이간하고 남남갈등을 야기하기 위해 친동생 김여정을 특사로 파견하여 문재인 대통령을 방북 초청하는 등 한국 정부를 이용한 심리전을 전개하고 있다. 문재인 정부의 대북 유화정책과 대중국 경사에 마뜩찮은 시선을 보내던 미국은 불만을 노골적으로 표현하기 시작하였다. 평창 올림픽 개막식 참석을 위해 방한한 미국 펜스 부통령은 그와 김여정과 김영남 위원장을 만나게 하려던 우리 정부의 시도를 외면했고, 귀국 후 "핵·미사일 프로그램이 완전히 끝날 때까지 독재정권에 대한 압박을 계속할 것"이라고 밝혔다. 또한 트럼프 대통령은 한미동맹을 가리켜 '이른바 동맹국(so-called ally)'이라고 했다. 진짜 동맹은 아니라는 말이다. 트럼프는 이미 "(한국은) 경제적으로는 동맹이 아니다"라고 선언했다.[64] 또한 미국 정부는 자국 철강업계의 피해를 막기 위해 관세폭탄을 부과할 대상에 우리나라를 포함하였다. 미국에 철강을 가장 많이 수출하는 캐나다, 우리와 비슷한 수준인 멕시코, 일본, 독일, 대만 등은 모두 빠졌다. 미국의 주요 우방국 중 우리만 포함된 것이다. 미국은 이미 한국산 세탁기, 태양광 패널 등에 긴급수입제한조치를 시행했고, 텔레비전에 대한 보복관세를 예고하는 한편 반도체와 자동차 등 대미 주력 수출품에 대한 제재도 검토하고 있다. 이런 식이면 한미FTA 재협상이 어떻게 될지 알 수 없다. 이제 한미동맹이 다시 흔들리고 있다.

북핵 위기는 정점으로 가고 있다. 분명한 것은 중국은 문제를 해결할 생각이 없고, 미국은 군사옵션을 배제하지 않고 있으며, 한미는 다른 생각을 하고 있다는 사실이다. 한국은 마치 이 모든 사태에서 동떨어진 나라 같다. ……현대사에서 한반도 위기는 한두 번이 아니었다. 그래도 평화를 지키고 여기까지 온 것은 한미동맹이 튼튼했기 때문이다. 이제 한미동맹은 충돌하는 코스로 가고 있다. 이견을 좁히기 위한 노력도 없다. 트럼프의 '미국 우선주의'와 한미동맹에서 멀어지는 문재인 정부의 원심력이 잘못 결합하면 걷잡을 수 없는 사태가 벌어질 것이다."[65]

동맹은 다리 또는 건축물에 비유될 수 있다. 다리나 건물은 항상 그 자리에 있어서 누구나 그 존재를 당연히 여긴다. 그러나 그것들이 지나친 스트레스를 받게 되면 누구도 눈치 채지 못하는 어느 한순간에 갑자기 무너져 버린다. 당연히 엄청난 생명과 재산의 피해가 뒤따른다. 그러나 동맹은 인간이 건설한 다리나 건물과는 달리 상대방과의 교감이 결정적 역할을 하는 인간 활동의 결과이다.[66] 이제 한미 양국은 피로에 지친 우정의 교각을 새로운 신뢰로 수리하고 관리하여야 할 때이다.

북에 두고 온 땅을 돌려 달라고?

　　북한의 토지와 기업의 소유권에 관한 문제는 통일에 앞서 한국 정부가 가장 먼저 검토하고 준비하여야 하는 사안 중의 하나이다. 김일성 정권은 1946년 봄에 실시한 급진적인 토지개혁을 통해 농민들에게 토지를 분배하였고, 토지를 몰수당한 지주와 사업가, 기독교 운동가들 중 상당수는 공산정권의 탄압을 피해 월남하였다. 이후 김일성 정권은 전 국토와 기업을 국유화하는 수순을 밟아 가 현재 북한에서는 토지와 기업의 개인 소유가 인정되지 않는다. 자본주의 사회에서는 재산권에 시효가 없다. 따라서 통일이 되면 월남한 지주와 기업가의 자손들, 종교단체들이 북한에 남겨 두고 온 재산에 대한 소유권을 주장할 것이다. 반면 북한 주민들은 현재 거주하고 있는 주택과 일하고 있는 농토, 기업에 대한 연고권을 주장하며, 그 주택과 토지에 대한 소유권을 요구할 것이다. 이 문제는 통일한국의 출범을 뿌리째 뒤흔들 수도 있는 민감한 사안이다. 결론부터 말하면 월남한 개인과 단체가 70여 년 전에 북한에 두고 온 재산의 소유권을 무효화하여야 한다는 것이 나의 주장이다. 그 이유는 다음과 같다.

첫째, 월남민 가족이 주장하는 소유권을 인정할 법적 근거가 모호하다.

월남민은 일반적으로 해방 직후 또는 한국전쟁 중 북한에서 월남한 사람들을 지칭하는데, 이들은 혼란기에 급박하게 월남하였기 때문에 대부분 소유권을 주장할 만한 문서를 갖고 있지 않은 것으로 추정되며, 갖고 있다 하더라도 그 문서의 신빙성을 확인하기가 매우 어렵다. 독일의 경우 통일 후 120만 건의 재산권 소송이 제기되었는데 반복된 소유권 이전과 서류의 불완전성으로 인해 판결 자체가 난항을 겪게 되자 통일독일 정부는 재산권 문제를 소유권 반환에서 보상으로 정책을 전환할 수밖에 없었다.[67] 또한 월남민이 주장하는 소유권의 근거는 대부분이 일제강점기에 발급된 문서일 것인데 우리 정부가 이를 인정하여야 할 법적·도의적 책임은 없다. 또한 일제강점기에 형성된 재산의 정당성에도 의문을 제기할 여지가 있다.

둘째, 소유권 반환은 현실성이 없다.

우리는 통일 이후 재산권 이전 문제를 논의할 때 당연히 월남 가족이 북에 두고 온 부동산에 대한 반환 요구를 상정하고 있는데, 역으로 월북 가족이 남에 두고 온 재산의 반환 문제도 생각하여야 한다. 월북자는 한국전쟁 중에 납치되어 간 사람들이 대부분이지만 자진 월북한 사람들도 있다. 자진 월북한 사람 중에는 성혜림의 가족이 있다. 성혜림의 아버지는 경상남도 창녕의 만석군 집안(마을의 이름을 따 '석리'부자)에서 태어났는데 한국전쟁 때 그가 심취하고 있던 공산주의를 실천하기 위해 전 가족을 이끌고 자진 월북하였다. 통일이 되면 납북자나 성혜림 가족처럼 남쪽에 부동산을 많이 갖고 있던 사람들의 자손이 땅을 내놓으라고 한다면 현재 그 땅의 소유주가 순순히 땅을 내주겠는가? 극단적인 예를 상상해 보자. 1960년대 중반까지 거의 논밭이던 서울 강남과 잠실 땅의 소유주가 월북하였거나 납북되었다고 가정하자. 통일 후 북에 있는 그의 자손이 강남과 잠실에 있는 조상의 땅을 반환하라고 요구한다면 시가 수백조 원(예를 들어 구 한국전력 본사 사옥 부지를 현대자동차가 10조 원 이상을 주고 매입)에 달하는 그 땅을 문서 한 장 때문에 반환하는 일이 현실적으로 가능하겠는가?

셋째, 북한의 부동산은 통일 후 북한 주민이 가질 수 있는 유일한 자산이다.

북한 주민의 피폐한 삶은 여기서 재론할 필요도 없다. 기업도 마찬가지다. 광물자원을 채굴하는 일부 기업을 제외하고는 통일 후 남한 기업과 경쟁하여 살아남을 수 있는 북한 기업은 없다. 북한은 경제적으로 땅덩어리 이외에는 아무것도 가진 게 없는 세상이다. 그곳에서 땅마저 빼앗아 버린다면 이는 법률이 어떻든가를 떠나 약탈행위이다. 북한 주민이 그 땅만이라도 온전히 갖도록 하여야 한다. 나아가 북한 주민이 연고권에 따라 일정 부동산을 소유하게 된 후 통일 정부는 그 부동산 처분 문제를 적절히 통제하여야 한다. 통일 직후 그들은 남한 주민과의 생활수준 차이를 경험하게 되면서 소비욕구가 증가할 것이며 그 욕구를 채우기 위해 통일한국 정부가 그들에게 준 부동산을 팔려고 할 가능성이 있다. 남한의 기업과 투기자들은 제2의 강남 부동산 붐에 기대를 걸며 그들의 부동산을 매입하려고 온갖 감언이설과 유혹을 동원할 것이다. 나는 얼마 전 북한대학원에서 특강을 한 적이 있는데, 강의 후 학생들이 준 명함을 보고 잠시 놀랐다. 학생 중 몇몇은 대기업의 부동산 관련 부서에서 일하고 있었다. 우리 대기업들은 벌써부터 북한의 부동산에 관심을 갖고 북한대학원에 학생을 보내 북한에 대한 공부를 시키고 있었던 것이다. 이 대기업과 투기자들은 북한 사람들이 상상할 수 없는 큰돈을 주고 토지를 매입할 것이다. 그러나 얼마 가지 않아 북한 내에서 물가가 오르면서 토지 매각대금 은 흔적도 없이 사라지고 토지판매자는 빈곤층으로 전락할 가능성이 크다.

넷째, 북한의 부동산은 난민 유입을 막을 수 있는 유일한 수단이다.
한국과 중국이 북한 정권의 붕괴를 우려하는 가장 큰 이유는 대규 모 난민이 각각 휴전선과 조·중 국경을 넘어오는 사태일 것이다. 난 민의 대거 유입은 남한 사회와 중국 국경지대를 혼란에 몰아넣을 것이 다. 특히 남한의 경우는 단기적으로는 난민의 생계를 책임져야 하 고 중·장기적으로는 그들에게 직업을 마련해 주어야 하는 부담이 있다. 난민 대책에 실패하는 경우 이들이 한국 사회에서 범법자로 전 락하여 한국 사회의 치안을 불안하게 할 가능성이 있다. 이러한 사태 를 방지하기 위한 최선의 방법은 북한 주민들이 현재 사는 곳에서 머 무르게 하는 것이다. 그 방법으로는 북한 수복지역에서 토지 소유권 을 연고자에게 이전할 때 조건부로 무상 증여하는 것이다. 즉 현재 살고 있는 주택에서 일정 기간을 거주하면 그 주택과 토지를 거주자 에게 무상 양도하고, 양도받은 부동산의 전매기간에도 제한을 두는 것이다. 생계 문제와 관련하여서는 현재의 직장에 계속 근무케 하는 것이 좋다. 현재 소속된 집단농장에서 일정 기간 농사를 짓는 농민에 한하여 그 농토를 이전 받을 권리를 주며, 어민의 경우에는 어선의 소유권 및 어업권과 관련하여 혜택을 주어야 한다. 직장인의 경우는 농어민의 소득에 떨어지지 않는 수준의 급여를 주어 생계를 보장하 여야 한다. 부동산 무상 취득을 위한 의무 거주기간과 동 부동산의 전매 제한기간은 통일 시의 상황에 따라 결정하되, 예를 들어 취득에 거주기간 최소 5년, 전매 제한기간 5년 정도로 하는 것이 좋을 것으로 보인다. 통일한국 사회가 어느 정도 안정을 찾으려면 최소한 10년은 걸릴 것이기 때문이다. 기업의 경우는 더욱 복잡하다. 자본주의 논리에 따르면 북한 소재 기업은 민간에 불하하고 구입자로부터 받은 자금을 국고로 귀속하여야 한다. 그러나 기업 매각대금을 통일한국의 국고에 귀속하는 것은 시각에 따라서는 남한 정부가 북한 주민의 재산을 수탈하는 것으로 볼 수 있다. 따라서 북한 주민에게 동 기업 매각대금을 모두 돌려주는 것이 현실적으로나 도덕적으로나 타당할 것이다. 그 구체적인 방법으로 탈 공산화 직후의 체코 등 동구권 국가들이 시행한 국영기업 처리방법이 참고가 될 수 있다. 체코는 체코슬로바키아가 공산 치하에서 벗어난 후 1993년 1월 1일 슬로바키아와 분리 · 독립하였다. 건국 후 경제적으로 가장 큰 숙제는 국영기업의 민영화 문제였다. 소규모 상점이나 중소기업은 연고권자나 소자본가에게 불하하였으나, 대기업의 경우 생산성이 낮을 뿐 아니라 국내적으로 이를 인수할 자본가가 없어 민영화에 난항을 겪었다. 체코 정부는 궁여지책으로 18세 이상의 모든 국민에게 똑같은 점수(예를 들어 100포인트)를 무상으로 주고, 주식시장에서 그 점수로 주식을 사고팔 수 있도록 한 것이다. 결과적으로 전 국민에게 현금으로 교환이 가능한 국영기업의 주식을 균등 배분한 것이다. 국영기업의 가치가 낮아 개인에게 돌아간 실질적 혜택은 미미할지라도 이 방법은 국영기업의 소유권이 전 국민에게 골고루 배분되었다는 점에서 북한 국영기업의 처리방안에 시사점을 줄 수 있다. 북한 주민의 유일한 재산인 북한의 부동산과 기업 소유권이 남한이나 외국자본에 의해 침탈당하지 않도록 지켜 주고 이를 북한 주민들에게 돌려주는 것이 통일

정부가 하여야 할 가장 중요한 과업 중 하나이다. 이는 정의와 도덕의 관점에서도 중요하지만 북한 난민의 남한 유입을 방지하는 거의 유일한 수단이다.

통일 정부는 기존 대한민국 정부조직과는 별도로 상당한 권한을 갖는 독립적인 정부기관(가칭 수복지역 자산관리청)을 설립하여 북한 수복지역의 재산권 처리 문제, 북한 기업의 민영화 문제를 전담케 하는 방법을 미리 검토하여야 한다. 독일의 경우 동독 국영기업들을 민영화시키기 위해 신탁청(Privatization Trust Fund)을 설립하였는데 이 신탁청은 당초의 목적을 달성하지 못하고 실패하였다. 1990년 7월 출범한 신탁청은 시작할 때부터 성급하고 서투른 업무로 많은 비판을 받았고, 급기야는 착복, 부정부패, 장부 조작이 드러나 3년 반 만에 문을 닫고 동 업무는 정부 내 여러 기관으로 분산되었다. 독일 정부는 당초 신탁청 업무를 통해 수익금을 남겨 통일비용으로 사용하려 하였으나 신탁청은 수익은커녕 3년 반 동안 2,000억 마르크의 적자를 냈다. 동독 기업은 대부분 장비가 낙후된 데다가 기술 수준이 떨어지고, 종업원이 과잉채용되어 있어 생산성이 서독 기업의 27%에 불과하여 이를 인수하고자 하는 희망자가 나타나지 않았다. 궁여지책으로 신탁청은 서독 기업이나 외국 기업이 동독 기업을 매입할 때 지원금을 주었다. 또한 과잉고용된 종업원은 해고할 수밖에 없어서 1992년 동독의 실업률은 무려 14.2%에 달했다.[68] 독일 신탁청의 실패 사례는 한반도 통일이 얼마나 힘난한 과정을 겪게 될 것인가를 보여 주는 예라 하겠다. 구 공산권에서 가장 경쟁력이 높던 동독 기업들의 상황이 이러할 진데 북한 국영기업의 수준은 미루어 짐작할 수 있을 것이다. 우리의 가칭 수복지역 자산관리청은 국영기업의 민영화 문제 이외에도 부동산 소유권 문제, 민영화된 기업 종업원의 자생력을 배양시키기 위한 교육·훈련 문제 등 독일 신탁청보다 훨씬 광범위한 임무를 수행하여야 할 것이다.

통일비용을 말하면서
왜 분단비용에는 침묵하는가?

.

통일비용이 우리나라에서 화두로 떠오른 것은 1990년대 중반 이후 독일의 엄청난 규모의 통일비용을 목도하면서부터이다. 그러나 남한에서 통일비용에 대한 두려움이 부각된 데에는 나름의 정치적 이유가 있었다. "1980년대에는 대한민국 내의 좌파 세력과 북한은 통일을 집요하게 강조하였다. 이들은 '통일염원'이라는 용어를 사용하기 시작했는데 자신들의 문건에 날짜를 기록할 때에도 '통일염원 ○○년 ○월 ○일' 등으로 표시할 정도였다. 예를 들면 1990년 1월 1일을 통일염원 45년 1월 1일로 쓰는 식이었다. 그러다가 공산권이 몰락하고 북한 경제가 붕괴 상태에 이른 후, 대한민국의 국력이 북한을 훨씬 능가하고 있다는 사실이 확실하게 되면서부터 슬그머니 통일염원이라는 말이 사라져 버렸다. 통일을 하면 돈이 많이 들 터이니 당장 통일하는 것보다 서서히 통일하는 것이 낫다는 해괴한 반통일적 주장들도 나타나기 시작하였다. 서독이 동독을 흡수한 후 경제적으로 곤란을 겪고 있다는 핑계를 대거나, 동독 주민들이 서독 주민들에 비해 열등 국민으로 취급받는 것은 보기 좋지 않으니 우리도 그럴 가능성이 있는 통일을 당장 이룩할 필요가 없다는 주장도 나왔다."[69] 또한 통일비용은 그 어휘의 개념이나 정의가 이를 사용하는 사람들에 의해 자의적으로 해석되고 정의된다는 문제가 있다. 통일비용은 이를 산출한 국내외 연구기관에 따라 수백억 달러에서부터 수조 달러에 이르는 등 큰 차이가 나타난바, 통일비용을 수치로 산정한다는 자체가 문제가 있을 수 있다.

아울러 통일비용을 거론하려면 당연히 분단비용 즉 통일편익도 고려하여야 하는데, 대부분의 연구기관은 통일편익에 대한 연구는 등한히 하고 비용만을 강조하여 국민들에게 통일의 부정적인 면을 부각시키려 하였다. 구태여 통일비용을 수치로 환산하고자 한다면 통일비용에서 분단비용(통일편익)을 뺀 나머지 순통일비용을 산출하여야 할 것이다. 그 순통일비용이 플러스가 될지 마이너스가 될지도 통일비용과 분단비용을 어떻게 정의하느냐에 달려 있다. 또한 통일비용과 분단비용은 수치로 환산되는 것이 있고 수치로 환산할 수 없는 것이 있다. 통일비용은 일반적으로 북한 주민과 남한 주민 간의 소득 격차해소, 북한의 낙후된 사회간접자본(Social Overhead Capital, SOC) 건설비용, 기타 기회비용을 생각할 수 있고, 통일편익은 국방비 및 외교비용 절감, 규모의 경제에 따른 내수시장의 확대, 남한의 인구절벽(demographic cliff) 완화 및 젊은 노동력 공급, 유라시아대륙 통로 개설에 따른 물류비 절감, 북한의 엄청난 광물자원 채굴 등 경제적 편익과 북한 주민의 인권과 자유 회복, 전쟁 리스크 해소, 관광, 문화서비스의 확대 등 비경제적 편익이 있을 수 있다.

독일의 통일비용

독일의 경우 통일비용으로 2005년까지 15년간 총 1조 4,000억 유로, 즉 연평균 933억 유로를 지출하였다. 당초 10년간 3,300억 유로로 예상했던 '동독 재건 및 생활수준 격차 해소 비용'이 15년간 9,300억 유로로 2.8배가 늘어나 예상액보다 많은 통일비용이 지출되었다. 이렇게 많은 통일비용이 지출된 것은 당초 계획 수립 시 동독 산업의 생산성과 동독 국유재산의 가치를 과다 평가했고, 급격한 임금인상과 사회보장비 지출의 증가를 예상치 못했기 때문이다. 지출 내역별 구성은 사회보장성 지출 49.2%, 연방 및 주정부에 대한 보조금 등 각종 지원금 23%, 인프라 재건 12.5%, 인건비 및 국방비 8.2%, 경제 활성화 지원 7% 등이다.[70] 그러나 통일비용이 과다하게 늘어난 보다 근본적인 이유는 통일 당시 동독, 서독마르크의 교환 비율을 정치적 이유에서 1대 1로 정한 점이다. 당시 공식 교환비율은 4.4동독마르크 대 1서독마르크였고, 암시장에서는 10대 1로 교환되었다. 독일통일은 1990년 10월 3일 선포되었고, 12월 2일에는 전 독일 총선이 실시되었는데, 선거를 앞두고 동독 주민들은 '서독의 마르크가 오지 않으면, 내가 서독으로 가겠다'며 시위를 계속했다. 동독마르크의 가치대로 서독마르크와의 교환비율을 정하게 되면 동독 주민들이 대거 서독으로 몰려올 가능성이 있었다. 이러한 배경하에 헬무트 콜(Helmut Kohl) 총리는 선거 직전 화폐교환비율을 1대 1로 정한다고 발표했고, 콜 총리의 기독민주당은 동독에서 다수당이 되었다. 시장가치와 무관하게 화폐의 교환비율을 정함으로써 가격에 왜곡현상이 발생하여 동독에서 임금인상, 물가상승, 사회보장비용 등이 증가하게 되었고 이에 따라 통일비용이 증대된 것은 당연한 귀결이라 하겠다. 상기 통일비용 지출내역 구성 비율을 보면, 놀랍게도 인프라 재건과 경제 활성화 지원에는 합하여 전체 지출의 약 20%에 불과하다. 이는 독일의 통일비용이 지나치게 사회보장과 복지측면에 중점을 둔 것임을 나타낸다.

한반도의 통일비용

한국이나 외국 연구소가 산출하는 통일비용을 보면 대부분 '북한 주민의 소득이 남한 주민 소득의 ××%가 되는 것을 목표'로 한다는 가정에서 출발하는데, 이러한 가정 자체가 문제다. 통일비용을 산출한 어떤 연구결과를 살펴보기 전에 그 연구가 의도하는 목적에 대해 한 번쯤은 의심해 보아야 할 것이다. 그 목표 수치에 따라 산출되는 통일비용에 엄청난 차이가 날 것은 불문가지이기 때문이다. 지금까지의 연구 사례에 의하면 통일비용은 최저 654억 달러에서 최고 3조 5,500억 달러로 그 편차가 50배 이상이다.[71] '통일을 빨리 하자'라는 입장을 가진 측은 통일비용을 낮추기 위해 목표수치를 낮출 것이고, '통일을 뒤로 미루자'는 측은 목표수치를 높게 책정하여 통일비용을 과다하게 산정할 것이기 때문이다. 그 목표수치를 60~80% 정도로 높게 잡는 것은 일단 그 의도가 '통일을 뒤로 미루자'는 것이 아닌지 의심해 보아야 한다. 대한민국 내에서도 시도별 소득 격차가 두 배가 넘는 곳이 있고, 지역을 좁혀 말하면 수십 배에 달하는 곳도 부지기수이다. 외국의 경우도 마찬가지이다. 대부분의 국가가 한 나라에서 지역별 소득 편차가 몇 배에서 수십 배에 달한다. 또한 목표 산정의 근거가 없는 점도 문제다. 그 목표가 80%면 되고, 20% 또는 100%가 되면 안 되는 것인가? 현재 북한 주민의 1인당 소득은 남한 수준의

5% 정도인데, 목표 수준이 낮다 하더라도 북한 주민의 생활이 지금보다 몇 배 향상될 것은 확실하다. 결론적으로 우리가 동원 가능한 재원의 한계를 산출하고 그 한계 내에서 북한 재건 사업에 투자할 수 있는 자금의 규모가 통일비용이어야 한다. 독일의 예를 반면교사로 삼아 시행착오를 줄이고 자금을 효율적으로 운용하는 것이 보다 중요하다. 독일의 실패를 답습하지 않기 위해서는 사회보장과 복지 측면에서의 지출을 대폭 줄이고 인프라 건설과 경제 활성화 지원에 초점을 맞추어야 한다. 통일비용 재원은 대한민국 내에서 조달하는 것과 외국의 투자 및 지원을 합한 것이다. 또한 정부가 조달하는 자금과 민간부문의 투자를 합한 것이다. 따라서 통일정부 책임은 외국과 민간 부문의 투자를 유인하는 정책을 채택하여 통일비용의 전체 규모를 키우는 것이다.

아울러 통일 후 북한 재건을 위해 소요되는 자금은 비용이 아니라 투자라고 인식하는 것이 필요하다. 건설업은 전후방 산업 연관효과가[72] 가장 큰 업종이다. 어느 나라가 경제 불황에 빠졌을 때 그 나라 정부는 대개 인프라 투자를 통해 경제를 활성화시키고자 한다. 대공황 시 미국이 후버댐 건설 등 건설 사업에 대규모 예산을 투입하여 (뉴딜정책) 경기를 진작시킨 것이 대표적인 예이다. 북한 지역의 인프라 건설은 남한의 건설업을 활성화시키고, 그 전후방 산업 연관효과로 인해 우리 산업 전반에 엄청난 긍정적 효과를 미치게 될 것이다. 통일비용에서 인프라 건설 못지않게 비용이 많이 드는 분야는 북한 국영기업의 정상화작업이다. 이를 경제 활성화 지원이라고 칭하여도 무방하겠다. 내가 보기에는 북한의 국영기업 중 자본주의의 기업과 경쟁하여 살아남을 수 있는 기업은 단 하나도 없다. 그렇다고 그 기업들을 모두 폐쇄할 수도 없다. 기업 폐쇄는 종업원의 실업과 연결되기 때문이다. 또한 경쟁력 없는 북한 국영기업을 인수할 남한이나 외국 기업도 거의 없을 것이다. 우리 기업이 인수하는 북한 기업이 있다면 그 기업은 넓은 공장 부지를 갖고 있는 등 기업 생산성 이외의 다른 장점이 있는 기업일 것이다. 따라서 정부가 대부분의 국영기업을 인수하여 정상화시킬 각오를 해야 한다. 즉 상당한 규모의 예산을 국영기업 정상화에 투입하여야 한다. 그러나 대규모 국영기업 중 회생이 불가능하다고 판단되는 기업은 과감히 폐쇄하여야 한다. 독일, 체코 등 구 동구권의 신정부가 회생 불능한 국영기업을 붙들고 있다가 엄청난 비용만 소진한 채 결국 그 기업들을 폐쇄한 전철을 밟아서는 안 된다. 국영기업 폐쇄에 따라 발생하는 실업 문제는 또 다른 방법으로 해결해야 할 것이다. 일자리 창출을 통한 실업 해소가 통일 정부가 짊어져야 할 가장 지난한 과제일 것이다. 그러나 희망적인 측면도 있다. 고전경제학자 리카도(David Ricardo, 1772~1823)는 생산의 3요소로 임금, 지대(地代), 자본을 꼽았다. 현재 북한 근로자의 노동생산성은 임금에 비해서는 상대적으로 높은 수준이고, 북한의 토지가 모두 국유화되어 있어 지대는 거의 영(零)에 가깝다. 여기에 우리가 북한에는 없는 자본과 경영기술을 투입하면 북한 기업의 생산성은 단기간 내에 비약적으로 뛰어오를 것이다. 북한 기업에게는 자본과 경영기술의 한계효용이 우리에 비해 엄청나게 크기 때문이다. 북한 기업을 정상화시키는 데에는 긴 시간이 필요할 것이다. 즉 투자효과가 나타나기까지의 자본의 회임기간(懷妊期間)이 길 것이다. 그러나 경공업 분야에서는 업종에 따라 수개월 만에 투자에 대한 결실을 볼 수 있을 것이다.

한반도의 분단비용(통일편익)

분단비용은 통일비용과 대칭되는 경제적인 통일편익을 의미하는 것이 일반적 관점이다. 그러나 한반도 분단은 민족사적인 재난이므로 분단비용의 범위를 넓혀 비경제적 분단비용까지 포함하여 검토하는 것이 옳다. 비경제적 통일비용은 분단으로 인해 우리 민족이 짊어져야 하는 안보적·사회적·정치적·외교적·역사적·문화적·인도적·심리적인 유형, 무형의 비용 전체를 말한다. 통일비용이 통일 후 일정 기간(예를 들어10~20년) 동안 발생하는 일회성 비용인 데 반해 분단비용은 과거 70여 년 동안 그리고 향후 통일될 때까지 우리 민족이 지불하였고, 지불하여야 하는 지속적인 비용이다.

비경제적 분단비용 중 대표적인 것 몇 가지만 적시하면 다음과 같다.

첫째, 분단은 소국 한국을 더욱 작은 나라로 만들었다. 통일은 한국의 통치권이 미치는 면적을 두 배 이상으로, 인구를 50% 정도 증대시킬 것이다. 국가의 힘이 영토와 인구로 판가름 나는 것은 아니지만 세계 최강국들에 둘러싸여 있는 한국이 이들 곁에서 생존하려면 일단 땅과 사람이 어느 수준에는 도달하여야 한다. 남한은 면적 약 10만km²(세계 109위), 인구 약 5,100만 명(세계 27위) 정도인데 통일이 되더라도 면적은 22만km²로 세계 80위에 못 미치고, 인구는 7,600만 명으로 20위 정도에 불과하게 될 것이다. 남한은 면적, 인구에서 일본의 절반에도 미치지 못하지만 통일이 되면 면적은 일본의 60%, 인구는 56% 정도는 된다. 그 정도의 바탕 위에 우리는 작지만 강한 통일한국을 만들어 나가야 한다.

둘째, 우리가 피부로 느끼는 가장 큰 분단비용은 안보 위협이다. 한국전쟁의 참화가 대표적인 것이지만 휴전 이후 북한의 크고 작은 무력 도발과 남북한 긴장 사태, 나아가 지난 20여 년 동안 북한 핵 개발 위기로부터 파생된 남한과 국제사회의 안보불안을 생각하면 안보측면에서의 분단비용은 상상보다 크다 하겠다. 통일은 적어도 북으로부터의 안보 위협은 제거하여 준다.

셋째, 북한 인민이 겪고 있는 비인간적 삶이다. 북한 인민이 경제적 고통을 겪고 있다는 것은 세상이 다 아는 사실이다. 그러나 경제적 빈궁함보다 그들에게 내려진 더 가혹한 형벌은 그들이 인간성을 상실한 채 살아가고 있다는 점이다. 만인에 의한 만인의 감시 속에서 살아가고 있는 그들은 생존을 위해서라면 거짓, 모함, 배신을 능히 합리화할 수 있다. 자신이 살기 위해서는 부모, 형제, 친구도 고발하여야 하는 곳이 북한이다. 인간성 상실의 상흔은 앞으로 오랫동안 우리 민족에게 어두운 그림자를 드리울 것이다.

넷째, 남북한 주민 사이의 70여 년간의 소통의 부재는 향후 남북한 간에 지역갈등을 유발할 수 있는 불씨를 내포하고 있다. 동질 사회인 남한 내에서도 지역갈등이 존재하는데, 완전히 다른 체제에서 살아온 남북한 주민들이 상대방에 대해 느끼는 감정은 장래에 어떠한 양태로 번질지 모른다. 통일 이후 남북한 주민 간 동질화가 늦어질수록 북한 주민은 차별을 받는다고 느끼게 되고 이 경우 한반도 내에서 '너는 1등 국민, 나는 2등 국민'이라는 인식이 발생할 수도 있다. 그 경우 반도 북반부 지역의 경제가 어느 정도 활성화되는 날, 그 지역에서 분리·독립운동이 일어날 가능성도 배제할 수 없다. 또 한 번의 한반도 분단이다. 그러한 분단은 외세의 힘이 작용하지 않은 우리 스스로의 선택이기 때문에 사태는 더욱 심각할 것이다.

분단의 경제적 비용이 제거되는 **통일편익**만으로도 통일비용을 상쇄하고도 남을 것이다. 경제적 통일편익 중 몇 가지는 다음과 같다.

첫째, 통일은 남한의 인구절벽[73] 문제를 완화시켜 줄 것이다. 인구절벽현상이 발생하면 생산과 소비가 줄어드는 등 경제활동이 위축되어 심각한 경제위기가 발생할 수 있다. 통계청에 의하면 남한의 생산가능 인구는 2016년 3,704만 명으로 정점을 찍은 후 급속히 감소할 예정이라 한다. 우리나라의 출생률은 1.2명으로 경제협력개발기구(Organization for Economic Cooperation and Development, OECD. 이하 'OECD') 국가 중 15년째 꼴찌를 이어오고 있으며, 세계적으로도 홍콩을 제외하면 꼴찌이다. 북한의 출생률은 1990년도에는 2.3명이었는데 고난의 행군 이후 지속적으로 낮아져 현재 1.9명에 이르고 있다. 이는 남한보다는 높은 수준이지만 세계평균 2.5명에 비해 현저히 낮다. 그러나 2014년 현재 평균연령은 북한은 34세, 남한은 41세이고, 유엔은 2050년에는 북한의 평균연령이 41세에 달할 것이라고 전망했다.[74] 즉 통일은 남한의 인구 절벽을 해소하지는 못하겠지만 완화하고 늦추는 효과는 있을 것이다.

둘째, 2,500만 명의 인구가 한국시장에 유입되면, 내수시장이 커질 뿐 아니라 '규모의 경제(economy of scale)'에 따른 이익이 발생한다. '규모의 경제'란 생산규모의 확대에 따른 생산비 절약 또는 수익 향상을 말한다. 즉 북한 인구 유입에 따라 내수시장이 확대되면, 기업의 생산규모가 커지고, 이에 따라 생산비에서 감가상각비, 지대 등 고정비용의 비율이 낮아져 우리 기업의 국제 경쟁력이 향상하게 된다. 나아가 북한 젊은 노동력의 유입은 남한 기업의 임금상승 압박을 완화시킬 것이다. 독일은 OECD 국가 중 유일하게 인건비가 하락한 나라이다. 1990~2012년 기간 중 독일을 제외한 모든 OECD 국가의 인건비가 상승하였으나 독일은 동독의 젊은 노동력 유입으로 인건비가 오히려 30%나 하락하였다. 이는 독일 기업의 국제경쟁력 강화로 이어져 독일 경제는 현재 유럽 최강을 유지하고 있다. 현재 남한 근로자의 임금은 생산성에 미치지 못하는 거품이 끼어 있는데 북한 젊은 노동력의 유입은 그러한 거품을 제거하는 촉매제 역할을 하게 되어 우리 기업의 국제 경쟁력을 높여 줄 것이다.

셋째, 전 국토가 국유지인 북한의 부동산은 통일비용 조달에 상당한 재원 역할을 하게 될 것이다. 북한의 부동산 중 주민의 주택, 거주지, 농장, 공장 등은 주민들에게 배분한다 하더라도 여타 남은 국유지의 면적이 방대할 것이다. 또한 관청건물, 공원, 도로, 하천, 호수 등 공공재도 모두 통일 정부에 귀속될 것이다. 따라서 통일정부는 필수적인 공공재를 제외하고는 국유 부동산을 민간에 매각하여 통일자금을 조달할 수 있다.

넷째, 북한의 천연자원, 특히 광물자원은 통일한국의 경제발전에 크게 기여할 것이다. 한국광물자원공사에 의하면 북한 광물자원 매장량의 잠재가치는 3,200조 원으로 남한 광물자원 잠재가치 230조 원의 14배에 달한다. 현재 외국 기업의 북한 광물자원 개발 사업 투자는 38건인데 이 중 중국 기업이 33건(87%)이고, 나머지는 일본 · 프랑스 · 스위스 기업이 각각 2건, 2건, 1건의 사업에 투자하였다.[75] 북한에는 석탄, 철광석, 우라늄, 텅스텐, 금, 은, 동 등 전통적인 광물자원 외에도 희토류, 티타늄, 리튬, 희귀금속, 실리콘, 셀레늄, 그래핀 등 정보기술산업을 선도할 다양한 금속 · 비철금속 자원이 상당량 매장되어 있어 그 가치는 숫자로 환산하기 어려울 정도다. 북한의 채광기술 수준이 낮아 이러한 광물자원이 현재 땅 밑에서 잠자고 있지만,

이 자원을 제대로 개발한다면 그 수익은 통일비용 조달에 큰 몫을 차지하게 될 것이다. 또한 일부 국가 특히, 중국이 희토류 등 정보기술 산업 부품의 소재가 되는 자원을 무기화하고 있는 현실은 감안할 때 북한 광물자원이 우리에게 귀속되는 것은 축복이다.

다섯째, 통일은 한국이 유라시아대륙 전체로 통하는 육상통로를 열어 줄 것이다. 남한은 휴전선에 막혀 70여 년 동안 사실상의 섬나라였다. 통일은 한국의 시베리아 종단철도 이용을 가능케 하여 통일한국은 유럽과의 교역 물류비용을 절감할 수 있다. 또한 통일은 러시아 송유관과 가스관의 한반도 연결을 가능케 하여 우리의 에너지 수입선 다변화에도 기여할 것이다. 나아가 통일은 우리가 중국 동북 3성〔지린성(吉林省), 랴오둥성(遼寧省), 헤이룽장성(黑龍江省)〕과 러시아 연해주 개발에 참여할 수 있는 기회를 제공해 줄 것이다. 동북 3성은 중국 내에서도 대표적인 낙후지역이어서 중국 정부는 2003년 이후 '동북대개발'을 주요한 국가 시책의 하나로 추진하고 있어 통일한국이 '동북대개발' 사업에 참여할 기회는 많을 것이다. 연해주는 1860년 베이징조약에 따라 러시아로 편입된 지역인데, 인접한 동북 3성의 인구(1억 600만 명)가 연해주 인구(200만 명)의 50배가 넘고 경제적으로 중국에 대한 의존도가 매우 높아, 러시아 정부는 연해주의 중국 의존을 우려하고 있는 형편이다. 따라서 러시아는 통일한국의 연해주 개발 참여를 쌍수를 들고 환영할 것이다.

우리가 통일 과정의 어려움을 잘 극복해 나간다면, 통일은 위에 거론한 것 이외에도 정치적 · 사회적 · 외교적 · 문화적 · 인도적 · 심리적 분야 등 모든 면에서 우리의 삶을 보다 풍요롭게 할 수 있으며 국제사회에서 한국의 위상을 한 단계 높여 줄 것이다.

주

1) 우리사회연구소, 2015. 3. 19, 「자주국방담론 5 : 심리전으로 북한붕괴, 과연 가능할까?」.

2) 과거 국가안전기획부가 국가정보원으로 바뀌는 과정에서 대북정보 자원인 휴민트가 대거 손실되어 북한 관련 정보 특히 북핵 관련 정보수집에 어려움을 겪었다는 지적이 있다(cpbc News, 2017. 7. 28).

3) 천영우, 「북한 과학기술의 힘 어디서 나오나」, 『동아일보』 2016. 7. 7자.

4) 양상훈, 「정치에 정신 팔려 제 발등을 찍어도 제대로 찍었다」, 『조선일보』 2017. 10. 19자.

5) 천영우, 앞의 기사.

6) Nye, Joseph S. Jr., 2004, *Soft Power*, Public Affairs, pp.ix~xi.

7) Nye, Joseph S. Jr., 2004, 앞의 책, p.9.

8) CSIS, 2007, "CSIS Commission on Smart Power," CSIS.

9) Kim, Joong Keun, 2010, *Korea's Changing Roles in Southeast Asia*, edited by David I. Steinberg, ISEAS, p.301.

10) Kim, Joong Keun, 2010, 앞의 책, p.301.

11) 「사설 : 문 정부, 대화론 환상 접고 북 레짐 체인지 앞장서야」, 『문화일보』 2017. 9. 4.자.

12) US Government, US Military, Department of Defense, "Official US reports on North Korea, 2016," pp.5~6.

13) 북한매체 보도 전문 중에서 발췌.

14) 「북 유대전화 가입자 377만 명… 데이터 전송, 인터넷은 금지」, 『연합뉴스』 2017. 8. 30.자.

15) Cha, Victor, 2012, *The Impossible State*, The Bodley Head, p.461.

16) 우리사회연구소, 2015. 3. 19, 앞의 글.

17) *NEWSIS* 2017. 10. 9.자, 「확산되는 해외대북방송, 영 BBC 합류」.

18) 「파워인터뷰 : 북 인권 눈감아 주면 협상테이블에 나온단 생각은 오산」, 『문화일보』 2017. 12. 8.자.

19) 통일연구원, 2017, 『KINU 연구총서 17-01 북한인권 피해구제 방안과 과제』, 9 ~12쪽.

20) 강동완, 「탈북민 88% '북서 영상물 봤다'… 한류는 '트로이 목마'」, 『조선일보』 2017. 12. 27.자.

21) 박종재, 2017, 『정보전쟁』, 서해문집.

22) 정보원이나 내부 협조자 등 인적 네트워크를 사용하여 얻은 정보 또는 그러한 수집방법을 말한다. 스파이를 활용하는 첩보활동이 휴민트의 전형이지만, 외교관·기업인·언론인·내부협조자 등 합법적으로 활동하는 사람을 통해 입수한 정보를 통칭하기도 한다. 휴민트 정보는 사람과의 접촉을 통해 이루어지기 때문에 상대방의 내밀한 의도까지 파악할 수 있다는 장점이 있다.

23) 「국정원에서 대공수사 떼 내는 건, 실전 모르는 탁상공론」, 『조선일보』 2018. 1. 15.자.

24) 「수사권 없으면 정보수집 어렵고, 정보가 없으면 수사도 불가능」, 『조선일보』 2017. 12. 1.자.

25) 「김정은 손에 들어간 '김정은 참수계획'」, 『조선일보』 2017. 10. 10.자.

26) 「북 해킹에 털린 한국군 못 미더웠나… 미, 사이버 사령관 보내 경종」, 『조선일보』 2017. 11. 11.자.

27) KBS 2017. 5. 17.자, 「미군, '휴민트' 독자 가동… 한미 정보 공유는?」.

28) 「김정은 참수작전에 겁났나… 북, 전직 KGB 요원 고용」, 『중앙일보』 2017. 8. 26자.

29) 「2년 앞당겨… 1,000명 '김정은 참수부대' 출범」, 『조선일보』 2017. 12. 2자.

30) Wikipedia, 「참수작전」, 2017. 9. 18. 검색.

31) 유용원, 「발등의 불된 軍 병력감축 태풍」, 『조선일보』 2017. 12. 6자.

32) 국방백서 2014, 273쪽.

33) 김희상, 「북핵 위기에 군 병력 감축하면 웃을 사람은」, 『조선일보』 2018. 2. 5.자.

34) 김일영·조성렬, 2003, 『주한미군』, 한울, 62~67쪽.

35) 김일영·조성렬, 2003, 앞의 책, 129~131쪽.

36) 이춘근, 「민족, 국가, 국가이익」, *Opinion Leaders' Digest,* 자유기업원, 2003. 2. 8.

37) 「서해 앞바다 中 군함」, 『조선일보』 2017. 12. 6.자.

38) 「럼스펠드, 미군 싫어하는 곳엔 주둔 안 할 것」, 『조선일보』 2004. 2. 9.자.

39) "Restructuring the superpower," *The Economist*, June 8, 2004.

40) "U.S. Troops Moving from S. Korea to Iraq," *Washington Post*, May 18, 2004.

41) "U.S. Plans Major Cut of Forces in Korea," *Washington Post*, June 8, 2004.

42) 원래 인계철선이란 폭발물과 연계되어 건드리면 자동으로 폭발하는 가느다란 철선을 말한다. 우리나라에서는 북한의 침공 시 휴전선 인근에 주둔한 주한미군 2사단이 자동적으로 전투에 참가하게 되어 미국의 자동개입을 보장할 수 있다는 측면에서 전방에 배치된 주한미군을 인계철선이라고 불렀다. 그러나 2003년 미 당국은 주한미군을 한강 이남으로 배치시킨다고 밝히면서 인계철선이라는 말을 사용치 않기를 희망하였다.

43) 이춘근, 2004, 「서울 용산 주둔 주한미군 재배치의 전략적 의미」, 자유기업원, 국제이슈 해설.

44) 이춘근, 2002, 「미국의 세계전략을 냉정한 눈으로 바라보자」, *Opinion Leader's Digest*, 자유기업원, 2~3쪽.

45) Morgenthau, Hans J., 1993, *Politics among Nations*, Brief edition revised by Kenneth W. Thompson, McGraw-Hill, p.197.

46) 김태효, 「할 일과 하지 말아야 할 일이 뒤바뀐 안보정책」, 『조선일보』 2017. 10. 16.자.

47) 유용원, 「퍼싱 원칙」, 『조선일보』 2017. 10. 31.자.

48) 김희상, 「지금 전작권 전환은 탈미종중(脫美從中)과 다름없어」, 『세계일보』 2017. 10. 17.자.

49) 김희상, 앞의 기사.

50) Morgenthau, Hans J., 1993, 앞의 책, p.192.

51) 박보균, 「동맹의 묘미를 아는 일본」, 『중앙일보』 2004. 5. 27.자.

52) Morgenthau, Hans J., 1993, 앞의 책, pp.188~193.

53) RAND, 2001, *The United States and Asia*, RAND, p.18.

54) 2010년 중국 총인구는 13억 4,000만 명인데, 이 중 한족의 비율은 91.5%이다 (「위구르족 대 한족」, 『서울신문』 2014. 3. 4.자).

55) Rankin, Mary Backus, 2000, "Social and Political Change in Nineteenth-Century China," in *Historical Perspectives on Contemporary East Asia*, Harvard University Press, p.73.

56) 김일영 · 조성렬, 2003, 앞의 책, 220~222쪽.

57) 미국은 일본의 첨단 신소재 기술을 활용하기 위해 일본에 스텔스기 공동제작을 종용하였다.

58) Blackwill, Robert D. and Paul Dibb, 2000, *America's Asian Alliances*, BCSIA, pp.20~25.

59) Blackwill, Robert D. and Paul Dibb, 2000, 앞의 책, p.33.

60) Dujarric, Robert, 2000, *Korean Unification and After*, Hudson Institute, p.45.

61) Kim, Joong-Keun, 2004, "Anti-American Sentiments in Korea and the US-Korea Alliance," *IFANS Review* Vol.12, July 2004, pp.107~108.

62) 「틀 바뀌는 한미동맹 하」, 『중앙일보』 2004. 6. 1.자.

63) 윤덕민, 2012, 「전환기의 한미동맹」, 『주요 국제 문제 분석(2012-27)』, 국립외교원, 1~3쪽.

64) 배성규, 「'이른바 동맹'이 불러올 한반도 청구서」, 『조선일보』 2018. 2. 19.자.

65) 「사설 : 이제 한미는 보란 듯 다른 길을 가고 있다」, 『조선일보』 2017. 12. 20.자.

66) Treverton, Gregory F., Eric V. Larson and Spencer H. Kim, 2003, "Bridging the Open Water in the U.S. : South Korea Military Alliance," in *Confrontation and Innovation on Korean Peninsula*, Korea Economic Institute, p.42.

67) Wolf, Holger, 1998, "Korean Unification : Lessons from Germany," in *Economic Intergation of the Korean Peninsula*, edited by Marcus Noland, Peterson Institute for International Economics.

68) 이기식, 2016, 『독일통일 25년 후』, 고려대학교 출판문화원.

69) 이춘근, 2010, 「통일비용은 분단비용보다 싸다」, 『이슈와 정책』 2월호, 민생경제연구소.

70) 염돈재, 「염돈재의 통일이야기 : 통일비용 얼마나 들었는가?」, *Daily NK* 2014. 11. 5.자.

71) 통일부, 2015.

72) 전방산업과 후방산업은 전체 생산 흐름에서 산업의 앞뒤에 위치한 업종을 말한다. 이러한 각 산업 간의 상호 의존관계 정도를 전후방 산업 연관효과라고 한다.

73) 15~64세의 생산가능 인구가 줄어드는 현상을 말한다.

74) 「통일로 젊은 한국 만든다」, 『파이낸셜 뉴스』 2016. 1. 19.자.

75) 「북한광물자원 가치 3천200조 원… 중국, 외국인 투자 독식」, 『연합뉴스』 2017. 10. 1.자.

제5장

최종해법

"

이제 우리는 북한 정권을 무너뜨리느냐 아니면 북한 핵무기의 인질이 되어 김정은에게 굴종하며 살아가느냐 하는 기로에 서 있다. 북한 정권이 자체 붕괴한다면 그나마 다행이지만, 마냥 넋 놓고 자체 붕괴를 기다릴 수만은 없다. 북한 정권의 붕괴를 적극적으로 유도하는 용기가 필요하다. 미국은 북한의 핵무장을 와해시키기 위해 군사옵션을 포함한 강경 입장을 지속적으로 천명하고 있다. 미국이 무력행사를 감행한다면 우리는 이에 기꺼이 동참하여야 한다. 미국과의 공조가 없는, 즉 한미동맹을 상실한 대한민국은 핵무기를 보유한 북한에게는 손쉬운 먹잇감이며, 중국에게는 다루기 쉬운 어린아이로 보일 것이다. 북한 정권의 붕괴가 반드시 통일로 가는 길을 열어 주는 것은 아니다. 중국이 도사리고 있기 때문이다. 그러나 북한 정권 붕괴를 통일로 연결시키지 못한다면 북한의 정권 주체만 바뀔 뿐, 분단 상태가 지속되어 한반도는 또 다른 양태의 안보 불안에 처하게 될 것이다. 독일의 통일이 그러했듯이 한반도의 통일도 주변 이해 당사국들의 이해와 동의가 있어야만 가능하다는 것이 냉엄한 현실이다.

"

북한은 2017년 9월 3일 6차 핵실험을 했다. 그것이 북의 주장대로 수소탄이든 아니면 증폭핵분열탄이든 중요하지 않다. 어느 쪽이든 한국이 그 핵무기의 공격을 받게 되면 파괴력은 한국 사회를 혼란에 몰아넣기에 충분하기 때문이다. 6차 핵실험은 인도나 파키스탄의 예처럼 핵보유국으로 진입하는 마지막 단계이고, 곧 북한 핵무기가 실전배치될 수 있음을 의미한다. 이에 대한 대응으로 미국에게는 북한에 대한 선제공격, 중국과의 거래를 통한 한반도 문제 해결, 북한과의 협상 등 몇 가지 옵션이 있겠지만, **우리로서는 오히려 상황이 단순해졌다. 우리 앞에는 북한 핵무장의 인질로 사느냐 아니면 북한 정권을 붕괴시켜 핵무기 위협에서 벗어나느냐 하는 양자택일이 있을 뿐이다.** 우리의 자체 핵무장 또는 미국의 전술핵기 반입도 하나의 옵션이 될 수 있지만, 이는 북한과 공포의 핵 균형을 이루어 북한이 핵무기로 도발하지 못하게 함으로써 대치 상태를 장기화하는 방법일 뿐 최종해법은 아니다. 우리가 핵무기를 가진 북한 정권에 굴종하며 살기 싫다면 북한 정권을 붕괴시키겠다는 각오로 북한이 핵무장한 현실에 임해야 한다. 전 세계가 북한 핵무장을 막기 위해 북한에 고강도 압박을 가하고 있는 마당에 '북한과의 대화를 통하여 평화적인 방법으로……' 등을 운운하는 것은 현실을 외면한 외고집이며 웃음거리일 뿐이다. 무엇보다도 김정은은 우리의 대화 제의를 비아냥거리며 대꾸조차 하지 않고 있다. "더 이상 주관적인 희망으로 현실을 바라본다면 이는 이적(利敵)행위나 다름없다."[1] "김정은이 원하는 바는 무엇일까? 미국까지 도달하는 핵무기를 만듦으로써 유사시 미국의 한반도 개입을 차단하는 것이다. 즉 김정은의 목표는 미국과 전쟁을 하지 않는 것이다. 미국이 한반도에 개입하지 못하게 될 경우 김정은은 대한민국을 어떻게 할까? 항복하겠느냐 혹은 핵폭탄의 공격을 받고 파멸당할 것이냐를 강요할 것이다. ……북한 핵의 궁극적 목표는 북한이 생각하는 평화를 성취하는 것이다. 김일성은 '남조선 정부가 없어지는 것이 진정한 평화'라고 말한 바 있다. 전쟁은 '진정한 평화'라는 고상한 목적을 이룩하기 위해 사용되는 최후의 수단이다. 평화는 전쟁이라는 수단을 써서라도 이룩해야 할 목표이다. 전쟁은 수단이지만 평화는 안보정책의 결과이다. 마이클 하워드는 '전쟁은 필요악이다. 그러나 전쟁이라는 수단을 거부한 자는 자신의 운명이 그렇지 않은 자의 손에 들어가게 되었다는 사실을 알게 될 것'이라고 말했다."[2]

이제 우리는 북한 정권을 무너뜨리느냐 아니면 북한 핵무기의 인질이 되어 김정은에게 굴종하며 살아가느냐 하는 기로에 서 있다. 김정은 정권이 무너지는 방법은 현재로서는 자체 붕괴와 미국의 군사 공격에 의한 붕괴의 두 가지로 상정할 수 있다. **북한 정권이 자체 붕괴한다면 그나마 다행이지만, 마냥 넋 놓고 자체 붕괴를 기다릴 수만**

은 없다. **북한 정권의 붕괴를 적극적으로 유도하는 용기가 필요하다.** 미국은 북한의 핵무장을 와해시키기 위해 강력한 경제제재와 아울러 군사옵션을 포함한 강경 입장을 지속적으로 천명하고 있다. 강도 높은 경제제재는 북한의 자체 붕괴 또는 핵무장 포기를 유도할 수 있다. 북한은 장마당 발달과 시장화 진전에 따라 사실상 '준자본주의'가 되어 가고 있는데, 현재 무역의존도는 50%에 달하고 있으며 대중국 무역의존도는 90%를 상회하고 있다. 이러한 상황에서 이제는 장마당을 유지하기 위해서라도 무역을 할 수밖에 없는데, 2016년 이후 다섯 차례에 걸친 유엔 안보리의 제재와 미국의 독자적 제재는 북한 경제에 심각한 타격을 주기 시작했다. 수출이 급감하자 김정은의 통치자금이 크게 줄어들었고 수출로 돈을 챙겨 온 권력층의 생활이 빠듯해졌다. 김정은이 평창 올림픽을 계기로 대남 평화 공세를 시작한 것은 고강도 경제제재가 실제로 작동하고 있음을 보여 주는 증거이다. 한편 북한 핵무장을 와해시키기 위해 미국이 군사옵션을 선택할 수 있다는 것은 이제는 공공연한 사실이 되어 버렸다. **미국이 무력행사를 감행한다면 우리는 이에 기꺼이 동참하여야 한다.** 미국과의 공조가 없는, 즉 한미동맹을 상실한 대한민국은 핵무기를 보유한 북한에게는 손쉬운 먹잇감이며, 중국에게는 다루기 쉬운 어린아이로 보일 것이기 때문이다.

북한 정권의 붕괴가 반드시 통일로 가는 길을 열어 주는 것은 아니다. 중국이 도사리고 있기 때문이다. 그러나 북한 정권 붕괴를 통일로 연결시키지 못한다면 북한의 정권 주체만 바뀔 뿐, 분단 상태가 지속되어 한반도는 또 다른 양태의 안보 불안에 처하게 될 것이다. 한반도는 제2차 세계대전에서 연합국의 승리로 독립하였고, 곧이어 미국과 소련에 의해 분단되었다. 독일의 통일이 그러했듯이 한반도의 통일도 주변 이해 당사국들의 이해와 동의가 있어야만 가능하다는 것이 냉엄한 현실이다. 헬무트 콜 서독 총리는 소련의 경제적 위기를 적극적으로 이용하여 일사천리로 통일작업을 추진하였고, 조지 H. W. 부시 미국 대통령이 독일 통일에 반대하던 영국, 프랑스를 설득하여 독일 통일이 가능하였다. 한반도 통일은 미국과 중국의 합의가 있어야 가능하다. 분단 주역의 하나였던 러시아는 국력이 쇠약하여 통일에 영향력을 행사할 여지가 별로 없으며, 일본은 미국의 입장을 따를 것이다. 미국은 동북아에서 중국에 대한 우위를 유지하고 북한 핵무장을 와해시키기 위해 동맹국인 한국이 북한을 흡수하는 것을 전제로 한 통일에 적극성을 띨 것이다. 중국은 이제까지 현상유지를 원해 왔지만 북한 정권 붕괴라는 현상 변화 사태가 발생한다면, 자국의 안보이익을 확보하기 위해 강경 입장을 보일 가능성이 크다. 이 경우 **미국도 중국과의 전면적인 갈등을 피하려 할 것이며, 결국 미·중 양국이 한반도의 운명을 놓고 흥정하게 될 가능성이 크다.** 양국이 우리의 미래를 놓고 자기들끼리 타협하는 것은 어쩔 수 없는 현실이지만, 우리는 이 과정에서 우리의 입장을 최대한 반영하여야 한다. 한국전쟁 당시 프린스턴대학 정치학 박사로서 미국을 잘 아는 이승만은 한국군 단독 북진이라는 비현실적 주장과 일방적 반공포로 석방 등 휴전협정을 방해하는 강수를 써 미국으로부터 '한미동맹'과 '경제원조'를 얻어 낼 수 있었다. 북한 정권의 붕괴가 임박하여 미국과 중국이 한반도를 놓고 저울질할 때 대한민국에 헬무트 콜과 같은 현실적 안목과 이승만 정도의 배포가 있는 지도자가 있으면 좋겠다.

북한 정권의 붕괴만이 유일한 해법이다

북한은 실패한 국가다. 현 북한 정권 앞에는 그 정권이 붕괴하느냐의 여부가 아니라 '언제 붕괴할 것인가?'라는 물음표만이 남아 있다. 그 정권이 몇 달 후에 붕괴한다 하여도 전혀 이상할 것이 없다. 북한은 체제 전환 없이 더 이상 지탱할 수가 없는데, 체제 전환을 시도하면 수령유일체제에 균열이 일어나 정권이 붕괴하게 되는 자체적인 모순을 가지고 있기 때문이다. **북한은 소위 악순환의 쳇바퀴에 올라탄 형국이다.** 작금의 국제적 제재는 북한의 고립을 심화시키고 있으며, 북한의 유일한 생명줄인 중국에서도 대북한 지원을 둘러싸고 이견이 표출되고 있어 중국이 장기적으로 지원을 계속할 수 있을지 여부도 미지수이다. 북한 정권이 붕괴될 때에는 엄청난 혼란이 따를 것이며, 그 혼란의 여진은 남한 사회를 뒤흔들 것이다.

이 경우 한반도 통일이라는 문제가 현실로 다가오게 된다. 북한 정권의 붕괴가, 나아가 통일이라는 문제가 대두되는 순간부터 한민족은 길고도 험난한 여정을 떠나야 한다. 가능성은 매우 희박하지만, 만약 북한 정권이 개혁·개방을 추진하여 경제적으로 성공한다면 그 결과는 통일에 이르는 길이 아니라 분단의 장기화에 이르는 길이 될 것이다. 개혁에 따라 새로이 나타난 북한 엘리트들은 자신들이 갖고 있는 기득권을 통일 후 남한의 엘리트와 나눌 이유가 전혀 없기 때문이다. 또한 남한과의 경제적 격차가 줄어들면 남한의 풍요가 그 매력을 상당 부분 잃게 되어 북한 주민들도 통일에 대한 관심이 줄어들 것이다. 그들도 남한의 많은 사람과 마찬가지로 기득권을 잃지 않기 위해 또는 통일 이후의 알지 못하는 미래가 불안하여 현상유지를 선택할 것이다. 시간이 흐르면서 남북 간의 감정적·문화적 유대는 더욱 약해질 것이다. 세계역사를 보면 이와 비슷한 상황이 매우 많다. 중동과 남아메리카의 국가들의 국경은 제국주의 열강의 자의적인 정치적 결정에 의해 획정되었다. 그러나 시간이 흐르면서 국경은 굳어졌고 새로운 국가적 정체성이 나타났다. 한반도에서도 마찬가지일 수 있다. 북한의 성공적인 개혁과 뒤이은 장기적 공존은 통일의 꿈에 치명타가 될 수 있다.[3)]

북핵 문제를 다루는 어떠한 국제협상도 통일에 대한 준비라는 의미를 내포하지 않을 수 없다. 2008년 김정일이 뇌졸중으로 쓰러진 후, 미국과 한국은 북한 정권 붕괴에 어떻게 대처하느냐 하는 문제를 협의하는데 상당한 진전을 이루었다. 그러나 한반도 문제 해결의 핵심국가 중의 하나인 중국은 북한 정권 붕괴를 내용으로 하는 어떠한 대화조차(비밀협의라 하더라도) 하지 않으려 하였고, 이러한 태도는 2011년 12월 김정일 사후에도 마찬가지였다. 중국은 정보가 새어 나가 중국이 북한 정권 붕괴 문제에 공모하였다는 인상을 주는 것을 두려워했을 것이다.[4)] 만약 북한 정권이 붕괴되었을 때 한국·미국·중국 간에 사전협의가 없다면 세 나라는 서로 상대방의 행동에 대해 의심을 품을 수 있고, 그 경우 오판과 분쟁 가능성이 커지게 된다. 하지만 사전 협의를 통해 상대방 관심사항에 대한 이해가 있는 경우 오해와 오판의 가능성이 작아진다.

부시(아들 부시) 행정부 시절 백악관 국가안보회의 아시아국장이었던 빅터 차는 2012년 경 미국 부시 행정부 시절의 국가안보회의 전직 고위관료와 중국 관계자 간의 1.5트랙(반관반민) 대화에 참석하였다. 그는 이 대화가 실질적인 소득은 없었지만 북한 붕괴 문제와 관련 미·중 간 협의의 첫발을 내딛었다는 의미에서는 긍정적이었다고 평가하였다. 오바마 행정부는 미·중 연례전략·경제대화(Annual Strategic and Economic Dialogue)에서 중국 측에 북한 붕괴와 관련한 문제를 협의하자고 강하게 밀어붙였으며, 한국은 이명박 정부와 박근혜 정부 시절에 청와대 주도로 중국과 비공식 채널을 활용하여 이 문제를 협의하였다고 한다. 일련의 접촉에서 나타난 세 나라 관심사항의 우선순위는 중국의 경우 ① 난민 유입, ② 핵 관련 사고, ③ 대기근 재발 시 인도적 지원, ④ 최근 북한 당국과 체결한 광업 등 경제 관련 계약의 이행 문제 등이고, 한국은 ① 북한 주민의 남한으로의 대거 이동, ② 인도적 측면에서의 안정 유지, ③ 한국의 동의 없는 외세의 개입에 대한 우려이고, 미국의 최우선순위는 핵무기와 미사일 기지의 확보 문제였다.[5] 상기와 같이 종전까지 금기시되던 북한 정권 붕괴와 연이은 통일 문제에 대한 협의는 미·중 간에는 2012년 이후 반관반민 차원에서 시작되었다. 최근 북한의 핵무장이 가시화되고 이에 미국의 대응이 강경 일변도로 치닫자 중국은 북한의 장래 문제를 놓고 미국과 정부 차원에서 협의를 시작하였다.

『아사히신문』은 미 정부 관계자들을 인용하여, 도널드 트럼프 미국 대통령과 시진핑 중국 국가주석은 2017년 11월 9일 베이징에서 열린 미·중 정상회담에서 북핵·미사일 개발 정보와 유엔 대북 제재가 북한 경제에 미치는 영향 등에 대한 정보를 공유하기로 합의했으며, 무력충돌이나 북한체제 붕괴 등 유사시 북한 핵을 확보하는 방안과 난민 문제 등도 정보 공유 대상에 포함시켰다고 보도했다. 또한 동지는 미국과 중국이 한반도 유사시에 대비해 북한 문제를 관할하는 양국 군사 담당 부문 간 '핫라인(직통 전화)'을 설치하고, 정보 교류를 위한 정기회의도 열기로 했으며, 조·중 국경지대를 관할하는 선양(瀋陽) 소재 중국군 북부전구(戰區)사령부와 서울 주한미군사령부 사이에 핫라인을 개설하기로 했다고 보도했다.[6] 이에 앞서 댄 포드 미국 합참의장은 2017년 8월 팡펑훼이 중국 연합참모장과 함께 선양(瀋陽) 북부전구 사령부를 방문, "한반도 위기 시 미·중 간의 오판을 방지하기 위해 효과적인 대화 채널을 갖기로 합의"했다.[7] 위 보도가 사실이라면, 북한 문제를 놓고 한국 정부를 배제한 채 미·중 간에 담합하는 '코리아 패싱(영어식 표현으로는 Korea skipping)'은 이미 시작되었다. 한국과 중국 사이에서는 비공식적인 성격이기는 하나 이명박 정부부터 협의를 시작하였다 한다. 한미 간에는 정부차원의 공식협의가 있는지는 확인되지 않았으나, 북한 비상사태와 관련한 한미동맹군의 작전계획이[8] 수립되어 있으며, 한미 합동군사훈련 시 동 작전계획에 입각한 훈련을 이미 실시하고 있다.

북한 정권의 붕괴는 북한 주민에게는 인도적 재난이 될 것이고, 남한 국민에게는 통일의 기회이기는 하나 혼란에 빠져드는 길이 될 것이며, 미국과 중국으로서도 그들이 원하는 현상유지를 지탱할 수 없고 어쩔 수 없이 동북아시아 안보의 패러다임을 새롭게 짜야 하는 상황에 돌입하게 된다. 그렇다면 한국 · 미국 · 중국이 현 시점에서 하여야 할 일은 ① 혼란 시 사태의 악화를 방지하고, ② 인도적 재난을 최소화하면서, ③ 3자에게 큰 불만이 없는 통일의 밑그림을 그리는 것이다.

그러나 통일의 가장 큰 걸림돌은 중국도, 미국도 아닌 대한민국 내에 있다. 즉 현재 남한에서는 통일에 대한 국민적 공감대가 형성되어 있지 않다. 북한 정권의 붕괴가 필연적이라면, 이때 남한 국민과 정부는 통일을 추구할 것인가 아니면 붕괴되어 가는 북한을 방치할 것인가 하는 문제에 봉착할 것이다. 통일을 추구한다면 남한 국민은 엄청난 고통과 희생을 감수하여야 한다. 통일은 막대한 통일비용뿐 아니라 대규모 피난민의 월남과 이들로 인해 발생할 사회 혼란, 북한지역에서 발생 가능한 내전의 남한 내 확산, 중국의 개입 등 남한 전체를 뒤흔드는 충격을 수반할 것이다. **문제는 우리가 통일을 추구하지 않더라도 북한 정권의 붕괴 여파로부터 도피할 수 없다는 데에 있다. 우리에게 주어지는 것은 우리가 피할 수 있는 선택의 문제가 아니라 어쩔 수 없이 엮여 들어가는 숙명적 현실이다.** 붕괴되어 가는 북한을 방치하는 것은 병들어 가는 한반도라는 몸뚱이를 치료하지 않고 방치하여 병을 키우는 것과 같다. 병이 악화되어 가는 북한을 방치하면 머지않아 그 병은 남쪽으로 전이될 것이다. 만약 남한이 그 병을 방치하고 중국이 그 병을 치료한다면 통일은 물 건너가고, 북한지역에는 친중 위성국가가 수립되어 분단은 또 다른 장기 국면에 진입하게 될 것이다. 그 경우 우리 세대는 후손에게 민족의 죄인으로 낙인찍히게 될 것이다. 북한 정권 붕괴를 통일의 기회로 삼고 이를 위해 희생을 감수하여야 하는 것은 역사가 우리 세대에게 부여한 과제인 동시에 기회이다. 따라서 우리는 통일을 위한 국민적 공감대를 형성하면서 역사적 책무를 수행하기 위해 기꺼이 몸을 던져야 한다. 남한 내에서 입으로는 '평화'와 '우리 민족끼리'를 운운하면서도 사실상 북한 주민의 고통을 외면하여 온 반통일 세력들도 위선의 탈을 벗고 통일을 위한 고통과 희생의 대열에 동참하기를 촉구한다.

미국은 북한을 때릴 것인가?

미국은 전쟁으로 나라를 세우고, 넓혀, 세계 최강대국이 된 나라다. 제대로 된 군대도 갖추지 못한 채 당시 세계 최강국인 영국에 대항하여 독립을 쟁취하였고, 이후 240년 동안 주요 전쟁만 셈하여도 12번, 60년 동안 전쟁을 치른 나라다. 미국인은 적어도 한국인보다는 전쟁을 두려워하지 않는다.

왜? 첫째, 미국은 힘이 있기 때문이다. 미국인의 이러한 행동방식에 대해 네오콘 학자 케이건(Robert Kagan)은 산중에서 사나운 곰과 조우한 남자의 대응방식을 비유로 들어 설명하였다. 그 남자가 칼한 자루만을 가졌다면 무모하게 곰을 공격하기보다는 죽은 척하고 누워 곰이 자신을 발견하지 못하기를 기대하는 것이 덜 위험하겠지만, 그가 총을 가졌다면 곰을 사살하는 방법이 훨씬 안전한 선택일 것이라는 설명이다.[9] 둘째, 미국인은 '자신은 옳다(self-righteousness)'라고 믿는 경향이 강하기 때문이다. 미국인은 국제 문제를 처리함에 있어 그 정당성을 국제적 기준에서 찾기보다는 자신들의 원칙에서 찾는다. 아직도 많은 미국인은 벤저민 프랭클린이 말한 "미국의 이상은 모든 인류의 이상이다(America's cause is the cause of all mankind)"라는 신념을 갖고 있다. 그들은 국제 문제에서 자신들이 이중 잣대로 처신하더라도 이는 인류의 발전을 위한 최선의 방법이라고 생각한다.[10] 셋째, 미국인은 자신과 가족의 안위는 스스로 지켜야 한다는 의식이 강하다. 식민지 시대와 서부개척 시대를 거치면서 그들은 총으로 자신과 가족을 지켰다. 현재 미국에서 연간 3만 명 이상이 총기 사고로 목숨을 잃지만 그 규제가 쉽지 않다. 많은 미국인은 총기 소지야말로 자유의 증거라고 생각하기 때문이다. 즉 힘이 있고, 자신의 믿음은 정의라고 생각하고, 가족은 내가 지킨다는 의식을 가진, 총기 문화(gun culture)에 익숙한 미국인들이니 필요하다고 생각하면 전쟁을 주저하지 않는 것이다.

미국의 대북 군사 공격 가능성

트럼프 대통령은 2018년 연두교서(State of the Union)에서 북핵 문제 해결을 위한 외교적 수단에는 일언반구 없이 북한 정권이 인민에 가하고 있는 고통에 초점을 맞추었다. 이는 부시 대통령이 2002년 연두교서에서 이라크를 '악의 축(Axis of Evil)' 중 한 나라로 지목하고 사담 후세인을 악마로 묘사한 후 이라크를 공격하였던 것과 흡사하다. 부시도 2002년 연두교서에서 이라크 문제에 대한 외교적 해법에 대해 전혀 언급하지 않았다. 레이건도 소련을 악의 제국(The Evil Empire)으로 묘사하며 소련을 무너뜨리기 시작했다. 트럼프는 연두교서 연설 현장인 의회에 탈북자 8명과 북한에 억류되었다가 사망한 오토 웜비어(Otto Warmbier)의 가족을 초청하여 이들을 청중에게 직접 소개하였다. 이 중 탈북자 지성호 씨를 영부인 좌석에 앉혔고, 지 씨가 트럼프의 소개를 받고 일어서 목발을 흔들어대자 미국 상원·하원 의원들은 이에 환호하였다. 또한 트럼프는 사흘 후 이들 탈북자 8명을 백악관에 초청하여 북한 인권 문제를 집중 부각하였다. 이는 김정은을 악마로 묘사하여 미국 국민과 세계인에게 대북 군사 공격의 정당성을 인정받으려 하는 정치적 책략으로 볼 수 있다.

2018년 5월 개최 가능성이 있는 미·북 정상회담과 그 이후 미·북 협상에서 미국이 핵무장 포기에 대한 북한의 진정성을 확인하지 못한다면, 미국은 대북 군사 공격에 나설 것이다. 그 공격은 북한 수뇌부와 핵무기 및 미사일 기지를 중점 목표로 하는 제한적 타격이 될 것이며, 전광석화처럼 신속히 이루어질 것이다. 그 시기는 아마도 미국 중간선거 이전(2018. 11)이 될 가능성이 크다. 트럼프로서는 감히 미국을 핵무기로 위협하는 깡패국가를 협상으로든 무력으로든 간에 선거 전까지 굴복시키는 것이 중요하기 때문이다.

미국이 군사 공격을 감행하리라고 보는 이유는 첫째, 미국은 협상으로서는 북한의 핵무장을 막을 수 없다고 결론을 내렸고, 트럼프 대통령은 자기 임기 중 미국 본토가 북한의 핵미사일에 노출되는 사태를 결코 용납하지 않을 것이기 때문이다. 2017년 11월 29일 북한이 사정거리 13,000Km인 화성 15호 대륙간탄도미사일을 발사한 후 트럼프는 "내가 처리하겠다(I will take care of it)"라고 단언하였다. 중국의 협조 없이 해결하겠다는 것은 결국 군사작전을 의미한다. 트럼프 외교 전략의 근저를 분석한 최근 발간된 책에 의하면, 트럼프는 인생을 전투로 보며 명확한 승리 없는 끊임없는 다툼은 결코 ***참을 수 없다***(He looks at life as "combat" : endless struggle with no clear victory is *intolerable*)는 생각을 가지고 있다.[11] 이제 트럼프는 그러한 평소 지론을 구체적 행동으로 옮기고자 할 것이다. 둘째, 미국의 국내 정치적 이유 때문이다. 트럼프 대통령에 대한 미국 국민의 지지율은 2018년 2월 현재 40%대에 머물고 있는데, 이는 역대 대통령의 임기 1년차의 지지율로서는 상당히 낮은 편이다. 트럼프로서는 미국을 위협하는 북한을 응징함으로써 국면 전환을 통해 자신의 정치적 입지를 강화하고자 할 수 있다. 역사적으로 이러한 사례는 비일비재하다. 또한 북한이 첫 번째 대륙간탄도미사일을 발사한 2017년 7월 이후 미국 국민의 대북한 군사 공격에 대한 지지율이 줄곧 과반을 넘는 것도 트럼프에게는 좋은 구실이 될 수 있다. 셋째, 미국의 군사적 · 경제적 이유 때문이다. 미국은 2003년 이라크침공 이후 15년 동안 이렇다 할 전쟁을 하지 않았는데, 그동안 많은 신무기를 개발하였다. 군사적 측면에서 볼 때 요새화되어 있는 북한은 미국의 신무기 시험장으로는 최적이라 할 수 있다. 지난 수개월간 미군 장성들이 간헐적으로 "북한을 공격한다면 상상도 못할 신무기를 보게 될 것"이라고 발언한 점도 이러한 가능성을 시사한 것이다. 또한 미국 군산복합체(軍産複合體)의 막강한 로비력도 간과하여서는 안 될 것이다. 다섯째, 앞에서 기술하였듯이 트럼프는 김정은을 악마로 묘사하면서 미국 국민과 국제사회에서 미국의 대북 군사 공격의 정당성을 인정받기 위한 정치적 수순을 밟기 시작하였다. 상기 이외에도 미국의 대북 선제공격 징후는 다양하게 나타나고 있다. 트럼프는 빅터 차 주한 미국대사 내정자가 대북 군사작전계획의 하나인 소위 '코피(bloody nose) 터트리기 작전'에 반대하고 한미FTA협정 폐기에 부정적이라는 이유로 대사 지명을 철회하였다. 빅터 차는 부시 대통령이 백악관 국가안전보장회의(NSC) 아시아국장과 6자회담 미국 교체수석대표로 발탁하였던 대북 강경파인데, 아그레망까지 받은 대사의 지명을 철회한 것은 트럼프의 결심의 강도를 간접적으로 보여 준 것이다. 트럼프 대통령은 3월 13일 북한에 대해 상대적으로 온건한 입장을 보여 왔던 렉스 틸러슨 국무장관을 해임하고, 후임으로 마이크 폼페이오(Mike Pompeo) 중앙정보국(CIA) 국장을 임명한다고 밝혔다. 폼페이오는 2017년 7월 한 포럼에서 "나는 북한 주민들이 김정은이 사라지는 것을 열렬히 원한다고 확신한다"면서 북한 정권 교체 입장을 표명하는 등 미 행정부 내에서 대표적인 대북 강경파로 알려진 인물이다. 또한 그는 2017년 중앙정보국 내에 북한 핵무기 위협 평가를 전담하는 특별팀 한국임무센터(Korea Mission Center)를 신설한 바 있으며, 북한 비핵화에 대해 회의적인 입장을 밝히면서 군사옵션 가능성을 자주 언급한 대북 강경론자인바, 그의 국무장관 임명은 미·북 정상회담을 앞둔 미국의 대북한 정책방향을 가늠케 하는 일이다.

미국은 북한에 대해 군사적 옵션을 결행할 때 한미연합사체제보다는 미국 단독 또는 유엔군 사령부체제를 활용할 것으로 보인다. 미국은 캐나다와 협조하여 2018년 1월 15~16일 간 밴쿠버에서 한국전쟁 참전국 외교장관 회합을 주최했는데 이 회의에는 한국을 포함, 19개국의 외교장관이 참석하였다. 이 회의에서 틸러슨 미 국무장관은 북한을 무법자로 묘사하였으며, 이 모임이 외교장관회의임에도 매티스 미 국방장관이 참석하여 유엔사 전력제공국들의 결집을 시도하였다. 이는 미국이 걸프전과 이라크전을 치를 때 다국적군을 구성하였던 것과 유사한 패턴이라 할 수 있다. 보다 중요한 징후는 미국이 관련국에 군사 공격 가능성을 이미 통보한 것으로 보인다는 점이다. 마이클 펜스 미 부통령은 "전략적 인내 시기가 끝났다는 간단명료한 메시지를 전달하기 위해 평창에 간다"라고 하였고, **틸러슨 미 국무장관은 2017년 12월 12일 애틀랜틱 카운슬이 주관한 토론회에서 미국이 중국 정부와 북한 급변 사태 관련 논의를 한 사실을 공개했다.** 그는 중국이 북한에서 대규모 난민이 발생할 경우에 대비한 조치를 준비 중이라는 사실을 미국 측에 알렸으며 미국은 유사 시 미군이 휴전선을 넘어 북한에 가더라도 반드시 한국으로 복귀하겠다는 점을 중국 측에 약속했다고 전했다. 그간 양국은 싱크탱크 간의 협의 형식을 빌려 양국 전직 관리 등 민간인 사이의 '트랙 2' 또는 미국 전직 관리와 중국 현직 군사 당국자 사이의 '트랙 1.5' 등에서 비밀리에 이루어져 오던 북한 급변 사태 논의가 당국자 간의 '트랙 1'로 이루어지고 있음을 밝힌 것이다.[12] 이러한 움직임은 2017년 11월 9일 베이징 미·중 정상회담에서 트럼프와 시진핑 사이에서 이루어진 북한의 장래에 관한 논의가 구체화되고 있다는 것을 의미한다. 현재로서 북한 급변 사태가 발생할 가능성은 자체 붕괴 또는 미국의 군사 공격이라는 두 가지로 상정할 수 있는데, 양국 정부 간 대화에서 북한 급변 사태를 논의한 것으로 보아 미국은 대 북한 군사 공격 가능성을 이미 중국 측에 통보하였다고 보아도 무방할 것이다. 또한 중국 외교부 대변인은 2018년 1월 30일 중국은 2017년 9월 유엔 안보리의 대북제재결의 2375호를 이행하는 차원에서 2018년 1월 중 북한 내 자국 기업을 모두 철수하였다고 발표하였다. 이러한 조치는 중국 측 발표대로 안보리 결의 이행 차원이기는 하나 미국의 군사 공격에 대비한 자국민 보호 차원으로 해석될 수도 있다. 대만 『중안통신』은 1월 24일 "한반도 유사시 가장 먼저 투입되는 중국 제78집단군이 최신형 지대공 미사일로 무장했다"고 보도하였으며, 자유아시아방송(RFA)은 2월

2일 "중국이 조·중 국경에 30만 명의 병력을 증강·배치했다"고 주장했다.[13)

한편 일본 『요미우리신문』은 2017년 11월 16일 일본 정부가 북한 난민시설을 규슈에 설치하는 것을 검토 중이라 보도했다. 이는 미국이 대북 군사 공격 가능성을 일본에 통보하여 정부가 급하게 난민시설을 준비 중인 것으로 추측된다. 일본 정부는 한반도 비상사태 시 한국에 체류 중인 일본인 6만 명을 부산으로 대피시킨 뒤 미군 함정과 자위대 함선을 이용하여 규슈로 대피시키는 방안을 검토 중이며, 일본 외무성은 2월 1일 홈페이지에 "한반도 상황이 예측불허인 만큼 한국을 여행하는 사람은 비상시 연락을 받을 수 있도록 긴급 정보 서비스에 등록해 달라"는 글을 띄웠다.[14) 또한 일본은 2018년 1월 22일 도쿄 도심 한복판에서 미사일 대피훈련을 실시하였다. 제2차 세계대전 종전 이후 처음이라고 한다.

트럼프는 북한이 11월 29일 화성 15호 대륙간탄도미사일을 발사한 직후 문재인 대통령에게 전화하였는데, 문 대통령은 다음 날 "(미국의) 북한에 대한 선제타격과 한반도 군사행동은 있을 수 없다"라고 강조하였다. 이는 역설적으로 트럼프가 북한에 대한 군사 공격 가능성을 문 대통령에게 직접 통보한 것이라는 추측을 가능케 한다. 군사 공격 시점은 북한의 핵무장 완성 시점인 2018년 상반기 중이 될 가능성이 컸으나 미·북 정상회담이 성사된다면 늦추어지게 되고, 회담에서 북한의 비핵화에 실패한다면 미국 중간선거가 있는 11월 이전이 될 것이다. 김정은의 속내와 트럼프의 강공 모드를 고려하고, 과거 미·북 회담의 경험에 비추어 볼 때 회담을 통해 비핵화가 이루어지는 것을 기대할 수는 없다. 미국으로서는 평창 동계올림픽으로 연기된 한미 합동군사훈련이 재개되어 미군이 항공모함 전단과 여타 공격용 군사 장비를 자연스럽게 한반도 해역에 진입시킬 수 있는 시점을 기다리고 있을 수 있다.

미국의 선제공격을 받으면 북한은 어떻게 대응할까? 미국은 한미연합사, 좁게는 주한미군을 합류시키지 않고도 얼마든지 북한을 효과적으로 선제공격할 수 있다. 2018년 들어 미국은 엄청난 전략자산을 한반도 인근에 상시 배치하고 있는데 여기에는 괌과 일본에 있는 미 해군, 공군이 포함된다. 미국은 이미 2018년 2월 현재 한반도 인근 해역에 2~3개의 항공모함 전단을, 괌에 B-2 핵전략폭격기 3대와 미국의 핵우산 삼총사 중 하나로 불리는 B-52 6대를 배치하고 있다. 미국의 공격으로 김정은이 제거된다면 북한 정권은 내부 혼란으로 인해 군사적 반격을 감행하기 어려울 것이다. 반격이 있더라도 공격을 받는 시점의 초기 반사적 대응 수준에 불과할 것이다. 김정은이 생존한다면 정권 유지를 위해 상당한 수준의 군사적 반격을 감행할 가능성도 배제할 수 없다. 일단 공격 원점인 한반도 인근 해역에 위치한 미 해군 전단이 북한군의 공격대상이 될 것인데, 이 경우 미군의 대대적 반격을 받아 북한의 공군·미사일군·중화기부대는 거의 궤멸될 것이다. 또한 남한에 대한 공격도 가능할 것인데 핵무기 또는 화생방 무기 등 대량살상무기를 사용한다면 한미연합군의 대대적인 반격을 받아 단기간 내에 북한 정권이 궤멸할 것이다. 장사정포에 의한 공격도 장사정포의 성능이 떨어져 수도권에 큰 피해를 주지 못한 채[15] 한미연합군의 반격을 받아 포병부대가 궤멸할 것이다. 결론적으로 미국의 선제공격은 김정은 제거 여부를 떠나 북한 정권의 붕괴로 이어질 가능성이 크며, 한국 정부도 흔들어 놓을 것이다. 일단 북한이 남한으로 군사 공격을 하게 되면 한국 정부는 불가피하게 계엄령을 선포하게 되고, 정국이 소용돌이치게 될 것이다.

이제 김정은에게 진실의 순간이 다가오고 있다. 김정은은 핵무장을 포기하느냐, 아니면 정권을 포함한 모든 것을 잃어버릴 것이냐 하는 선택의 기로에 서 있다. 미국의 압박으로 궁지에 몰린 김정은은 이제까지 거들떠보지도 않던 남한을 위기 탈출의 돌파구로 삼고자 평창 올림픽을 계기로 평화 공세를 펼쳤다. 그들이 평화 공세로 노린 목표 중 남남갈등 유발은 일단 실패했다. 독재자의 손녀이며 딸이며 동생인 김여정에 대한 국민의 관심은 호기심에 불과하였으며, 북한 예술단과 응원단의 학예회 같은 공연은 세계 최고의 대중문화를 접하고 있는 우리 젊은이들에게는 웃음거리였다. 김영철의 방한은 일반 대중의 분노를 자아내었고 그는 은둔하다가 도망가다시피 하면서 북으로 올라갔다.

또한 현 정부의 대북 저자세 태도에 반대하는 목소리가 20·30세대에서 나오고 있다는 점은 한반도의 미래에 의미심장한 신호이다. 평화공세를 통해 미국의 강경 입장을 완화시키고자 한 김정은의 시도도 실패했다. 미국은 문재인 대통령과 김영철이 만나기 전날인 2월 24일 북한의 해상무역 관련 총 56건의 추가제재를 발표했다. '해상화물 바꿔치기'를 원천봉쇄하기 위한 조치이다. 트럼프 대통령은 "이 제재가 효과가 없으면 제2단계로 가야 할 것"이라고 했다. 그는 "제2단계는 매우 거친 것이 될 수도 있고 전 세계에 매우, 매우 불행할 수도 있다"며 "바라건대 제재가 효과가 있을 것"이라고 강조했다. 대북제재를 총가동했는데도 북한이 핵을 포기하지 않으면 남은 것은 군사옵션밖에 없다고 경고한 최후통첩과 다름없다. 돈줄이 말라 오는 북한에게 '먹고사는 문제'라는 위기가 다가오고 있다. 중국이 종전보다 제재에 적극적으로 참여하면서 장마당경제가 흔들리기 시작한 것이다. 『북한의 대기근(*The Great North Korean Famine*)』의 저자 나시오스는 인간은 굶주림의 기억을 결코 잊지 않으며, 그러한 굶주림이 다시 찾아올 때는 그 고통스러웠던 기억 때문에 결코 가만히 앉아서 죽음을 기다리지는 않는다고 했다. 이제 그러한 순간이 서서히 다가오고 있다. 김정은은 북한사회의 자체 붕괴를 맞이하든가, 핵무장 포기라는 백기를 들고 협상장에 나오든가, 미국의 군사 공격으로 절멸의 길로 접어들든가 하는 기로에 있다. 김정은의 가장 큰 실수는 미국을 오판한 것이다. 그의 오판은 '카우보이 미국은 깡패국가가 자국을 핵무기로 위협하는 것을 결코 좌시하지 않는다'는 점을 간과한 것이다.

남북 정상회담과 미·북 정상회담

　궁지에 몰린 김정은은 남북정상회담과 미·북 정상회담이라는 카드를 펼쳐 들었다. 문재인 대통령의 대북특사로 김정은을 만나고 돌아온 정의용 국가안보실장은 3월 6일 남북정상회담 4월 말 추진을 비롯한 6개항의 합의문을 발표했다. 여기에는 '북에 대한 군사적 위협이 해소되고 북 체제 안전이 보장된다면 북은 핵을 보유할 이유가 없다. 비핵화 문제 협의 및 북·미 관계 정상화를 위해 미국과 대화할 수 있다'는 북측의 입장이 포함되어 있다. 한편 3월 8일 정의용 실장을 접견한 트럼프 대통령은 정 실장이 전달한 김정은의 미·북 정상회담 제의를 즉각 수용하면서 그 시기를 5월까지로 제시하였다.

　미국과 북한의 최고책임자가 전면에 나섬에 따라 이제 북핵 문제는 더 이상 끌 수가 없게 되었다. 김정은의 마지막 카드가 북의 핵무장 포기를 각오한 것인지 아니면 또 다른 거대한 쇼에 불과할 것인지는 수개월 내로 밝혀질 것이다. 백악관은 정 실장의 백악관 기자회견 1시간 후 자체 언론 브리핑을 실시하였다.[16] 백악관은 기자단에게 브리핑 실시자를 '고위 행정부 관계관'으로만 지칭하라고 하였는데 전후 맥락으로 보아 그는 맥마스터 국가안보보좌관으로 짐작된다. 그는 "우리는 북한의 비핵화를 기대하지만 그때까지 모든 제재와 최대한의 압박은 유지될 것이다"라고 전제하면서, 북핵 문제 해결에 대한 트럼프 대통령의 의지를 아래와 같이 설명하였다. "대통령 취임 첫날, 트럼프는 북핵 문제 해결을 위해서는 지난 27년간의 대화를 통한 접근방식의 실수를 반복하지 않을 것임을 명백히 하면서 새로운 방안 모색을 지시하였다. 이에 따라 행정부는 수주일 만에 최대한의 경제 제재에 주안점을 둔 새로운 정책을 수립하여 대통령의 재가를 받았다. 새로운 정책은 미국과 그 동맹국뿐 아니라 전 세계의 모든 자원을 동원하여 북한을 외교적으로 고립시키는 것이다." 또한 그는 과거 행정부에서는 종종 북한을 협상 테이블에 앉히는 대가로 북한에 양보하였으나, 결코 그런 일은 없으며 제재와 최대한의 압박이 유지될 것이라고 강조하였다. 다음 날(3. 9) 사라 샌더스(Sarah Sanders) 백악관 대변인은 "김정은이 비핵화를 지향하는 구체적이고 검증 가능한 행동을 하지 않는다면 트럼프 대통령은 그를 만나지 않을 것"이라고 발표했다. 그녀는 "미·북 정상회담 개최의 '전제조건'을 거론하는 이유는 북한이 몇 가지 중요한 약속을 했기 때문이며 대통령은 북한이 그들의 말(rhetoric)을 구체적 행동으로 실증할 때까지 김정은과의 회담을 갖지 않을 것"이라고 부연하였다. 회담을 실제로 준비하여야 하는 백악관이 트럼프가 정상회담 제안을 수락한 바로 다음 날 일정 수준의 제동을 건 것은 트럼프의 즉흥적 결정에 대한 미국 조야의 비판을 완화하는 한편, 김정은과의 회담 전에 엄포를 통해 협상의 유리한 고지를 점하려는 의도가 있는 것으로 보인다. 나아가 미 행정부는 회담에서 가시적 결과를 기대하기 어렵다고 판단하는 경우 실제로

회담 자체를 취소할 가능성이 있다.

이제 주사위는 던져졌다. 우리는 남북 정상회담과 미 · 북 정상회담을 통해 북한의 비핵화를 이끌어 낼 수 있을 것인가? 역지사지(易地思之)로 우리가 김정은이 되어 보면 대답은 부정적으로 나올 수밖에 없다. 첫째, 김정은은 권력을 잡은 직후인 2012년 헌법 개정을 통해 핵보유국임을 선언하면서 자신이 진정한 영수(領袖)임을 과시하였는데, 이것을 뒤집어야 하는 내부적 어려움이 있다. 실제로 북한 관영매체들은 3월 5일 남북합의 이후 1주일 이상 남북 정상회담과 미 · 북 정상회담에 대해 침묵하고 있으며, 오히려 미국의 2003년 이라크침공을 적시하면서 미국을 비난하였다. 핵 강성대국으로 주민을 회유해 온 북한으로서는 지금까지의 선전과 반대되는 내용을 주민에게 알리기 위해서는 교통정리에 시간이 필요할 것이다. 둘째, 김씨 왕조는 지난 20여 년 동안 있는 돈, 없는 돈을 다 털어 가면서 또한 국제사회의 온갖 제재와 압박에 버텨 오면서 이제 '정의의 보검'을 간신히 손에 쥐게 되었는데, 과연 김정은이 이를 스스로 내려놓을 수 있을까? 본전 생각이 나서 포기하지 못할 것이다. 도박에 찌든 사람이 패가망신하면서도 본전 생각이 나서 도박에서 손을 떼지 못하는 것과 유사한 심리일 것이다. 셋째, 김정은은 핵무기가 없는 북한은 남한과 미국에게는 물론 중국 · 일본 · 러시아 · 유럽에게도 아무것도 아니라는 사실을 누구보다 잘 알고 있을 것이다. 그는 북한에게서 핵 위협을 바탕으로 한 호전성을 뺀다면 북한은 국제적으로 1인당 소득 1,000달러에도 미치지 못하는 최빈국 중 하나로 비추어질 뿐이라는 사실을 알고 있을 것이다. 넷째, 카다피의 최후를 목격한 김정은은 경제제재 해제와 핵무기를 바꾸는 것은 죽음에 이르는 지름길이라고 생각할 것이다.

　김정은에게 비핵화 의지가 없다면 그는 양 정상회담을 어떻게 헤쳐 나가려고 할까? 북한의 대표적인 협상기법인 '용어혼란(用語混亂)' 수법이 다시 등장할 것이다. 협상에서는 "악마는 세부사항에 있다(Devils are in details)"라는 경구(警句)가 자주 회자(膾炙)된다. 이 경구는 북한과 협상하는 사람이 귀담아 들어야 하는 금언(金言)이다. 북한 협상자들은 총론에서는 어렵지 않게 합의하고 각론 협의에 들어가면 온갖 트집을 잡아 최대한 모호한 상태로 어휘와 문맥에 합의하려 한다. 이행 단계에서 자의적(恣意的) 해석이 가능하도록 하는 멍석을 깔아 놓으려는 의도이다. 또한 북한은 이행 단계에서 상식에 벗어난 억지를 부리는 경우도 허다하다. 2012년 미국의 대북 식량 제공과 북한의 미사일 발사 자제를 핵심 내용으로 하는 '2 · 29합의'가 깨진 원인도 북한이 용어로 억지를 부렸기 때문이다. 합의 44일 만에 북한은 광명성-3호를 발사하면서 그것은 '미사일'이 아니라 '인공위성'이라고 우겼고, 미국은 이러한 행동을 합의 파기로 간주하였다. 북한이 한국과 미국에 던진 용어 중 혼선을 유발시킬 수 있는 대표적 어휘가 '비핵화'이다. 국제사회가 공유하는 비핵화 개념은 '핵물질 · 핵무기 · 핵 관련 시설을 완전하고, 검증 가능하며, 불가역적인 방법으로 해체(CVID)'하는 것이다. 그러나 김정은은 비핵화를 운운하면서 '선대의 유훈'이라고 했다. 핵무기 개발의 장본인인 김일성, 김정일의 유훈이 비핵화라는 이 넌센스를 어떻게 해석하여야 하나? 그들이 주장하는 한반도의 비핵화는 '비핵지대화(Nuclear Free Zone)'를 의미한다. 즉 그들의 주장으로는 곾에 있는 미국의 핵무기도 비핵화 논의의 대상이 된다. 3대에 걸친 북한의 주장은 "자위용인 북한의 핵을 거론하기에 앞서 그 원인을 제공한 미국의 핵무기 문제를 먼저 해결해야 하며, 그렇지 않으면 최소한 '국제적 핵감축'의 틀 속에서 양자의 핵 문제를 함께 협상의 대상으로 삼아야 한다"는 것이다. 다시 말하면 북한이 핵보유국임을 인정하라는 것이다. 나아가 북한이 비핵화 조건으로 내세우는 '대북 군사 위협 해소와 체제 안전 보장'은 '주한미군 철수'와 '한미방위조약 폐기'로 연결된다. 북한이 핵 폐기 조건으로 늘 주장하는 미국과의 '평화협정 체결'도 바로 한미동맹의 폐기를 의미하는 것이다. 나아가 북한체제의 보장은 북한 주민의 고통을 외면하는 반인륜적 처사인데, 미국이 북한의 체제를 보장한다면 인권과 민주화를 내세우며 외국의 내정에 간섭하였던 미국은 자가당착의 모순에 빠지게 되어 미국으로서는 체재 보장이 쉽지만은 않을 것이다.

비핵화에 대한 의지가 없으면서도 김정은이 미·북 정상회담이라는 마지막 카드를 내민 배경과 그의 목표는 무엇일까? 작금의 유엔 대북제재와 미국 단독의 대북제재는 과거와는 차원이 다르다. 2017년 연말부터 중국이 국제적인 대북제재에 상당 수준 동참하면서 북한은 생활필수품 부족을 겪고 있다. 배급제가 사실상 붕괴된 마당에 그동안 주민의 삶을 지탱하여 왔던 장마당 경제마저 위협받게 된 것이다. 장마당 경제의 붕괴는 일반 주민뿐 아니라 장마당에서 뇌물을 받아 생활하는 당·군 간부들의 생존 자체를 위협하고 있다. 이와 함께 미국의 대북 군사 공격 압박은 김정은과 그 추종자인 북한 엘리트 계층을 집단공포로 몰아넣고 있다. 이러한 압박 속에서 김정은은 어쩔 수 없이 평화 공세로 전환하면서 미·북 정상회담을 추진하고, 그 징검다리로 남북 정상회담을 이용하려 한 것이 그가 마지막 카드를 내민 배경이다. 이러한 상황 아래에서도 김정은의 최종목표는 여전히 적화

통일이다. 그는 이제 남한과는 군사적으로나 경제적으로나 경쟁이 안
된다는 사실을 잘 알고 있다. 김정은은 '**경쟁하면 진다. 그러나 먹어
버리면 된다**'라고 생각할 것이다. 김정은에게 남한을 적화통일하는
것이 이제는 유일한 살 길이 되어 버렸다. 그의 시나리오에는 황장엽
이 말하던 '갓끈 전술'이 녹아들어 있을 것이다. 즉 남한은 미국이라
는 갓으로 머리를 보호받고 있는데, 남한과 미국을 연결하는 갓끈(한
미동맹)을 끊어 버리면 갓이 날아가 버린 민머리 남한은 북한이 요리
하기 쉬운 존재가 되어 버린다는 것이다. 여기에 '벼랑 끝 전술'과 함
께 북한의 대표적인 협상기법인 '연합전선'과 '적진 분열과 지배'라
는 작전이 등장한다. 양 정상회담을 통해 한국과 미국의 여론을 흔들
어 ① 한미관계를 이간하고 이완시킴으로써 미국의 대한 안보공약을
약화시키고, ② 한국 내 종북 세력의 신장을 부추김으로써 대한민국
체제의 용공화(容共化) 내지 연공화(聯共化)를 촉진시켜 적화통일의
중간 단계인 '남조선혁명'에 유리한 상황을 조성한다는 것이다. '연합
전선' 전술에서 전형적으로 등장하는 소위 '간조기(干潮期)' 전술[17]의
한 전형이다.[18]

　이러한 상황 아래에서 우리 정부의 대북정책에 우려를 가질 수밖
에 없다. 안보를 위협할 수 있는 아주 적은 가능성에 대해서도 조심
스럽게 대처하여야 하는 것이 정상적인 정부의 태도일진대 우리 정
부는 북한의 의도를 간파하고 대처하려고 노력하기보다는 그들이 하
는 말을 곧이곧대로, 또는 우리 정부가 믿고 싶은 대로 해석하는 우
를 범하고 있으며, 나아가 국민이 그렇게 믿도록 유도하려고 안간힘
을 쓰고 있다. 더욱 우려되는 점은 우리 정부가 북한과 미국 간의 메
신저 역할을 하는 과정에서 향후 일이 잘못되면 그 책임을 뒤집어쓸

만한 꼬투리를 이미 남겼고 앞으로도 꼬투리 잡힐 일이 있을 수 있다는 사실이다. 첫째, 김정은은 미·북 정상회담 희망을 한국을 통해서면이 아닌 구두로 미국에 전달하였다. 트럼프 앞 친서 작성을 의도적으로 회피한 것이다. 북한이 미국과의 협상 과정에서 정의용 실장이 미국 측에 전달한 내용을 자의적으로 부정(否定)·조작할 수 있는 여지를 남긴 것이다. 둘째, 정 실장은 평양에서 귀국 후 6개항의 합의 내용을 발표하면서 '북에 대한 군사적 위협이 해소되고 북 체제 안전이 보장된다면'이라는 북측의 비핵화 전제조건을 언급하였는데, 그의 백악관에서의 언론 발표에는 앞으로 미·북 협상의 핵심이 될 그 전제조건이 빠져 있다. 이는 협상 경과에 따라 미 측, 북 측 또는 양측으로부터 책임 추궁을 당할 여지를 남겨 둔 것이다. 셋째, 트럼프는 정 실장 접견 직후 백악관 기자실을 방문, 출입기자들에게 "곧 한국대표로부터 중대발표가 있을 것"이라고 친절하게 안내하였다. 한국 언론은 트럼프의 이러한 제스처는 취임 이래 처음 있는 일이라고 우쭐대며 보도했다. 동 기자회견에는 트럼프의 정 실장 접견 시 배석하였던 미국 측 관계관이 전혀 동석하지 않았다. 향후 일이 잘못되면 그 책임을 완전히 한국 측에 전가하려는 미국 측의 의도된 행동으로 보인다. 상기 예는 빙산의 일각에 불과한 것이고, 향후 남북 정상회담을 거쳐 미·북 정상회담으로 가는 과정에서 북한과 미국으로부터 우리에게 수많은 또한 중대한 책임전가가 있을 수 있다.

김정은이 핵무장을 포기하는 경우는 딱 하나뿐이다. 핵무기를 포기하지 않으면 체제는 물론이거니와 자신의 생명마저 위협받는 경우이다. 김정은은 작금의 강력한 대북제재가 계속되면 체재가 붕괴되고, 미국이 군사행동에 나서면 자신의 생명을 보장할 수 없다는 사실을 이미 알고 있기 때문에 평화 공세에 나섰다. 위기(危機)는 위험(危險)과 기회(機會)의 복합어이다. 지금은 심각한 위기 상황이지만 동시에 북핵 문제를 해결할 수 있는 절호의 기회이기도 하다. 이때 우리 정부가 과거 햇볕정책을 추진하던 정부의 전철을 밟아 가며 김정은에게 숨통을 열어 주면 안 된다. 그것은 북한 핵무장 완성의 길을 터주는 길이고, 결과적으로 한국 국민이 핵무장한 김정은의 노예 상태로 살게 되는 길이다. 우리 정부가 '안전한 대한민국'을 국민에게 선사하기를 진실로 원한다면, 김정은이 핵 포기의 백기를 들고 나올 때까지 미국과의 공조하에 김정은의 숨통을 죄는 길만이 유일한 방법임을 인정하고 이를 실천에 옮겨야 한다.

북한지역 수복작전

　김정은 정권이 무슨 이유에서든 자체 붕괴한다면 즉각적으로 북한 내부에서 심각한 사태가 벌어질 것이다. 즉 권력 상층부(무력을 가진 군부 또는 군부와 당의 결탁체)에서 권력투쟁이 일어나 내란 상태에 진입하게 되는데, 식량·에너지·의약품 등 기초 생활필수품의 공급이 제대로 이루어지지 않아 어떤 파벌도 우위를 점하기 어려울 것이다. 상대적으로 정치적 안정을 이루었던 1990년대 중반에도 200만 명 이상을 죽음에 몰아넣은 대기근이 발생하였는데, 정권 붕괴라는 비상사태하에서는 식량의 매점매석 등으로 심각한 식량 부족현상이 일어나 즉각 인도주의적 재난이 발생할 것이다. 정치적 공백 상태에서 무력을 갖고 있는 군부와 공안기관이 인민을 수탈하고 인도에 어긋나는 만행을 저지르면서 수십만, 수백만 명의 인민은 조·중 국경, 심지어는 지뢰밭인 휴전선을 넘어 중국과 남한으로 밀려들어 오게 되는 상황이 벌어지게 된다. 이때 중국과 한미동맹은 치안유지를 내세우며 북한 영토 내로 군을 진입시키게 될 것이다. 분파된 북한 내란 세력들은 각기 처한 상황에 따라, ① 양 외부 세력(중국과 한미동맹) 모두에게 저항, ② 친중 노선 채택, ③ 친한미동맹 노선 채택이라는 세 가지 선택에 놓이게 된다. 이 중 한미동맹에 저항하는 세력이 남한에 대한 무력공격을 자행할 가능성을 배제할 수 없으며, 특히 이들이 핵무기·생화학무기 등 대량살상무기를 사용하거나 특수부대를 남한에 침투시킬 경우, 남한은 전쟁에 준하는 혼란을 겪게 된다. 또 다른 가능성은 북한으로 진입한 한미연합군과 중국군이 각각 평양 진입을 서두르게 되고, 이때 한미동맹군과 중국군이 오해 또는 우연한 사고로 충돌하게 되면 사태는 미·중 간의 무력충돌로 확대될 가능성도 있다. 최악의 경우 중국이 북한의 친중 파벌과 협력하여 북한의 전역 또는 일부를 점령하게 되면 한반도의 통일은 거품이 되고, 다시 분단이 다시 장기화로 접어들 것이다.[19]

북한 엘리트의 지지 확보

북한 정권이 붕괴되는 과정에서 상대적으로 큰 혼란 없이 북한지역을 수복하기 위해서는 통일에 대한 북한 인민, 특히 지배 엘리트의 지지를 확보하는 것이 매우 중요하다. 북한의 지배 엘리트는 남한 주도의 통일은 그들에게 재앙이 될 것이라고 세뇌당하여 왔고, 북한 정권은 이들의 두려움을 이용하여 정권의 결속을 다져 왔다. 북한 정권이 붕괴에 직면했을 때, 김정은은 내부 혼란을 수습하기 위해 외부에 공동의 적을 만들어 시선을 딴 데로 돌리고자 할 가능성이 있다. 즉 김정은은 남한에 대한 군사공격을 명령할 수 있다. 그러나 이미 통제력을 상실해 가는 북한 정권의 남침 기도는 실패하게 되고, 분파된 세력 간에 식량 등 필요한 물자를 확보하기 위해 경쟁하다가 내전으로 비화될 가능성이 크다. 이때 한미동맹군은 재난에서 인민을 구하고 질서를 회복하기 위해 북한 지역으로 진입하게 된다. 이 경우 북한군 중 일부 파벌이 동맹군에게 무력으로 대응할 가능성이 충분히 있다. 이들의 저항을 완화하기 위한 최선의 방법은 북한군 고위 지휘관들의 마음을 돌리는 것이다. 그러나 고위 지휘관들은 북한 정권에서 특혜를 받아 온 집단이기 때문에 그들은 한미동맹군에 굴복하면 처형당할 것이라는 공포감에 사로잡혀 있을 것이다. 또한 한미동맹군이 선처를 약속하여도 그들은 그 약속을 믿지 않을 것이다. 따라서 북한 정권이 붕괴의 조짐을 보이기 훨씬 이전부터, 즉 지금부터라도 한국 정부와 미국 정부는 북한 엘리트와 주민들에게 통일은 그들에게 새로운 기회를 제공한다는 생각을 심어 주어야 한다. 즉 북한 엘리트들이 통일 후에도 그들 자신과 가족들은 안전하며, 상황에 따라서는 혜택을 받을 수도 있다는 희망을 갖게 하는 것이 중요하다. 여기에서 엘리트라 함은 현재 북한 사회에서 영향력을 행사할 수 있는 자를 말한다. 이들은 대부분 북한 성분제도의 핵심계급에 속하며 또한 노동당원이다. 핵심계급은 김씨 왕조에 대해 얼마나 충성하였는가 하는 정치적 신뢰도에 따라 결정되는데 북한 전체인구의 약 25% 정도로 추정된다. 노동당원 수는 탈북민들의 증언에 의하면 대략 400만 명은 넘는 것으로 추산된다. 이들 중에서도 군 간부와 노동당 및 정부기관에서 일정 수준의 권력을 행사하는 자들과 최근 등장하기 시작한 재력가들을 엘리트라고 할 수 있다. 128만 명의 북한 군인 중 장군의 숫자가 1,200명 정도임을 감안할 때 통일 과정에 영향력을 발휘할 수 있는 엘리트의 규모는 적게 잡으면 수천 명, 많이 잡아도 수만 명 이하(그들의 가족까지 포함하여도 전체 인구의 1% 이하)로 추산할 수 있다. 신흥 재력가들은 권력기관의 엘리트들이거나 그들과 결탁한 자들이다. 종래 북한에서는 권력을 가진 자가 엘리트였지만 최근의 엘리트들은 권력과 부를 동시에 가지고 있다. 이들은 김씨 왕조를 옹위하는 근간에 해당되는 부류이고 일반 주민들을 박해하고 착취하는 계층이므로, 남한 주도의 통일이 되면 자신들은 처벌을 받을 것이라는 두려움을 갖고 있을 것이다. 이들은 요행히 처벌은 면하더라도 자신들이 가지고 있는 기득권, 즉 권력과 부를 다 빼앗길 것이라고 생각할 것이다. 또한 탈북민들에 의하면 남한에 와서 그들이 가장 아쉬운 것은 그들이 북에서 누렸던 사회적 지위를 상실한 것이라 한다. 북한 엘리트들이 남한 주도 통일의 저항 세력으로 남는다면 통일 과정에서의 혼란은 불가피하다. 북한 엘리트들이 반통일 저항 세력이 되지 않게 하려면 남한 주도로 통일되더라도 무엇보다도 그들과 그들 가족의 안전과 함께 현재 북한에서 누리고 있는 기득권, 즉 부와 사회적 지위가 어느 정도 보장받을 수 있다는 믿음을 갖게 하는 것이 중요하다.[20] 통일한국 정부는 질서회복과 새로운 국가건설을 위해 북한 지배 엘리트의 과거 행적을 면밀히 조사하여야 한다. 그러나 과거 죄상에 따라 이들을 엄격히 처벌할 것이냐 하는 문제는 별개의 사안이다. 어느 수준에서 처벌과 포용 사이의 경계를 정할 것인가 하는 문제는 통일한국 정부가 직면하게 될 딜레마이다. 이 엘리트들에게 박해를 받던 다수의 북한 주민과 정의 구현을 주장하는 일부 남한 국민의 요구에 따른 엄격한 법적용 원칙과 통일 과정에서의 혼란 방지라는 현실적인 필요성이 충돌할 것이기 때문이다. 이 경계를 정하기 위해서는 사전에 대사면(grand amnesty) 계획을 수립하여야 한다. 가칭

'과도기사법제도위원회(committee for the transitional justice system)'를 설립하여 대사면 문제를 전담케 하는 것이 방법이다.21) 이 위원회 설립을 위한 논의는 지금부터 시작하는 것이 좋으며 그 설립시기도 빠를수록 좋다. 이 위원회는 가급적 공무원을 배제하거나 극소수로 하고 민간 법률 전문가 주축으로 구성하되 일정 수준의 탈북민을 포함할 것을 제안한다. 정부 관리가 주축이 되면 현행법에 얽매여 상상력 있는 논의에 제약을 가져올 수 있기 때문이다. 예를 들어 현재 "법무부에는 통일담당과가 있고 대법원에도 이와 비슷한 게 있는데, 북한 땅문서를 갖고 피난 와 남한에 정착한 사람들의 땅은 어떻게 찾아 주느냐, 주로 이런 논의만 한다."22) 또한 이 위원회에 탈북민을 포함시켜야 하는 이유는 이들이 누구보다도 북한 사회의 현실을 잘 알고 있기 때문이다. 이들이 빠지면 북한의 현실을 모르는 우리 법률전문가들이 북한의 현실은 도외시한 채 남한의 법체계와 법 이론에 근거하여 사면의 기준을 정하게 되어 논의가 탁상공론으로 흐를 가능성이 있기 때문이다. 이 위원회에서는 북한 정권 통치하에서 저질러졌던 뇌물수수, 경제 관련 범죄, 경미한 범죄에 대해서는 과감히 사면하고, 인권유린 등 '인도에 반한 죄(crimes against the humanity)'에 대해서는 그 책임을 묻는 방향으로 결론을 내어야 할 것이다. 대사면이 필요한 또 다른 현실적인 이유는 북한 수복 과정과 그 이후 일정 기간 동안 수복지역을 행정적으로 관리하는 데에 현 북한 관리들의 도움이 절대적으로 필요하다는 점이다. 북한의 현실을 전혀 모르는 남한의 관리가 지방 관청까지 다스리게 되면 북한 주민들이 이들을 점령군으로 생각하여 반발하게 될 것이기 때문이다. 또한 북한 관리를 대거 해임하면 실업자를 양산하는 결과를 초래하여 수복지역 안정화에도 역행하게 될 것이다. 나아가 동 위원회는 숙의 끝에 나온 결정 사항들을 언론에 공개하여야 한다. 대사면이 불가피한 이유를 설명하면서 사면에 포함되는 범죄와 포함되지 않는 범죄를 구분하여 발표하여야 한다. 이러한 공개적 선언은 어떠한 경로를 통하든지 반드시 북한으로 유입될 것이다. 이 경우 북한 엘리트 중 상당수는 통일이 되더라도 자신들은 처벌을 받지 않으며, 나아가 현재의 사회적 지위를 유지할 수 있다는 희망을 갖게 되어 통일 지지 세력으로 전환할 수 있을 것이다. 또한 일반 주민을 박해하여 온 관리들에게는 경각심을 주게 되어 이들의 일반 주민에 대한 인권유린과 반인도적 범죄행위가 감소하는 부수효과를 가져올 수도 있을 것이다.

군대 해산

한미동맹군이 북한지역으로 진입하면 신속하게 북한군의 무장해제 및 동원해제, 대량살상무기 제거작업에 들어갈 것이다. 북한군은 핵무기뿐 아니라 2,500~5,000톤에 달하는 화학무기와 탄저병, 천연두, 콜레라를 감염시킬 생물학무기를 보유하고 있다.[23] 또한 북한은 1만 1,000~1만 4,000개소의 지하 군사시설을 갖추고 있는데 대량살상무기는 대부분 이 지하시설에 은닉되어 있다.[24] 그러나 한국군과 주한미군은 지하시설 상당수의 위치를 파악하지 못하고 있어 대량살상무기 제거작업에는 북한군의 협조가 필수적이다.

한미동맹군이 질서 회복을 위하여 북한 영역으로 진입하면서 가장 먼저 하여야 할 일은 인도적 구호작전이다. 북한지역 진입 과정에서 인도적 재난이 발생하면 수복지역 내에서 대혼란이 발생하여 통일 과정 전체를 어렵게 만들기 때문이다. 이때 북한군과 공안기관의 협조가 없다면 구호작전의 목표 달성이 어려워진다. 북한군이 한미동맹군의 구호 활동에 협조한다면 다행이겠으나 저항한다면 이를 제압·평정하여야 하는데 이를 위해서는 압도적인 군사력이 필요하다. 북한군은 정권 붕괴와 그 후속 여파로 인해 심리적·물리적으로 이미 피폐해졌을 가능성이 크다. 그러한 북한군이 한미동맹군의 압도적인 무력을 인식한다면 정면충돌을 피하고자 할 것이다. 그러나 한미동맹군은 북한지역에서 질서 회복 및 유지, 인도적 구호, 선무(宣撫) 활동을 수행할 지상군 병력이 부족하다는 문제를 가지고 있다. 북한 긴급사태 시 미국 본토로부터의 신속한 지상군 파견을 기대하기 어렵다. 그 시점에서 미국의 여론이 지상군 파병에 우호적일지도 불투명할 뿐 아니라, 급작스러운 북한 정권 붕괴로 인해 미국 본토로부터 한반도로 지상군을 이동시킬 시간이 부족하기 때문이다. 걸프전에서 보았듯이 지상군 파병에는 수개월의 준비기간이 필요하다. 따라서 북한지역 수복과 연이은 질서유지작전은 한국의 육군과 해병대, 주한미군(현재 2만 8,500명)의 육군 병력으로만 수행하여야 한다. 미국 랜드 연구소의 보고서에 의하면 동 작전에는 지상군 약 50만 명이 필요한데, 이는 현재 한국 지상군 규모 전체와 비슷한 수준이지만 한국의 지상군 규모는 점차 축소될 예정이다. 문재인 정부의 국정운영 5개년 계획에 의하면 현재 63만 3,000 명인 국군을 2022년까지 50만 명으로, 현재 육군과 해병대를 합하여 52만 7,000 명인 지상군을 40만 명 이하로 줄이겠다고 하는데,[25] 이 경우 북한 급변 사태 시 우리의 힘만으로 효과적인 북한 수복작전을 수행하기 어렵다. 반면 북한은

2014년 10월 현재 102만 명이던 육군을 2년 동안 8만 명 증원하여 2016년 12월 현재 육군 110만 명, 총병력 128만여 명이다.[26] 중국군은 7개 군구로 편제되었는데, 이 중 북한 사태 급변 시 신속 동원이 가능한 선양(瀋陽)군구의 지상군은 30만 명, 베이징군구의 지상군은 35만 명, 도합 65만 명이다.[27]

북한군의 저항을 완화하는 방법은 단기적으로는 무력투쟁의 단계적 축소(deescalation), 중기적으로는 군을 무장해제시키는 것인데, 먼저 단기적 처방에 대한 유용한 접근법은 아래와 같다.[28]

무력 사용 중지에 대한 보상 약속

무력 사용을 안하겠다고 약속하는 북한군 파벌에 대해서는 식량, 금전, 사면 등 그들이 원하는 바를 제공하겠다고 약속하는 것이다. 이러한 유인은 한미동맹군에 부담이 될 수 있으나, 무력충돌의 장기화에 따른 비용을 고려하면 오히려 경제적이고 효과적인 방법일 것이다.

경계선 획정

무력충돌이 격화되는 것을 방지하기 위해 북한군 파벌과 한미동맹군 사이에 단기간만이라도 유효한 경계선을 획정한다. 중국군이 개입하였을 경우, 의도치 않은 충돌을 미연에 방지하기 위해 중국군과 한미동맹군 간에 단기간 동안 활동 경계선을 획정할 수도 있다.

군사적 압박과 위협

보상 약속에도 불구하고 무력 사용 중지 요구에 따르지 않는 북한군 파벌에 대해서는 군사적 공격, 특히 지도부에 대한 집중 타격으로 압박하여 항복을 받아 내는 수밖에 없다. 특히 요구를 거부하는 지휘관은 종전 후 반드시 처벌을 받게 된다는 사실을 사전에 명시적으로 경고하고 실제로 이를 시행하여야 한다.

대량살상무기의 신속한 제거

대량살상무기는 한미동맹군뿐 아니라 남한 국민에게도 치명적 위협이 되므로 군사작전의 최우선순위를 동 무기를 확보하는 데 초점을 맞추어야 한다.

저항 세력의 전투 능력 분쇄

이는 한미동맹군이 저항 세력과 전투를 벌여 적을 궤멸시키는 최후의 수단이다. 이 방법은 한미동맹군의 희생이 따르고 무력충돌이 격화될 위험성을 내포하고 있지만 저항을 조기에 진압하지 못하고 전투가 장기화되면 피해는 더욱 커질 것이다. 중국군이 조·중 국경을 넘어 북한 비상사태에 개입하여도 상기와 유사한 상황을 겪게 될 것이다. 그러므로 한미동맹군은 중국군과 협조하여 여사한 상황에 공동대처하여야 하는데, 이는 중국과의 직접적 충돌을 예방하는 부수적 효과도 있다. 또한 한미동맹군은 북한군 파벌에게 약속한 사항은 반드시 지켜야 한다. 다른 군 파벌들이 결과를 지켜보고 있기 때문에 보상에 대한 약속뿐 아니라 처벌에 대한 약속도 반드시 지켜야 한다.

위의 단기적 처방으로 북한군의 적대행위를 어느 정도 와해시킨 후에는 수복지역의 안정적 관리를 위해 무장해제, 동원해제, 안정화라는 **중·장기적 조치**가 필요하다.

무장해제

군대의 무기, 탄약을 통제하고, 처분하는 것을 의미한다.

동원해제

현역 군인을 해산하는 것을 의미하는데, 1차적으로는 이들을 캠프 등 특정 지역에서 관리하다가 그들이 원만하게 사회에 복귀할 수 있도록 단기적으로 필요한 물질적·금전적 지원을 제공(reinsertion)하는 조치도 동원해제 과정에 포함된다.

안정화

제대 군인이 민간인 신분으로 사회에 복귀하여 원만하게 살아갈 수 있도록 직업과 소득을 마련해 주는 장기적 대책이다.

현역 군인을 무장해제 시켜 집으로 돌려보내기는 쉬우나, 이들이 제대 후 안정적인 삶을 갖지 못한다면 반군에 합류하거나 폭력조직에 가입하는 등 다시 불안 요인으로 작용하여 통일 과정에 걸림돌이 될 것이다. 북한에는 암시장과 연관된 폭력조직이 이미 존재하고 있으며, 군인 중 상당수가 암시장 활동에 연관되어 있는 것으로 알려져 있다. 미국이 이라크전쟁에서 승리하고도 안정된 이라크 정부 구성이라는 당초의 목표 달성에 실패한 것도 제대 군인 문제를 적절히 처리하지 못하여 이들 중 상당수가 반군에 합류한 데에도 원인이 있다. 북한의 경우 제대 군인 처리 문제는 이라크보다도 훨씬 심각할 것이다. 무엇보다도 북한군의 병력 수가 128만 명에 달하는데 북한의 산업이 피폐하여 이들에게 적절한 직업을 마련해 주는 것이 어렵기 때문이다. 따라서 이들 중 일부는 한국군에서 계속 복무케 하는 것도 고려하여야 한다. 독일의 경우 통일 후 동독 군인 중 일부를 독일군에 합류시키고 점차로 그 수를 축소해 나갔는데, 3년 후에는 구 동독군의 2% 정도가 통일 독일군에 잔류하였다 한다. 북한의 경우, 한국군으로 통합된 병력은 ① 북한군 무기체계의 운용과 정비, ② 은닉된 북한의 군사장비 특히 대량살상무기의 수색과 처분, ③ 평정되지 않은 반군 처리 문제에 대한 협조 등 활용할 분야가 많다. 따라서 가급적 많은 수의 북한군을 한국군에 편입시켜 한미동맹군의 엄격한 통제하에서 상기 임무를 수행케 하여야 할 것이다.[29] 한국 지상군의 수가 머지않아 50만 명 이하로 감축되어 북한 수복작전에 소요될 병력이 태부족인 현실을 감안할 때, 북한 수복작전에 이들을 활용할 현실적인 필요성도 있다. 한편 북한군 중 상대적으로 사회 적응이 용이한 고학력자나 전문 기술이 있는 자들은 적절한 직업 알선을 통해 조기에 사회에 복귀시킨다. 나머지 인력 중 상당수는 적정한 보수를 주면서 북한 재건 사업에 활용하여야 한다. 북한의 사회간접자본은 한국 기준으로는 합격점을 받을 만한 시설이 거의 없기 때문에 완전히 새로 건설하여야 한다.[30] 동 건설 사업에 10여 년 이상이 소요될 것이므로 많은 제대 군인의 직업을 북한 인프라 건설 사업에서 창출하여야 할 것이다. 문제는 이러한 사업에 소요되는 자금을 어떻게 충당할 것인가에 있다. 인프라 건설의 경우는 일부 국제사회의 도움을 받을 수 있겠지만, 나머지 직업 종사자의 급여 중 상당 부분은 통일비용으로 생각하고 한국 정부가 책임지는 수밖에 없다.

공안기관 해체

북한은 경찰국가이기 때문에 국가 공안기관의 권력이 막강하고 그 규모도 방대하다. 이 공안기관들의 구성원은 정권에 대한 충성심이 군인들보다 더 높고 상당 수준의 화력을 보유하고 있기 때문에 공안기관을 해체하고 무장해제하는 것이 북한 사회를 조속히 안정화시키는 데 긴요하다. 또한 이들은 정치범수용소, 교화소 등을 관리하고 있기 때문에 그들이 저지른 반인륜적 행위를 은폐하기 위해 정치범을 처형할 가능성도 있는바, 공안기관을 조속히 장악하지 않으면 인도적 측면에서의 대참사가 일어날 수도 있다. 북한의 3대 정보·사찰 기관은 국가안전보위성, 인민보안성, 인민군 보위사령부인데 구성원의 수는 각각 5만~9만 명, 21만 명, 1만 명 정도로 추정된다.[31) 이밖에 우리의 검찰청에 해당하는 **검찰소**도 체제유지에 필요한 공안기관의 역할을 하고 있다. 한편 공안기관은 아니지만 김정은체제에 충성하는 조직으로 호위사령부와 정찰총국이 있다. **호위사령부**는 최고 권력자 김정은의 경호를 전담하며 조선인민군과는 별개의 조직이다. 병력은 10만 명 내외로 추정되며, 최고 수준의 화력을 보유하고 있다. 김정일은 2009년 2월 인민무력부 산하에 **정찰총국**을 신설하여 대남·해외공작업무를 전담케 하였다. 이는 과거 당과 군에서 관장하던 대남침투공작 업무를 일원화하여 대남공작업무의 기능과 위상을 강화한 조직이다.

위에서 언급한 공안기관들은 인민군대와 달리 한미동맹군과의 전투에 직접 참가할 가능성은 적지만, 상당 수준의 화력을 보유하고 있고 정권에 대한 충성도가 군대를 능가하기 때문에 한미연합군에 대항하여 게릴라전을 벌이거나 범죄행위를 자행하는 등 사회불안을 조성할 의지와 능력이 있다. 따라서 혼란에 빠진 북한 사회를 조기에 안정화하기 위해서는 이들을 신속히 제압하고 해산하는 것이 긴요하다. 또한 국가안전보위성과 인민보안성은 5개소의 정치범수용소를[32) 관리하고 있는데, 수감자는 10만 명 이상으로 추정된다. 북한의 공안기관 종사자는 대부분 강제연행 및 구금, 고문 등 반인권적 범죄와 뇌물 수수, 암시장 거래 등 일반 범죄로부터 자유로울 수 없다. 이들 기관원의 수는 대략 25만~30만 명 수준이어서 이들을 과거에 저지른 범죄에 따라 엄격히 처벌하는 것이 현실적으로 불가능할 뿐만 아니라, 그렇게 하는 경우 이들이 반군 또는 범죄조직에 합류할 가능성이 높아져 결과적으로 사회불안이 더욱 커질 것이다. 따라서 한국 정부는 이들을 어느 선까지 처벌하고 어느 선에서 사면해 줄 것인가 하는 매우 미묘하고도 힘든 결정을 내려야 한다. 국가안전보위성 요원 중 상당수는 조·중 국경수비대로 근무하고 있는바, 우선 이들에 대해서는 해산되는 군인과 유사한 방법으로 사회에 복귀시키거나 현직에 머무르게 한다. 여타 개별적 또는 소규모 조직에서 임무를 수행하였던 자들에 대해서는 그들의 과거 행적을 조사·평가하여 그 결과에 따라 장래를 결정하여야 한다. 이들 중 범죄혐의가 경미하고 한국 정부에 협조적인 자들은 일단 공직에 머무르게 하여 사회 안정화작업에 활용하여야 한다. 한국군 또는 남한에서 파견된 공무원들은 사회 안정화작업에서 현지 사정과 인맥을 잘 아는 이들의 도움을 받을 수밖에 없기 때문이다.

인도적 지원

북한 정권 붕괴 시 북한 주민의 삶의 현장에서는 현시대 최악의 인도적 참사가 발생할 것이다. 정권 붕괴 과정에서 그나마 명맥을 유지하고 있던 식량 등 생활필수품의 공공배급제가 완전히 붕괴될 것이다. 이는 필연적으로 식량의 은닉, 매점매석 행위를 가져와 대부분의 주민 특히 도시 거주자들은 1990년대 중후반의 대기근 시보다 더 심각한 기아와 질병에 시달리게 될 것이다.[33] 나아가 중앙정부가 기능을 상실하여 북한 각 지역에 주둔하고 있는 군대와 공안기관에 식량을 조달할 수 없어, 그들은 식량 등 생활필수품을 주민으로부터 약탈할 것이 예상된다. 또한 치안 유지가 되지 않는 상황에서 범죄집단의 주민에 대한 약탈도 예상된다. 나아가 군대와 공안기관은 주민 중 외부 세력(한미동맹군 또는 중국군)과 내통할 가능성이 있다고 의심되는 자들을 체포·구금·처형하는 반인권·반인륜 행위를 자행할 가능성도 배제할 수 없다. 한국과 미국 나아가 국제사회는 인도적 지원을 통해 북한 주민을 참사로부터 구해 냄으로써, 이들이 북한 정권에는 반대하지만 주민의 생존권을 보장하고 삶의 질을 높이는 데 진력할 것임을 북한 인민에게 증거로 보여 주어야 한다. 주민의 생존권이 위협 받게 되면 필연적으로 대규모 난민이 발생하게 될 것이다. 북한의 식량 생산지는 대부분 평양 이남지역인데 정권 붕괴 과정에서 철도 운영이 어려워져 평양 이북지역으로의 식량 운반이 불가능하게 되어 이 지역에서는 극심한 식량 부족 현상이 일어날 것이며, 그 결과 수십만, 수백만 명의 난민이 만주로 넘어가는 사태가 발생할 것이다. 1990년대 중반, 전력사정 악화로 전기를 동력으로 하는 북한의 철도가 상당 부분 기능을 상실한 것도 대기근 희생자의 대부분이 함경도와 평안북도에서 발생한 원인 중 하나가 되었다. 대규모 난민이 중국으로 탈주하는 것은 중국이 한반도 사태에 개입하는 명분을 주게 된다. 또한 기근에 시달리는 북한 남쪽 지역의 주민들도 휴전선의 지뢰밭을 뚫고 남한으로 몰려들게 될 것이며, 난민의 휴전선 월경은 필연적으로 남한 사회에 혼란을 가져올 것이다. 즉 북한 정권의 붕괴 상황을 방치하면 대기근과 함께 질병과 전염병이 창궐하게 되고 치안 부재 상황에서 무력을 가진 자에 의한 약탈과 인권유린이 자행되어, 북한 전역은 현시대 최악의 인도적 재난을 겪게 될 것이다.

이러한 사태를 막고 나아가 통일을 이루기 위해 대한민국은 동맹국 미국과 함께 주저 없이 북한지역 수복작전을 전개해야 한다. 이는 선택의 문제가 아니다. 북한 정권 붕괴 상황을 방치하는 경우, 북한지역에서의 인도적 재난은 물론이거니와 중국의 개입으로 북한은 중국의 영향권 아래에 들어가 한반도 분단이 영속화될 가능성이 크기 때문이다. 인도적 지원은 인도주의적 측면에서의 고려 이외에 수복지역의 안정화를 위해서도 매우 중요하다. 한국 정부가 중심이 되어 추진하는 인도적 지원은 주민들에게 한국 정부가 적대적이 아니라는 것을 증거로 보여 줄 수 있을 뿐 아니라 대기근을 겪은 주민들의 마음을 안심시키는 효과가 있어 수복지역의 안정화에 크게 기여할 것이다. 그 경우 북한 주민은 통일은 그들의 삶을 개선시킬 수 있다는 기대를 갖게 되어 통일 과정에 협조하게 될 것이다. 인도적 지원은 즉각적인 구호활동에 이어 중·장기적으로 지속적으로 이루어져야 한다. 주민들을 현재 사는 곳에 머물러 있게 함으로써 대규모의 난민 발생 사태를 방지하고 정권 붕괴에 따른 혼란을 최소화하면서 북한 사회를 조속히 안정화시키기 위해서는 중·장기 차원의 지원이 필수적이다.

　단기 대책은 식량뿐 아니라 에너지, 겨울용 의류 등 생활필수품 공급이 주가 되겠지만 보건·의료 지원에도 역점을 두어야 한다. 대기근 시 기아를 겪는 사람들은 영양결핍으로 면역력이 약화되어 종국적으로 질병에 의해 사망하게 되고, 사회 혼란 속에 전염병이 창궐할 가능성도 크므로 식량지원과 함께 보건·의료 지원에 원조의 우선순위를 두어야 한다. 북한에서 긴급사태가 발생할 조짐을 보이는 경우 한국 정부와 미국 정부는 북한지역에 진입하기에 앞서 인도적 지원에 관한 대책을 긴급히 수립하여야 한다. 또한 중국, 일본 등 관련국과 여타 국제사회에 대하여 북한에 대한 인도적 지원을 호소하여야 할 것이다.

북한의 식량 수요는 연간 500만~550만 톤 수준이므로 하루에 대략 1만 5,000톤의 식량이 필요하다. 북한 내부의 곡물 재고량을 감안할 때 수요의 절반 정도만 긴급 지원한다면 하루에 7,500톤 정도의 곡물을 공급하여야 한다. 한국의 쌀 재고량은 2017년 2월 현재 정부미 233만 톤, 민간 재고미 118만 톤, 합계 약 350만 톤이므로[34] 긴급 지원용 곡물은 충분히 확보하고 있는 셈이다. 문제는 지원물품의 운송과 배분이다. 육로 운송은 북한 저항군에 의해 방해받을 수도 있으므로 일단 해군 함정을 이용하여 주요 항구까지 운반하여 그곳에서 한미동맹 지상군에 인계하여야 할 것이다. 북한의 해군력은 한미동맹군에 필적할 수 없으므로 혼란 초기에 무력충돌이 일어난다면 북한 해군은 수일 내로 완전 궤멸될 것이다. 투항한 지역이라 할지라도 북한 행정력은 믿을 수 없으므로 항구로부터의 육상 운송과 주민에 대한 배분은 우리 지상군이 맡아야 하는데, 북한은 산악지역이 많아 지상군의 소요가 막대할 것으로 예상된다.

인도적 지원의 중·장기 대책은 우선적으로 북한지역을 통치할 수 있는 행정력을 복원하고, 다음으로 북한 경제의 안정화를 통하여 주민의 복리 향상에 초점을 맞추어야 한다. 행정력 복원이 이루어지지 않으면 치안 유지가 불가능하고, 치안 유지가 확보되지 않으면 중·장기적으로 인도적 지원을 할 수 없다. 북한은 중앙집권적 사회이기 때문에 지방 단위에서의 자치 능력을 기대하기 어렵다. 긴급을 요하는 일이 발생하여도 상부로부터의 명확한 지시가 없으면 관리들은 움직이지 않는다. 수복지역의 행정시스템은 상층부는 한국 정부 주도로 구성한다 하더라도 중·하위 관리계층은 기존의 북한 관료와 신행정 조직에 새로 채용한 북한 주민들로 구성하는 것이 바람직하다. 남한 사람들이 중·하위 관리계층까지 맡는 것은 바람직하지 않을뿐더러 가능하지도 않다. 중·하위 관리는 북한 주민들과 직접 접촉하게 되는데, 남한 사람들은 북한 주민들의 사고방식과 행동양식을 이해하기 어렵기 때문에 이들을 통솔, 관리하는 것이 불가능할 뿐만 아니라, 현지 주민들은 이들을 점령군으로 인식하여 반발할 가능성이 있기 때문이다. 북한 사회를 안정시키기 위해서는 경제를 활성화시켜야 하는데 이에는 장기간이 소요된다. 안정화의 중·장기 대책은 주민들 특히 제대 군인들에게 적절한 직업을 마련해 주는 데에 역점을 두어야 하는데, 북한의 산업기반이 열악하여 취업 알선은 매우 어려운 과제이다. 따라서 앞에서 설명하였듯이 제대 군인 중 일부는 한국군에서 계속 복무케 하고, 고학력자나 전문 기술이 있는 자들은 적절한 직업 알선을 통해 조기에 사회에 복귀시킨다. 나머지 제대 군인과 직업이 없는 민간인은 북한 재건 사업에 투입하여야 한다. 건설업은 인력 소요가 많고 산업 연관효과가 큰 업종이므로 대대적인 인프라 건설을 추진하는 것이 직업 창출에 가장 효과적인 방법일 것이다. 북한 재건 사업에는 엄청난 비용이 들어가므로 국제사회에 지원을 호소하여야 할 것인데, 이를 위해서는 미국의 국제사회에서의 영향력을 활용하여야 한다. 국제사회의 지원은 식량 지원 등 일회성 원조보다는 직업훈련, 기술훈련 등 인력개발에 초점을 맞추는 것이 좋을 것인데, 현재 북한과 외교 관계를 맺고 있는 호주·캐나다·뉴질랜드·인도네시아 등이 훈련 제공에 적합한 국가로 보인다.

중국의 개입

　중국은 시진핑 집권 이후 북한의 핵무장보다 북한 정권의 붕괴 방지에 역점을 두고 있는 것으로 보이지만, 북한 정권의 붕괴가 불가피하다고 생각되거나 북한 정권이 자국의 안보이익에 오히려 저해가 된다고 판단되면, 북한 정권의 붕괴를 무리하게 막지는 않을 것이다. 다만 이는 중국이 자국의 안보이익을 지키기 위한 안전장치를 확보한다는 조건 하에서만 가능할 것이다. 중국은 북한 정권이 붕괴될 때 북한 영토에 군대를 진입시키는 등 한반도 문제에 직접적으로 개입할 것이다. 중국이 이제까지 병든 북한을 지원하고 있는 이유는 북한이 한미동맹으로부터 완충지역(buffer zone) 역할을 하고 있다고 생각하기 때문인데, 북한 정권이 붕괴되고 북한 난민이 조·중 국경을 넘는 상황이 되면 결코 이를 방관하지는 않을 것이 확실하다. 실제로 중국은 미국과 접촉 시 북한의 비상사태에 대비하여 중국이 비상대책을 수립하였다고 밝혔는데, 이는 ① 난민구호를 위한 인도적 지원임무, ② 중국 경찰을 활용한 '질서유지(order keeping)' 임무, ③ 핵무기·핵물질 확보 및 핵 오염물질 처리를 위한 '환경통제(environmental control)' 임무에 주안점을 두었다 한다.[35] 중국의 개입은 김정은 정권이 무너지면서 북한 신정권 또는 일부 파벌이 중국에 지원을 요청하는 경우도 있겠지만, 중국은 북한 신정권과 한미동맹의 입장과 무관하게 북한 영토에 군을 파견할 것이다. 조·중 우호협력 및 상호원조 조약은 아직 폐기되지 않았는데, 이 조약 제2조는 상대국이 외부로부터 침략을 당하는 경우 군사개입의 자동성과 즉각성을 명문화하고 있으며, 이는 중국의 한반도 군사개입의 법적 근거로서 여전히 유효

한 조항이다.[36)]

개입 이유

중국이 북한 문제에 개입하고자 하는 근본적인 이유는 중국 국경에 완충국가 또는 완충지역을 설치하여 미국의 영향권과의 직접적인 대치를 방지하고자 하는 데에 있다. 중국이 한국전쟁에 참전한 이유도 거기에 있었다. 한국전쟁 당시 지상군만으로도 미국과 싸워 무승부를 이루었는데, 경제력이 세계 2위이며 군사력이 세계 2~3위를 다투는 현 시점에서 자국의 전략적 이익을 지키기 위해 당연히 북한 문제에 개입할 것이다. 북한 정권의 붕괴로 북한 사회가 혼란에 빠진다면 중국은 국경의 질서 유지와 난민 유입 차단을 이유로 내세우면서 중국군을 압록강 이남으로 진입시킬 것이다. 그 결과 중국이 북한지역 북쪽에 친중 정부를 수립하는 등 북한 지역 일부를 영향권 안에 둔다면, 동해안 항구의 이용이 가능해져 전략적으로 일본·러시아·미국을 견제하는 데 도움이 될 뿐 아니라 경제적인 혜택도 향유할 수 있을 것이다.

중국 개입의 두 번째 이유는 중국의 민족주의가 북한 문제 개입을 부추기는 것이다. 중국 국민은 현재 세계 2대 강국으로 부상한 조국에 대해 자부심을 느끼고 있으며, 다수의 중국인은 내심 주종 관계로 여기는 한반도에 대해 자국이 발언권을 행사하는 것은 당연한 권리라고 생각하고 있다. 중국 정부가 시진핑 집권 이후 공공연히 대국을 지향하는 행보를 취하는 것도 이러한 국민적 정서와 무관하지 않다.

세 번째 이유는 북한 난민의 중국 유입 방지이다. 대규모 북한 난민은 유입지역에 혼란을 불러올 것이 명약관화하다. 생계유지를 위한 이들의 절박한 행태는 동 지역의 치안에 불안 요인으로 작용할 것은 물론이거니와 이들이 저임금을 감수함에 따라 고용시장의 질서를 흔들어 놓을 수 있다. 동북지역은 중국에서 서부지역과 함께 경제적으로 가장 낙후된 지역 중 하나여서 중국 정부는 난민이 지역경제에 부정적 영향을 미칠 것을 우려할 것이다. 나아가 동북지역에 거주하는 약 200만 명에 달하는 재중교포의[37] 존재도 소수민족 문제에 우려를 갖고 있는 중국 정부에게 신경이 쓰이는 부분이다.

네 번째 이유는 경제적 이익, 특히 북한 광물자원의 확보에 있다. 중국은 제조업에 필요한 자원을 확보하기 위해 지난 20여 년간 아프리카, 남미 등 전 세계를 누벼 왔다. 따라서 광물자원이 풍부한 인접국 북한에 눈독을 들이는 것은 너무나 당연하다. 한국광물자원공사에 의하면 북한의 광물자원 매장량의 잠재가치는 3,200조 원으로 남한 광물자원 잠재가치 230조 원의 14배에 달한다.[38] 북한에는 다양한 금속, 비철금속 자원이 상당량 매장되어 있어 그 가치는 숫자로 환산하기 어렵다.

다섯 번째 이유는 북한의 대량살상무기를 신속히 확보하고자 하는 것이다. 예측 불가능한 행동을 할 수 있는 북한의 어느 파벌이 핵무기, 생화학무기 등 대량살상무기를 보유하게 된다면, 이는 중국에게도 안보 위협이 될 수 있다. 또한 북한의 대량살상무기는 상당 부분 중국의 직간접적 도움으로 개발되었을 것으로 추정되는데, 한미동맹군이 이를 먼저 확보하면서 중국 지원의 증거를 찾아낸다면 중국은 국제사회에서 비난을 면하기 어렵다. 따라서 중국은 보다 먼저 대량살상무기를 확보하기 위해 한미동맹군과 경쟁을 벌일 가능성이 있다.

경과

중국군이 북한 지역에 진입하게 되면 한미동맹군과의 충돌을 야기할 수 있고 나아가 한반도 통일을 저해할 수도 있어 한국은 매우 심각한 상황에 봉착하게 될 것이다. 북한 정권 붕괴 시 중국의 개입과 동시에 또는 그 이전, 이후에 한미동맹도 한반도 통일을 염두에 두면서 질서 유지, 난민 관리, 인도적 지원을 내세워 군을 파견하게 될 것이다. 이렇게 되면 북한 지역은 한국군, 미국군, 중국군이 진입·주둔하게 되어 정권 붕괴에 따른 내부 혼란과 함께 외국 군대의 주둔이라는 혼돈의 소용돌이 속에 빠지게 될 것이다. 이러한 사태는 한반도 문제에서 더 나아가 동북아 안보 질서의 재편을 요구하고, 그 재편 과정은 필연적으로 한반도의 통일과 한미동맹, 주한미군의 성격과 임무의 조정에 영향을 주게 될 것이다.

조·중 국경의 북한 측 경비와 수비는 인민군이 아닌 국가안전보위성이 주로 맡고 있어 중국이 압록강 이남으로 군대를 진입시키기로 일단 결정하면 보위성 병력으로는 이를 막기에 역부족이어서 중국군은 매우 신속하게 압록강 이남의 일정 지역을 장악할 수 있다. 반면 한미동맹군이 북한으로 진입하기 위해서는 북한군 정예부대가 배치되어 있는 휴전선을 통과하여야 하는데 북한 정권이 붕괴하는 상황이라 할지라도 휴전선에 배치된 북한군이 한미동맹에 협조하지 않는다면 치열한 전투를 치를 수밖에 없다. 따라서 중국군의 남하 속도는 한미동맹군의 북진 속도보다 훨씬 빠를 수밖에 없다. 중국의 개입 의도가 국경지대의 치안 확보와 난민 유입 방지라면 중국군은 국경 남방 대략 100km 지점(예를 들어 청천강을 경계로 한 지점)에서 남하를 멈추고, 그 경계에서 압록강 사이의 지역을 완충지대로 지정하여 난민캠프 설치 등 치안 확보에 필요한 조치를 취할 수 있다. 그러나 중국의 의도가 북한 전역 또는 평양을 포함한 북한의 상당 지역에 친중 괴뢰 정권을 수립하는 데 있다면 필연적으로 한미동맹과 충돌하게 될 것이다. 특히 평양을 접수하는 측은 향후 전개될 상황에서의 정통성 확보 측면에서 유리한 입장에 서게 되기 때문에 중국군과 한미동맹군은 누가 먼저 평양에 진입하느냐를 놓고 경쟁을 벌이게 될 것이다. 이는 제2차 세계대전 말기 소련군과 미군이 베를린을 선점하기 위해 경쟁을 벌였던 양상과 비슷할 것이다. 2017년 12월 미국 싱크탱크 랜드연구소는 '북한의 도발 보고서'에서 "중국군이 4개 루트로 북한에 진입해 평양 아래까지 장악할 가능성이 있으며 4개 루트는 단둥(丹東)-신의주, 지안(集安)-만포, 쑹장허(松江河)-혜산, 허룽(和龍)-무산 통로"라고 했다. 중국은 일찍부터 이곳의 도로와 철도를 정비해 유사시에 대비해 왔다. 랜드연구소는 "중국이 북한을 접수하면 250Km 대치선에서 한미군과 중국군의 긴장이 최고조에 달할 것"이라며, "이 시나리오는 중국이 실제 검토한 내용으로 안다"라고 밝혔다.[39] 이 경우 남포와 원산을 잇는 선이 경계선이 될 것이다. 한미동맹군이 평양을 선점하기 위해서는 공수부대의 낙하병 투입과 해병대의 상륙작전에 의존하는 수밖에 없는데 상륙작전은 준비에 수개월이 소요되므로 1차적으로 공수부대를 활용하여야 할 것이다.

중국이 한반도 문제에 개입한다면 북한 지역의 북쪽에는 친중 정권이 수립되고, 남쪽은 대한민국의 일부로 흡수되거나 친한 정권이 수립되는 가능성을 상정할 수 있다. 다만 중국이 북한 지역 일부를 자국에 흡수하는 것은 실현 가능성이 거의 없을 것이다. 무엇보다도 북한 인민이 이를 용인하지 않을 것이기 때문이다. 북한 인민은 대부분 중국에 반감을 갖고 있으며, 여기에 인민의 민족주의가 중국의 지배를 용인하지 않을 것이다. 북한은 김일성 이래로 민족주의를 통치 이데올로기의 하나로 이용하여 왔기 때문에 북한 인민의 민족주의에 대한 집착은 남한 사람들보다 훨씬 강한 것으로 보인다. 중국이 국경 지역 일대에 친중 정권을 수립하는 것도 가능성이 없지 않으나 결코 쉬운 일은 아니다. 그 친중 정권은 경제적으로 자립이 불가능하여 장기간 생존이 어려울 것이기 때문이다. 우선 북한의 곡물 생산지역은 대부분 평양 이남지역이기 때문에 그 정권을 유지하려면 중국이 지속적으로 식량을 지원하여야 하는데, 이 경우 중국 인민의 반발이 예상된다. 또한 그 지역을 경제적으로 활성화시키려면 인프라 구축, 산업화 등에 엄청난 비용이 소요되는데, 중국 정부가 경제적으로 낙후된 자국의 변방지역을 방치한 채 북한 일부 지역에 막대한 자금을 투입하는 것도 가능치 않을 것이다. 따라서 중국으로서는 친중 괴뢰 정권 수립을 의도하기보다는 난민의 대량 유입을 방지하기 위해 조·중 국경 이남 대략 100km 지역까지[40] 완충지대를 설치하고 사태의 추이를 관망하게 될 것이라는 예상이 보다 현실적이다.

중국군과 한미동맹군 간에 충돌이 일어난다면 이는 계획적이고 의도적인 전투는 아니고 우연찮은 사고가 원인이 된 단순 충돌일 가능성이 크다. 세 나라 중 어느 쪽도 전투가 전면전으로 비화되는 것을 원하지 않기 때문이다. 이러한 충돌을 방지하기 위해서는 3국이 군대 진입 과정 및 그 전후에 긴밀히 소통하여야 한다. 한미동맹은 지상군 병력이 부족한 상황하에서 북한군 무장해제·군대해산·치안 유지·난민 유입 사태 방지를 위해 현실적으로 중국과 협조하여야 가능성이 큰데, 3국 군대의 우발적 충돌을 방지하기 위해 군대 진입 경계선을 사전에 획정하는 것도 하나의 방법이 될 수 있다. 그러나 이러한 합의는 일정 기간이 경과하여도 중국군이 동 지역에서 철수하지 않을 경우 통일에 걸림돌이 되는 위험을 내포하고 있다. 따라서 북한 급변 사태 시 유엔평화유지군을 초청하는 것도 한 방법이 될 수 있다. 유엔평화유지군은 분쟁지역에서의 치안 유지 및 질서 회복에 경험이 많으므로 실질적인 도움이 될 뿐 아니라 한반도 통일 문제를 아예 국제 이슈화함으로써 미국, 중국 등 주변 열강의 힘을 어느 정도라도 약화시키는 효과가 있을 것이다.

미국과 중국의 대타협

  북한의 핵무기 개발이 중국이 우려하는 동북아시아에서의 핵 도미노 현상을 유발할 수 있음에도 불구하고, 시진핑 정권이 김정은의 목줄을 죄는 행동을 자제하고 있는 것은 북한을 자국 안보의 자산이라고 보는 인식에 바탕을 둔 것이다. 그러나 중국으로서도 역내 안보불안을 야기하고 있는 북한을 언제까지나 감싸고 있을 수만은 없다. 북한이 안보불안 요인으로 남아 있는 채 한반도 분단이 장기화되는 상황은 경제개발과 안정추구라는 중국의 국가 목표 달성에 도움이 되지 않기 때문이다. 오히려 한반도가 통일되어 안정을 이룬다면 중국의 국익에 도움이 될 수도 있다는 관점에서 중국은 한반도 통일 문제를 진지하게 검토할 수도 있다. 그러나 한국 주도의 통일이 자국의 이익을 지키는 데 도움이 될 것인지 여부에 대한 확신이 없는 것이 중국의 딜레마다. 중국은 현상유지정책을 변경할 때 야기될 수 있는 단기적 위험이 매우 클 것으로 예상하여 한반도 분단 상태를 변경할 의사가 없다. 그러나 상황이 변하고 있다. 북한의 핵무장이 가시화됨에 따라 미국이 군사행동도 불사하는 대북한 강경 노선을 천명하자,

중국도 입장을 선회하여 2017년 11월 베이징 미·중 정상회담에서 양국 정상이 북한의 장래에 관해 협의한 것으로 알려졌다. 향후 한반도 문제의 진전에 따라 미·중 양국은 자국 관심사항에 대한 우선순위를 제시하면서 통일 조건에 대한 협상에 들어갈 수 있다. 이 그림에 의하면 한반도의 미래를 협의하는 자리에 대한민국이 없고 북한도 없다. 협상대상이 '한반도 통일'이기 때문에 한국으로서는 반드시 이 교섭에 참여할 수 있도록 전 외교력을 동원하여야겠지만, 미국과 중국이 자기들끼리 비밀협상을 하는 것을 우리가 막을 수 있는 방법은 현실적으로 없다. 우리로서는 협상 과정에서 그들이 대한민국의 입장을 적극적으로 고려하게 만드는 것이 최선이다. 양국 간의 협상에서 두 나라 모두 '그러한 경우에는 한국이 반발할 것인데'라는 생각을 갖게 하여야 한다. 그러려면 우리가 힘을 갖고 있어야 한다. 우리의 힘은 한미동맹에서 나온다. 미국은 한국의 북한 흡수는 북한 핵무장이라는 골칫거리를 일시에 해소해 줄 뿐만 아니라 한반도에 친미 정부가 유지될 가능성이 크므로 '한국의 북한 흡수통일'을 지지할 것이다. 따라서 우리는 한미동맹에 기초하여 미국을 통하여 우리 입장을 반영시켜야 한다. 그러려면 미국이 한국 정부와 한미동맹에 대한 신뢰가 있어야 하는데, 작금의 형국에서는 미국의 한국 정부에 대한 신뢰에 금이 가고 있다. 미국의 한국에 대한 불신을 원망할 수는 없다. 워싱턴을 바꾸려면 서울부터 바뀌어야 한다. 또한 한미동맹이 없는 한국은 중국에게 다루기 쉬운, 과거의 조공국 정도로 보일 것이기 때문에 중국 견제를 위해서도 한미동맹의 유지는 긴요하다.

한편, 통일을 이루려면 우리로서는 미국과의 동맹 강화 못지않게 중국의 이해와 용인을 얻는 것이 긴요하다. 그런데 중국이 한국 주도의 한반도 통일을 용인하게 하기 위해서는 한반도와 관련한 중국의 핵심이익을 보장해 주는 것이 필요하다. 첫째, 중국의 전략적 변경(戰略的 邊境, strategic frontier)으로서의 한국의 역할을 고려하여야 한다. 중국인은 역사적으로나 지리적으로나 중국은 한반도 문제에 관여할 권리를 가지고 있다고 생각하여 왔다. 이러한 중국인의 심리를 이해하는 것은 북한에 대한 중국 정부의 태도를 이해하는 데에도 도움이 될 것이다. 둘째, 미군의 존재가 중국인의 심리적 경계(心理的 境界, psychological boundary)를 훼손하여서는 안 된다. 중국이 수세기 동안 한반도에서의 외세의 간섭에 대항하였던 역사(임진왜란, 청일전쟁, 한국전쟁)가 이러한 중국인의 사고를 보여 준 예이다.[41] 한편 우리 정부는 중국에게 통일한국이 중국에 줄 수 있는 이익이 무엇인지를 구체적으로 제시하여야 한다. 무엇보다도 한반도가 통일됨으로써 중국의 한반도와 관련한 핵심이익인 평화, 안정, 비핵화가 보장될 뿐만 아니라 동북아 전체에서 긴장이 완화된다는 점을 부각시켜야 할 것이다. 다음으로 통일한국은 중국 경제 특히 동북 3성의 개발에 큰 힘이 되리라는 점을 내세워야 한다. 동북 3성은 만주국 시절부터 중공업이 발달하여 중화인민공화국 건국 초기에는 중국 경제에 많이 기여하였으나 석유, 석탄 등 지하자원이 고갈되고 이곳에 자리 잡은 국영기업들이 설비가 노후화되어 적자에 시달리면서 1990년대 이후 중국의 대표적 낙후지역으로 꼽히게 되었다. 중국 정부는 2003년 이후 '동북대개발'을 주요한 국가 시책의 하나로 추진하고 있어 한국 정부가 '통일한국의 동북 대개발 사업 참여'를 제안하면 중국 정부의 관심을 끌게 될 것이다. 이를 위해 한국 정부는 가급적 빠른 기간 내에 통일한국이 동북 3성 개발에 참여하고자 하는 구체적 구상과 사업 계획을 마련하여 중국 측에 제시하는 것이 중요하다. 그러나 통일에 대한 공감대를 이루지 못하고 있는 우리 사회의 현주소와 최근 수십 년간 우리 지도자들이 밟아 온 길을 되돌아보면, 우리 정부는 미·중의 줄다리기에서 우리의 입장을 효과적으로 반영할 만한 역량을 갖춘 것 같지 않다.

　한반도가 남한 주도로 통일되는 것을 중국이 용인 또는 협조하려면 대타협에서 중국의 국익이 확보되어야 한다. 한반도 통일을 목표로 한 협상테이블에 오르게 될 의제는 다양하겠으나 이 중 미국, 중국, 한국이 가장 중요시하는 공통관심사 세 가지만 추려 보면 ① 한미동맹과 주한미군 문제, ② 난민 유입 문제, ③ 핵무기 등 대량살상무기 처리 문제일 것이다.

한미동맹과 주한미군

　한반도 통일에 있어서의 중국의 최대관심사는 미국과의 관계, 특히 한미동맹과 주한미군의 문제일 것이다. 중국은 이제까지 공개적으로 한미동맹을 비난하거나 주한미군 철수를 요구한 적이 없다. 이는 주한미군이 북한 정권의 무력 도발을 막아 주는 유용한 안전판이라고 판단하고 있기 때문일 것이다. 그러나 북한 정권이 붕괴되고 한국에 의한 흡수통일이 임박하였다고 판단될 때에는 중국은 통일을 용인하는 대가로 한미동맹 폐기와 주한미군의 철수를 요구할 것이다. 중국의 입장에서는 북한의 무력 도발에 의한 한반도에서의 혼란 가능성이 사라진 마당에 한미동맹의 존속과 미군의 한반도 주둔은, 결국 중국을 겨냥한 것이 되기 때문에 주한미군 철수를 강하게 주장할 것이며 나아가 한미동맹에도 반대할 것이다. 그러나 미국과 한국으로서는 한미동맹과 주한미군을 계속 유지하는 입장을 견지할 것이다. 여기에서 타협이 필요하다. 결론은 중국의 입장을 한 끝에, 미국과 한국의 입장을 다른 한 끝에 놓고 중간 어디에선가에서 타협점을 찾는 것이다. 양 입장을 현상 유지에서 현상 변화의 순으로 나열하면 다음과 같다.

① 한미동맹 유지, 주한미군의 한반도 전역 주둔
② 한미동맹 유지, 주한미군 현상유지(휴전선 이북 주둔 금지)
③ 한미동맹 유지 및 주한미군 일부 철수
④ 한미동맹 유지 및 주한미군 완전 철수
⑤ 한미동맹 파기 및 주한미군 완전 철수

한미동맹 유지와 주한미군의 한반도 전역 주둔은 중국이, 한미동맹 파기와 주한미군 완전철수는 미국과 한국이 받아들이기 어려운 선택이므로, ②~④안 사이의 어느 선에서 타협점을 찾아야 할 것이다. 이때 고려하여야 할 변수는 미국의 입장이다. 미국 스스로가 한미동맹의 파기와 주한미군의 철수를 원한다면 중국이 원하는 그림대로 결론이 날 것이다. 또한 이는 한국 사회의 일각에서 주장하는 바이기도 하다. 주한미군과 한미동맹은 한국전쟁과 냉전의 산물이다. 냉전 초기 미국이 동아시아에서 지키고자 했던 안보이익의 경계선은 애치슨라인이었고, 한국은 이러한 미국 태평양 방위선의 외곽에 있었다. 한반도가 통일된다면 미국의 태평양 방위선이 다시 애치슨라인으로 돌아갈 수도 있다. 한미방위조약은 한국전쟁 당시 휴전에 반대하는 이승만을 달래기 위해 미국이 고육지책으로 내놓는 카드다. 한국전쟁이 휴전협상에 접어들면서 이승만은 미국으로부터 안보를 보장받기 원했으나 미국은 냉담하였다. 1953년 5월 미국을 방문하였던 백선엽 육군참모총장은 우여곡절 끝에 아이젠하워 대통령을 만난 자리에서 한미방위조약 체결을 요청하였다. 이때 아이젠하워 대통령은 어색한 표정을 지으면서 "상호방위조약은 유럽 국가들과 체결한 선례가 있지만, 아시아 국가에서는 매우 드문 사례(very, very rare case)"라고 말했으나,[42] 미국은 이 요청을 구체적으로 검토하기 시작하여 1953년 10월 1일 양국 간에 동 조약이 체결되었다. 미국의 해외 주둔군 파견의 첫 번째 고려사항은 접수국(host country) 국민의 입장이다. 이미 미군이 주둔하고 있는 나라라도 접수국 국민이 원하지 않으면 미군은 그곳에서 철수할 것이다. 한국도 예외는 아니다. 그러나 통일한국의 입장에서는 한미동맹은 반드시 필요한 것이고, 주한미군도 가급적 유지하는 것이 긴요하다. 통일되더라도 한국은 중국, 일본, 러시아, 미국이라는 세계 강대국들 틈에서 생존을 걱정해야 하는 처지에서 벗어날 수 없기 때문이다. 따라서 한국은 미국이 한미동맹과 주한미군을 포기하지 않도록 지속적으로 미국과의 긴밀한 협력 관계를 유지하여야 하며, 그 바탕 위에서 중국과 교섭하여야 중국에게 의미 있는 교섭상대가 될 수 있을 것이다. 미국이 한미동맹을 폐기할 가능성을 완전히 배제할 수는 없지만 현재의 국제안보 환경하에서 미국도 섣불리 한미동맹과 주한미군을 포기하지는 않을 것이다. 한미동맹은 동아시아에서의 지역패권을 추구하는 중국에 대한 견제 역할을 하고 있을 뿐 아니라, 한미동맹의 폐기는 여타 미국의 동맹국으로부터 신뢰를 상실하여 세계 경찰국가로서의 미국의 국제적 위상에 큰 손상을 가져오기 때문이다.

미국의 동맹유지 입장에 변화가 없다면, 중국의 입장을 감안하면서도 통일한국이 주장하여야 할 최저 양보선은 어디쯤 될까? 나의 의견은 **한미동맹을 유지하면서, 주한미군의 지상군은 철수하되 공군은 잔류**하는 방안이다. 이 선택은 상기 ③안에 해당한다. 한반도에서 미 지상군이 철수함으로써 중국이 우려하는 통일한국과의 국경선에서 중국군과 미군이 마주치는 일이 없도록 하는 방안이다. 독일 통일 시 소련은 독일의 나토 탈퇴를 요구하였다. 이에 대해 미국과 서독은 통일독일이 나토를 탈퇴할 경우 독자적 핵무장국가가 될 것임을 경고하면서 소련은 결국 나토군을 과거 서독지역에만 배치하는 조건으로 독일의 나토 잔류를 수용하였다. 통일독일의 군사적 조건을 한반도 통일에 대입할 수는 없다. 당시 소련은 와해일로에 있는 쇠약한 국가였지만 오늘의 중국은 이미 강대국으로 부상한 국력이 상승일로에 있는 국가이며, 통일한국이 독자적으로 핵무장할 가능성도 희박하기 때문이다.[43] 미국이나 한국으로서는 협상에서 일단 미군이 현재와 같이 휴전선 이남에만 주둔하는 방안을 강하게 주장하여야 한다. 그 방안은 현상유지에 기초한 것이기 때문에 논리적으로는 충분히 타당성이 있다. 중국이 이 방안을 받아들인다면 한국으로서는 만족할 만한 협상 결과이겠으나, 중국이 이 방안을 받아들이지 않을 것으로 보인다. 중국으로서는 남한 주도의 통일을 용인하는 대가로 받는 것이 아무것도 없기 때문이다. 중국의 입장이 완강하다면 미국과 한국은 중국이 남한 주도의 통일을 용인하는 대가로 '**한반도에서의 미 지상군 철수**'라는 비용을 지불하여야 할 것이다. 통일한국으로서는 미 지상군이 철수하더라도 세계 최강의 미 공군력의 비호를 받을 수 있어 통일 후에도 중국, 러시아, 일본의 위협을 어느 정도 견제할 수는 있다. 주한 미 공군의 한반도 내에서의 주둔 위치는 공군의 기동력을 감안할 때 크게 문제가 되지 않을 것이므로 미 공군 비행장들이 현재와 같이 남한에만 위치하여도 무방하다. 중국이 이 안을 받아들일지는 미지수이나, 한국 정부는 이 안을 최저 양보선으로 삼아 중국·미국과 협상하여야 할 것이다.

난민 유입

북한은 중앙통제에 의해 통치되는 국가이기 때문에 정권의 붕괴는 필연적으로 사회 시스템의 붕괴로 연결될 것이다. 일반 주민에게는 명목상으로만 존재하지만 권력층에게는 아직도 유용한 공공배급제가 완전 붕괴되고, 식량 등 생활필수품의 은닉 및 매점매석이 만연하여 주민생활은 파탄에 빠지게 될 것이다. 에너지 부족 사태는 전기로 움직이는 북한 철도의 운행을 마비시켜 곡창지대인 황해도와 평안남도를 제외한 대부분의 지역에 식량이 조달되지 않을 것이며, 식량 재고가 없는 대도시와 공장지대에서의 식량부족 현상은 더욱 심할 것이다. 이에 더하여 정부 기능이 마비되어 식량을 공급받지 못하는 군인과 공안기관원들이 주민으로부터 식량을 약탈하게 되어 북한 전역에서 1990년대 중반보다 더 심각한 대기근이 발생할 것이다. 이렇게 사회 혼란이 가중되는 가운데, 기아에 허덕이는 일반 주민들은 압록강, 두만강을 건너 중국으로, 또한 휴전선을 뚫고 남한으로 피난하는 난민 이동사태가 발생할 것이다. 중국으로의 대규모 난민 유입은 중국이 한반도 사태에 개입하는 명분을 주게 될 것이며, 난민의 휴전선

월경은 필연적으로 남한 사회에 큰 혼란을 가져올 것이다. 즉 북한 정권의 붕괴 상황을 방치하면 대기근과 함께 질병과 전염병이 창궐하게 되고, 치안 부재 상황에서 무력을 가진 자에 의한 약탈과 인권유린이 자행되어, 북한 전역은 현 시대 최악의 인도적 재난을 겪게 될 것이다. 이러한 사태를 막고 나아가 통일을 이루기 위해 대한민국은 동맹국 미국과 함께 주저 없이 북한지역 수복작전을 전개해야 한다.

난민 문제는 중국이 북한 정권의 붕괴를 우려하는 가장 중요한 이유 중의 하나이다. 중국 동북 3성에는 200만 명에 달하는 조선족 동포가 밀집해 있고 한국과 역사적·문화적으로 밀접한 지역이어서 중국 정부는 북한 정권 붕괴 시 난민이 이 지역으로 몰려드는 것을 우려하고 있다. 실제로 1990년대 중반 북한 대기근 시기에 수십만 명의 북한 난민이 식량을 구하려고 동북 3성, 특히 지린성을 오갔다고 한다. 난민의 대거 유입은 이 지역 사회에 혼란을 야기할 뿐 아니라 중국 정부가 추진하고 있는 '동북 대개발' 계획에도 큰 차질을 가져올 것이다.

따라서 한국과 미국은 협상과정에서 중국의 이러한 우려를 불식시켜야 한다. 즉 **북한 난민 문제는 통일한국이 책임질 것을 중국에 약속한다. 북한 난민은 결국 통일한국 국민이기 때문에 이들을 구제하고 보호하는 것은 우리의 의무이다.** 혼란 초기에 조·중 국경을 넘어간 난민은 한반도로 귀환시키겠다고 중국 측에 약속하여야 한다. 일단 이들을 고향으로 돌려보내는 것을 원칙으로 하되 이들의 고향 상황이 여의치 않으면 난민캠프를 설립하여 이들의 생계를 보장하여야 한다. 캠프는 편의상 압록강과 두만강 이남 지역일 가능성이 크지만 반드시 이 지역에 국한할 필요는 없으나, 혼란이 남한으로 확산되는 것을 피하기 위해 캠프는 가급적 북한지역 내에 설치하는 것이 좋다. 만약 러시아가 동의한다면 연해주 지역에 캠프를 설치할 수도 있다. 연해주는 면적이 16만km²(남한의 1.6배)가 넘는 넓은 땅을 가지고 있는데 인구는 200만 명에 불과하다. 러시아는 연해주가 인구 1억 명이 넘는 중국 동북 3성과 국경을 접하고 있고, 연해주 주민의 생활이 상당 부분 중국에 의존하고 있는 현 상황을 우려하고 있다. 연해주에 난민캠프를 설치하는 것은 향후 통일한국이 연해주 개발 사업에 참여하는 계기가 될 수도 있어 모스크바도 이 지역에 난민캠프를 설치하는 문제를 긍정적으로 검토할 가능성이 있다. 일본 정부도 한반도 유사시 다수의 난민이 일본으로 몰려들 것을 우려하고 있다.『요미우리(讀賣)신문』은 2017년 11월 16일자 기사에서 "일본 정부가 세운 대응 지침의 핵심은 공작원 등 위험인물이 일본에 상륙하는 것을 막기 위해 해상보안청 순시선이 동해에서 경비를 강화하도록 함과 동시에 일본의 각 항만에서 엄격한 수용 심사를 실시한다는 내용이다. 특히 일시 수용이 결정된 난민은 임시 수용시설에 보호하고, 이 시설의 설치 장소는 규슈가 유력한 상황"이라고 전했다.[44]

난민 보호에 소요되는 비용은 1차적으로 한국과 동맹국인 미국이 부담하게 될 것이지만 한국 정부는 국제적 차원의 인도적 지원을 호소하여야 한다. 일단 유엔난민기구나 식량농업기구(Food and Agriculture Organization, FAO) 등 유엔 산하 국제기구와 인도지원을 목적을 하는 비정부기구(Non-Governmental Organization, NGO)에 도움을 요청하여야 하지만, 대규모 지원을 받기 위해서는 일본, EU 국가들, 호주, 캐나다 등 관련국에 지원을 요청하여야 할 것이다. 국제기구나 관련국에 대한 지원 요청은 미국의 영향력을 활용하여야 한다. 국제기구나 주요국 정부는 미국의 강한 요청을 거부하기 어려운 것이 국제사회의 현실이다.

핵무기 등 대량살상무기 처리[45]

북한은 핵무기, 핵물질, 생화학무기 등 다량의 대량살상무기를 보유하고 있다. 북한 정권 붕괴 시 미국의 최대 관심사는 아마도 대량살상무기 제거일 것이다. 9·11테러를 겪은 미국은 북한이 대량살상무기를 자국과 동맹국에게 사용하는 것뿐 아니라 테러리스트 등 제 3자에게 확산할 가능성을 심각하게 우려하고 있다. 북한과 국경을 접하고 있는 중국과 한국에 대한 북한 대량살상무기의 위협은 미국보다 더 직접적일 수 있으며, 북한이 적대시하는 일본도 이 위협에서 자유로울 수 없다. 현재 한미 군사 당국은 핵무기 등 대량살상무기의 제조 및 은닉 장소를 상당한 수준으로 파악하고 있는 것으로 알려졌으나,[46] 동 무기가 대부분 지하 동굴에 은닉되어 있어 한미 군사 당국이 파악하지 못한 제조·은닉 장소가 상당할 것으로 추측된다. 북한 대량살상무기를 확보하고, 처리하는 데에는 크게 두 가지 사항을 고려하여야 한다. 군사력에 의한 대량살상무기 확보 문제와 대량살상무기를 제조·관리하는 과학자 및 기술자의 처우 문제이다.

군사력에 의한 대량살상무기 수색, 압수, 처분에는 몇 가지 제약 요소가 있다.

첫째, 핵확산금지조약 규정에 의하면 핵확산금지조약이 핵보유를 인정한 국가(미국·러시아·영국·프랑스·중국)만이 주요 핵물질을 다루는 것이 허용되므로 핵무기 및 핵물질 제조·은닉 장소에 미국과 중국만이 접근할 수 있고, 한국은 접근이 불가능하다.

둘째, 북한의 대량살상무기 제조 및 보관시설은 대부분 평양 이북에 있어,[47] 한미동맹군보다 중국군이 먼저 점령·관리에 들어갈 가능성이 크다. 예를 들어 영변은 휴전선에서 320km, 조·중 국경에서 130km 떨어져 있다.

셋째, 대량살상무기 제조·은닉 장소가 매우 광범위한데 한미동맹군의 지상군 병력으로는 이 지역을 모두 조사·관리하기가 어렵다. 예를 들어 영변 핵단지만 해도 매우 넓어 수색 및 관리에 2개 여단 이상의 병력이 필요한데, 한국군은 핵확산금지조약 규정상 접근에 제약이 있을 뿐 아니라 핵물질에 접근이 가능하도록 훈련받지 못했고 필요 장비도 없다. 이러한 인력과 장비를 갖춘 주한미군은 1개 여단에 불과하다. 종전에는 핵물질 접근이 가능한 주한미군이 2개 여단이 있었으나 1개 여단은 2004년 이라크로 전출된 후 미국 본토로 귀환하였다.

넷째, 북한군 지도자 중 일부가 후일에 대비하기 위해 또는 테러조직 등에 판매할 목적으로 대량살상무기를 은닉할 가능성이 있다. 만약 이들이 한미동맹군이나 중국군의 대량살상무기 확보작전에 무력으로 저항한다면, 핵 물질·생화학무기 물질이 유출되어 인근 지역을 오염시킬 가능성이 있다. 특히 생물학무기는 유출 정도에 따라 오염지역이 광범위하게 확대될 위험성이 있다.

대량살상무기 수색, 처분, 관리를 신속하고 효과적으로 마무리 짓기 위해서는 대량살상무기 관련 과학자와 기술자를 회유하는 것이 매우 중요하다. 이들은 대량살상무기 제조 및 파기방법, 생산량, 은닉 위치 등과 관련 상당 수준의 지식과 정보를 가지고 있기 때문이다. 이들을 회유하기 위해서는 신변 안전보장 약속과 함께 경제적 유인(금전)을 동원하는 것도 중요하지만 전향하는 경우 이들에게 걸맞은 사회적 지위를 보장해 준다고 약속하여야 한다. 이들은 북한에서 최상의 대우를 받은 계층이고 학자, 전문가로서의 자부심이 강할 것이므로 그 자존심을 충족시켜 주는 것이 필요하다. 즉 협조하는 경우 한국의 연구소 등에 취업하여 그들의 전문지식을 살릴 수 있는 기회를 제공하겠다고 약속하는 것이다. 상기 '북한 엘리트 지지 확보' 항목에서 언급한 가칭 '과도기사법제도위원회'의 '대사면' 계획에 취업 등 그들의 처우계획을 포함하고 그 결정사항을 미리 공개적으로 발표한다면, 그러한 소식은 어떤 통로를 통해서든 그들의 귀에 들어갈 것이다. 물론 대량살상무기 수색 과정에서도 이러한 내용이 포함된 대사면 계획을 라디오, 전단 등의 방법으로 지속적으로 홍보하여야 한다.

위에서 설명한 대로 대량살상무기 생산 및 은닉 장소가 지리적으로 중국 국경과 가깝고, 한미동맹군의 역량(지상군 인원수) 부족으로 인해 대량살상무기의 수색, 처분을 위해서는 중국의 협조가 불가피한 것으로 판단된다. 한미동맹군의 입장에서는 중국군이 국경을 넘지 않는 것이 바람직하지만 북한 비상사태 시 현실적으로 중국군이 국경을 넘을 가능성이 매우 크기 때문에 중국군의 월경을 상정하고 대책을 세워야 한다. 특히 대량살상무기 문제와 관련 중국은 대량살상무기 및 관련 정보, 관련 과학자 및 기술자가 한미동맹, 특히 한국에 넘어가는 것을 막기 위해 한미동맹군에 앞서 유관 장소를 점령하려고할 것이다. 중국은 북한이 가지고 있는 대량살상무기뿐만 아니라 관련 정보 및 인력을 통일한국이 갖게 된다면 중국의 안보에 위협이 될 수 있다고 생각하기 때문이다. 상기 상황을 고려할 때, 한반도 통일 문제와 관련한 협상 테이블에서 논의할 세 번째 의제인 '핵무기 등 대량살상무기 처리' 문제에 대해 한미동맹은 중국의 관여를 인정하는 수밖에 없다. 그러나 중국군이 대량살상무기 처리 문제를 구실로 북한 영토 깊숙이 진입하는 것은 막아야 한다. 이를 위해서는 위에서 제시한 대로 중국과 군대진입 경계선(예를 들어 청천강)을 사전에 획정하여야 한다. 그러나 중국 관여의 비중과 상징성을 낮추기 위해 대량살상무기 처리 문제를 국제공조를 통해 추진하는 것도 하나의 방법이 될 수 있다. 국제적으로 대량살상무기 처리 능력을 갖고 있는 국가는 핵확산금지조약이 핵 보유와 핵 물질 처리를 허용한 미국·러시아·영국·프랑스·중국뿐이므로 이 국가들에 공조를 요청하고, 여기에 국제원자력기구(International Atomic Energy Agency, IAEA), 화학무기금지기구(Organization for the Prohibition of Chemical Weapons, OPCW) 등 국제기구의 참여도 요청한다. 북한 대량살상무기 처리 문제의 다자화는 한반도 문제에 있어서의 미국과 중국의 독점적 관여를 희석시키는 부수효과도 거둘 수 있다. **결론적으로 미국, 중국, 한국은 '핵무기 등 대량살상무기 처리' 문제는 중국의 관여를 인정하되, 핵확산금지조약이 인정한 여타 핵보유국 및 유관 국제기구와의 공조로 다자화할 것에 합의하여야 한다.**

주

1) 「사설 : 북핵완성단계… '공포의 핵균형' 외 다른 방법 없다」, 『문화일보』 2017. 9. 4.자.

2) 이춘근, 「남조선 정부가 없어지는 것이 진정한 평화다」, 『조선일보』 2017. 10. 23.자.

3) 안드레이 란코프, 『리얼 노스 코리아 : 좌와 우의 눈이 아닌 현실의 눈으로 보다』, 김수빈 옮김, 개마고원(Lankov, Andrei, 2013, *The Real North Korea : Life and Politics in the Failed Stalinist Utopia*, OUP USA), 11~12쪽.

4) Cha, Victor, 2012, *The Impossible State*, The Bodley Head, p.458.

5) Cha, Victor, 2012, 앞의 책, p.460.

6) http://news.chosun.com/site/data/html_dir/2017/12/26/2017122600292.html.

7) 지해범, 「중국군 30만, 북 점령 훈련」, 『조선일보』 2018. 2. 28.자.

8) 이명박 정부 시에는 작계5029를, 박근혜 정부 시에는 작계5027 등 기존의 계획을 통합한 통합계획인 작계5015를 작성하였고 한국군 독자적인 계획은 충무 3300 / 9 000이 있다(나무위키, 2017. 8. 30. 검색)

9) Kagan, Robert, 2003, *Of Paradise and Power*, Alfred A. Knopf, p.31.

10) Kagan, Robert, 2003, 앞의 책, p.88, p.100.

11) Simms, Brendan and Charlie Laderman, *Donald Trump : The Making of a World View*, Endeavour Press Ltd., September 26, 2017.

12) 「수면 위로 올라온 미·중 '북 급변논의'… 깊은 수준 대화하는 듯」, 『연합뉴스』 2017. 12. 14.자.

13) 「중국, 압록강 두만강 근처에 요격미사일부대 집중 배치」, 『조선일보』 2018. 2. 5.자.

14) 「한반도 유사시, 일본인 대피 협조 요청도 할 것」, 『조선일보』 2018. 2. 5.자.

15) 북한의 장사정포와 재래식 포탄은 콘크리트 관통력이 없고 활주로 파괴용 특수탄은 관통력이 1m에 불과하다. 이들이 날아오더라도 인화 물질, 유리창 근처를 피해 견고한 건물이나 지하에 있으면 안전하다. 북한 항공기 공격 대비에 초점을 맞춘 현재의 민방위 대응체계는 우리 공군력이 압도적 우위인 점을 감안, 핵공격 대응체제로 하루 빨리 개편하여야 한다(전 합참 작전본부장 신원식 예비역 중장).

16) Background Press Call by a Senior Administration Official on North Korea Announcement, Office of the Press Secretary, THE WHITE HOUSE, March 8, 2018.

17) 불리할 때(간조기)에는 평화를 제의하며, 유리할 때(만조기)에는 공격 의도를 숨기고 기습한다는 공산주의의 화전 양면전술에서 나온 말이다.

18) 이동복, 조갑제닷컴 2018. 3. 10.자.

19) Bennett, Bruce W., 2013, *Preparing for the Possibility of a North Korean Collapse*, RAND Corporation, pp. xvii~xix.

20) Bennett, Bruce W., 2017, *Preparing North Korean Elites for Unification*, RAND Corporation, pp.7~13.

21) Bennett, Bruce W., 2017, 앞의 책, p.12.

22) 송상현, 「북 인권 눈감아 주면 협상테이블에 나온다는 생각은 오산」, 『문화일보』 2017. 12. 8.자.

23) 『국방백서』, 2010, 35쪽.

24) Demick, Barbara, "Vision on Tunnels drives N. Korean Defense," *Boston Globe*, November 28, 2003.

25) 2017년 7월 현재 군 병력은 63만 3,000명 규모로 육군이 49만 8,000명, 해군 4만 1,000명, 공군 6만 5,000명, 해병대 2만 9,000명이다.

26) 『국방백서』, 2014, 239쪽 및 『국방백서』, 2016, 236쪽.

27) 나무위키 2017. 7. 19. 검색.

28) Bennett, Bruce W., 2013, 앞의 책, pp.173~175.

29) Bennett, Bruce W., 2013, 앞의 책, pp.181~184.

30) 북한의 도로는 평양을 연결하는 일부 간선도로를 제외하고는 대부분 비포장이다. 원산에서 청진에 이르는 간선도로는 시멘트로 포장되었는데 파손된 도로의 보수가 이루어지지 않았다. 육로운송은 대부분 철도가 맡고 있는데 철도기반, 철로, 동력전달 전기선 등이 노후하여 그 효율성은 낙제점이다. 전선도 대부분 공중선인데 전기 유실이 극심해 전력선을 완전히 새로 깔아야 한다. 공항도 평양 순안비행장, 함흥 선덕비행장마저도 완전 개보수가 필요하다. 항만도 대부분 대형선박이 계류할 시설이 없다.

31) Bennett, Bruce W., 2013, 앞의 책, pp.223~224.

32) 북한에는 종래 6개소의 정치범수용소가 있었는데 2012년 함경북도 회령수용소를 폐쇄하여 현재 평안남도 개천 및 북창, 함경남도 요덕, 함경북도 회령 및 청진 등 5개 지역에 정치범수용소가 있다(이금순 외, 2013, 『북한 정치범수용

소』, 통일연구원).

33) 대기근은 모두 인재에 의한 것이며, 이는 예외 없이 기근 초기에 식량의 매점 매석·은닉행위로부터 발생한다. 1932~1933년 1,000만 명 내외를 죽음으로 내몰았던 우크라이나 대기근(The Holodomor)은 우크라이나 지배를 위해 스탈린이 의도적으로 일으킨 것이며, 3,000만 명의 아사자가 발생한 1950년대 말 중국의 대기근은 마오쩌둥이 대약진운동이라는 이름 아래 무리한 집단농장체제를 추진한 데 연유하며, 1990년대 중·후반 북한의 대기근은 식량 배급량의 급감에 따라 위기를 느낀 농촌지역에서의 식량 은닉이 그 주요 원인이었다.

34) 「쌀 재고량 351만 톤, 통계 작성 후 역대 최고치」, 『의학신문』 2017. 4. 11.자.

35) Glaser, Bonnie, Scott Snyder, and John S. Park, 2008, *Keeping an Eye on Unruly Neighbor*, CSIS and USIP, p.19.

36) 정재성, 2013, 「중국의 부상과 한반도 통일」, 『서울대학교 국제문제연구소 총서 2 : 한반도 통일』, 서울대학교 출판부, 216쪽.

37) 재중 한국교포는 193만 명에 달하는데 이 중 97%인 187만 명이 동북 3성(지린성, 헤이룽장성, 랴오닝성)에 거주하며 특히 지린성 연변조선족자치주에 82만 명이 밀집하고 있다(두산백과사전).

38) 「북한광물자원 가치 3천200조 원··· 중국, 외국인 투자 독식」, 『연합뉴스』 2017. 10. 1.자.

39) 지해범, 앞의 기사.

40) 중국 인민대 교수 Cheng Xiaohe는 2013년 5월 1일 서울에서 개최된 아산재단 연례총회에서 북한 급변 사태 시 중국의 개입이 요구된다면 조·중 국경 이남 100km 이내로 완충지대(buffer zone) 설치를 제안한 바 있다.

41) Zheng, Jiyong, 2015, "The North Korea Problem and China," in *The North Korea Crisis and Regional Reponses*, East-West Center, p.109.

42) 유광종, 2011, 『백선엽을 말한다』, 책밭, 455쪽.

43) 송민순, 2016, 『빙하는 움직인다』, 창비, 527~528쪽.

44) 「일, 한반도 유사시 규슈에 난민수용소」, 『문화일보』 2017. 11. 16.자.

45) Bennett, Bruce W., 2013, 앞의 책, pp.204~222.

46) 김태영 국방장관은 2009년 10월 국회 국정감사 시 북한 핵 프로그램 관련 시설 100여 곳에 대한 위치를 파악하고 있다고 증언했다.

47) "North Korea Chemical, Biological, Nuclear and Missile Facilities," map, Washington DC ; Nuclear Threat Initiative, 2013.

나가면서 우리에겐 꿈이 있나요?

아메리칸 드림은 미국을 기회의 땅으로 만들며 전 세계 사람들에게 꿈을 심어 주었다. 시진핑은 중화민족의 위대한 부흥을 내세우며 중국인에게 꿈을 심어 주고자 한다. "우리도 한 번 잘살아 보세"는 우리의 꿈이었다. 상아탑이 우골탑(牛骨塔)으로 불리던 시대에 살았던 사람들은 사막의 모래바람을 맞으며, 지하 수백m 아래에서 석탄재에 찌든 공기로 숨쉬며, 금발의 시신을 닦으면서도 마음속으로 '하면 된다'를 되뇌며 밝은 앞날을 꿈꾸었다. 김일성도 스스로 파놓은 함정에 빠져 실패하기는 하였지만 '온 인민이 이밥에 고깃국 먹는 날'을 꿈꾸었다. 그러나 이제 우리에게 꿈이 있나요? 우리 사회 어디에서도 화랑도의 상무정신(尙武精神)을, 선비의 꼿꼿한 기개를 찾아보기 힘들다. 길거리에서 들리는 목소리는 대부분 '나눠 먹자', '내가 더 갖겠다'이다. 언론은 한 꺼풀 벗겨 보면 그 의도가 빤히 들여다보이는 위선의 나팔수가 되어 버렸고, 세칭 전문가라는 사람들의 말초신경을 건드리는 논평은 시세에 영합하는 장사꾼의 호객행위로 들린다. 365개의 흰 돛을 달고 순항하던 대한민국호가 흔들린다. 배의 밑창에서 암약하던 쥐떼들이 쓰나미 경고라도 들은 듯 갑판으로, 선원실로, 조타실로 몰려나와 대한민국호를 서서히 갉아먹고 있다. 여북하면 '조정은 갈팡질팡하고, 관군은 윗선의 눈치만 보고 있으니, 이제 민초들이 일어설 때다'라는 분노의 목소리가 나오고 있을까? 꿈을 잃은 사회는 병들고 분열하여 스스로 무너질 수밖에 없다. 대한민국호는 이대로 침몰하고 말 것인가?

지금 이 순간 우리가 꾸어야 할 꿈은 통일이 아니다. 통일은 역사의 물결에 밀려 도달하는 기항지일 뿐이다. 그날을 위해 우리가 할 수 있는 일은 그 기항지에 안전하게 닻을 내릴 수 있도록 미리미리 준비하는 것뿐이다. 지금 우리가 하여야 할 일은 우리 공동체가 다 함께 공감하는 꿈을 만들고 키우는 것이다. 그 꿈은 허위와 선동의 광란에서 벗어나, '합리'와 '포용'과 '배려'가 자리 잡는 건강한 사회를 만드는 꿈이어야 한다. 국민 모두가 건전한 꿈을 가진 건강한 사회는 단단한 나라를 만든다. 주변의 힘센 거인들도 거북등처럼 단단하고, 고슴도치처럼 날카로운 가시를 가진 '작지만 만만치 않은 이웃'은 건드리지 못한다.

그 꿈을 만들고, 키우고, 자리 잡게 하는 것을 도와줄 수 있는 지도자가 있으면 좋겠다. 그러나 불행히도 그러한 현인이 보이지 않으니 우리 스스로 각성하고 몸가짐을 추스를 수밖에 없다. 우리 하나하나가 화랑의 용기를, 선비의 기개를 되살릴 때 대한민국호는 순풍을 받으며 대양을 항해할 것이다.

최종해법

북핵에서 통일까지

초판 1쇄 발행 2018년 3월 22일
초판 2쇄 발행 2018년 12월 21일

지은이ㅣ김중근

펴낸이ㅣ고화숙
펴낸곳ㅣ도서출판 소화

등록번호ㅣ제13-412호
주소ㅣ서울시 영등포구 버드나루로 69
전화ㅣ02-2677-5890
팩스ㅣ02-2636-6393
홈페이지ㅣwww.sowha.com

ISBN 978-89-8410-492-1 03340

값 20,000원